MEDARDO MEJÍA

HISTORIA DE HONDURAS TOMO IV

ERANDIQUE
COLECCIÓN

HISTORIA DE HONDURAS TOMO IV
MEDARDO MEJÍA

©Colección Erandique
Supervisión Editorial: Óscar Flores López
Diseño de portada: Andrea Rodríguez-Lilyana Gálvez
Administración: Tesla Rodas
Director Ejecutivo: José Azcona Bocock

Primera Edición
Tegucigalpa, Honduras—Julio de 2024

ÍNDICE

DE LOS SUEÑOS DE LA UNIÓN A UNA ÉPOCA DE FILIBUSTEROS, FUSILAMIENTOS Y NEGOCIOS TURBIOS

Hasta sus propios enemigos, que no eran pocos, reconocían que no había en toda Centroamérica un hombre más honesto y genuino que el general José Trinidad Cabañas.

El problema estaba en que el Caballero sin miedo y sin tacha era un obstáculo para los negocios de estadounidenses, ingleses y conservadores en la región.

Para ellos, lo mejor fue sacarlo del escenario político y enviarlo a su finca en Comayagua… Así se perdió la decencia para dar paso a un caudillismo salvaje, oscuro y violento.

Frágil, Centroamérica se convirtió en el botín de toda clase de banqueros, empresarios, aventureros, dictadores y países colonizadores.

Uno de esos personajes sería el filibusteros William Walker, quien pretendió convertirse en presidente de Nicaragua, y después invadió Honduras.

Sus días acabarán en Trujillo, masacrado por el pelotón de fusilamiento…

Pero allí no concluyen las intentonas sangrientas. La región es como el salvaje oeste, pero un salvaje oeste tropical, con montañas y selvas, oro y plata, maderas preciosas, ríos, océanos…

Este Tomo —el IV de los VI de Historia de Honduras que escribió, Medardo Mejía— también nos relata el sangriento suceso llamado La Ahorcancina, ocurrido durante uno de los gobiernos de José María Medina, alias Medinón.

Pueblos de Olancho se oponen a los diezmos, una carga económica que Medinón, apoyado por la iglesia conservadora, impone a la brava, afectando, en especial, a los más pobres.

Sin embargo, valientes generales, soldados y campesinos se enfrentan al gobierno, dando inicio a un genocidio sin precedentes en la historia de Honduras.

Entre los más valientes opositores del gobierno destaca un joven campesino y especialista en fabricar cinchos de cuero: Serapio Romero, conocido en los pueblos de Olancho como Cinchonero.

(Para más información de este acontecimiento, puede adquirir la trilogía Los Diezmos de Olancho: La Ahorcancina, Cinchonero y Medinón, escrita por el propio maestro Medardo y publicada por Colección Erandique).

NOS LLEVÓ EL TREN

En río revuelto… ganancia de vivos.

El ferrocarril interoceánico, el proyecto para unir el Atlántico con el Pacífico, fue un negocio con el que se enriquecen unos cuantos inescrupulosos en Honduras… y un par de países más.

El latrocinio llegó al descaro. Carlos Gutiérrez, uno de los funcionarios involucrados, se marchó a Europa y compró un castillo.

El pueblo hondureño, como siempre ocurre, terminará pagando la deuda…

Medardo Mejía recurre a su creatividad, y, apoyado por investigaciones de otros escritores, escribe un relato que se lee de un tirón.

Este tomo inicia con el gobierno del general Cabañas, continúa con su viaje a Nicaragua, país al que llegaría el aventurero William Walker con sus planes de conquista, y abarca las administraciones de otros presidentes.

Además, contiene los distintos tratados para la fallida construcción del ferrocarril interoceánico.

Los seis tomos de la Historia de Honduras del maestro Medardo llegan a manos del lector gracias a la generosidad de su hija, doña Victoria, quien, en su interés de que el pueblo hondureño conozca de dónde venimos como país, y qué nos ha traído hasta aquí; y su deseo para que los hondureños conozcamos la obra de su padre, nos ha cedido los derechos de publicación.

Nos unimos, en ese sentido, al deseo de doña Victoria.

Óscar Flores López
Editor Colección Erandique

PRÓLOGO

Como se dice en Honduras, esta Historia no es una maravilla, ni mucho menos. Pero sí tiene algo de particular, que consiste en lo siguiente:

1) Es una relación crítica que no se conforma, por tanto, con la simple exposición narrativa.

2) Es una investigación extensa, por comprender el daño que ocasiona el compendio histórico que comprime los hechos para no explicarlos, en definitiva.

3) Pretende reflejar, con aproximación, el movimiento histórico en sus aspectos político, social y económico, a diferencia de aquellas historias puramente políticas.

4) Se propone hacer ver la transformación de la Sociedad hondureña con sus instituciones, y en primera línea el Estado.

5) Acepta como hechos inexcusables la situación subalterna de Centro América y de Honduras ante los poderes colonizantes de la Gran Bretaña y los Estados Unidos.

6) La relación se detiene en el límite de los siglos XIX y XX.

Serán los lectores quienes harán un enjuiciamiento serio y cabal de esta Historia.

MEDARDO MEJÍA

GOBIERNO DEL GENERAL TRINIDAD CABAÑAS

EL TRATADO CLAYTON—BULWER DETERMINA LA POLÍTICA A SEGUIR EN CENTRO AMÉRICA EN LA SEGUNDA MITAD DEL SIGLO XIX

Justo es que iniciemos la relación histórica de la segunda mitad del siglo XIX, con la inserción del documento de origen internacional como es el Tratado Clayton—Bulwer, celebrado entre los Estados Unidos de América y la Gran Bretaña, el 19 de abril de 1850, por referirse a Centro América y tener aplicación en ella.

Este Tratado a la luz del Derecho Internacional Público carece de valor por cuanto dos naciones extrañas lo celebraron sobre algo que pertenece a una tercera exclusivamente, como es la zona istmeña de Nicaragua para abrir un canal interoceánico.

No habiendo entonces una conciencia jurídica mundial, no se alzó en ninguna parte la más pequeña protesta contra las dos naciones anglosajonas que usurpaban un territorio centroamericano. Ni las más grandes naciones no comprometidas en el Tratado dijeron una palabra de desaprobación porque ellas también ambicionaban la región canalera, ni las más pequeñas, en el caso las directamente interesadas de Centro América, de algún modo condenaron el Tratado.

Estas dejaron hacer y dejaron pasar como si la usurpación no les afectara, y muy al contrario los pequeños Estados centrales (Honduras, Nicaragua y El Salvador) sintieron satisfacción porque pensaron que así se salvaban de las amenazas directas que procedían de Jamaica, Belice y Guatemala.

En cuanto a los pequeños Estados marginales (Costa Rica y Guatemala) sin decir palabra subjetivamente lamentaron la existencia de un Tratado que restringía el poder de la Gran Bretaña en Centro América.

Como sea, el Tratado Clayton—Bulwer celebrado entre una potencia que empezaba a crecer en proporciones gigantescas y otra potencia que había llegado a la más alta cumbre de su poder en el mundo, estamos hablando de Estados Unidos y de la Gran Bretaña, venía a probar que Centro América, convertida en cinco pequeños pedazos, era un juguete colonial en las manos de las grandes potencias

11

anglosajonas, suerte que estaba corriendo y correría en igual forma el resto de América Latina.

Pero también probaba que un Tratado que contenía la decisión de construir conjuntamente un canal interoceánico, iniciaba la intromisión legal (hasta donde esta palabra cabe) y colonialista de los Estados Unidos en los predios centroamericanos de la Gran Bretaña (si vale esta expresión), viniendo con ello no a establecer una convivencia amistosa sino a empezar la más áspera disensión entre las dos potencias.

Como este es un asunto sumamente importante en la vida histórica de Honduras, nos valdremos por vía de ilustración de dos autoridades intelectuales que ahondaron en los orígenes del Tratado Clayton— Bulwer y en sus resultados en los países centroamericanos. Nos referimos al colombiano, señor J. M. Torres Caicedo, antiguo Encargado de Negocios de Venezuela, quien publicó en París su libro "Unión Latino—Americana, Pensamiento de Bolívar para formar una liga Americana", en 1865, en el que habla del Tratado, y al norteamericano, doctor Mario Rodríguez, autor del libro "América Central" en el que se refiere al mismo tema del Tratado y a sus consecuencias concretas en Centro América.

Empecemos por el tratado.

TEXTO DEL TRATADO CLAYTON—BULWER, PARA CONSTRUIR UN CANAL INTEROCEANICO POR NICARAGUA

Los Estados Unidos de América y S. B. M., deseosos de consolidar las relaciones de amistad que tan felizmente existen entre ellos, manifestando y estableciendo en un convenio sus miras e intenciones relativas a cualesquiera medios de comunicación de canal marítimo que haya de abrirse entre los océanos Pacífico y Atlántico, por el Río de San Juan de Nicaragua y ambos o cualesquiera de los lagos de Nicaragua y de Managua hasta cualquiera punto o lugar del Pacífico, han conferido plenos poderes: el 1°.—Al señor John W. Clayton, Secretario de Estados de los Estados Unidos, y el 2°.—Al muy Honorable señor Henry Litton Bulwer miembro del más respetable orden del B.de S.M., Enviado Extraordinario y Ministro Plenipotenciario, de S.M.B. para el fin indicado; y dichos Plenipotenciarios, habiendo canjeado sus plenos poderes, después de haberse hallado extendidos en dicha forma, han convenido en los artículos siguientes:

ARTÍCULO 1°.—Los gobiernos de los Estados Unidos y de la Gran Bretaña por el presente declaran: que ni el uno ni el otro adquirirán jamás o mantendrán para sí mismos poder exclusivo alguno sobre dicho canal marítimo; y estipulan, que ni uno ni otro erigirán jamás o tendrán fortificaciones algunas que lo dominen o que se hallen situadas en sus cercanías; que ni en tiempo alguno ocuparán, ni fortificarán, ni colonizarán, ni se arrogarán o ejercerán dominio alguno sobre Nicaragua, Costa Rica, la Costa Mosquita o parte alguna de Centro América; que tampoco harán uso de protección alguna, que cada uno de ellos preste o pueda dispensar o de cualquiera alianza que cada uno de ellos tenga o pueda tener con algún Estado o pueblo, con el objeto de mantener o erigir semejantes fortificaciones, o de ocupar o fortificar o colonizar a Nicaragua, Costa Rica, la Costa Mosquitia, o parte alguna de Centro América, o de arrogarse o ejercer sobre dichos puntos dominio alguno; y que ni los Estados Unidos ni la Gran Bretaña se aprovecharán de intimidad alguna, ni harán uso de alianza, conexión o influjo alguno que cada uno de ellos tenga con cualquier Estado o Gobierno, por cuyo territorio haya de pasar dicho canal, con el fin de adquirir o poseer, directa o indirectamente, para los ciudadanos o súbditos del uno, cualesquiera derechos o ventajas, respecto al comercio y navegación del canal, que no se ofrecieran en los mismos términos a los CC. o súbditos del otro.

ARTÍCULO 2°.—En caso de guerra entre las partes contratantes, los buques de los Estados Unidos y de la Gran Bretaña, atravesando dicho canal serán exentos del bloqueo, detención o captura por cualquiera de las partes beligerantes; y esta estipulación se extenderá hasta una distancia de las dos extremidades de dicho canal que en lo futuro se halle conveniente establecer.

ARTÍCULO 3°.—A fin de asegurar la construcción de dicho canal, las partes contratantes de una manera justa y equitativa, caso que éste se emprenda por cualquiera de ellas que obtenga poder de algún Gobierno o gobiernos locales, por cuyo territorio haya de pasar se obligan a que las personas empleadas en hacerlo y la propiedad que ocupen o hubiesen de ocupar para este objeto, sean protegidas desde el principio de dicho canal hasta su conclusión, por los gobiernos de los Estados Unidos y de la Gran Bretaña contra toda injusta detención, confiscación, captura u otro cualquier acto de violencia.

ARTÍCULO 4°.—Las partes contratantes harán uso de todo el influjo que respectivamente ejerzan con cualesquiera Estado, Estados o Gobiernos que tengan o pretendan tener jurisdicción o derecho alguno al territorio que dicho canal haya de cruzar, el cual habrá de estar cerca de las aguas que lo formen, con el objeto de procurar que los mismos Estados o Gobiernos faciliten su construcción, por todos los medios que estén a su alcance; y además, los Estados Unidos y la Gran Bretaña se comprometen a hacer uso de sus buenos oficios donde quiera y cuando sea conveniente, a fin de obtener el establecimiento de dos puertos libres, situados en cada extremidad de dicho canal.

ARTÍCULO 5°.—Asimismo las partes contratantes se obligan a proteger dicho canal, después de concluido, contra toda interrupción, captura o confiscación injusta, y a asegurar su neutralidad, de manera que dicho canal se abra y esté para siempre libre y seguro el capital que en él se invierta. No obstante los gobiernos de los Estados Unidos y de la Gran Bretaña, al acordar su protección a la construcción de dicho canal y al garantizar su neutralidad y seguridad después de concluido, siempre entienden, que dicha protección y garantía se conceden condicionalmente, y que podrá retirarse dicha protección y garantía por ambos gobiernos o cualquiera de ellos, si ambos gobiernos o cualquiera de ellos juzgaren que las personas empresarias o administradoras de dicho canal adoptaban o establecían reglamentos, tocante al tráfico del mismo, que fuesen contrarios al espíritu o intención de este convenio, ya sea haciendo injustas distinciones a favor del comercio de una de las partes contratantes y en detrimento del comercio de la otra o ya sea imponiendo precios (tolls) o exacciones irracionales a los pasajeros, buques, efectos, géneros, mercaderías o a cualesquiera artículos. Sin embargo, ninguna de las partes contratantes deberá retirarse de la susodicha protección y garantía, si no es dando previo aviso de seis meses a la otra.

ARTÍCULO 6º.—Por este convenio las partes contratantes se comprometen a invitar a cualquiera Estado, con el cual ambas o cada una tengan relaciones amigables, para que entre con ellos en estipulaciones iguales a las estipulaciones en que mutuamente han convenido a fin de que todos los Estados participen del honor y ventaja de haber contribuido a una obra de tan general interés e importancia como la del canal de que aquí se trata; e igualmente, las partes contratantes convienen en que cada una de ellas habrá de entrar en tales estipulaciones del tratado con los Estados de Centro América que les parezca conveniente, a fin de llevar más eficazmente al cabo el grande objeto de este contrato, como por ejemplo el de construir y mantener dicho canal como una comunicación marítima entre los dos océanos para el beneficio del género humano y en términos iguales para todos; y el de proteger el mismo, convienen también en que los buenos oficios de cada una, al requerimiento de la otra habrán de emplearse para ayudar y apoyar la negociación de dichas estipulaciones del tratado. Y caso que se suscitaren algunas diferencias entre los Estados o Gobiernos de Centro América respecto a propiedad o derecho sobre el territorio, por el cual dicho canal haya de pasar y que éstas impidiesen u obstruyesen de algún modo su ejecución, los gobiernos de los Estados Unidos y de la Gran Bretaña harán uso de sus buenos oficios, para arreglar dichas diferencias, de la manera más propia para promover los interes del canal y robustecer los vínculos de amistad y alianza que existen entre las partes contratantes.

ARTÍCULO 7º.—Siendo de desearse que no se pierda tiempo innecesariamente en comenzar y construir dicho canal, los gobiernos de los Estados Unidos y de la Gran Bretaña determinan dar su apoyo y animación a la Compañía o a las personas que primero se presenten a comenzarlo con el capital necesario, con el consentimiento de las autoridades locales y bajo principio, que sean conformes con el espíritu e intención de este convenio; y si alguna compañía o personas antes de ahora hubiesen obtenido de algún Estado, por el cual haya de pasar dicho canal, una contrata para su construcción, como la que se especifica en este convenio, a las estipulaciones de cuyo contrato ninguna de las partes de este convenio tiene motivo alguno justo para objetar, y si dichas personas o compañía hubiesen hecho preparaciones y gastado tiempo, dinero y trabajo en fe de dicho contrato, queda convenido por el presente, que dichas personas, tendrán una preferencia de derecho a la protección de los Estados Unidos y de la Gran Bretaña sobre cualquiera otra persona o compañía y que se les concederá un año contado de la fecha del canje: de las ratificaciones de este convenio, para concluir sus arreglos y presentar pruebas de que esté suscrito un capital suficiente para cumplir la empresa; quedando entendido, que si a la expiración de dicho período, dichas personas o compañías no estuviesen en estado de comenzar y llevar a cabo la proyectada empresa, entonces los gobiernos de los Estados Unidos, y de la Gran Bretaña estarán libres de dispensar su protección a cualquiera persona o compañía que estuviesen en disposición de comenzar seguir la construcción del canal en cuestión.

ARTÍCULO 8º.—Los gobiernos de los Estados Unidos y de la Gran Bretaña, al entrar en este tratado, no habiendo tenido solamente el deseo de llenar algún objeto particular, sino también el de establecer un principio general, convienen por el presente en extender su protección por estipulación de tratado a cualesquiera otras comunicaciones practicables ya sean por canal o ferrocarril al través del istmo que une la América del Norte a la del Sur y especialmente a las comunicaciones interoceánicas (por canal o ferrocarril) que actualmente se proponen establecer por la ruta de Tehuantepec o la de

Panamá, si éstas resultasen factibles. Al conceder, sin embargo, su protección a cualesquiera canales o ferrocarriles de los que se trata en este artículo, queda siempre entendido por los Estados Unidos y la Gran Bretaña, que las partes que los construyan o posean no deberán imponer más cargas o condiciones sobre su tráfico que las que los mencionados gobiernos aprobasen como justas y equitativas; y que dichos canales o ferrocarriles, siendo abiertos en iguales términos por los ciudadanos y súbditos de los Estados Unidos y de la Gran Bretaña, habrán de serlo también de la misma manera para los súbditos y ciudadanos de cualquier otro Estado, que quiera concederles la misma protección que los Estados Unidos y la Gran Bretaña se han obligado a dispensarles.

ARTÍCULO 9º.—La ratificación de este convenio habrá de canjearse en Washington dentro de seis meses contados desde esta fecha. En fe de lo cual nosotros los respectivos plenipotenciarios hemos firmado este convenio, y aplicándole nuestro sello.

Hecho en Washington, el décimo día de abril del año de Nuestro Señor, 1850.

JOHN M. CLAYTON   HENRY LYTTON BULWER
(L.S)   (L.S)

EL TRATADO CLAYTON—BULWER COMENTADO POR EL DIPLOMATICO SUDAMERICANO J.M.TORRES CAICEDO EN PARIS, 1865

De tiempo atrás, América Latina en vez de ser la "virgen del mundo", como la apellidó Quintana, ha sido la Phrinea, la Lais que todos se disputaban; pero sobre todo, la Inglaterra y los Estados Unidos habían manifestado un deseo inmoderado de poseerla, escogiendo, como era natural, sus partes más hermosas. Felizmente, por rivalidad entre esas dos grandes naciones, los celos hicieron más que el espíritu de justicia; y la diplomacia norteamericana, tan hábil como la inglesa, produjo el tratado Clayton—Bulwer. En ese acto, deseando engañarse recíprocamente las dos altas partes contratantes, resultaron engañadas ambas, para honra y provecho de la América Latina. Vamos a ver cómo sucedió eso.

Sabido es que en 1838, la Inglaterra se apoderó de las Islas de la Bahía, pertenecientes a Honduras; sin que aquella poderosa nación tuviese más título para obrar así que el abuso de la fuerza.

Honduras, a fuer de Estado débil, no tuvo otro recurso que el de protestar, recurso ineficaz, sobre todo en los tiempos que corren.

En 1849, los norteamericanos obtuvieron del Gobierno neo—granadino la concesión para construir el ferrocarril de Panamá. Los ingleses se alarmaron al saber esta noticia y temieron que los norteamericanos, activos, audaces y emprendedores como sus padres, obtuviesen nuevas concesiones en esta importante lengua de tierra, lazo de unión entre los dos Hemisferios.

El Gobierno inglés para conjurar los peligros que veía asomar y para contener la expansión de la raza américo—sajona, en los territorios centroamericanos, propuso al gabinete de Washington, las bases de una Convención, que firmada el 19 de abril de 1850, se conoce con el nombre de Tratado Clayton—Bulwer.

Por esa Convención, las dos partes contratantes estipularon que ninguna de ellas podía poseer, colonizar, etc., en punto alguno de la América Central.

Por esa estipulación los americanos del Norte creyeron haber vencido diplomáticamente a los ingleses; pero sucedió lo contrario.

El Gobierno de Washington haciéndose fuerte con el artículo citado, dijo a Inglaterra: "Abandonad las Islas de la Bahía y Belice, así como el territorio del soñado· Rey de los Mosquitos".

Los ingleses, con sus puntas de ironía, respondieron: "Los tratados no pueden tener efectos retroactivos; en adelante ni vosotros ni nosotros podremos poseer nuevos territorios en la América Central, ni colonizar ni fortificar punto alguno en esas regiones; pero para lo poseído, colonizado o fortificado antes, el tratado no tiene fuerza alguna.

Los américo—sajones fueron derrotados; pero pronto, antes de dos años, les llegó su desquite. Con efecto, el 13 de julio de 1852, el superintendente de Belice anunció que la graciosa soberana de la Gran Bretaña había decidido que se estableciese una colonia inglesa en las islas de Roatán, Guanaja, Helena, Morat, bajo el nombre de Colonias de la Bahía.

El Congreso de la Unión norteamericana se alarmó con esa flagrante violación del Tratado Clayton—Bulwer, y protestó en términos enérgicos.

Las reclamaciones se hicieron por la vía ordinaria, y la discusión tuvo tal carácter, que en 1856 faltó poco para que estallara la guerra entre la Gran Bretaña y los Estados norteamericanos. Estos pidieron en último término que el Gobierno inglés devolviese las Islas de la Bahía a su legítimo dueño, Honduras. El Gobierno inglés, temeroso de las consecuencias de un rechazo y deseoso de salvar el honor nacional, propuso que se sometiese la cuestión al examen de una nación amiga.

Fue por aquella época, y en tan críticas circunstancias, que el Gobierno de Honduras eligió para que lo representara cerca del Gobierno de Saint—James, al inteligente señor don Víctor Herran. Este ministro tenía por misión celebrar un tratado de comercio entre Honduras y la Gran Bretaña, y arreglar el negocio de las islas.

El señor don Víctor Herran se dirigió a Londres el 20 de julio de 1856; tuvo varias conferencias con Lord Clarendon, a la sazón Ministro de Relaciones Exteriores de la Gran Bretaña, y con gran pena obtuvo que las dos partes interesadas —Inglaterra y los Estados Unidos—renunciasen a sus respectivas pretensiones. Al fin se celebró el tratado —de 27 de abril de 1857, entre la Gran Bretaña y la

República de Honduras, tratado que ponía término al conflicto de ingleses y norteamericanos.

Para llegar a resolver la cuestión, salvando todas las susceptibilidades y dejando a cubierto los derechos de Honduras, necesario era hallar una combinación aceptable; y el señor Herrán la presentó. Las bases de la Convención fueron estas:

(Se subrayan las bases para que se vea el origen de la idea del ferrocarril interoceánico por Honduras, que fue una tragicomedia representada a lo largo de la segunda mitad del siglo XIX):

...Se construirá un ferrocarril por una compañía anglo—franco—americana, al través del territorio de Honduras, cuyo punto de partida será el Puerto Caballos, que se halla situado en frente de las Islas de la Bahía, sobre el Atlántico, y el Golfo de Fonseca, sobre el Pacífico: se declarará territorio libre el de las islas, bajo la soberanía de Honduras: a fin de asegurar la protección tácita de la Gran Bretaña, sin violar las cláusulas del Tratado Clayton—Bulwer...

...Se estipuló (además) que Honduras no podría ejercer ampliamente su soberanía sobre el territorio libre de dichas islas, que los habitantes de ellas nombrarían sus propias autoridades, que gozarían de la libertad de comercio y de cultos, y que, en fin, Honduras no podría ceder a ninguna nación esas islas ni parte de ellas...

El representante de Honduras creyó que por ese arreglo todas las partes contratantes hallaban sus respectivas ventajas: la Inglaterra no se veía obligada a dar satisfacción a los norteamericanos, que pedían se devolviesen las islas a Honduras, sin condición alguna; los Estados Unidos lograban que Inglaterra abandonase la posesión de ese importante territorio; Honduras volvía a entrar en posesión (aunque con derechos limitados) de esas islas, que había perdido hacía 21 años, y además obtenía que los ingleses abandonasen el territorio de los Mosquitos desde el punto denominado Cabo Gracias a Dios, hasta cerca de Trujillo; se alcanzaba también el restablecimiento del *uti possidetis* de 1810, se garantizaba la independencia de Honduras por la Inglaterra, la Francia y la Unión Norteamericana, y se reconocía por estas tres naciones la neutralidad de la ruta (ferrocarrilera) proyectada.

En cuanto al tratado de comercio y navegación y el artículo adicional, fueron ratificados y canjeados en Londres el 22 de agosto de 1857. No sucedió así con la convención acerca de las islas, pues el Gobierno de Honduras cambió de política.

Habiendo pasado sin que la convención fuese ratificada ni rechazada, la Inglaterra resolvió tomar su partido: de un lado encargó a su ministro en Guatemala para que obtuviera del Gobierno guatemalteco que confirmase la posesión inglesa en Belice; lo que se obtuvo mediante ciertas ventajas ofrecidas a la República; ventajas que no se han obtenido por parte de Guatemala.

De otro lado, el Gobierno inglés dio orden a su ministro en Guatemala que se dirigiese a Comayagua, a fin de terminar con Honduras la eterna cuestión de las islas. Un tratado se llevó a cabo el 28 de noviembre de 1859, y fue pronto ratificado y canjeado: (Tratado Wyke—Cruz).

Entre las cláusulas de ese tratado figura la obligación contraída por Honduras de respetar la propiedad de cualquier inglés residente en las islas que alegue tener una porción de terrenos, sin exigirle título alguno; pudiendo esos propietarios sin título enajenar como a bien tengan, y a quien les dé la gana, esos territorios.

De ahí resulta que como los ingleses residentes en la isla desean vender y los norteamericanos comprar, los compradores serán los, filibusteros, que pondrán el pie en un punto estratégico de la América Central, para establecerse como colonos y propietarios y lanzarse un día sobre los Estados centroamericanos.

De ahí resulta que Honduras, sin marina, sin recursos, no podrá impedir las expediciones a las islas, sobre las cuales ejerce una soberanía nominal, pues los habitantes, ingleses casi todos, se resisten a ser gobernados por autoridades nombradas por el Gobierno hondureño. La Inglaterra no podrá, de acuerdo con los tratados concluidos con la Unión norteamericana, proteger las islas.

Honduras quedará con el título de señora de las islas, cuando en realidad ve desconocida su autoridad y cuando cada día ve amenazada su independencia.

Hasta hoy, tal vez por fortuna, Honduras no ha querido entrar en posesión de las islas; decimos por fortuna, porque si es de desearse que ella sea la posesora y la sobrenada de ese importante territorio, es bajo condiciones más favorables. Pero la Inglaterra tendrá al fin que llenar el tratado, y entonces Honduras se encontrará faz a faz con la realidad: no ejercerá su alta jurisdicción sobre las islas, y verá que allí se darán cita todos los filibusteros.

Para conjurar ese mal que ha surgido de la falta de previsión —mal que se hace extensivo a los cinco Estados centroamericanos— no vemos sino un medio: el de la pronta realización del alto pensamiento, de la fecunda idea de reunir esas cinco Naciones en un solo Estado fuerte y compacto. (El subrayado es nuestro).

Entre los males irreparables que acarreó el no haber ratificado la convención de 1856, se debe enumerar el abandono que hizo la Inglaterra de su proyecto para construir el ferrocarril, para el cual había empezado a hacer gastos, y ese ferrocarril estaba llamado a dar vida a la América Central, al mismo tiempo que a favorecer el comercio general.

****

Tomado del libro UNION LATINO—AMERICANA, PENSAMIENTO DE BOLIVAR PARA FORMAR UNA LIGA AMERICANA, publicado por J.M. Torres Caicedo, antiguo Encargado de Negocios de Venezuela, Miembro de la Sociedad de Economía Política de París, de la Sociedad de Literatos de Francia y de varias Sociedades Científicas y Literarias de Europa y de América. El libro UNION LATINO—AMERICANA fue editado por la Casa Bouret, de París, en el año de 1865.

****

Reproducido el texto inserto en el libro DON JUAN LINDO, EL FRENTE NACIONAL Y EL ANTICOLONIALISMO, de Medardo Mejía, impreso en la Imprenta "La Democracia" el 7 de noviembre de 1959, de donde a su vez se toma para ilustración del Tratado Clayton—Bulwer del 19 de abril de 1850.

EL TRATADO CLAYTON—BULWER Y SUS EFECTOS EN CENTRO AMÉRICA, SEGÚN EL HISTORIADOR NORTEAMERICANO

DOCTOR MARIO RODRÍGUEZ

Debemos aclarar que no copiamos cosas ajenas por llenar páginas y agrandar volúmenes. Lo hacemos para ilustrar con literatura extranjera el punto decisivo de la historia nacional en que, físicamente, un águila y un león se disputan con aletazos, garras, picotazos y dentelladas un humilde carnero casi desmayado por el terror. Este cuadro de Esopo que no lo figuraron en sus episodios ninguno de nuestros mejores fabulistas centroamericanos, ni José Antonio Irisarri ni Luis Andrés Zúñiga, es el tema del capítulo titulado El Fuego de Prometeo (1851—1865), en el libro "América Central" del historiador norteamericano doctor Mario Rodríguez, para comentar las consecuencias del convenio canalero anglo—norteamericano en los países de Centro—América.

Se habla así en El Fuego de Prometeo:

De acuerdo con el Tratado Clayton—Bulwer del 19 de abril de 1850, la Gran Bretaña y los Estados Unidos convinieron en que ninguna de ambas naciones buscaría el control exclusivo de una ruta de tránsito a través de la tierra centroamericana, ni fortificaría, colonizaría o se establecería en América Central, en tal forma que interfiriera con la proyectada ruta del canal. Apoyarían de manera conjunta a la Compañía de Navegación a Vapor del Atlántico y del Pacífico, uno de cuyos directores era Cornelius Vanderbilt, en sus esfuerzos por construir una ruta de tránsito a través de Nicaragua. Habría puertos libres a los extremos de este paso. Conscientemente, la oficina del Exterior alentó a los banqueros británicos a dar la bienvenida a la petición de apoyo financiero de Vanderbilt, y lord Palmerston prometió a la compañía que las autoridades de Greytown no interferirían en ningún modo con su trabajo.

Por tanto, vetó el programa de tarifas de Chatfield e hizo de Greytown un puerto libre. Por loable que haya sido, esta medida dejó a las autoridades de los Mosquitos, en el puerto, sin ingresos para guarnicionar Greytown. Para contrarrestar esta pérdida de ingresos, los funcionarios de Mosquitos realizaron la sugestión de Chatfield concerniente al establecimiento de una municipalidad, y los padres de la ciudad de Greytown procedieron entonces a cobrar cargos portuarios menores.

El 21 de noviembre de 1851, el capitán de Prometheus, uno de los barcos de Vanderbilt que transportaba pasajeros de ida y vuelta a Nueva York, se negó a pagar los cargos portuarios. El irascible "comodoro" que estaba presente en esta ocasión, insistió vehemente en que no pagaría los cargos que violaban tanto el Tratado Clayton—Bulwer como las promesas que había hecho Palmerston a su compañía. El resultado de este incidente fue que las autoridades de los Mosquitos apelaron al barco de guerra británico, el Express, para que hiciera cumplir sus reglamentos. Cuando el Express disparó sobre el Prometheus, Vanderbilt pagó su cuenta, bajo protesta. El Tratado había sido sometido a su primera prueba y siguió una década de resentimientos entre los Estados Unidos y la Gran Bretaña.

Los detalles de esa década de dificultades diplomáticas angloamericanas no debe ser de nuestra incumbencia. El incidente del Prometheus despertó la ira del público estadounidense y reforzó la mano de los enemigos de Palmerston en Inglaterra, quienes insistieron en que la diplomacia del cañonero de "Old Pam" había perjudicado los intereses británicos en todo el mundo. Lord Palmerston renunció como secretario del Exterior, a fines de diciembre de 1851, y Chatfield fue llamado pocas semanas después, terminando así la política agresiva de Gran Bretaña en Centro América. Decidida a liquidar todos los rastros de su política anterior la oficina del Exterior trató de salirse, con honor, del protectorado de los Mosquitos, por medio del acuerdo Webster-Crampton de 1852, entre otros; y de las Islas de la Bahía, por medio de la Convención Dallas—Clarendon de 1856, ninguno de cuyos acuerdos fue cumplido, infortunadamente, debido a la oposición centroamericana, inglesa y estadounidense en el área, lo mismo que a las prácticas agresivas de los políticos de los Estados Unidos. Así, en 1859 y 1860, Charles Wyke, el sucesor de Chatfield, negoció tratados con Honduras, Nicaragua y Guatemala, arreglando sus diferencias con Gran Bretaña, cuando menos por el momento.

Esperando haber sido llamado sólo temporalmente, y que Gran Bretaña reanudaría después su política agresiva, el señor Chatfield abandonó la área en mayo de 1852. Aunque el bloqueo de 1850—1851 no había podido destruir a Doroteo Vasconcelos, la acción naval del invierno siguiente concluyó el trabajo. El molesto gobierno unionista de El Salvador cayó del poder. Francisco Dueñas, un antiguo liberal unionista, renegado[1], organizó un gobierno que bailaba al son del violín inglés. Con tres Estados bajo su control, Chatfield estaba en su posición más fuerte cuando llegaron a la Ciudad de Guatemala las órdenes que lo llamaban.

Aunque nunca regresó a Centro América, la influencia de Chatfield persistió a través de las acciones de Manuel Francisco Pavón, su ex—secretario y uno de los principales serviles de Guatemala. Hasta su muerte en 1855, Pavón tuvo mucho que decir en el gobierno del general Carrera; estaba interesado, particularmente en negociar un tratado con Inglaterra para impedir que Belice cayera en manos de los Estados Unidos, política que su viejo amigo en Londres le había sugerido. Indudablemente, esto explica por qué Charles Wyke pudo negociar el tratado en 1859, concerniente a los límites fronterizos de Honduras Británica. Todavía más, las tácticas de Chatfield de dividir y conquistar continuó dando fruto en América Central, nada más que ahora era Rafael Carrera quien apremiaba a los Estados vecinos a establecer repúblicas, para minar el movimiento unionista. Después de la Batalla de Arada, los serviles se sintieron lo bastante seguros para promulgar una Constitución de su agrado, restableciendo las instituciones colectivas del período colonial y conservando el poder en sus manos. Mediante el Acta Consultiva de 1851, Rafael Carrera se convirtió en amo absoluto de Guatemala; en 1854, sus partidarios y admiradores lo declararon presidente vitalicio. Para entonces, el talentoso conservador Frutos Chamorro estaba conduciendo a Nicaragua por el mismo camino de "Libertad, Orden y Trabajo", para bien de la Nación.

Después de la derrota de La Arada en febrero de 1851, la Representación Nacional (RN, para mayor claridad: nota nuestra)

---

[1] El calificativo de renegado es nuestro. Dueñas fusiló al liberal unionista, Gerardo Barrios y fue derribado por el liberal unionista hondureño, en guerra, Céleo Arias, en 1871.

intentó vanamente reunir a sus partidarios. Dueñas, de El Salvador, no escuchaba. Chamorro, de Nicaragua, tenía los ojos fijos en la independencia de su Estado. Sólo Honduras permaneció fiel; por tanto la RN se mudó a Tegucigalpa en octubre de 1852, donde los unionistas trazaron el estatuto, una constitución provisional, esperando que ahora que Chatfield había partido, todos los centroamericanos se reunirían en una asamblea nacional constituyente.

Pero la ambición de poder predominó otra vez. Dueñas se negó a enviar sus delegados de El Salvador, el 24 de marzo de 1853. Chamorro hizo lo mismo el 30 de abril de 1853 y, por supuesto, el gobierno guatemalteco alentó estas deserciones. Elegido a la presidencia de Honduras en marzo de 1852, el general José Trinidad Cabañas, un antiguo morazanista, pidió a sus vecinos del centro que mantuvieran en sus mentes la causa de la unión. Cuando fracasaron las sugestiones pacíficas, Cabañas invadió Guatemala en julio de 1853, haciendo al mismo tiempo gestos amenazadores hacia El Salvador. El 6 de julio de 1853, el general Vicente Cerna, brazo derecho de Carrera, derrotó a Cabañas y así alentó a los conservadores de toda América Central. Para 1854, Rafael Carrera, ex mulero, era no solamente el presidente perpetuo de Guatemala, sino también el amo de Centro América, por los once años siguientes.

Pero los liberales unionistas tenían un modo perturbador de resurgir al primer plano. Completamente frustrado por el poder de Carrera, buscaron ayuda del exterior. En julio de 1855, William Walker y cincuenta y ocho hombres desembarcaron en Nicaragua, ensuciando las aguas centroamericanas que ya distaban mucho de ser potables. Es difícil decir lo que motivó a este hombre "ojiverde" del destino; quizá el mismo famoso personaje de Tennessee no lo sabía. Una cosa es segura, tenía una extraña manera para provocar la oposición de todos: de los liberales unionistas que habían pedido su apoyo; de los conservadores, que sospechaban de sus ambiciones personales y de su posible conexión con el gobierno de los Estados Unidos; y de Cornelius Vanderbilt, quien resentía la interferencia de su compatriota en su compañía de tránsito naval. Las fuerzas combinadas de sus varios enemigos hicieron caer al diminuto presidente de Nicaragua, en 1857; tres años después, cuando trataba de regresar a América Central, cayó ante un pelotón hondureño de fusilamiento. Los gobiernos conservadores de Centro América aplaudieron la victoria del "Ejército Nacional de Liberación" bajo el presidente Juan José Mora, de Costa Rica, como si en alguna forma eso expiara sus antecedentes, por otra parte deficientes, contra enemigos extranjeros.

Con el espíritu de euforia que acompañó la caída de William Walker, casi pareció que esta vez, la cuarta, de acuerdo con nuestra cuenta, la unión podía triunfar en América Central. Mora, de Costa Rica, y Tomás Martínez, de Nicaragua, ambos conservadores, negociaron un convenio territorial de la molesta disputa de Guanacaste, en 1858, y los liberales unionistas, como Gerardo Barrios, de El Salvador, y Máximo Jerez, de Nicaragua, comenzaron a trabajar estrechamente con caudillos conservadores. Todo contribuyó a la impresión de que era inminente una nueva era de cooperación nacional. Elegido a la presidencia de su país en 1860, Gerardo Barrios, que había sido un instrumento en revolucionar la Nicaragua de Frutos Chamorro en 1853, dio a Carrera razones para creer que sería un aliado amistoso.

Barrios propuso la convención en 1862, para formar un gobierno genera de los tres Estados centrales; su amigo Jerez, mientras tanto, había persuadido al presidente Martínez, de Nicaragua, para que se uniera al plan.

De acuerdo con sus antecedentes como morazanista, Gerardo Barrios avizoró una fuerte república del centro, consistente en dos distritos igualados en cada uno de los tres Estados, subordinados al gobierno nacional. Pero Martínez, de Nicaragua, al parecer no tomaba en serio el proyecto; en lo que era casi un plan de renacimiento de la "Confederación guatemalteca" del señor Chatfield, sugirió que Guatemala fuera incluida en el nuevo gobierno y que Rafael Carrera fuese nombrado presidente provisional. Por supuesto, Gerardo Barrios rechazó abiertamente las proposiciones y Carrera. las desaprobó en igual forma, o cuando menos eso dijo. Sin embargo, Carrera debió tener un interés más que pasajero en las recomendaciones de Martínez. Guatemala reanudó su guerra con El Salvador en 1863, expulsando a Barrios del poder e imponiendo a Francisco Dueñas, sobre los salvadoreños. El gobierno unionista de

Honduras cayó también y Carrera impuso allí a José María Medina como jefe de gobierno.

Desde su exilio en Costa Rica, el expresidente salvadoreño se preparó para su regreso. Pero en su camino a través de Nicaragua, Barrios fue detenido por el presidente, Martínez, quien lo entregó al gobierno de Dueñas. Después de un juicio arreglado, Gerardo Barrios cayó ante un pelotón de ejecución el 29 de agosto de 1865. Su testamento y última voluntad es un recuerdo gráfico del intenso fervor unionista que había inspirado a los morazanistas desde la caída de la república: un movimiento superado numéricamente y nunca capaz de contender con los valentones caudillos engendrados por la anarquía de esa lucha ideológica. La lucha por el poder era simplemente demasiado fuerte, en las mentes de los conservadores centroamericanos, los liberales partidarios de los derechos de los Estados, y los oportunistas militares, para permitir la restauración de la república.

Para 1865, Carrera y sus peleles conservadores tenían el control completo de la situación en los cinco países de América Central. Quizá fue justicia poética que el 14 de abril de ese año, el presidente vitalicio de Guatemala exhalara su último suspiro, una figura enigmática cuyo nombre aún provoca controversias en su país nativo. Los representantes en la altiplanicie en la asamblea nacional constituyente de la Guatemala actual, rechazaron con furia cualquier consideración de la proposición para levantar un monumento a Carrera, en el centenario de su muerte.

El general Vicente Cerna, aparente heredero de Carrera, continuó el sistema de gobierno establecido por su predecesor, la dictadura férrea de las "familias", la burocracia y la Iglesia, cuyos poderes y propiedades habían sido restituidas, desde hacía mucho tiempo, por Carrera.

Las muertes de Rafael Carrera y de Gerardo Barrios marcaron el fin de los años formativos de Centro América, un período violento de luchas ideológicas y egoísmo sin ambages, que el pasado colonial ya había institucionalizado.

Por las maquinaciones de agresivos británicos, el poder de la primera nación del mundo trabajó contra el unionismo y el establecimiento de instituciones liberales; los elementos tradicionales y fuerzas centrífugas, en el medio centroamericano, hicieron el resto. No obstante, estaba por verse si la victoria de los conservadores y los partidarios de los derechos de los Estados podría sobrevivir a la muerte de su campeón.

****

Tomado del libro AMERICA CENTRAL, publicado por el historiador norteamericano doctor Mario Rodríguez; traducido del inglés por el señor René Cárdenas Barrios; impreso en México por la Editorial Indiana, S.A.

GOBIERNO CONSTITUCIONAL DEL GENERAL TRINIDAD CABAÑAS

Bien podemos decir que con el General Trinidad Cabañas en la Presidencia de la República de Honduras empiezan las tareas y preocupaciones que corresponden a la segunda mitad del siglo XIX. Ya dijimos que el Doctor Juan Lindo, quizá el hombre más inteligente de la política centroamericana de aquel tiempo, percibió con anticipación los cambios internacionales ya apuntados que paralelamente determinaron cambios en estos países. Por eso, con la sagacidad de zorro que le caracterizaba, anticipadamente se ingenió sutilmente la manera de separar los viejos cuadros que servían a la política británica en el país. Así fue que desaparecieron de la escena pública figuras tan prestigiadas como los generales Francisco Ferrera, Santos Guardiola y los ciudadanos Chávez, Jáuregui, más otros no menos importantes. A nuevos tiempos, nuevos hombres, y en aquel momento de lucha a muerte contra los planes colonizadores de la Gran Bretaña en Centro América y en América Latina, la ayuda de los Estados Unidos —aunque fuera interesada, nadie lo ignoraba entonces— se saludaba como bienvenida.

Por tanto, los hombres que debían ocupar el poder debían ser pronorteamericanos, con las reservas que venían del expansionismo, y decididamente antibritánicos por haber sido estos los criminales que dieron al traste con la República Federal en área centroamericana, fuera de otros daños que ocasionaron en las demás zonas del continente. El General Cabañas, jefe de los políticos federalistas de Centro América, estimaba "aliados" a los norteamericanos en la lucha abierta contra los británicos. Pero hasta allí, porque no era gracia romper los lazos aprisionantes de los británicos para aceptar mansamente los lazos de los norteamericanos. Había sido bienvenida la contribución británica cuando se procuraba la separación de España. Pero aquélla contribución no debía cobrarse con usurpaciones territoriales y dominación política en los días de la Independencia. La Gran Bretaña, de ser otra, estaba obligada a respetar la Independencia de la Nación con la cual había celebrado una "alianza" tácita. No lo hizo así porque era la Gran Bretaña, la pérfida Albión, como decía Bonaparte. Pues en el caso de los Estados Unidos, ya creciditos, no querían ver ni el cuerpo ni la sombra de la Gran Bretaña en América, bajo el signo de la Doctrina Monroe; y en este sentido ofrecían su "alianza" a las naciones americanas amenazadas de colonialismo británico, y dicha "alianza" era recibida de buena fe, mientras durara la emergencia colonialista de los almirantes de la Reina Victoria. Y es claro que después, al ser conjurado el peligro británico, la "alianza" norteamericana ya no tenía razón de ser y de persistir se volvería atentatoria. Así pensaban don Juan Lindo, el general Cabañas, don José Francisco Barrundia, don Justo José Rodas, don León Alvarado y otros por el estilo. Eran pro—norteamericanos condicionales, a diferencia de los que hemos visto surgir después que han sido y son de un vistoso incondicionalismo, actitud cívica y moral que ha determinado la dependencia imperialista norteamericana.

En diciembre de 1851, hubo elecciones presidenciales en Honduras. Estaba para terminar el período del doctor Lindo y convenía designar al sustituto. Como las elecciones generales no determinaron quién sería el presidente, correspondía a la Asamblea del Estado designarlo mediante votación. Resultaron electos Presidente el General Trinidad Cabañas y Vicepresidente el Doctor Juan Lindo, en acto legislativo celebrado el 28 de enero de 1852.

Cuando desfilaban tales sucesos públicos en Honduras, el general Cabañas, acompañado de su mujer Petronila Barrios, residía en el departamento de San Miguel, El Salvador, dedicado al trabajo de minero. Tenía que ser así: Cabañas, al igual que Morazán, dedicó casi toda su vida a la bienandanza de la República y no pensó ni un minuto en hacerse rico. La mina en que se afanaba en San Miguel era de un amigo, que se la había dado en son de entretenimiento, pues acaso con el producto adquirido gracias podía proveer el diario yantar.

Entre tanto, el Congreso de Honduras nombró una comisión compuesta por los diputados León Alvarado que la presidía, Francisco Lope y Vicente Vaquero, para que fuera a San Miguel a poner en manos de Cabañas su elección presidencial. La comisión salió de Comayagua montada en briosas mulas, llegó a San Miguel, encontrando a Cabañas en la boca de la mina, sentado en una piedra, descansando y apoyando el brazo en una pesada almádena de largo y grueso mango. Don León puso ante Cabañas el pliego de la elección presidencial, y una vez leído, lo urgió a tomar camino en compañía de doña Petronila —mujer encantadora, propia para ser esposa de Cabañas—. El viaje de San Miguel a Comayagua fue de lo más placentero, como lo hizo saber un artículo publicado en el "Diario Oficial".

En acto público, en el recinto de la Asamblea, el General Trinidad Cabañas tomó la Presidencia de la República de Honduras, el 1º. de marzo de 1852. En su discurso de inauguración gubernamental dijo:

"En este Gobierno habrá una exacta observación de la Constitución y de las leyes: pureza y rectitud en el ejercicio de mis funciones: voluntad decidida de hacer el bien, promoviendo todo lo que pueda contribuir al engrandecimiento del Estado y al bienestar de cada ciudadano: mantener la paz pública en el interior y en el exterior: no reconocer enemigos por opiniones políticas, ni dispensar protección especial a algún partido, guardando la más escrupulosa imparcialidad: respetar y garantizar la libertad de pensamiento, de la palabra y de la imprenta, y promover por todos los medios posibles la reorganización nacional: he aquí mi programa".

Está dicho todo.

Honduras, que ya había sido designada Distrito Federal en proyectos unionistas anteriores, ahora sería la base de nuevas operaciones morazánicas. Desde el 8 de noviembre de 1849, el Presidente Lindo en representación de Honduras había firmado con Nicaragua y El Salvador un convenio por el cual los tres Estados se unían y confederaban. Una Asamblea Constituyente que se reuniría en Chinandega, posteriormente se decidió que mejor se reuniera en Tegucigalpa para aprontar la Confederación bajo la garantía del Gobierno de Cabañas.

A este efecto, el Presidente Cabañas con el objeto de aprontar la creación del nuevo Estado, a mediados de marzo se trasladó de Comayagua a Tegucigalpa. La Asamblea Constituyente se instaló el 9 de octubre de 1852, con veinticuatro representantes de Honduras, El Salvador y Nicaragua. El 13 del mismo mes había concluido el Estatuto Provisional, por el cual nombraba Presidente de la Confederación de los Estados centrales al general Trinidad Cabañas, habiendo renunciado dos veces el elevado puesto, motivo que impulsó a la Asamblea Constituyente a nombrar al Licenciado Francisco Castellón, y por último, al hallarse ausente este personaje en los países de Europa, se le encomendó el Poder Ejecutivo al Doctor Pedro Molina el 3 de noviembre de aquel año, terminando la Asamblea sus funciones siete días después.

Como las cosas iban cambiando al gusto de los pueblos centroamericanos, es oportuno decir que los meses de septiembre, octubre y noviembre fueron meses de fiestas continuas en Tegucigalpa. A cada nuevo personaje que llegaba a tomar asiento en la Asamblea se le recibía con un banquete, un baile, un paseo campestre muy de moda en la época o con una recepción oficial. Y como la mayoría de aquellos personajes se acompañaban de sus esposas y de sus hijas, lo que no es extraño porque las mujeres americanas del siglo XIX eran tan buenas jinetas, conocían tan bien el arte de montar a caballo como Manuelita Sáenz, la compañera de Bolívar en el fragor de las guerras de Independencia, Tegucigalpa, se puede decir, estaba enflorada. Justamente, Ramón Rosa en la "Biografía del Padre José Trinidad Reyes" se refiere a uno de los aspectos interesantes de aquellos días cuando dice:

"¡Qué recuerdos! El 15 de septiembre aniversario de la gran Patria. Se hallaban reunidos con el pueblo, en la iglesia parroquial, los representantes al Congreso, los primeros personajes de los fraccionados y mutilados pueblos de Centro América. El orador sagrado que iba a pronunciar el discurso político—religioso en día tan fausto y solemne, se excusó a última hora, por tener justificado inconveniente. Los diputados conocían a Reyes de nombre, pero no le habían visto sujeto a pruebas, pruebas que, por el hecho y no por la vocinglería, dan la medida de la importancia real de un hombre. Todos se interesaron en que subiese al púlpito. Reyes, pálido y conmovido, sube a la cátedra sagrada, y, bajo las alas del Espíritu Santo, y bajo el pabellón celeste y albo de la patria, improvisa, conmueve y arrebata. Con unción religiosa, como Jeremías llorando sobre las ruinas de Jerusalén, lloró sobre las ruinas de la patria; y con ardiente nacionalismo, como Mazzini fulminó anatemas sobre los destructores de la Unidad Nacional, y predijo con palabras de fe, de aliento y de esperanza, la reorganización de Centro América. ¡Magnífico espectáculo! El recoleto estaba en el Sinaí, el patriota en la tribuna del publicista.

José Francisco Barrundia, de alma espiritual y de imaginación de fuego quería aplaudir en plena iglesia; Gerardo Barrios, cojeando, quería levantarse, fulguraban sus ojos y casi echaba mano a la espada; Enrique Hoyos, bilioso y polemista, se estremecía y palidecía; Justo Rodas, calculaba y se inquietaba; Pedro Zeledón, meditaba y se entristecía; Buenaventura Selva, pensando en las leyes, fruncía el entrecejo; José Guerrero, tocaba los frecuentes latidos de su pulso; Rafael Pino, poetizaba en silencio y sonreía lleno de esperanzas, y Pedro Francisco de la Rocha, hacía esfuerzos para vencer su laboriosa digestión, y entreabría los ojos, en que empezaban a lucir rayos de entusiasmo; ¡y en medio de escena tan grandiosa, el pueblo lloraba!".

Parece que el Padre Reyes fue tío de Ramón Rosa. A eso se debió su Biografía que leyó de un solo tirón en una velada literaria. Por el párrafo trasladado se ve que ya el 15 de septiembre habían llegado a Tegucigalpa muchos diputados; luego llegarían los demás, y como siempre aquello no pasó de ser música marcial.

La confederación de los Estados centrales que había proyectado el Presidente Lindo en años anteriores con tanta diligencia, gracias pudo llegar a la reunión de la Asamblea Nacional Constituyente que en el término de una semana pudo redactar un Estatuto Provisional y basado en él elegir al primer gobernante del nuevo Estado, cargo que recayó en el siempre bien recordado prócer doctor Pedro Molina. Desgraciadamente, con Cabañas en la Presidencia de Honduras, las cosas se volvieron tan claras que el Presidente Francisco Dueñas de El Salvador, sin decir palabra, negó le apoyo a la Confederación y se acercó al dictador Carrera de Guatemala; y el Presidente Laureano Pineda de Nicaragua, influido por la política separatista de última hora de Frutos Chamorros, se hizo el sordo a los llamamientos que le hacía el Gobierno confederado desde Tegucigalpa.

El dictador Carrera buscó pretextos para hostilizar al Gobierno de Cabañas y los halló en la búsqueda de unos facciosos que merodeaban en la línea fronteriza de los dos países, para lo cual movió al general Joaquín Solares con quinientos hombres, quien invadió los Llanos: de Copán el 31 de octubre de 1852, encontrándose con un resguardo que para cuidar la frontera de merodeadores había situado allí el Comandante de Armas de Gracias. Las dos fuerzas chocaron, la grande invasora y la pequeña defensora del territorio nacional, habiéndose retirado la última con la pérdida de un soldado.

El Presidente Cabañas supo la noticia de la invasión, ordenó al Comandante de Armas de Gracias que reuniera suficientes fuerzas para combatir a Solares, pero éste al saber los preparativos optó por regresar a Guatemala.

Como las invasiones con fines hostiles siguieron, el Presidente Cabañas dispuso no seguir aguantando más y en febrero de 1853, movilizó tropas suficientes y se situó en el departamento de Gracias para rechazar las agresiones del dictador Carrera. Y éste, al ver que Cabañas era un hueso duro de roer —como suele decirse— buscó medios de hacer la paz. Y en efecto, el 19 de abril del año 53, fue firmado en Esquipulas un arreglo pacífico entre los comisionados hondureños, Dr. Juan Lindo, General José Antonio Milla y don Justo Rodas y el representante de Guatemala Presbítero José María Gutiérrez, conviniendo la libertad de los ciudadanos hondureños que habían apresado las tropas guatemaltecas; respetar ambos gobiernos sus fronteras en lo sucesivo; reconcentrar por parte de Honduras a los emigrados guatemaltecos que estuvieran en la frontera; y pago de daños y perjuicios que hubieran causado las tropas de Carrera en los Llanos de Copán.

El convenio no restableció la confianza de los gobiernos que lo firmaron. El de Guatemala con pretextos se negó a pagar los daños causados a los hondureños. Así, pues, la guerra se hizo inevitable. El General Cabañas entró con sus tropas en Guatemala, apoderándose de Chiquimula y de Zacapa, el 2 de julio de 1853. Las tropas de Guatemala comandadas por el general Vicente Cerna y el coronel Leandro Navas atacaron a Cabañas el 6 de julio, a campo raso en las inmediaciones de Chiquimula y después de dos horas y media de reñido combate, Cabañas tocó fuego en retirada.

Carrera pensó en dar una lección imborrable a Honduras. Acompañado del general José Víctor Zavala, organizó una fuerza de mil hombres, con la que se dirigió al puerto de Omoa para tomar el Castillo escasamente defendido por unos cien soldados al mando del Capitán José María Medina. Sin combatir fue tomada la fortaleza por las tropas guatemaltecas. El jefe de ella, sin autorización del Gobierno, firmó una capitulación el 24 de agosto de 1853. Las tropas de Carrera, permanecieron en Omoa muchos días con el objeto de tomar descanso, y una vez que se sintieron descansadas, regresaron a su país llevándose algunas piezas de artillería del fuerte.

Al saber el general Cabañas lo ocurrido en Omoa movilizó fuerzas de la Capital y de Gracias para ir a combatir a Carrera, pero por la enorme distancia y la falta de buenos caminos en aquellos tiempos, las fuerzas hondureñas llegaron tarde.

El dictador Carrera —que estaba al tanto de lo que significaba Cabañas en el poder de Honduras— le hizo una guerra interminable. Las tropas guatemaltecas siempre estaban amenazando en la frontera común, y la diplomacia carrerista no se daba reposo con el objeto de restarle aliados y buenas voluntades al proyecto de cimentar sólidamente la Confederación de los Estados centrales para después pasar a la restauración de la República Federal.

Ya se había ido de Centro América el maldito encargado de negocios británico; pero había quedado en su lugar quien fuera su mejor amanuense en español, Manuel Francisco Pavón, representante en el Gobierno de Carrera de las llamadas "familias" que componían la, pseudo—aristocracia de la Ciudad de Guatemala. Estas familias, después del susto que llevaron cuando la revolución morazánica, quedaron tan compactas y sensibles, que al menor signo de progreso social se ponían histéricas y pedían que se destruyera a sangre y fuego todo lo que pusiera en peligro su nobleza y sus bienes feudales y esclavistas.

Subió de punto la indignación de las familias guatemaltecas citadas y por consiguiente del dictador Carrera al cundir la noticia que una compañía norteamericana. y el Gobierno de Cabañas habían firmado el 23 de junio de 1853 una contrata para construir un ferrocarril interoceánico que partiera de Puerto Cortés, atravesara las ricas tierras del territorio nacional y fuera a parar en el Golfo de Fonseca.

¿Un ferrocarril de mar a mar en Honduras? ¿A qué firma constructora de ferrocarriles se le había ocurrido tan peregrina idea? ¿A una firma norteamericana con el fin de anular los derechos adquiridos de Inglaterra en Centro América? y luego, qué preciosa cara tenía Honduras para que fuera escogida con el objeto de premiarla con una obra ferrocarrilera que dejaría deslucidas a Guatemala, a El Salvador, a Nicaragua, ya no digamos a Costa Rica?

Lo que se pensaba era intolerable. Con razón se decía discretamente en la casa de la familia Aycinena, donde se discutían, por supuesto entre personas respetables, hasta los más recónditos secretos de Estado, que la nación norteamericana de Washington se estaba levantando airosamente de la nada para levantar con ella a los que nada valían y dejar a los que valían algo convertidos en nada, con la despreciable doctrina de la democracia. Lo dicho estaba a la vista: Honduras no valía un comino en el concierto centroamericano, y los norteamericanos la habían elegido para premiarla con semejante galardón.

Semejante afrenta a la dignidad de Guatemala había que hacérsela saber al general Carrera con el lenguaje sencillo y llano de Manuel

Francisco Pavón, quien tenía la capacidad de simplificar las cosas más difíciles y la gracia de poner en movimiento la voluntad del caudillo. En efecto, Pavón se aparecía con las sedas luminosas de un sueño revelador en la cabeza de Carrera, y más tarde llegaba Pedro Aycinena con consideraciones ejecutivas que enseguida se traducían en ordenanzas y decretos. Carrera, con la asistencia de sus indiadas, representaba la fuerza bruta.

En el libro que escribimos para hacer ciertas refutaciones que estaban erradas y para poner en su punto exacto al general Cabañas, titulado "Trinidad Cabañas: Soldado de la República Federal", con ocasión del centenario de la muerte de éste y que fue publicado por el "Instituto Morazánico", hicimos referencia de la "Relación Histórica" escrita y publicada por Enrique Gutiérrez, Ministro Plenipotenciario de Honduras en Inglaterra, a exigencia de la Bolsa de Valores de Londres, a raíz de los empréstitos ferrocarrileros de 1867, 1868 y 1870 para explicarle al público londinense ciertos puntos de la contrata ferrocarrilera Squier—Cabañas.

Gutiérrez dijo en su relación:

"En los años de 1850 a 1852 el representante de los Estados Unidos en Centro América, Mr. E.G. Squier, concibió la idea de que podía ser practicable un camino de fierro a través de la República de Honduras desde Puerto Caballos a la Bahía de Fonseca. Firme en esa idea, consiguió en los Estados Unidos que se organizase un cuerpo científico para reconocer la practicabilidad de esa línea, el cual partió de los Estados Unidos en febrero de 1853, y retornó en diciembre del mismo año. El informe fue muy favorable, y en consecuencia Mr. Squier pidió al Gobierno de Honduras la concesión para construir el camino, a favor de los señores Robert J. Walker, Amery Edwards, A. Miltenberger, James S. Thayer, Henri Stanton, Fletoher Westray y el propio E. G. Squier, siendo entonces Presidente de aquella República el General Don José Trinidad Cabañas, y comisionados por parte de dicho Gobierno D. León Alvarado y D. Justo F. Rodas.

Obtenida esta concesión del Gobierno de Honduras para construir el ferrocarril, el 28. de julio de 1853, Mr. Squier organizó en Nueva York una compañía que fracasó poco después a causa de la oposición que se le hizo por los interesados y partidarios de la línea de Panamá, y por el desdén y frialdad con que fue recibida por el público especulador de los Estados Unidos.

Los promovedores de esta empresa determinaron recurrir a los mercados de Europa a fin de buscar capitales para llevarla a cabo, con cuyo objeto comisionaron a su iniciador Mr. Squier para que se trasladase a Londres o París, y la presentase al público en una de esas capitales.

El fracaso de las gestiones financieras en Nueva York que tuvo Mr. Squier no se supo en Honduras ampliamente como era de esperarse en una época en que ya existía la gran prensa del capitalismo industrial en los Estados Unidos, en Inglaterra y en Francia por lo menos. Acaso conocieron estos reveses en cartas privadas de Mr. Squier los funcionarios hondureños Alvarado y Rodas.

Pero en los países centroamericanos la gritería que en Honduras se iba a construir un ferrocarril interoceánico era inmensa. Unos, corrientemente los federalistas amigos de la persona y del Gobierno del General Cabañas, batían palmas de alegría, y otros, los separatistas que odiaban al régimen y a la figura del héroe, echaban sapos y culebras y conspiraban.

Si la historia no se propone la explicación del progreso de una Nación y los hechos que lo hacen posible como los que lo estorban, es mejor no escribirla y demostrar que se tiene vergüenza para no dar este paso. Así nos dijo un ciudadano hondureño, verdaderamente irritado, ante el abuso que se hace del general Cabañas y su Gobierno al escribir páginas insulsas para que aparezca el paladín de la causa centroamericana como un perfecto majadero.

Cabañas aparece guerreando aquí, guerreando allá, siempre sufriendo derrotas, y no se dan explicaciones racionales por qué guerrea y por qué sufre derrotas. Todo se desliza en una redacción confusa para decir palabras y no acabar en ninguna idea. Pues se ha llegado la ocasión de decir el caso del Gobierno de Cabañas y aquí se va a decir.

En medio de tantas desgracias centroamericanas, felices estaban los provincialistas: y los retrógrados de las décadas 30 y 40 porque el General Francisco Morazán había fracasado en el intento de construir el canal interoceánico por Nicaragua. Nunca fueron más fervorosas las oraciones de los oscurantistas al cielo, dando gracias a la Divinidad por el fracaso canalero.

Y ahora que en el Gobierno del General Cabañas un loco con los arreos de Encargado de Negocios de los Estados Unidos —Mr. Squier con el tiempo se volvió loco y murió en un manicomio de su país—

acompañado de otros norteamericanos se proponía tender una vía ferrocarrilera por Honduras desde el Golfo de Honduras al Golfo de Fonseca, la rabia de las "familias" chapinas se salió de sus límites y las envidias del salvadoreño Francisco Dueñas y del nicaragüense Frutos Chamorro, quien dirigía la política de Nicaragua se tradujeron en berridos.

Según éstos, lo que se proponían el Encargado de Negocios Squier con sus socios era convertir a Honduras en una "potencia" centroamericana, que dejara a sus hermanas en íntima dependencia. Era transformar al villorrio de Tegucigalpa —capital teórica de la Confederación de los Estados centrales— en un centro capitalista de gran poder que abajara el orgullo aristocrático de la Guatemala feudal, apegada a las tradiciones coloniales.

Desde luego, no andaban descaminadas las comadres de Chamorro y de Dueñas. Si el ferrocarril se construía, la afluencia de inmigrantes y capitales a Honduras sería enorme, cambiando la fisonomía del país y el que extendería su influencia capitalista a los demás países centroamericanos. De otro lado, las cosas no pasaban del proyecto, por añadidura sin base financiera. Pero como estos aspectos se ignoraban, convenía abatir a un Gobierno tan peligroso.

Durante el año de 1854, el dictador Carrera siguió hostilizando en la frontera occidental al Gobierno de Cabañas, bajo el criterio que el hombre indicado para gobernar a Honduras era el conservador Santos Guardiola. Y en la frontera oriental, el general Cabañas por buscarse amigos daba auxilio a los demócratas contra los legitimistas que acaudillaba Frutos Chamorro, quien según el viento daba vueltas como la veleta y ahora le prestaba su apoyo incondicional al dictador Carrera contra Honduras. Cabañas estaba cercado.

Un estado de Confederación como era el que enfrentaba Honduras carecía de relaciones y representantes diplomáticos en Nicaragua y El Salvador. Pero como con Nicaragua las relaciones se hallaban tirantes con el nuevo rumbo que Frutos Chamorro le había dado a la política de su país, nada había qué hacer allí. En cambio, era conveniente agarrarse aunque fuera de un pelo en Centro América, y el Presidente Cabañas que ya se había dado cuenta que la Confederación era un sueño, buscó relaciones diplomáticas con El Salvador y las halló condimentadas con las sonrisitas burlonas de Dueñas. A la vez estableció una Legación en los Estados Unidos y nombró dicho cargo al prócer José Francisco Barrundia.

La plenipotencia dada por el Presidente Cabañas al prócer Barrundia cuya fama traspasaba las fronteras centroamericanas por estar asistida de un prestigio personal indiscutible y de una facilidad oratoria que lo acercaba al griego Demóstenes, puso brasas en los pies de los principales personajes de las buenas "familias" de la Ciudad de Guatemala. Barrundia —pensaron, y como después lo dijeron y lo repitieron, terminaron por creerlo una verdad irrefutable— anda ni más ni menos entregando la República de Honduras al poder de los Estados Unidos. Y una vez que los Estados Unidos se hayan adueñado de Honduras, Guatemala estará perdida y con ella los demás países centroamericanos.

El decreto que nombraba a Barrundia dice así:

"Trinidad Cabañas Presidente Constitucional del Estado de Honduras"

Considerando

Que es de suma importancia acreditar un agente cerca del Supremo Gobierno de los Estados Unidos de la América del Norte, con el fin de abrir y fijar de una manera estable las relaciones de amistad y buena inteligencia que deben existir entre aquella República y este Estado, ajustando arreglos de mutua utilidad para ambos países; y encontrando en el señor don José Francisco Barrundia las cualidades necesarias para el desempeño de un alto encargo.

Decreto:

Art. 1º.—Nómbrase al señor don José Francisco Barrundia Enviado extraordinario y Ministro plenipotenciario de este Gobierno cerca del delos EE.UU., y confiérensele plenos poderes para promover varios asuntos de interés común y ajustar tratados de recíproca conveniencia entre ambos países.

Art. 2º.—Comuníquese a quienes corresponde y tómese razón en las oficinas de hacienda para los efectos consiguientes.

Dado en la ciudad de Comayagua en la Casa de Gobierno a 31 de marzo de 1854. Trinidad Cabañas. El Ministro general: Ramón Mejía.

(Tomado de la GACETA OFICIAL DE HONDURAS EN CENTRO AMÉRICA. Comayagua abril 20 de 1854. No.19 Tomo 2º.)

El discurso que pronunció Barrundia en la presentación de sus credenciales ante el Presidente Pierre, en Washington, el 29 de mayo de 1854, fue el siguiente:

"Señor Presidente: Tengo el honor de presentar a Vuestra Excelencia mis cartas credenciales como Ministro Plenipotenciario de

Honduras ante el Gobierno de los Estados Unidos. Tienen por objeto colocarme en posición de establecer relaciones íntimas y fraternales entre Honduras y la nación norteamericana. Las circunstancias peculiares porque atraviesa Honduras —la lucha en que se ha visto envuelta por sus generosos esfuerzos por establecer la unión y la libertad de Centro América, esfuerzos que desgraciadamente se han visto frustrados— su simpatía y admiración por el grande y libre pueblo que aquí presenta al mundo un ejemplo palpable y sin precedente del progreso bajo un gobierno puramente republicano y una refutación práctica y demostrativa de las ideas de. aquellos que consideran como una Utopía las organizaciones republicanas; imbuido por una cuidadosa apreciación de la generosidad que siempre acompaña a la inteligencia y al poderío, cuando se combinan, como sucede en los Estados Unidos que, son todas estas circunstancias que dan seriedad a la misión que mi gobierno me ha confiado y que busca fines de máxima importancia, tanto para los Estados Unidos como para Honduras, así como para el desarrollo ulterior de una política americana.

La misión a cuyo frente me hallo es tal vez más significativa que cualquiera otra venida de Centro América, y sus objetivos son de tipo que rara vez se encomienda a una legación ordinaria. Ella está vinculada con los intereses vitales de un pueblo americano, que lucha contra el antagonismo de los principios monárquicos, los cuales desafortunadamente tratan, en algunos lugares del Continente, de cambiar las bendiciones de la libertad y la independencia por protectorados extraños y dictaduras irresponsables.

Aseguro a Vuestra Excelencia que tendré una gran satisfacción al discutir estos asuntos tan importantes con los eminentes funcionarios de esta república, destinados por su influencia y capacidad para poner a los pueblos americanos en relaciones entre ellos, extender su libertad y aumentar su prosperidad, Honduras ha abierto sus puertas y prestado su cooperación a una empresa de vasta importancia para los intereses del mundo —me refiero a una libre comunicación entre los dos océanos—.

Ella ofrece sus amplios puertos, su clima salubre y sus grandes pero no explotadas riquezas como ayuda para esta empresa, y libremente ofrece su rico y fértil territorio a la empresa e industria del pueblo norteamericano. Honduras debiera ser para siempre la amiga y hermana de los Estados Unidos y ve en ellos como el apoyo de su libertad e independencia. ¡Quiera el Eterno Dispensador de todo lo que sucede unir ambos pueblos con los lazos inalterables del interés y de la futura prosperidad mutua! Tendré mayor satisfacción al poder contribuir al primer paso para lograr este resultado, y al dar al gobierno que preside Vuestra Excelencia la seguridad de los máximos deseos de Honduras por establecer una verdadera e íntima fraternidad con los Estados Unidos, en tal forma que ambas naciones tengan un solo interés por la causa común de la libertad, y en tal forma que Honduras pueda dedicarse a desarrollar los elementos latentes de su prosperidad, y a mejorar las ventajas de una posición eminentemente favorecida por la Naturaleza, sin miedo de perturbaciones futuras, ya sea por discordia civil o por agresión exterior.

De lograrse un resultado tan feliz, Honduras presentará, en el centro del mundo comercial, el glorioso espectáculo de un pueblo libre y próspero, sostenido por la generosidad de la gran nación norteamericana".

Tal fue el discurso del Ministro de Plenipotenciario de Honduras, señor José Francisco Barrundia, ante el Presidente de los Estados Unidos.

Aquel discurso fue notablemente anti—británico, por cuanto el ferrocarril, una vez construido, le decía adiós para siempre a la hegemonía de la Gran Bretaña en Centro América. Por lo tanto, los ataques de la prensa pagada por los ingleses fue unánime en decir que Barrundia había ido a Washington a vender la República de Honduras, a entregarle sus tierras en concesiones leoninas por un ferrocarril, a convertir en hechos prácticos en el país hondureño el Destino Manifiesto de Buchanan.

En los Estados Unidos las publicaciones en castellano "Iberia" y "El Universal" y en inglés el "New York Herald" hacían hincapié en el ferrocarril como una manera de entregar a Honduras a los excesos del capitalismo industrial de los Estados Unidos. Más tarde se supo que los banqueros londinenses desarrollaban esta campaña por el interés que tenían en que el ferrocarril no fuera norteamericano sino británico.

La Gaceta de Guatemala reproducía los artículos de la prensa norteamericana y atacaba con furia al Gobierno de Cabañas y a su Ministro plenipotenciario en Washington José Francisco Barrundia.

Todo lo anterior dio lugar a que el Gobierno de Honduras a sugerencia del Presidente Cabañas hiciera las aclaraciones y refutaciones pertinentes en el caso en la prensa oficial.

Como este asunto tiene interés especial, lo abordaremos en capítulo aparte.

EL GOBIERNO DE HONDURAS BAJO LA PRESIDENCIA DEL GENERAL CABAÑAS ES PROFUNDAMENTE ANTI—BRITÁNICO

Justamente, en el paso de la Presidencia del Doctor Juan Lindo a la del General Trinidad Cabañas el Gobierno de Honduras dirigió circulares a los Estados de El Salvador y de Nicaragua excitándolos para que hicieran concurrir sus representantes a la Dieta Nacional.

El texto de las circulares es el siguiente:

"Ministerio de Relaciones del Supremo Gobierno del Estado de Honduras. Casa de Gobierno, Comayagua, enero 12 de 1852. Sr. Ministro de Relaciones del Supremo Gobierno del Estado de El Salvador.

Usurpada como se halla la boca del río Romano, territorio de este Estado por el que se titula C.G. de S.M.B. en la supuesta nación Mosquitia y convencido mi Gobierno de que es de la mayor urgencia tomar una medida respetable y pronta sobre negocio tan grave; y que por sí solo se encuentra embarazado, para emitirla, porque aquel incidente afecta inmediatamente los intereses de los Estados aliados por el Pacto de 8 de noviembre y tratados preexistentes: que por el decreto de 9 de diciembre próximo pasado, la Honorable Asamblea del Estado de Nicaragua ha adoptado el de 31 de marzo último que convoca a una A.G.C., la cual desean con ansia los pueblos pues por más que se empeña la arbitrariedad en persuadirlos que nos les conviene conocer por sí mismos del estado de sus negocios, no le ha sido ni le será posible lograrlo, porque no están aquellos en el grado de torpeza y abatimiento en que los consideran para que se desprendan de sus más sagrados derechos, el señor Presidente del Estado ha ordenado al infrascrito, que a su nombre, excite a ese Supremo Gobierno y al de Nicaragua, para que se sirvan hacer concurrir a sus Representantes a la Dieta Nacional, paraque ella pueda fungir, con la plenitud del número de que se compone, y ocuparse de aquel interesante negocio, e igualmente a los diputados que deben formar la Asamblea, pues el de Honduras ha preparado ya los edificios en la ciudad de Tegucigalpa, donde deben reunirse aquellos altos cuerpos, y manda convocar sus Diputados para el 25 del entrante mes de febrero, interponiendo, al efecto, como interpone, por medio del infrascrito, la amistad y respeto con que el Gobierno de U. y el de Nicaragua se ha dignado distinguir a éste, a fin de que se procure, con el mayor interés, la reunión de los Representantes, de uno y otro cuerpo, para que disponga lo más conveniente a la salud de la patria, objeto único de su creación.

Estos son los sentimientos del señor Presidente de Honduras, en orden al asunto que dejo referido; los mismos que tengo la satisfacción de transmitir a U. para conocimiento de su Gobierno, y la de ofrecerle nuevamente, mis respetos y aprecio distinguidos. D.U.L.J. Velásquez".

***

El espíritu de esta nota, encaminado a unir los Estados centrales para defender los derechos territoriales de la usurpación británica, fue la inspiración constante del Gobierno de Cabañas, dispuesto a defender, solo o acompañado, lo que le correspondía a Honduras.

La contrata del ferrocarril, aparte del progreso que entrañaría, significaba el ejercicio soberano que hacía Honduras como Nación. Y las concesiones de tierras que hizo el Gobierno al norteamericano Follin, en territorios hondureños usurpados por los ingleses, también tienen ese significado.

Por lo dicho, calcúlese el odio que le podían tener los descendientes de los viejos piratas del siglo XVI y XVII al Gobierno del General Cabañas.

Por su parte el General Cabañas se hallaba muy seguro de los males sin nombre que le habían ocasionado los británicos a la joven República de Centro América.

A eso se debía que les había declarado guerra de exterminio, y lástima que los Gobiernos de Nicaragua y El Salvador, en este objeto, tuvieran la eficacia de un "pito de agua".

¡Infelices, que por miedo a Carrera abrazaron su causa "irresponsable" y se le sumaron como aliados!

PERFECTA CORRECCION EN LAS RELACIONES INTERNACIONALES DE HONDURAS Y LOS ESTADOS UNIDOS

Editorial de "La Gaceta".

"Desde que el Gobierno de Honduras dispuso nombrar al señor Barrundia su Enviado extraordinario y Ministro Plenipotenciario cerca de los Estados Unidos de Norte América, no han cesado sus enemigos de dar un aspecto alarmante a esta medida puramente diplomática, y de poner en juego toda clase de intrigas y de falsos cálculos activos, inquietos y suspicaces; buscan auxiliares y amigos, y para conseguir el logro de su ambición, tratan de arrojar sobre nosotros las inculpaciones más odiosas, las sospechas más inicuas y las más traidoras intenciones. Pretenden hacer creer que es un fruto de la demagogia al mandar comisionados cerca de una Nación que profesa, como Honduras los principios republicanos y con quien tiene desde luego intereses de comercio que en el porvenir serán de la más alta importancia. "El Universal" y "La Iberia" no tienen ningún fundamento para dañarnos como se verá por los mismos párrafos del discurso de nuestro Comisionado a que aluden con tanto empeño y de los que se prometen sacar todas sus ventajas imaginarias.

El señor Barrundia dice al Presidente Pierce "La misión de que estoy encargado, es quizá la más significativa de todas las que han nacido en la América Central, y su objeto es de tal naturaleza, que rara vez se habrá confiado a una Legación ordinaria otro semejante. Este objeto relativo a los intereses esenciales de una Nación Americana en lucha contra el antagonismo de los principios monárquicos que desgraciadamente tratan de reemplazar en algunos puntos de este continente, a los beneficios de la libertad y de la independencia por medio de protectorados extranjeros y de Dictaduras irresponsables".

Este párrafo demuestra evidentemente el objeto de su interesante misión, demuestra que están en lucha los principios republicanos con los principios monárquicos, demuestra que Honduras quiere conservar su libertad y su independencia y que rechaza con horror las dictaduras y la abolición de la Representación Nacional; que no quiere ser absorbida en el torrente de administraciones absolutas y arbitrarias, en esa muerte del pueblo o todo un Estado por la conservación y el poder de un solo individuo. Esto y nada otra cosa demuestra, no admitiendo otra deducción, y no siendo por lo mismo razonablemente vanas y calumniosas cualesquiera otras alusiones que se quieran hacer.

Yo tendré, continúa, "una viva satisfacción y ruego a VE que lo crea así, en tratar de estas materias importantes con los eminentes funcionarios de esta República que están destinados por su capacidad y sus méritos, a colocar el pueblo Americano en relaciones de buena armonía con todos los otros, y a entender y consolidar por todas partes su libertad y su prosperidad. Honduras ha abierto la puerta y prestado su cooperación a una empresa de vasta importancia para los intereses de todo el mundo. Hablo de la comunicación rápida que debe establecerse entre los dos Océanos. Honduras ofrece sus puertos cómodos, su saludable clima y sus vastos recursos no desarrollados aún para ayudar a esa gran empresa, y abre su rico y fértil territorio al espíritu emprendedor y a la industria del pueblo americano".

Parecía imposible hablar más claramente dice el periódico titulado "La Iberia", sin referirse a nada y sin esclarecernos su concepto. Pero nosotros decimos que en efecto se habla claro y muy claro, porque se trata del ferrocarril interoceánico que tan punzantes aguijones causa a los que aborrecen todo germen de progreso y de prosperidad para Honduras. Nicaragua y Costa Rica tienen alianza, han celebrado contratas idénticas, y nunca se ha dicho que han perdido su independencia y soberanía, y menos se les ha considerado agregadas a la Nación que pertenecen dos socios contratantes. Deducimos pues que Honduras y solamente Honduras no puede formar alianzas ni hacer contratas con individuos de otras Naciones sin perder al mismo tiempo su sagrada libertad y su gloriosa independencia. Honduras, sigue el señor Barrundia, debe ser para siempre el amigo y hermano de los EE.UU. y cuenta confiadamente con ellos para mantener su independencia.

¡Quiera el Eterno que dispone de los acontecimientos, unir a estos dos países con lazos de interés y de una prosperidad futura! Será para mí una gran satisfacción dar el primer paso hacia este resultado, y probar al Gobierno de VE. el deseo formal —que tiene Honduras— de establecer con los EE.UU. una fraternidad íntima bajo una forma tal que las dos Naciones no tengan más que un sólo interés en la causa común de la libertad, y de manera que en Honduras puedan desarrollarse elementos latentes de prosperidad, aprovechándose, de las ventajas de una posición eminentemente favorecida por la naturaleza sin que en lo futuro tema ser turbado, ni por las discordias civiles ni por la agresión extranjera. Si es posible llegar a estos felices resultados Honduras presentará aun en medio del mundo comercial el glorioso espectáculo de un pueblo libre y próspero sostenido por la generosidad del gran pueblo Americano".

Este es el pensamiento del señor Barrundia presentado en toda su desnudez y con seguridad lo decimos, que no hay una sola expresión que indique agregación o entrega de Honduras a los EE.UU. pues bien manifiesta el firme propósito de conservar nuestra independencia y libertad; y solamente en las reglas de una hermenéutica refinadamente maliciosa y audaz puede concebirse una interpretación que rebaja en tanto grado el honor de nuestro país.

"El Universal" después de citar los notables hechos de los demagogos españoles del año de 1808, los demagogos romanos del 48, los demagogos de Cuba y de Méjico del 47, asegura que no se debe a otro principio este paso del Gobierno de Honduras, calificándolo ruinosamente de vergonzoso y deduciendo una formal agregación de este Estado a la confederación americana, sin más antecedentes que los párrafos extractados de la alocución del Señor Barrundia comentados a su antojo.

Es bien sabido que para refutar tan atroz calumnia no puede darse otra prueba más potente y eficaz que la ostentación de los motivos en que se funda y además la contradicción en que incurre el mismo periodista añadiendo en su último párrafo "Que Honduras no puede hacer lo que intenta aunque los EE.UU. aceptaran la escandalosa proposición que se les ha hecho". Un Gobierno dice, tiene facultad para hacer feliz a su pueblo, y esto lo comprende muy bien el gobernante de Honduras que nunca desborda la órbita de sus atribuciones ni los límites que le marcan la Constitución y las leyes. Gobierna para el bien de sus conciudadanos y ha consagrado su vida a la conservación de las libertades públicas y a la independencia de su país. Su nombre bien conocido no se mancillará con un contraprincipio en su carrera política y en su carácter personal.

Los verdaderos motivos de tanta alarma y el profundo descontento que a algunos causa la representación de Honduras en los EE.UU. del Norte, consisten en el justo temor que tienen de que procurándose aliados y amigos haga más vigorosa resistencia al absolutismo que quieren entronizar con grave mengua del régimen popular universalmente conocido y adoptado en nuestro continente.

En defecto de documentos auténticos como los que aparecen a favor de las dictaduras y de los gobiernos despóticos ocurren a pretextos innobles y lanzan proposiciones insidiosas, a fin de desacreditar y desconcertar el espíritu conservador del pueblo.

La administración del General Cabañas es remarcable por las ideas que profesa, por la causa que sostiene y por las instituciones liberales que defiende. Así es que esa pretendida agregación a los EE.UU. es un embuste indignamente calculado pero que en nada puede herir su merecida reputación y sus principios. No hay motivo alguno que lo obligue a sacrificar la independencia de su país, y menos el de debilidad; tiene fuerzas y poder para combatir a sus detractores enemigos. En esa virtud, "El Universal" y "La Iberia" agotan inútilmente toda su suspicacia y su fementida pluma no pudiendo aparecer sino con inculpaciones temerarias basadas únicamente en la malicia y en las secretas miras de la ambición, y el absolutismo que trata de realizarse, que el tiempo acabará de descubrir y que no consentirán los Estados de Centro América, no lo hemos de consentir nosotros, ni lo consentirán cuarenta millones de habitantes que pueblan el mundo de Colón.

(Tomado de La Gaceta Oficial No.28, Pág, 107, Comayagua, 10 de septiembre de 1854).

**

El "New York Herald", echando leña en el fuego del escándalo dijo en un artículo editorial:

"Barrundia no declara con palabras expresas que el objeto de su misión sea la agregación de Honduras a los Estados Unidos como miembro de nuestra unión federal; pero hace alusión a ello, tan claramente, como las reglas diplomáticas podían permitirlo".

**

José Francisco Barrundia se refiere a los comentarios de los periódicos neoyorkinos sobre su misión en carta de fecha 19 de julio:

"Aquí todos los periódicos dicen que he venido a anexar a Honduras. Yo los he desengañado de este error, sin entrar en contiendas con los periodistas. Don. Felipe Molina me ha servido en particular con la mayor fineza y cariño".

***

Nuevo "Editorial de La Gaceta" de Comayagua:

La Gaceta de Guatemala de 5 de enero de este año, nos trae un Art. de "El Universal", que comienza con las palabras del presente editorial.

Muy solícito el órgano de las publicaciones de la administración guatemalteca, en incluir en sus columnas, cuanta servir producción le regala uno que otro periodista afiliado en el partido que se llama conservador no podía sino mirar con el mayor agrado y prestarse de buena voluntad a ser eco del artículo mejicano, que, con tanta maestría y profundo conocimiento, identifica la sublimidad de sus concepciones monárquicas, las ideas de la oligarquía de la joven República.

¿Pero qué decimos? quién nos asegurará que, ese escrito que se rebela contra el empuje del siglo XIX, y pretende ahogar las indelebles convicciones de los centroamericanos, no ha salido de la pluma interesada de un noble guatemalteco que, busca la autoridad de una publicación extranjera? Nosotros, no obstante el movimiento desatentado con que trabaja a Méjico el partido que se desvive por levantar un dosel que cubra una corona, suspendemos nuestro juicio, respecto a si es de acá o de allá el autor del artículo que nos ocupa.

A lo menos así lo dicta la experiencia, mientras obtenemos mejores datos. En cualquier caso, vamos a decir lo que sentimos del consejero de "El Universal" sus francas indicaciones.

El condolido articulista asevera como un dogma nunca oído que la desunión de los Estados de Centro América es una verdadera fatalidad y el origen de sus desgracias: hace observar entre ellos hay uno que, debe, por su conciencia política, tomar la iniciativa en el pensamiento de la unión, y establecer un Gobierno fuerte, que, no sea objeto de escarnio ante las turbas y concluye, que cualquier hombre público de estos países, se tendrá por más honrado con ser gobernador de cualquiera de los Estados, formando parte integrante de una nación floreciente, que con ser el jefe supremo de alguno de ellos, por ejemplo, de Honduras, que sobre correr a su ruina, ha llegado a manchar su historia proponiéndose en venta, a una nación extranjera... ¡Oh! supremo consejo que nos revelas el quid de la publicación.

No necesitaba el escritor a que aludimos gastar tan lastimosamente el tiempo y su paciencia, para hacernos comprender que la división es un mal. Idea es tan natural y sencilla que un niño la conoce en la aplicación de objetos que no pueden tener la magnitud, ni los intereses de la sociedad. Hubiérale excusado ese trabajo la lectura de lo que se ha escrito entre nosotros. Mas no conviene referirse a esos escritos que han demostrado la urgencia de la unión, porque a ellos van asociados los esfuerzos patrióticos de lo que el articulista denomina demagogia, y porque esto sería encadenarle verbosidad de la aristocracia siempre chacharera, siempre decisiva. Pero si hubiéramos visto con curiosidad, la ingeniosa y explícita organización de ese sistema de confusión en favor de Guatemala, y el cual ha hecho nuestro monitor la única tabla de salvación en el naufragio que los augures nos anuncian, ayer en la absorción de la Gran Bretaña, hoy en la de los Estados Unidos de Norte América.

El que toma sobre sí el grave empeño de enseñar o instruir a los pueblos, debe ser claro y muy claro en la explanación de sus teorías. Cansados estamos de generalidades y de lugares comunes, casi siempre mal entendidos y peor aplicados. Déjese pues, de representar el papel de fatídicos profetas y de pitonisas, que para lanzar un destemplado alarido hacen mil contorsiones: dígase... "Somos los maestros predestinados que con las leyes de Dracón en una mano, y la cimitarra de Mahoma en la otra, queremos redimir a la humanidad y enrojecer con su sangre el suelo de la patria: nadie nos pida la razón, nuestra voluntad es la ley inflexible que no consiente oposición".

De esa conducta hipócrita, intermediaria, pero directa en sus fines de alcanzar el absolutismo, concluimos que, no se tiene todavía el suficiente valor para tanta franqueza.

Entre tanto, nosotros abiertamente declaramos a los amigos del despotismo que, solo puede sernos aceptable la unión, bajo principios esencialmente democráticos en que los derechos y los intereses de Honduras, no se sacrifiquen al capricho y a la felicidad de un partido; que por consiguiente, no estamos dispuestos a levantar con la ruina de nuestra sociedad, la grandeza oprobiosa de los monarquistas, confiando nuestra suerte y la de nuestros hijos, en la conservaduría sepulcral de Guatemala; que rechazamos la honra con que nos brinda el entendido articulista, de ser caciques o esbirros del hombre fuerte y ejército que gobierna a los guatemaltecos; y que la gratuita calumnia de que nuestro actual gobernante, haya enviado al ilustre Barrundia con la misión de solicitar la agregación de Honduras a la Federación americana, es una especie harto falsa, ruin y miserable para buscar antipatías a la administración del General Cabañas, a quien como el pueblo que rige le es odiosa toda dependencia humillante".

(Publicación en La Gaceta. Comayagua, enero 31 de 1855. República de Centro América. Y tomada a la vez del libro "Trinidad Cabañas: Soldado de la República Federal" de Medardo Mejía, publicado en Tegucigalpa, Honduras, C.A.,1971).

TERMINACIÓN VIOLENTA DEL GOBIERNO CONSTITUCIONAL DEL GENERAL TRINIDAD CABAÑAS EN 1855

A mediados de 1855, el dictador de Guatemala Rafael Carrera, ya instruido por los británicos que debía impedir a todo trance la continuación del Gobierno de Cabañas porque se corría el riesgo que a su sombra se construyera el ferrocarril interoceánico fuera de la órbita de la Gran Bretaña, dio suficientes tropas chapinas al hondureño General Juan López, a quien desde aquel momento se le conoció con el nombre del "traidor López", para que derribara el Gobierno constitucional del General Trinidad Cabañas. Con Juan López venía otro hondureño de parecida suerte, José María Medina, ya general, quien en otra ocasión había rendido el Castillo de Omoa, sin disparar un tiro, a Carrera, dándose cuenta de su situación en Honduras, se fue con las tropas invasoras de su patria, y ahora volvía, como segundo de López, al mando de tropas extranjeras a derribar el Gobierno de su país, legalmente establecido. Como a López, también merecía que se le llamara —y se le llamaba— el "traidor Medina".

Las plazas de Santa Rosa de Copán y de Gracias cayeron bajo el peso de fuerzas aplastantes. Luego los invasores avanzaron al interior. En Siguatepeque el General Mariano Álvarez derrotó a José María Medina. Y por su parte, el Presidente Cabañas que se iba a medir con el grueso del ejército invasor, mientras avanzaba firme y resuelto, esperaba las fuerzas de refuerzo que le llegarían con el General Eusebio Toro, las que nunca llegaron, y siempre fue motivo de conjetura en aquel tiempo y sigue siéndolo porque el militar de las reservas no se hizo presente en campo de batalla, siendo valiente como lo era y no teniendo ningún impedimento para cumplir con su deber militar.

En Masaguara, pueblo del valle de Otoro, fue el encuentro del ejército constitucionalista de Cabañas con las tropas guatemaltecas de López. La lucha fue feroz porque donde estaba Cabañas se peleaba de verdad. El Presidente prolongaba el fragor de la batalla, siempre alentando la esperanza de que estaban para llegar las reservas del general Toro, lo que desgraciadamente no sucedió y al fin tuvo que convencerse que el 6 de octubre en aquella zona áspera había terminado su Gobierno de proyecciones morazánicas y progresistas.

El vencedor Juan López a la cabeza de sus tropas extranjeras ocupó la planta de Comayagua el día 14 de octubre. Llamó al Senador José Santiago Bueso para que se hiciera cargo de la Presidencia en acefalía, hecho que tuvo cumplimiento el 18 de octubre de 1855.

Naturalmente, Honduras sin la presencia del General Cabañas volvió a ser lo que era antes del Gobierno de don Juan Lindo. Una factoría británica, un benque de madera de los ingleses, un villorrio que se sumaba al cacicato de Rafael Carrera.

Así permaneció los años que faltaban de la década de los 50. La idea del ferrocarril interoceánico que desdoraba a Cabañas pasó a ser condecoración de Guardiola, pues fracasada la compañía norteamericana de Squier pasó a manos de una compañía inglesa, como luego veremos.

Sucede que cuando los hombres mediocres llegan a las alturas del Poder por demasiada estrella o simples casualidades, y luego dan el batacazo, es tanto el desmayo que sufren que nunca más vuelven a levantar cabeza ni nadie se vuelve a acordar de ellos.

Como Cabañas era un grande hombre, digamos una personalidad como no había otra en Centro América en aquellos momentos, cuando dejó la Banda presidencial de Honduras en los zarzales de Masaguara, no fue para hundirse en la sombra del anonimato sino para subir más alto y para brillar con más luz.

Al General Cabañas le estaba encomendado por las leyes de la historia unir a las más disímiles y contrapuestas fuerzas políticas del istmo para oponerlas organizadas a las invasiones del filibusterismo que estaba mandando la Confederación del Sur con el designio de establecer una "República esclavista" en Centro América.

Muchos fueron los patriotas y los héroes. Pero Cabañas, como lo dijo y lo escribió Máximo Jerez, fue el HOMBRE—IDEA.

EL GENERAL TRINIDAD CABAÑAS

Por el *LICENCIADO CELEO ARIAS*

Nació en Comayagua el año de 1805, y falleció en la misma ciudad en enero de 1871. Fueron sus legítimos padres don José María Cabañas y doña Juana Fiallos, de origen español.

Su índole suave y su educación fina y esmerada, lo hacían personalmente simpático, aun para sus mayores adversarios políticos. Sus enemigos personales, jamás los tuvo aquel hombre hidalgo, obsecuente y bondadoso.

Comenzó su carrera militar el año de 1827, como soldado raso. Tuvo a más honra empuñar la carabina que la espada, contra los reaccionarios de aquella época. Entonces, por otra parte, no se había relajado la carrera militar, confiriendo grados indebidos por favoritismo o por contemplaciones de otra naturaleza que amenguan más todavía.

Su alistamiento en la bandera liberal fue como sigue: Sitiada la capital del Estado, Comayagua, por fuerzas de Guatemala, al mando de don Justo Milla, jefe expedicionario de la oligarquía chapina, el ilustre patricio don Dionisio Herrera, Jefe Supremo de Honduras, sostenía en persona la plaza, al frente de un puñado de soldados, con la abnegación y el valor que sólo se hallan en los hombres del partido liberal, entre los cuales descollaba la gran figura de Herrera.

El padre de Trinidad Cabañas era ya anciano. Ardía en su pecho la llama del patriotismo e iluminaban su cerebro las ideas de libertad en la República Democrática. Llamó a su presencia a sus tres hijos varones: Trinidad, Urbano y Gregorio; les habló de patria y de honor; los conjuró a que se prestasen hasta el sacrificio, en defensa de la buena causa, y apresuró a presentarse con ellos ante el Jefe Supremo.

"Señor, le dijo: el peso de mis años no me permite acompañaros en este campo de batalla; pero aquí tenéis mis tres hijos, dispuestos a derramar su sangre al pie de la bandera que defendéis".

Desde ese día el joven Trinidad Cabañas, se hizo notable por su entusiasmo y por su valor. Pedía y ocupaba los puestos avanzados y de mayor peligro. Largo sería enumerar sus actos de arrojo en aquel sitio memorable. Rendida la plaza por traición infame de un godo de apellido Fernández, Cabañas no quiso presenciar la humillación de Honduras y las ruinas de Comayagua reducida a cenizas. Partió para San Salvador en cuya plaza se defendía la misma bandera que acababa de sucumbir en Honduras, sitiada también por ejércitos de la aristocracia de Guatemala.

Prolongado, más que el de Comayagua, fue aquel sitio. Los valientes que defendían la plaza nunca desmayaron ni perdieron la fe, como no la pierde jamás el partido liberal en el triunfo definitivo de su causa. Por fin les saludó la aurora. El General Morazán, llegado como ángel de salvación, se presentó a la espalda de las tropas oligárquicas, con una bizarra división. hondureña; las contra sitió, les intimó a la rendición y las hizo capitular a su voluntad. El General Morazán entró en la plaza libertada, bajo un trueno de aplausos y vitoreado por el puñado de héroes que lo habían sostenido.

Desde entonces Trinidad Cabañas, elevado ya al grado de Teniente—Coronel, fue el compañero inseparable del General Morazán en sus triunfos y desgracias. Hizo bajo sus órdenes la campaña de Guatemala, que dio en tierra con la oligarquía, iniciándose la década brillante de 1829—1839, período único de escuela que en Centroamérica ha tenido la República Democrática, en su sentido radical.

Vino la reacción de 1840 con su cortejo de frailes, al grito feroz de los salvajes de Mataquescuintla, mandados por el bárbaro Carrera. La salida del General Morazán de la plaza de Guatemala, estrechado por enormes y compactas masas de indios brutales, ofreció ocasión a Cabañas para mostrarse, como se mostró, digno de la fama que siempre siguió a su nombre inmortal. Era ya General de División y segundo jefe del General Morazán. Dada por éste la orden, el General Cabañas, al frente de una pequeña columna de valientes salvadoreños y texíguats, cayó sobre las masas de salvajes y tropas organizadas que los nobles y los frailes les habían agregado; rompió las líneas que estrechaban la plaza y circunvalaban la ciudad; y abriéndose paso con espada en mano, dejó libre brecha para que saliese el General Morazán con su Estado Mayor y las reliquias del ejército federal que, en los paroxismos de la República, había movilizado el General Morazán sobre Guatemala.

Nada pudo hacer ya el Genio centroamericano para salvar las instituciones.

Los traidores hicieron de la patria los jirones que aún se conservan para baldón de los Estados. La historia nos presenta al héroe con la amargura de las decepciones, marchándose a extranjeras playas, acompañado de una pléyade brillante de sabios y guerreros, entre los cuales figuraba el legendario Trinidad Cabañas. Después de dos años de ostracismo, el General Morazán y los suyos tornaron a Centro América. Sabemos ya cómo el General Morazán fue proclamado Presidente. de Costa Rica, y la alarma que esto trajo al conservatismo dominante en Centro América. Sabemos los esfuerzos del héroe centroamericano y sus medidas preparatorias, en aquel Estado, para organizar la República. Sabemos el fin trágico que tuvo en San José de Costa Rica con todos sus episodios. Lo que la Historia no nos ha contado es el papel heroico en la estupenda cuanto maravillosa salida del General Morazán de la plaza de San José, estrechada como con un círculo de hierro, por todo un pueblo sublevado.

Helo aquí: Después de tres días de combate desesperado, en que se habían inundado de sangre las calles; perdiendo la vida jefes tan notables como el valiente General Lazo; herido ya el mismo General Morazán y perdida toda esperanza de someter a los sublevados, dióse la orden de romper las líneas del sitio que las componían fuertes columnas de tropas salidas de los cuarteles insurrectos y masas informes que afluían de departamentos, colocados en grupos desde el centro hasta los arrabales de la ciudad. El General Cabañas, como en la memorable salida de Guatemala, se puso al frente de una pequeña guardia que había quedado al General Morazán y se abrió paso de un modo portentoso al través de la metralla enemiga, rompiendo con su espada cuerdas obstructoras colocadas de balcón a balcón en las calles principales, hasta llegar fuera de la ciudad, donde no había ya fuerzas que combatir. Allí hizo alto; y a la llegada del General Morazán, el intrépido Cabañas ocupó la retaguardia para contener y rechazar las partidas de tropa enemiga que venían en persecución.

El General Morazán acompañado de los Generales Saravia y Villaseñor, llegó a Cartago con la mira de esperar al General Cabañas. Todos conocemos la traición de que allí fue víctima el grande hombre. Cabañas, siguiendo instrucciones de su jefe, a quien suponía en marcha, se dirigió al puerto de Matina, donde esperaba encontrarlo. Antes de llegar al puerto tuvo la fatal nueva de la captura de Morazán. Desde ese instante ya no pensó en su persona, sino en la suerte de su digno jefe y amigo. Disuelve la escolta que aún llevaba, y resignado a una muerte segura, corre a San José, se presenta voluntario prisionero, pide y suplica con insistencia se le conceda la honra, para él la más gloriosa, de morir en el cadalso al lado del General Morazán.

Los verdugos no se lo conceden, respetan su vida y le otorgan en seguida libertad. El que estas líneas escribe oyó varias veces de sus propios labios referir este pasaje por demás doloroso, derramando lágrimas que revelaban lo que pasaba en aquel corazón, magnánimo. Después de la catástrofe de San José, el General Cabañas y demás amigos del General Morazán, que le sobrevivieron, quedaron con el sobrenombre de coquimbos, proscritos de Centro América. Al fin les fue concedido asilarse en Nicaragua, país culto y especialmente democrático.

Siguiéronse las reclamaciones de los gobiernos de Honduras y El Salvador, regidos por los corifeos Ferrera y Malespín. El Gobierno de Nicaragua, por convicciones propias y siguiendo los sentimientos de aquel pueblo humanitario, rechazó las bárbaras demandas de extradición, y aceptó la guerra. Ejércitos de El Salvador y Honduras, al mando en jefe de Francisco Malespín, invadieron aquel Estado, y pusieron sitio formal a la plaza de León. Inauditos fueron los horrores que allí se cometieron por los jefes aliados. Guardiola, Comandante de las fuerzas de Honduras, no fue menos feroz que el bárbaro Malespín. La plaza sucumbió. Los jefes prisioneros fueron decapitados. La ciudad saqueada y entregada a las llamas. El General Cabañas, el General Barrios y algunos otros jefes y oficiales, lograron evadirse y salvarse de la carnicería de Malespín. Salieron de la plaza casi sin dirección elegida. No tenían medio como embarcarse para salir de Centro América; y proscrito de todos los Estados, no podían buscar ni hallar asilo en ninguno de ellos.

La necesidad de buscar una ruta cualquiera, los llevó a la Costa del Sur, con la mira de ocultarse en sus bosques, mientras se les presentaba una embarcación cualquiera, para surcar los mares en nueva peregrinación. Hacían el camino en disfraz, y en el tránsito fueron informados de la exasperación del pueblo salvadoreño contra Malespín, a quien deseaba cerrar las puertas. Barrios y Cabañas, con tales precedentes, se resolvieron a dirigirse a El Salvador, penetrando hasta San Miguel, donde contaban con grandes simpatías y prestigios personales y políticos. El pueblo los recibió alborozado y ellos supieron aprovechar su entusiasmo. El General Cabañas no mentía nunca, en tanto que el General Barrios era capaz de ese recurso para llegar a su fin; y no tuvo embarazo para asegurar al Vicepresidente don Joaquín Eufrasio Guzmán, encargado del Poder, que Malespín había sufrido completa derrota en León; y acatando y siguiendo, decía, era llegado el momento de desconocer su oprobioso gobierno. Guzmán Vacilaba; el General Cabañas guardaba silencio respecto a la supuesta derrota de Malespín, y las pasiones populares se desencadenaron contra los pocos partidarios y familiares del odioso

Presidente. La revolución estalla incontrastable, y el Vicepresidente Guzmán desconoce el Poder de Malespín.

Refugióse éste en Honduras, buscando a su correligionario y amigo Ferrera. Siguiéronse reclamaciones con pretextos especiosos y amenazas insultantes y provocativas del Gobierno de Honduras contra el de El Salvador, de donde surgió la expedición armada que, al mando del General Cabañas, vino a fracasar en Comayagua, el 2 de junio de 1845.

Los serviles de Honduras, harto desacreditados en Centro América y cargando el odio del país, decaían ya visiblemente. Ferrera fue reelegido Presidente del Estado, en el ocaso de su vida pública; renunció o viose precisado a renunciar del mando, y vino a sucederle el Doctor don Juan Lindo, de antigua escuela conservadora; pero culto y astuto, se puso en contacto con los jefes más conspicuos del partido liberal centroamericano, y con marcada habilidad, sacó del escenario a los serviles. Jáuregui, Ferrera, Chávez y Guardiola, próceres del partido reaccionario de Honduras, vivieron en el destierro que Lindo les impuso, durante su Administración. Lógico era que al Doctor Lindo sucediera un Gobierno liberal ya que dejaba abierto un abismo entre él y los cachurecos de Honduras. El partido liberal, vuelto a la vida después de sus proscripciones del 39 al 47, trajo al poder, por elección popular, al preclaro General Cabañas, al terminar el período del señor Lindo.

Vida humilde y sin aspiraciones de mando, llevaba el General Cabañas en San Miguel, República de El Salvador. Allí lo halló la comisión del Congreso de Honduras nombrada para que pusiese en sus manos el decreto de su elección presidencial, y para que lo excitase a ponerse en camino, viniendo desde luego a tomar posesión del alto puesto a que lo llamaba el pueblo hondureño. Su ilustre amigo, el inolvidable León Alvarado, presidía la honrosa comisión. Victoria moral fue para ella, obtener la aceptación del General Cabañas. Este, sin bienes de fortuna que jamás persiguió, por no caber en su ideal riquezas materiales, pasó por un extremo para proporcionarse recursos y poder venir a Honduras; aceptó el numerario, valor de las alhajas y propiedades de su esposa, que ella, su digna compañera, vendió espontáneamente.

Así vino a colocarse al frente del Gobierno de Honduras este hombre virtuoso y respetable. Su aparición vitoreada por el partido liberal de Centro América, despertó las iras de los conservadores y arrancó un grito de alarma en la nobleza de Guatemala que, contrita, besaba el caite de Carrera.

Consecuente con sus ideas, uno de sus primeros pasos fue dado en pos de la reconstrucción de la patria de Morazán. Convocó, al efecto, un Congreso centroamericano; y en 1853 vimos representados en Tegucigalpa, a El Salvador, Honduras y Nicaragua. La mala fe y la falsía fueron el alma de aquella Asamblea. Los Gobiernos de Nicaragua y El Salvador eran separatistas. Sólo el General Cabañas quería sinceramente la unión. Fiel entre los infieles metido, lo traicionaban hasta en su Gabinete.

Aquella tentativa patriótica no dio otro resultado que la guerra sin tregua que al Gobierno del General Cabañas hicieron los nobles de Guatemala, despertando para ello el odio de bandería y la ferocidad de Carrera. El General Cabañas sucumbió después de prolongada y digna lucha, con fuerza y elementos desiguales; y en 1855 le sucedió en el poder don Santos Guardiola, el proscrito de Lindo y la resurrección encarnada del cachurequismo de Honduras.

El General Cabañas solicitó y obtuvo asilo en El Salvador, tornando a la vida humilde, casi en la indigencia, separado de la política y de toda ocupación pública hasta 1862, no obstante la altura a que en los últimos años había llegado su antiguo camarada y hermano político don Gerardo Barrios, Presidente de El Salvador. Prefería la pobreza y el aislamiento a empañar la pureza de su nombre, acercándose a Barrios en aquella época en que, real y aparentemente, se le vio en buena inteligencia con Carrera.

Vino al fin la ruptura entre esos jefes de dos bandos esencialmente antagónicos. Barrios hizo llamamiento al partido liberal; y en breve se encontraron frente a frente, retados a muerte, los dos partidos eternamente enemigos. Para el General Cabañas había llegado el momento. Olvidando justos resentimientos con el General Barrios, voló a los campos de batalla a la primera insinuación. Los rayos de su espada victoriosa iluminaron el campamento de Coatepeque; y, de haber seguido su consejo, el General Barrios habría hecho ondear el pabellón de la patria centroamericana, si aprovechándose del tiempo, persigue al vencido hasta Guatemala. Faltó en Barrios la mirada política y la audacia militar que elevaron a Morazán después de la batalla de Gualcho, pedestal de su gloria. La inercia de Barrios en Coatepeque, después del espléndido triunfo, vigorizó la mano temblorosa de sus enemigos y alentó a los traidores que más tarde cavarían su tumba. No pasó mucho tiempo sin que lo comprobase don

Santiago González, el Judas de Santa Ana. Su traición inaudita trajo la perdición de Barrios y la prolongada noche tenebrosa en que pasó Centro América. El General Cabañas se hallaba en Santa Ana cuando González cometió su gran crimen, habiéndole ofrecido éste el mando en jefe de las armas con tal que desconociese al Gobierno de Barrios. El inmaculado Cabañas le enrostró su infamia; y acompañado del leal y pundonoroso General Rafael Osorio, desfiló con la división de éste en presencia del traidor, y fue a incorporarse a su jefe en la plaza de San Salvador.

Al favor de la traición de González, guatemalteco de origen, y tocado astutamente por los nobles de su país, Carrera penetró de nuevo a El Salvador, penetrando impune hasta la capital, a la que puso formal sitio.

El General Cabañas acompañó a Barrios hasta los momentos de suprema prueba. Evacuada la Paz por orden de Barrios, el General Cabañas en la salida, se colocó a la retaguardia, haciendo alto de tiempo en tiempo para detener y rechazar las fuerzas enemigas que iban en persecución. El General Barrios, después de muchos días de admirables evoluciones en presencia de sus perseguidores, pudo al fin embarcarse en el puerto de La Unión, y al General Cabañas fue permitido, más tarde, volver a su retiro llamado Llamaval.

Allí se hallaba cuando el General Barrios le anunció de Sur América su regreso al país. Para apoyarlo, proyectó entonces y puso en obra una revolución en San Miguel contra el Gobierno de Dueñas que Carrera había impuesto al pueblo salvadoreño. Sin más que un chilillo en la mano, se dirigió solo al cuartel militar de aquella ciudad, donde fue aclamado, reconocido y respetado como jefe, sin resistencia ni contrariedad alguna. Esto pasaba por la noche; al amanecer tenía más de seiscientos voluntarios que volaron a ponerse bajo sus órdenes. El comercio, sin excitación suya, puso a su disposición cuantiosa suma de dinero para los gastos militares. Su objeto principal era proteger a Barrios en su desembarque; y, al efecto, se dirigió a La Unión con sus voluntarios, devolviendo antes al comercio de San Miguel, el dinero que le había aprontado. "Si Barrios llega, decía, él trae los fondos para la revolución; si no llega, no necesito plata, porque mi movimiento de armas terminará".

La historia de nuestra revolución no presenta igual pureza de manos y de leal franqueza".

El General Barrios no llegó; la naturaleza le fue adversa y un rayo en desecha tempestad dejó inmóvil al bajel que lo conducía a las playas de La Unión. El General Cabañas, entre tanto, fue seguido y atacado en el puerto por numerosa fuerza del Gobierno Dueñas. Hizo en aquella jornada prodigios de valor, hasta arrojarse con revólver en mano sobre una de las trincheras que ya ocupaba el enemigo, en cuyo acto una bala le fracturó el brazo izquierdo, haciéndole soltar la brida del caballo en que montaba. Desbocado éste, en consecuencia, salió en dirección a la playa del mar, adonde el General llegó desmayado; y, sin su conocimiento, fue conducido por algunos amigos a bordo de un buque francés, anclado en aquella costa.

Así terminó ese episodio desgraciado. Barrios, indefenso y sin actitud hostil para Nicaragua, fue capturado por el Gobierno de Martínez en aguas de aquella República y entregado bárbaramente a sus verdugos, quienes lo hicieron morir en el patíbulo.

El General Cabañas pasó a Costa Rica, donde vino a Honduras en 1867. Siempre el mismo; sin recursos, casi en la miseria, se resignó a vivir la vida de leñador en las inmediaciones de Comayagua. Las aguas del Selguapa fueron testigo mudo de la humildad de aquella encarnación de la virtud.

Allí, acompañado de su inteligente esposa, pasó los últimos días de su su vida aquel hombre extraordinario, tanto más grande cuanto más lo persiguió el infortunio.

Bajó al sepulcro al rayar la aurora radiante del 71, llorado por sus amigos y respetado por sus adversarios políticos. Desapareció cuando se abría para Centro América nuevo horizonte. ¡Compensaciones de la vida! No presenció el derrumbamiento de la teocracia reinante en la tenebrosa noche delos treinta años, contra la cual había derramado su sangre generosa; pero, en cambio, no ha sentido los sinsabores de la inconsecuencia política, que nos aleja de la patria de sus ensueños.

¡Repúblico ilustre! ¡Honor de la América! Quién como tú podrá decir: "¿Pasé por la tierra sin llevar a la eternidad la sombra del mal en mi conciencia".

Comayagua, septiembre, 1888.

NOTA: La página bellísima que se transcribe tiene dos méritos. La redactó el Licenciado Céleo Arias, ciudadano ejemplar de la segunda mitad del siglo XIX, verdadero iniciador del movimiento de la Reforma liberal en Centro América, y el personaje objeto de la redacción es el General Cabañas, del que no se puede decir más de lo dicho por el autor de la semblanza.

Como el Licenciado Arias era un político, cuyo tacto le impedía abordar ciertos puntos en aquel tiempo, dejó fuera de su dibujo, la militancia abierta y heroica del General Cabañas contra el filibusterismo de Nicaragua que amenazaba con implantar una República esclavista en Centro América.

En esta Historia aparece ese capítulo olvidado por el Licenciado Arias.

ACTAS DE LA ASAMBLEA NACIONAL CONSTITUYENTE DE CENTRO AMÉRICA

(INSTALADA EN LA CIUDAD DE TEGUCIGALPA, EN 9 DE OCTUBRE DE 1852).

En la ciudad de Tegucigalpa, a los nueve días del mes de octubre de 1852, Reunidos los infrascritos Diputados a la Asamblea Nacional Constituyente, a saber: por el Estado de Honduras, los Señores, Arcediano Don Andrés López, Presbítero Don José Trinidad Reyes, Presbítero Don Ramón Mejía, Don Justo Rodas, Don Carlos Madrid, Don José María Zelaya, Don Liberato Moncada, Don José Barrundia, Don Pedro Molina, Don Felipe Bustillos y Don Pedro Alvarado: por el Estado de Nicaragua, los Señores Don Pedro Zeledón, Don Pedro Rivas, Don Pedro Francisco de la Rocha, Don Remigio Jerez, Don José Lejarza, Don Eleodoro Rivas, Don Rosalío Cortés y Don Buenaventura Selva; y por el Estado de El Salvador, los Señores Don Gerardo Barrios, Don Enrique Hoyos, Don Rafael Pino, Don Juan José Bonilla y Don Marcelo Ayala, se trajo a la vista el decreto de convocatoria de 31 de marzo de 1851, expedido por la Representación Nacional, cuyo artículo 21 exige, por lo menos, las dos terceras partes del número total de Representantes, para la instalación de la Asamblea; y en atención a que los Diputados presentes forman más de los dos tercios que requiere dicho artículo, se declara haber número suficiente para la instalación.

Acto continuo, se procedió a recibir el juramento de ley, prestándolo el Secretario más antiguo en manos del Presidente, y éste y los demás Diputados en manos del mismo Secretario. Concluido este acto, se procedió a organizar el Directorio, que debe constar de un Presidente, un Vice—Presidente y cuatro Secretarios, y por mayoría absoluta de votos resultaron electos: Presidente, el Diputado Don Justo Rodas; Vice—Presidente, el Diputado Don Rosalío Cortés; primer Secretario, el Diputado Don Buenaventura Selva; segundo Secretario, el Diputado Don Rafael Pino; tercer Secretario, el Diputado Presbítero Don Ramón Mejía, y cuarto Secretario, el Diputado Don Gerardo Barrios; quienes inmediatamente, ocuparon sus respectivos asientos. En este estado, a virtud de moción del Diputado Cortés, se señaló el día de mañana para la apertura de Sesiones, y en seguida el Señor Presidente, poniéndose en pie, dijo, en alta voz: "La Asamblea Nacional Constituyente de Centro América está solemnemente instalada el día de hoy y abre sus sesiones el día de mañana".

A continuación, el mismo Señor Presidente nombró una comisión compuesta de cuatro Diputados y dos Secretarios, a fin de que pasase al edificio del Supremo Gobierno del Estado a darle el parte oficial de estar instalada la Asamblea; y habiendo regresado la comisión, dio cuenta de haber llenado su encargo, manifestando que el General Presidente había recibido con mucha complacencia tan plausible noticia. Se levantó la sesión y firman los Señores concurrentes: Justo J. Rodas, D.P. Liberato Moncada. Rosalío Cortés, D.V.P. Pedro Molina, Juan J. Bonilla. Felipe Bustillos, José María Zelaya. Pedro Zeledón. Carlos Madrid. Pedro Alvarado. Marcelo Ayala. Andrés López. Pedro E. Rivas. J. Trinidad Reyes. Pedro F. de la Ronda. Enrique Hoyos. Remigio Jerez. J. Barrundia, Ramón Mejía, D.S. J. Barrios, D.S. Buenaventura Selva, D.S.R. Pino, D.S. José Lejarza. Eleodoro Rivas.

SESIÓN DEL 10 DE OCTUBRE

A que concurrieron los Diputados López, Reyes, Barrundia, Moncada, Molina, Zelaya, Madrid, Mejía, Alvarado, Bustillos, Rodas, Zeledón, Cortés, Jerez, Rocha, Rivas P., Rivas E., Lejarza, Hoyos, Bonilla, Ayala, Barrios, Pino, Selva. Leída el acta anterior, fue aprobada, y enseguida una comisión nombrada por el Señor Presidente y compuesta de los dos Secretarios modernos y de cuatro Diputados, pasó al edificio del Gobierno a darle aviso de estar reunida la Asamblea y que lo esperaba en unión de las demás autoridades para pasar al templo a dar gracias al Todopoderoso, y habiendo regresado la comisión acompañando al Señor General Presidente de la Corte de Justicia y demás funcionarios, fueron introducidos al salón de sesiones y ocuparon sus respectivos asientos. A continuación tuvo lugar el Tedéum en la iglesia parroquial y de regreso al salón de sesiones, el Señor Presidente del Estado pronunció un discurso análogo, al que contestó el Presidente de la Asamblea, y después arengaron los Señores Presidentes de la Corte de Justicia, Jefe Político de este Departamento y el Señor Cura, por sí y a nombre del clero de esta ciudad. En seguida se retiró el Supremo Gobierno con las demás autoridades, acompañándolo la misma comisión, y habiendo vuelto ésta, continuó la sesión en los términos siguientes:

Se leyó la proposición presentada por varios Diputados, teniendo por objeto dar a la Nación un reglamento provisorio, mientras no rija la Constitución que debe emitirse, y después de su primer lectura, se le dispensó la segunda y pasó a una comisión compuesta de los Señores Diputados Don José Barrundia, Don Pedro Molina y Don Felipe Bustillos. Acto continuo, la Secretaría dio cuenta con una proposición firmada por el Señor Don Pedro Zeledón, en la cual, además de pedir que la Asamblea nombre los individuos que deban formar la Junta que redacte el proyecto de Constitución, propone, en segundo lugar, que se nombre, igualmente, la que debe revisar el reglamento interior de la misma Asamblea: puestas ambas partes a discusión, acordó la Asamblea, respecto a la primera, que se ratificase el nombramiento que de antemano había hecho el señor Presidente en los Señores Diputados Don Pedro Zeledón, Don José Barrundia, Don Rosalío Cortés, Don Liberato Moncada, Arcediano Don Andrés López, Don Gerardo Barrios y Don Pedro Molina; y respecto a la segunda, no habiendo recaído acuerdo alguno, el Señor Presidente, según sus facultades, nombrará la comisión respectiva.

En medio de esta discusión, y con motivo de dudarse si el reglamento federal de 29 de junio de 1826 debía ser obligatorio y observarse en la presente Asamblea, el Señor Diputado Don Gerardo Barrios hizo una moción, pidiendo que el Congreso acordase rigiese dicho reglamento, entretanto se da el que convenga, la que fue aprobada.

En seguida se leyó una nota del Señor comisionado Don José Silva, fecha 4 del corriente, en que, acusando recibo del acuerdo de 23 del pasado de la Junta Preparatoria, avisa que a la mayor brevedad marchará a San Salvador a evacuar su comisión. Con lo cual se levantó la sesión. Justo J. Rodas, D.P. Buenaventura, D.S.R. Pino, D.S.

SESIÓN DEL 13 DE OCTUBRE

A que concurrieron los Diputados Presidente, Rodas; Vice, Cortés; Barrundia, Zeledón, López, Reyes, Bustillos, Alvarado, Zelaya, Madrid, Moncada, Hoyos, Ayala, Bonilla, P. Rivas, E. Rivas, Lejarza, Jerez, Rocha, Molina, Selva, Secretario; Pino, Secretario; Mejía, Secretario; Barrios, Secretario.

Leída el acta anterior, fue aprobada.

En seguida se dio cuenta con una nota del Señor Ministro de Honduras, fecha de ayer, en que pone a disposición de la Asamblea el batallón denominado Guardia Nacional, mandado levantar por el Supremo Gobierno para que haga los honores a este Cuerpo, y se mandó acusar recibo.

Después se leyó el dictamen de la Comisión compuesta de los Diputados Barrundia, Bustillos y Molina, sobre el proyecto presentado para dar un estatuto provisional a la República, y habiendo hecho proposición el Diputado Barrios para que se dispensaren los trámites a dicho dictamen y hoy mismo, en sesión permanente, se tratase del grande asunto a que se contrae, fue aprobada.

En consecuencia, leído de nuevo el proyecto, junto con el dictamen, fueron puestos a discusión en general, y después por artículos, en la forma siguiente:

Declarado suficientemente discutido el artículo 1°., que dice: "La unión de los tres Estados en un Gobierno Nacional, que se llamará República de Centro América, queda consumada, y por ella los Estados mantienen todo el poder supremo en su régimen interior del presente decreto", fue aprobado. Y aunque el Diputado Zeledón propuso la adición, "si fuese sancionado por la mayoría de las Legislaturas" fue desechada, salvando su voto el proponente y el Diputado Rocha, lo mismo que el Diputado Hoyos, en los términos en que está concebido, y aprobando la adición propuesta por el Diputado Zeledón.

Se aprobó el artículo 2°., que dice: "La Asamblea Constituyente nombrará, por mayoría absoluta de votos, un Gobierno Nacional provisorio, que durará hasta el día que empiece a regir la Constitución General que emitiere la Asamblea Constituyente".

Se aprobó el artículo 3°. que con la modificación propuesta por la comisión, queda concebido en estos términos: "El Gobierno provisorio se compondrá de un Jefe Supremo de la Nación, elegido por la Asamblea Constituyente, por mayoría absoluta de votos, de dos Ministros nombrados por el mismo y amovibles a su voluntad, y de dos Consejeros de cada uno de los Estados a que no pertenezca, por su nacimiento, el Jefe Supremo, nombrados también por mayoría absoluta de votos, de dentro o fuera de su seno, entendiéndose que si resultasen electos algunos Representantes, continuarán ejerciendo sus funciones en la Asamblea Nacional".

Se aprobó el artículo 4º., que dice: "El Jefe Supremo debe ser originario de Centro—América y vecino de uno de los tres Estados, estar en uso de los derechos de ciudadano y tener treinta años cumplidos". Salvó su voto el Diputado Hoyos.

Se aprobó el artículo 5º. que dice: "El Gobierno provisorio se ejerce o por el Jefe Supremo sólo en sus Ministros, o por un Consejo compuesto del mismo, de sus dos Ministros, y de los cuatro Consejeros de los Estados". Salvó su voto el Diputado Hoyos.

Se aprobó el artículo 6º. que, con algunas modificaciones propuestas por el Diputado Zeledón, queda concebido en estos términos: "El Gobierno provisorio en Consejo, tiene a su cargo, en su más alta expresión, el Departamento de las Relaciones Exteriores: hace tratados con las naciones extranjeras, reservando su aprobación a la Asamblea: declara la guerra o la paz con la dirección de la Asamblea: forma concordatos, da el paso de bulas y ejerce, en toda su extensión, el derecho de tuición que corresponde a la autoridad política en los negocios eclesiásticos, nombra Agentes, Ministros o Cónsules para el exterior: da o niega el exequátur a los extranjeros: administra y arregla las colonizaciones: contrata los grandes canales y caminos generales, muelles y toda construcción o empresa de utilidad general, reservando su aprobación a la Asamblea Nacional: agrega y dirige las postas y correos generales: determina los aranceles y derechos de las aduanas marítimas y ejerce un poder exclusivo en los puertos y fronteras: uniforma y dirige la acuñación de la moneda, fijando su tipo, ley, peso y valor, determinando el precio de la extranjera con aprobación de la Asamblea Nacional: establece las armas y pabellón nacional; dirige la Hacienda de la Nación, y ésta se formará desde luego de la mitad de los derechos impuestos al comercio exterior, y si éstos no alcanzaren, del cupo que la Asamblea designe a los Estados: señala a cada uno de ellos el contingente de tropa que le corresponde para la defensa del orden y de la nación, con aprobación de la Asamblea Nacional: propone a la Asamblea el sueldo que deben gozar todos los funcionarios civiles, militares y judiciales del Gobierno Nacional: concede indultos o amnistía a los reos de delitos contra la nación cuando lo exija la tranquilidad o conveniencia pública. En caso de insurrección, rebelión o tumulto, puede delegar el Jefe Supremo todas sus atribuciones: que tiene la facultad de suspender a los funcionarios nacionales, por seis meses sin sueldo, y removerlos con causa justificativa: forma el presupuesto de gastos nacionales y lo pasa a la ratificación de la Asamblea: le propondrá una declaratoria solemne de los derechos y obligaciones de los extranjeros en el país, que tienda, generosamente, a igualarlos en lo posible con los hijos de la República, a someterlos completamente a sus leyes, y evitar las reclamaciones impuestas del exterior, exigiendo al reconocimiento de este decreto en cualquier tratado que se celebre con las potencias extranjeras". Salvó su voto el Diputado Hoyos.

Se aprobó el Artículo 7º., que dice: "El Gobierno Nacional, tendrá todo el poder suficiente para intervenir en el régimen público de los Estados, y emplear la fuerza cuando se altere en ellos el orden constitucional, ora sea por la discordia de las autoridades supremas entre sí, o bien por tumultos o insurrecciones de alguna población, o por otros motivos accidentales. En tales casos el Gobierno provisorio tomará conocimiento de las reclamaciones o motivos que se presenten, y decidirá lo que le parezca más conforme a la Constitución del Estado, o bien convocará una Asamblea adhoc del mismo Estado, y velará porque sean mantenidos el orden y las garantías individuales, mientras se restablece la marcha libre y constitucional del Estado".

Salvó su voto el Diputado Hoyos. Se aprobó el artículo 8º., que dice: "Los primeros deberes y ocupaciones del Gobierno provisorio, serán:

1º. Poner en el estado posible de defensa a la República.

2º. Esforzarse para formar una coalición con las demás Repúblicas Hispano—Americanas, o con algunas de ellas, con la mira vital de defender mutuamente su integridad y su independencia de las agresiones e intervención extranjeras, organizando la resistencia conveniente por cuantos medios estén al alcance de los Gobiernos. Al efecto, el Gobierno provisorio hará un manifiesto a las Repúblicas hermanas, declarando la Unión de los tres Estados, sus altos motivos y la posición difícil en que se hallan por la intervención indebida y alarmante tanto de la Inglaterra como de los Estados Unidos, en las cuestiones interiores del país y declarándose ambos gabinetes por la usurpación mosquita en el arreglo que intentan imponer a Nicaragua:

3º. Emplear, desde luego, todos los medios diplomáticos de las relaciones exteriores, por medio de alianzas, tratados o arreglos para establecer bien la soberanía del país, recobrarla en todos los territorios centro—americanos, y salvar desde luego a Nicaragua, y por consiguiente a Centro—América, de la intervención con que se le amenaza.

Se aprobó el artículo 9º., que, con la adición propuesta por la comisión, dice así: Atribuciones del Jefe Supremo sin el Consejo: "Nombrará dos Ministros, el uno para la interior, el otro para lo exterior: cuidará del orden público nacional y ejecutará todas las disposiciones y leyes de la Asamblea Nacional, y los decretos del Gobierno provisional: velará sobre el buen desempeño de todos los funcionarios civiles y militares de la Unión: nombrará a todos éstos y a los de los puertos y fronteras; para castigarlos correccionalmente por negligencia u otras fatas que no constituyan delito, debiendo ser juzgados conforme a las leyes por los delitos o faltas graves: recibirá los Ministros, Agentes y Cónsules Extranjeros: dará las patentes de nacionalidad, a los buques del país; publicará los decretos y leyes, dentro de los tres días de su recibo; hará los reglamentos necesarios para detallar su ejecución: se pondrá, personalmente, a la cabeza del ejército cuando lo crea necesario, en caso de traición o tumulto, rebelión o insurrección, podrá hacer arrestos o prisiones, entregando a los acusados o sospechosos, dentro de cinco días, al Juez competente, con la exposición de la causa o de los motivos que lo hayan impulsado: dirigirá todas las fuerzas de la Nación: dará o negará el pase a las de fuera por el territorio de la República: defenderá la Nación de cualquier agresión exterior o de cualesquiera tumultos o rebelión interior, dando cuenta al Gobierno provisorio y a la Asamblea Nacional: podrá hacer reclutas y alistamientos en los puntos que mejor le parezcan para renovar o aumentar las fuerzas de la Unión; colocará o hará mover las fuerzas de la Unión donde lo estime conveniente para el orden y para la defensa del país y dispondrá de la de los Estados en los casos graves. Sus órdenes serán firmadas por el Ministro del Ramo y serán cumplidas fielmente por los Ejecutivos de los Estados. En caso de disolverse o paralizarse, por cualquier accidente, el Consejo de Gobierno, el Jefe Supremo, sólo con un Ministro reasumirá todas las atribuciones aquí conferidas al

Gobierno, en unión del Consejo". Salvó su voto el Diputado Hoyos y él mismo hizo presente que para la aprobación de los artículos anteriores, no se han recibido las votaciones conforme a lo prevenido al artículo 133 del Reglamento interior, el cual se refiere a varios de la Constitución Federal de 1824. Discutida esta moción junto con la que, en contrario sentido, presentaron los Diputados Selva y Mejía, se acordó que la Asamblea, al adoptar el expresado Reglamento para el orden de las discusiones y para todo lo demás adoptable, no quiso que sólo los dos tercios de votos hiciesen sus resoluciones, sino que debería bastar la mitad y uno más de los Representantes presentes en la sesión. Después de esto, el Diputado Rocha hizo moción para que se declarara si la resolución anterior tiene efecto retroactivo en todo lo votado sobre el proyecto del Gobierno Provisorio. Y no fue tomado en consideración.

En seguida continuó la discusión sobre los artículos del proyecto, y fue aprobado el artículo 1º, que dice: "En falta temporal del Jefe Supremo, hará sus veces el Secretario de lo Exterior. En falta absoluta lo nombrará la Asamblea Constituyente". "Salvó su voto el Diputado Hoyos".

Se aprobó el artículo 11, que dice: "Independencia del poder general y del poder de los Estados. El Gobierno de los Estados que intacto, y en toda su independencia y soberanía en la administración interior, según sus actuales Constituciones, con las modificaciones del presente decreto, y ni el Gobierno General podrá intervenir en su legislación ni en sus Constituciones particulares, las cuales se limitarán por la Constitución General; ni el Gobierno de los Estados perturbará o paralizará, en manera alguna, la acción indisputable y soberana de la Unión". Salvó su voto el Diputado Hoyos.

Se aprobó el artículo 12, que dice: "Garantías individuales. El Gobierno provisorio velará y mantendrá fielmente las garantías individuales en los Estados; anulará los decretos, leyes u órdenes, de cualquier poder que emanen, que las quebranten y hará que los Tribunales Nacionales revean los fallos o resoluciones judiciales de los Estados que, notoriamente, las infrinjan, limitándose únicamente a reparar esta violación, y al mismo tiempo restablecerá en su libertad y en sus derechos a todo ciudadano o habitante en quien las garantías hayan sido atropelladas de hecho o por el poder militar, o por cualquier autoridad arbitraria". Salvó su voto el Diputado Hoyos.

Se aprobó el artículo 13, que dice: "Una ley general sobre garantías las asignará en detalle sobre las bases de la seguridad, la propiedad, la libertad y la igualdad de los hombres. Ella determinará la manera con que deben sostenerse, tanto por el Gobierno provisorio como por los Tribunales nacionales". Salvó su voto el Diputado Hoyos.

Se aprobó el artículo 14, que dice: "Quedan desde luego consignadas como tales garantías:

1. La libertad de la prensa, conforme fue decretada por el Congreso Federal, y ésta no puede suspenderse en ningún caso:

2. La de las reuniones políticas o electorales, de placer o de interés, y todas las demás que no tengan la mira de algún hecho contra la ley:

3. La de no ser ninguno castigado sin juicio, ni poder ser juzgado, sino por Tribunales establecidos y por leyes anteriores al delito, y producida su defensa con entera libertad:

4. El no poder ser despojado de su propiedad, sin asegurar previamente la indemnización en su legítimo valor a satisfacción del propietario, y justificada la urgencia de hacer uso el Gobierno de aquella propiedad en beneficio público:

5. La de presentar ante el Juez la persona que se queja ante el mismo de prisión arbitraria o de violencia. por cualquier autoridad o poder que la tenga reprimida, para que el Juez que ha dado el auto de exhibición de la persona, o de hábeas corpus, vea si está legalmente presa, y por la autoridad competente, o falten las formalidades de ley, oyendo verbalmente a la persona arrestada, y al que la constituyó en arresto, y debiendo ponerla en libertad en el acto, si su prisión no es legal, cuya exhibición debe darla todo Juez o Tribunal, que sea requerido por cualquier preso:

6. La de no poder ser registrada una casa sin orden motivada de Juez competente:

7. La de no poder dar tormento, ni establecer apremios para exigir una confesión, ni mantener en encierros malsanos o con grillos a los presos, antes de ser juzgados:

8. La de abolir las confiscaciones, azotes y penas crueles e infamantes:

9. La de abolir la pena de muerte en los delitos políticos, sustituyéndose con otras eficaces y seguras por las Asambleas de los Estados. La Ley establecerá otras garantías más si lo tiene por

conveniente, y reglamentará el procedimiento sobre las bases dadas. Salvó su voto el Diputado Hoyos.

Se aprobó el artículo 15, que dice: "Responsabilidad de los funcionarios. Todo funcionario público, sin excepción, es responsable de su conducta oficial y particular. Los individuos del Gobierno provisorio y los del Tribunal Supremo de Justicia lo serán ante la Asamblea Nacional. Todos los demás jueces y funcionarios del Gobierno Nacional lo serán ante el Tribunal Supremo de Justicia. Una ley reglamentará el procedimiento". Salvó su voto el Diputado Hoyos.

Se aprobó el artículo 16, que dice: "Orden Judicial. Habrá un Tribunal Supremo de Justicia nombrado por la Asamblea Constituyente, compuesto de tres Magistrados, uno de cada Estado. Ellos deben ser abogados, en el ejercicio de sus derechos de ciudadanos, originarios de Centro—América y vecinos de uno de los tres Estados y mayores de treinta años". Salvó su voto el Diputado Hoyos.

Se aprobó el artículo 17, que, con las reformas propuestas por los Diputados Zeledón y Mejía, queda concebido en estos términos. "Pertenece al Tribunal Supremo: conocer en las cuestiones civiles de un Estado con otro u otros Estados, o de la Unión con alguno o algunos de ellos, y en las de jurisdicción y autoridad constitucional entre estos mismos poderes. Pertenece también al Tribunal Supremo conocer en las acusaciones que se hagan a las autoridades de los Estados por desobediencia a las órdenes del Jefe Supremo de la Nación, dadas en el ejercicio de sus atribuciones por resistencia a ellas de cualquiera clase o por una rebelión con fuerza armada. Solamente para los casos de que habla el presente artículo, se compondrá el Tribunal Supremo de cuatro individuos más, elegidos por la Asamblea, de fuera de su seno, por mayoría absoluta de votos". Salvó su voto el Diputado Hoyos.

Se aprobó el artículo 18, que dice: "Corresponde al Tribunal Superior: conocer en los delitos de traición, rebelión o tumultos: en los delitos cometidos en alta mar, en las causas de presas, y en las de jurisdicción marítima: en las de hacienda nacional, en las de apelación de los Tribunales inferiores de la República: en las criminales de los Ministros y Cónsules. Extranjeros y en las de los mismos Secretarios del Gobierno Nacional, en las de todos los funcionarios nacionales del ramo civil, por delitos en el ejercicio de sus funciones; quedando éstos, en todo lo demás, sujetos a los Tribunales comunes". Salvó su voto el Diputado Hoyos.

Se aprobó el artículo 19, que dice: "El Cuerpo Legislativo establecerá cuando lo crea oportuno, los Tribunales inferiores con las atribuciones que crea convenientes. Una ley reglamentaria será dada sobre el sistema judicial de este decreto que podrá desarrollar más las atribuciones de los Tribunales, y prescribirá el procedimiento". Salvó su voto el Diputado Hoyos.

Se aprobó el artículo 20, que dice: "El presente decreto será llevado a la sanción del pueblo de los tres Estados, quien votará directa y verbalmente por sí o por no. Todo ciudadano en ejercicio de sus derechos, que no ejerza empleo o comisión del Gobierno de cada Estado, deberá ser citado y concurrirá a la votación en su respectivo directorio. La mayoría absoluta de la generalidad de sufragios será decisiva. Una ley reglamentará inmediatamente este artículo. Entre tanto, regirá en todas sus partes, y debe ser este estatuto plenamente ejecutado. Si él recibe la sanción del pueblo, seguirá rigiendo hasta que se proclame la Constitución General. Si no fuese sancionado, la Asamblea Constituyente determinará lo que convenga para que la Unión no sea disuelta entre tanto se establece la organización y la ley fundamental de la República". Salvaron sus votos los Diputados Hoyos y Zeledón.

Se suprimió el artículo 21 que mandaba agregar, por vía de apéndice, el Derecho en que se nombrase el personal del Gobierno provisorio.

Se aprobó el artículo 22 que dice. "Si la Asamblea Nacional se pone en receso, o falta por cualquier accidente, el Gobierno provisorio obrará por sí mismo, y queda autorizado en todos aquellos puntos y atribuciones en que se dispone por el presente decreto, que debe obrar con conocimiento o aprobación de la Asamblea Nacional. El mismo Gobierno tendrá el deber y es a su cargo el convocar a la misma Asamblea: y aun dar una nueva convocatoria para otra, si hubiere dificultades para reunir la misma, dando el reglamento de elecciones y estableciendo el mandato del pueblo con toda la extensión de poder soberano". Salvó su voto el Diputado Hoyos.

Concluida así la discusión de los artículos del proyecto, recayó sobre el que propuso la comisión, agregado bajo el número 22, y dice: "Si las elecciones para el Gobierno provisorio recayesen en funcionarios de cualquier categoría y clase que sean, debe entenderse que no quedan vacantes los destinos que actualmente obtengan". Y fue aprobado, salvando su voto el Diputado Hoyos.

Seguidamente, el Diputado Selva, como uno de los individuos que presentaron el Proyecto, propuso el artículo adicional que, agregado bajo el número 23, dice así: "En caso de disolverse, por cualquier accidente, la Asamblea Nacional Constituyente, se autoriza a cualquier número de Diputados que de ella quede, para dar posesión a los individuos del Gobierno provisorio, prestando éstos, ante los mismos Diputados, el juramento debido. Y en este mismo caso, compete al Gobierno provisorio, la facultad de emitir el decreto reglamentario de la manera en que debe recibirse la votación del pueblo, que exige el artículo 20 de este estatuto.

Habiéndose tomado en consideración dicho artículo, y declarándose urgente, se puso a discusión, concluida la cual, fue aprobada.

Acto continuo, se procedió a la elección de las personas que deben componer el Gobierno provisorio de la República, conforme al artículo 3º. del Estatuto, ya aprobado, y habiéndose recibido y escrutado las votaciones respectivas, resultaron electos, por mayoría absoluta, para Presidente, el Benemérito Don Trinidad Cabañas; Consejeros: por el Estado de Nicaragua, Don Pedro Zeledón y Don Buenaventura Selva, y por el de El Salvador, Don Miguel Montoya y Don Enrique Hoyos.

En varios puntos de la discusión de la ley que antecede, protestaron los Señores Diputados Don Pedro Rocha, Don Marcelo Ayala y Don Pedro Rivas, quienes, además, pasaron a la Secretaría las piezas que a este respecto existen en ella. Con lo cual se levantó la sesión. Justo J. Rodas, D.P. Buenaventura Selva, D.S. R. Pino, D.S.

SESIÓN DEL 15 DE OCTUBRE

A que concurrieron los Diputados Presidente Rodas, Vice—Presidente Cortés, Barrundia, Zeledón, López, Reyes, Bustillos, Alvarado, Zelaya, Madrid, Moncada, Hoyos, Ayala, Bonilla, P. Rivas, E. Rivas, Lejarza, Jerez, Rocha, Molina, Selva, Secretario; Pino, Secretario; Mejía, Secretario; Barrios, Secretario; habiendo asistido el Diputado Suplente Don Francisco Alvarado, en lugar del Propietario Rodas.

Leída el acta anterior, fue aprobada con las modificaciones propuestas por el Diputado Zeledón, y consisten en que se suprima el artículo 21 del Estatuto que mandaba agregarle, por vía de apéndice, el nombramiento de las personas que deben formar el Gobierno provisorio y que se hagan constar las salvaciones de votos de aquellos Diputados que notoriamente hubiesen salvado el suyo en el acto de la sesión.

Se dio cuenta con la redacción del Decreto sobre nombramiento de Jefe Supremo de la República e individuos del Consejo, que dice así:

La Asamblea Nacional Constituyente de la República de Centro América, habiendo emitido en esta fecha el Estatuto provisional que debe regir a la República, mientras llega a tener efecto la Constitución que en adelante se decrete, y procedido a elegir las personas que deben formar el Gobierno provisorio, conforme a los artículos 2°. y 3°. del mismo Estatuto, ha tenido a bien decretar y

DECRETA:

Artículo 1°. Hace por Jefe Supremo de la República de Centro América el Benemérito General Don Trinidad Cabañas.

Artículo 2°. Hacen por individuos del Consejo de la nación los Diputados del Estado de Nicaragua, Don Pedro Zeledón y Don Buenaventura Selva, y los Diputados del Estado de El Salvador, Don Enrique Hoyos y Don José Miguel Montoya. Comuníquese a quienes corresponde para los efectos consiguientes.

Dado en el Salón de sesiones, en la ciudad de Tegucigalpa, a trece de octubre de mil ochocientos cincuenta y dos. Tomado en consideración y discutido suficientemente, fue aprobado.

En seguida se leyó una proposición del Diputado Madrid para que se nombren Magistrados Suplentes de la Suprema Corte de Justicia en igual número de los propietarios. Tomada en consideración y declarada urgente, fue puesta a discusión, y habiendo hecho varias adiciones los Diputados Hoyos, Barrios y Cortés, se acordó pasase todo a una comisión que en el acto nombró el Señor Presidente, designando a los Diputados Hoyos, Zeledón, Madrid y Cortés, quienes deben despachar dentro de veinte y cuatro horas.

A continuación hizo presente la Secretaría que, con arreglo al artículo 16 del Estatuto, debía procederse a la elección de tres Magistrados que deben formar la Suprema Corte de Justicia, y habiéndose recibido y escrutado las votaciones respectivas, resultaron electos, por mayoría absoluta de votos, los Señores Licenciado Don Manuel Leiva, del Estado de Honduras; Licenciado Sebastián Salinas, del Estado de Nicaragua, y Licenciado Don José María. Zelaya, del Estado de El Salvador. Con lo cual se levantó la sesión. Justo J. Rodas, D.P. Buenaventura Selva, D.S.R. Pino, D.S.

SESIÓN DEL 25 DE OCTUBRE

A que concurrieron los Diputados V.P. Cortés, Barrundia, Zeledón, López, Reyes, Bustillo, Alvarado (P.), Alvarado (F.), Zelaya, Madrid, Moncada, Hoyos, Ayala, Bonilla, P. Rivas, E. Rivas, Lejarza, Jerez, Rocha, Molina, Selva, Secretario; Pino, Secretario; Mejía, Secretario; Barrios, Secretario.

Leída el acta anterior, fue aprobada.

En seguida se dio cuenta con varias comunicaciones, una del Ministro de Nicaragua, fecha 20 de septiembre, en que avisa que en virtud de haber alegado justas causas el Diputado electo a la Asamblea Nacional Constituyente Doctor Don Mariano Ramírez, fue exonerado de la elección, e inmediatamente se mandó reponerla: otra del Ministro de El Salvador, fecha 10 del actual, que transcribe la contestación del Diputado, Don José Miguel Montoya, al acuerdo de la junta preparatoria que declaró sin lugar sus excusas: otra del mismo Ministro, fecha 5 del corriente, en que inserta la contestación del Diputado Don José Sacaza al acuerdo de la junta, en 23 de agosto, por el cual se le excitó a que viniese a ocupar su asiento: otra del Ministro de Honduras, fecha 16 de este mes, a que acompaña la contestación del Diputado Suplente Don Bustillos, a la nueva convocatoria que se le hizo por acuerdo de la junta de 7 del actual.

A continuación se leyeron las felicitaciones que dirigen a la Asamblea, los militares de esta capital y las autoridades y vecinos de Gracias. Se acordó pasarlas en comisión, a los Diputados Madrid, Lejarza y Alvarado(P).

Después se dio cuenta con la exposición del Benemérito General Presidente Don Trinidad Cabañas, en que manifiesta las causales que le asisten para no aceptar el nombramiento de Jefe Supremo Provisorio de la República. Y a consecuencia de mociones que hicieron los Diputados Selva y Barrundia se acordó tratar en sesión permanente sobre dicha exposición, pasándola en comisión a los Diputados Rivas, Mejía, Zeledón y Zelaya. Esta comisión, antes de abrir dictamen sobre la principal, propuso la siguiente cuestión: "Son obligatorios los servicios que impone la elección de la Asamblea para individuos del Supremo Poder Nacional Provisiona? " y se resolvió afirmativamente.

Acto continuo volvió la comisión a ocuparse del asunto que se le ha encomendado y presentó su dictamen comprensivo de dos puntos:

1. Que siendo sumamente urgente poner en ejecución el Estatuto Nacional, y no considerándose incompatible este servicio provisorio con el del Presidente de Honduras. La Asamblea insta al Señor General Cabañas para que se sirva prestarse a este cumplimiento de sus nobles empeños por la nacionalidad, sin perjuicio de publicarse por la imprenta, como un homenaje debido a su delicadeza y honor característico, la exposición que ha hecho de sus excusas; y

2. Que se ofrezca al electo, que la Asamblea, en circunstancias menos apuradas, estará dispuesta a considerarlas. Puesto a discusión el dictamen, propuso el Diputado Rocha que las palabras: y no considerándose incompatible este servicio provisorio con el de la Presidencia del Estado de Honduras, se sustituyese con éstas: y no vacando el destino que actualmente obtiene, conforme al artículo 22 del Estatuto. Y habiéndose discutido suficientemente el dictamen con la adición propuesta, se procedió a votar el artículo 1º. en los términos que lo ha propuesto la comisión, y fue aprobado, salvando su voto el Diputado Alvarado (Francisco). En seguida se votó el artículo 2º. y también fue aprobado, siendo, por consecuencia, en ambos casos, desechada la adición del Diputado Rocha. En este estado se leyó la proposición del Diputado V.P. para que, hoy mismo, se dé posesión a

los individuos del Gobierno Provisorio y se nombren las comisiones que formulen las leyes que deben emitirse conforme a los artículos 14, 15, 19 y 20 del Estatuto, señalándoles, para su despacho, el término de tres días. Tomada en consideración, declarada urgente y puesta a discusión, el Diputado Barrios la adicionó, diciendo: que la posesión del Gobierno Provisorio sea el 27 del actual y que las comisiones despachen dentro de ocho días. En seguida el Diputado Bustillo propuso que a las comisiones indicadas, no se les señalase término para su despacho. Y habiéndose discutido suficientemente la proposición con las enunciadas adiciones, se procedió a recibir la votación por el orden que corresponde, y se acordó: que el 27 del corriente, se dé posesión a los individuos del Gobierno provisorio, y que se nombren las comisiones sin designarles términos para evacuar los asuntos de que deben ocuparse. Se levantó la sesión. Rosalío Cortés, D.V.P. Buenaventura Selva, D.S. R. Pino, D.S.

SESIÓN DEL 26 DE OCTUBRE

Concurrió el Diputado Alvarado (F.) en lugar del Diputado Rodas, V.P. Cortés, Barrundia, Zeledón, López, Reyes, Alvarado (P.), Alvarado (F.), Moncada, Madrid, Molina, Bustillos, Rocha, Jerez, Rivas(E.), Rivas (P.), Lejarza, Hoyos, Bonilla, Ayala, Selva, Secretario; Pino, Secretario; Mejía, Secretario, Barrios, Secretario.

Se leyó el acta anterior y fue aprobada con las modificaciones que pidió el Diputado Rocha.

Se leyó el dictamen de la comisión especial a quien pasaron las proposiciones de los Diputados Madrid, Hoyos, Barrios, Barrundia y Cortés, pidiendo, unos, la creación de un Vice—Jefe provisorio nacional; otros, elección de Magistrados y Consejeros Suplentes y formación de un reglamento sobre la manera de elegir los cuatro Magistrados de que habla el artículo 17 del Estatuto. Dispensada la segunda Lectura se puso a discusión en general. Después por artículo y puesto el 1º. que dice: "Cada Magistrado propietario tendrá un suplente para que lo reemplace en caso de enfermedad, muerte, ausencia u otro legítimo impedimento. Los suplentes deberán tener las mismas calidades que los propietarios y serán nombrados de la propia manera que éstos, pudiendo ser llamados indistintamente cualquiera de ellos, cuando ocurra falta completa del propietario". Fue aprobado.

El 2 que dice: "Para el caso de muerte, ausencia, enfermedad u otro legítimo impedimento del Jefe Supremo de la Nación y de los individuos del Consejo Ejecutivo, la Asamblea Constituyente nombrará, por mayoría absoluta, un Vice—Jefe y cuatro consejeros para suplentes con las mismas calidades requeridas para los propietarios". Fue aprobada salvando su voto el Diputado Barrundia.

El 3 que dice: "La disposición del artículo 10 del Estatuto que ordena que la falta del Jefe Supremo la llene el Secretario de Relaciones Exteriores, se entiende para el caso de que el Vice—Jefe no se halle en el lugar de la Residencia del Gobierno y para mientras éste pueda venir a hacerse cargo del mando, como también para los casos en que el mismo Vice—Jefe está impedido". Fue aprobado.

Los artículos 4º, 5º, 6º. y 7º. fueron retirados por la Comisión.

El 8º. que dice: "Tanto el Poder Ejecutivo como la Suprema Corte de Justicia formará su reglamento interior, que someterá a la aprobación de la Asamblea Nacional Constituyente. Y entre tanto esto se verifica, el Gobierno podrá conceder licencia, con causa justa, a su prudente juicio, tanto a los Consejeros como a los Magistrados de la Suprema Corte, con tal que éstas no pasen de tres meses, ni se disuelvan los Cuerpos. Fue aprobado, mandándose que de él se formara un decreto por separado.

Los Diputados Zeledón y Rivas (P.) hicieron moción para que los artículos 1º, 2º, y 3º. se tuvieran como adicionales al Estatuto, y se sometieran a la sanción del pueblo: puesta a discusión fue aprobada, salvando su voto el Diputado Barrundia.

Se leyó un oficio del General Presidente Don Trinidad Cabañas, fecha de hoy, en que remitiéndose a su exposición del 16, renuncia nuevamente el nombramiento de Jefe Supremo de la República. Habiendo hecho proposición los Diputados Selva y Jerez, para que este oficio pase a una comisión que despachara, del momento, y se resolviese en sesión permanente, no fue tomada en consideración. Se levantó la sesión. Rosalío Cortés, D.V.P. Buenaventura Selva, D.S. R. Pino, D.S.

SESIÓN DEL 27 DE OCTUBRE

A que concurrieron los Diputados V.P. Cortés, Barrundia, Zeledón, López, Reyes, Madrid, Zelaya, Alvarado (F.), Alvarado (P.), Moncada, Molina, Bustillos, Rocha, Jerez. Silva (E.), Rivas (P.),

Lejarza, Hoyos, Bonilla, Ayala, Selva, Srio.; Pino, Srio.; Mejía, Srio., Barrios, Srio.

Leída el acta anterior, fue aprobada.

En seguida leyó su voto salvado el Diputado Barrundia, y por haberse mandado agregar a la acta del día, la Secretaría lo inserta en estos términos:

"VOTO SALVADO"

A.N. Ayer he salvado mi voto en el artículo que alteró notablemente el Estatuto provisorio respecto de cómo deben suplirse las faltas del Jefe Supremo. En primer lugar porque se derogaban, sin trámite alguno; ni de los más esenciales, disposiciones constitutivas de la más alta importancia, que debían llevarse a la sanción del pueblo y no trasegarse ·ni viciarse por un dictamen incompetente de una comisión que se creó tan solo para llenar los vacíos que pudieran tener el Estatuto, y no para derogarlo.

2°. Porque la alteración hecha era poniendo en perturbación continua el Gobierno Nacional, haciendo que al más leve incidente pasase el Ejecutivo a otras manos y perdiese por supuesto, su unidad, su plan y su fuerza; lo que no sucede cuando en las faltas accidentales suple el mismo Ministro que es órgano exacto y fiel del Gobernante, que está bien empapado de sus proyectos y sistema gubernativo, que es una verdadera continuación del hombre de confianza que se ha puesto por la Asamblea Nacional al frente de la sociedad y del orden. No así cuando entra a cada paso en el Gobierno un Vice—Jefe, que por lo regular es muy inferior en capacidad y en cualidades al Jefe Supremo: que se halla a cada momento o teniendo que hacer consultas embarazosas o dirigiendo sin comprender bien los negocios más arduos o dando providencias desacertadas. ¿Qué diremos si, como es común, se introduce una especie de rivalidad y contradicción entre ambos funcionarios? ¿Si la Vice—Jefatura degenera en una especie de acecho para atisbar la ocasión de apoderarse del puesto supremo y para perturbar su Gobierno?

Tan grave ha sido esta consideración entre los buenos publicistas, que se ha quitado ya de algunas constituciones este señalamiento anterior de ascenso por falta de otro, a puestos que pueden criar una ambición peligrosa y que de hecho son una tentación continua. Nada menos que en la constitución de El Salvador me parece que se ha evitado el producir desde luego tales vice—presidencias.

¿Y esto es lo que la comisión llama popularidad? ¿Y ha dicho que debía procurarse en el Gobierno? Ciertamente que esto es darle a la voz popularidad el sentido más vulgar y anárquico, que es confundirlo con el desorden y con la debilidad o perturbación del Gobierno. La unidad de acción, la marcha no interrumpida de las ideas y planes regularizado del funcionario escogido por la Asamblea Nacional: ¿Es por ventura una cosa impopular?

¿No es, acaso, más popular el pensamiento del Primer Supremo electo por los Representantes del pueblo, continuado por medio de su Ministerio, este pensamiento inteligente y ya ejercitado, que el pensamiento de un Vice—Jefe sin la práctica de los negocios, de un Vice—Jefe que sólo ocupa el segundo rango en la sociedad y en el interés público del país?, ¿y dónde se ha visto prácticamente que a cualquier eventualidad está entrando en el Gobierno el Vice—Presidente, volviendo el Gabinete una farsa cómica en que entran a cada instante a representar distintos personajes? Más la comisión ha dicho que era menester enmendar lo defectuoso de un estatuto disparatado; y las proposiciones para llenar algunos vacíos y los trámites que han corrido, las ha tomado por proposiciones y por trámites para derogar el estatuto. Lo único que debía hacer la comisión era llenar el vacío de cuando no existiera la Asamblea Nacional, quien nombraba por ella al Jefe Supremo, en caso de su falta absoluta.

Es violado, pues, no sólo las disposiciones fundamentales que arreglan el procedimiento para dar y para derogar una ley; sino que ha puesto un contra sentido, una irregularidad, una galimatía que no se entiende en lugar del artículo simple, claro y de una política previsora y del día que estaba consignada en el Estatuto. Compadezco a la comisión de redacción de estilo, que se ponga en la tortura de poner en castellano regular el artículo que tergiversó, mutiló y contradijo en todas sus partes la comisión por una ciega hostilidad al decreto que cría un Gobierno General. Aun menos estoy porque esta producción incomprensible pase a la sanción del pueblo. El conflicto en que ha puesto a la Asamblea la repetida renuncia del Benemérito Presidente Cabañas, y su deseo de tener un Vice—Jefe para proveer a la peligrosa falta del Jefe Supremo, la ha hecho pasar como por sorpresa por todos estos defectos, fije y distraiga su atención en el gran embarazo que por desgracia se ha presentado en su primer paso grandioso de la reorganización del país. Ella me dispensará si me veo en la precisión de consignar una opinión diferente de su acuerdo en las fatales circunstancias en que se dio. Acuerdo que siempre respetaré y obedeceré a pesar de ser contra mi sentido. Y pido que este voto se mande agregar a la acta. Tegucigalpa, octubre 27 de 1852. J. Barrundia.

Se dio cuenta con la nota del Señor Diputado Rodas en que manifestó: que algunos Diputados protestan no concurrir al Congreso bajo su Presidencia, suplica a la Asamblea se sirva admitir la formal dimisión que hace de su cargo, para de este modo asistir a las sesiones como simple Representante; y se pasó a una comisión compuesta de los Diputados Zeledón y Barrundia. En seguida se leyó el dictamen de esta comisión que dice: A.G.C. La comisión que suscribe omite referir antecedentes que son muy conocidos a la misma Asamblea, y fundada en ellos y en la justicia con el Señor Diputado Rodas, desea concurrir a vuestras deliberaciones como Representante, opina: que lo más expedito y decoroso es acceder a su solicitud. Por tanto: propone a la Asamblea el siguiente acuerdo:

1. Que se admita al Señor Diputado Don Justo Rodas la renuncia que hace de Presidente de la Asamblea.
2. Que en atención a faltar pocos días para la renovación periódica de directorio se omita, por ahora, la elección. Tegucigalpa, 27 de octubre de 1852. José Barrundia. Zeledón. Y fue aprobado.

Después se dio cuenta con varias comunicaciones recibidas en el mismo día: la primera del Señor Diputado Montoya, contestando que admite el nombramiento de Consejero propietario, con que la Asamblea le honró: la segunda del Señor Diputado Don Enrique Hoyos, en el mismo sentido: y la tercera del Señor Diputado Molina, como Secretario de la comisión de constitución, avisando que el 22 se encontraba instalada con la mayoría de los nombrados, lo mismo que el Señor Diputado Zeledón estaba nombrado Presidente de ella.

Acto continuo, se dio primera lectura al dictamen de la comisión encargada de proponer un proyecto de ley, reglamentando la manera de recoger el voto del pueblo de que habla el artículo 20 del Estatuto.

Se dio también primera lectura al dictamen de la comisión encargada de contestar las felicitaciones que a la Asamblea hicieron las autoridades de Gracias y los militares de esta ciudad.

Igualmente se dio primera lectura a la proposición de los Señores D. Hoyos, Bonilla, Ayala, Cortés, Jerez, Rivas (P.) presentando un proyecto de ley para el receso de la Asamblea.

Se leyó la petición de los Señores Diputados Rivas E. y Lejarza, para que se llame a tomar posesión al Jefe provisorio electo, y no habiendo dispensado los trámites, se tuvo como primera la lectura dada.

Se dio cuenta con la moción del Diputado Hoyos, para que venga el Archivo Federal que está en San Salvador, y adicionada por los Señores Diputados Zeledón y Barrundia. Fue aprobada.

Se leyó la proposición del Diputado Bustillos, relativa a que se fije una hora para la concurrencia de los Diputados a las sesiones, y se establezca la pena en que deben incurrir los que falten sin justa causa. Tomada en consideración con las adiciones que propusieron los Diputados Rocha y Zeledón, se acordó: 1º. que la hora para concurrir a las sesiones deberá ser las 11 de la mañana que indique el reloj público hasta un cuarto después, y que el Diputado que sin causa legal no concurriese, pague la multa de veinticinco pesos, moneda provisional.

Se leyó la proposición del Diputado Moncada para que se tome en consideración la renuncia que con fecha de ayer, ha reiterado el Benemérito General Don Trinidad Cabañas, sobre la elección de Jefe Supremo de la República. Habiéndose aprobado, se leyó de nuevo la nota en que el General se excusa por segunda vez de servir dicho destino, y se pasó a una comisión compuesta de los Señores Diputados Lejarza, Zeledón y Barrundia, quienes emitieron el siguiente dictamen: A.N.C. La comisión especial, a quien tuvisteis a bien encomendar el examen de las causas en que el Señor General Don Trinidad Cabañas funda su renuncia del destino de Jefe del Gobierno provisorio referidas en notas de 16 y 26 del corriente, observa:

1.Que habiendo resuelto la Asamblea en sesión de 25 del corriente cuanto debiera honrar la delicadeza personal del Benemérito General Cabañas, este objeto está satisfecho.

2. Que habiendo la misma Asamblea considerado compatible este servicio nacional con el de Presidente del Estado, y siendo la autoridad competente en orden al Poder Nacional, el Señor General Cabañas no puede oponer como causa la incompatibilidad, si bien es libre para continuar o no en el mando del Estado, o dejarlo sujeto a la resolución de la Legislatura del mismo.

3. Que al paso que son loables los deseos del mismo Señor General por continuar exclusivamente al servicio de Honduras, este deseo debe ceder a la razón de preferencia que le llama al del mismo Honduras, y de los otros Estados colocados ya en el poder nacional.

4. Finalmente. Que habiendo resuelto en la misma sesión del 25 que el servicio en los destinos del Ejecutivo Nacional Provisorio es forzoso, el Señor General Cabañas está sujeto a este acuerdo y las leyes de los Estados, subordinarse a él como a una ley nacional. Por tanto: la comisión os propone los siguientes artículos.

1. No se admite la renuncia puesta por el Señor General Don Trinidad Cabañas de la elección de Jefe Supremo Nacional provisorio.

2. Que este acuerdo le sea comunicado con las inserciones del caso. Tegucigalpa, octubre 27 de 1852. F. Barrundia. Lejarza. Zeledón. Cuyo dictamen fue puesto a discusión, y en seguida, habiendo pedido el Diputado Barrios que se revise la primera excusa del General Cabañas, se verificó así. Y habiendo declarado suficientemente discutido el dictamen y que había lugar a votarlo, el Diputado Barrundia pidió que la votación fuese nominal, y se verificó así en la forma siguiente: los Diputados Cortés, Barrundia, Zeledón, Reyes, Ayala, Bonilla, Rivas (P.) Rivas, Lejarza, Rocha y Selva votaron porque no se admitiese la renuncia. Los Diputados López, Bustillos, Alvarado (P.), Alvarado (F.), Zelaya, Madrid, Moncada, Hoyos, Jerez, Molina, Pino, Mejía y Barrios votaron por que se admitiese la renuncia, resultando, en consecuencia, admitida por una mayoría de trece votos contra once.

A virtud de moción del Diputado Cortés la Secretaría preguntó si se procedía a la elección del Jefe provisional, y habiéndose declarado por la negativa, salvaron su voto los Señores Diputados Selva, Ayala, Rocha y Zeledón.

Se leyeron los artículos 127 y 132 del reglamento interior que hablan sobre el modo de practicar las elecciones, y se declaró que fuese nominal la votación de Vice—Jefe. Así se verificó, resultando electo el Señor Doctor Don Pedro Molina, habiendo sufragado en él los Señores Diputados Mejía, Pino, Barrios, Rodas, Zelaya, Madrid, Jerez, Alvarado, Bustillos, Bonilla, Hoyos, López, Moncada y Barrundia. Los Diputados Selva, Rocha y Rivas (P.), sufragaron por el Señor Don José Sacasa: los Diputados Rivas (E.) y Zeledón sufragaron por el Diputado Barrios: el Diputado Molina, por el

Diputado Bustillos: el Diputado Ayala por el Diputado Madrid, y el Diputado Cortés por Don Joaquín Bustillos; y los Diputados Reyes y Leiarza por el Diputado Zeledón. Se levantó la sesión. Rosalío Cortés, D. V. P. Buenaventura Selva, D. S. R. Pino, D.S.

SESIÓN DEL 28 DE OCTUBRE

A que concurrieron los Diputados V.P. Cortés, Barrundia, Zeledón, López, Reyes, Madrid, Zelaya, Rodas, Alvarado, Moncada, Molina, Bustillos, Rocha, Jerez, Rivas (P.) Rivas (E.), Lejarza, Hoyos, Pino. Se leyó el acta anterior y fue aprobada.

En seguida se hizo moción por el Diputado Rivas (P.), para que antes de dar posesión al Vicejefe Provisorio y demás empleados se proceda a la elección del Jefe Supremo, y tomada en consideración se discutió. En medio de la discusión presentaron otra petición los Diputados Barrios y Hoyos y a fin de que se difiera para mañana la expresada elección. El Diputado Selva adicionó la moción del Diputado Rivas indicando que en la sesión de hoy se elija el Jefe Supremo, y declarándose suficientemente discutida fue aprobada.

Se dio segunda lectura al proyecto de ley presentado por la comisión respectiva reglamentando la manera de hacer el sufragio popular, y habiendo manifestado el Señor Vice—Presidente si debía pasar a otra comisión, se resolvió negativamente; en cuya virtud se designó el 30 del actual para la discusión.

Se dio segunda lectura al proyecto de ley sobre el receso de la Asamblea, y se acordó que pase a una comisión compuesta por los Diputados Rocha y Lejarza. En seguida la Secretaría indicó que se procedía a la elección del Jefe Supremo Provisorio, y a moción del Diputado Barrios se hizo la votación nominal, en esta forma: los Diputados Selva, Mejía, Barrios, Molina, Rodas, Zelaya, Bustillo, Jerez, Rocha, Bonilla, Rivas (E), Rivas (P.) Zeledón, Lejarza, Moncada, Barrundia y Cortés sufragaron por el señor Lic. don Francisco Castellón. Los Diputados Pino, Alvarado, Hoyos y Madrid, sufragaron por el Diputado Zeledón: el Diputado Reyes sufragó por el Lic. don Mariano Ramírez; el Diputado Ayala por el Dr. don Juan Lindo; y el Diputado López por el señor don Remigio Díaz; resultando electo, por una mayoría de diez y siete votos el referido Lic. don Francisco Castellón.

Se dio cuenta con la redacción del decreto emitido el 26 del que corre, sobre elección de Vice—Jefe, Consejeros y Magistrados Suplentes, y se aprobó; salvando su voto el Diputado Barrundia.

Se leyó la moción presentada por el Diputado Rivas (P.)para que se designen los Consejeros que deben asistir al Vice—Jefe Supremo, prescribiendo antes la fórmula del juramento y el ceremonial. Adicionado por el Diputado Hoyos pasó en comisión a los Diputados Zeledón, Zelaya y Hoyos.

En seguida indicó la Secretaría que se iban a elegir dos Consejeros propietarios y dos suplentes del Estado de Honduras; y a moción del Diputado Barrios se hizo la votación nominal, cuyo resultado fue el siguiente: Habiéndose procedido primeramente a elegir un Consejero propietario, los Diputados Selva, Pino, Mejía, Barrios, Rodas, Zelaya, Jerez, Molina, Bustillos, Rocha, Bonilla, Hoyos, Madrid, Rivas (E.), Rivas (P.) Lejarza, Moncada, Barrundia y Cortés, sufragaron por el Señor Don Joaquín Meza. Los Diputados Reyes, Ayala, Zeledón y López sufragaron por el Señor Don Pedro Pablo Chévez, y el Diputado Alvarado por el Señor Don Jacobo Rosa; resultando electo, por una mayoría de diez y nueve votos el referido Señor Don Joaquín Meza.

Se procedió después a elegir el otro Consejero propietario y se recibió la votación nominal en esta forma: los Diputados Selva, Pino, Mejía, Barrios, Rodas, Alvarado, Zelaya, Jerez, Molina, Rivas (P.), Lejarza, Moncada, Barrundia, y Cortés, sufragaron por el Diputado Don Felipe Bustillo: éste por el Señor Don Pedro Pablo Chévez, los Diputados Rocha y Bonilla por el Diputado Reyes: el Diputado Hoyos por el Señor Don Remigio Díaz; el Diputado Madrid, por el Licenciado Don Francisco Medina, y los Diputados Rivas (E.), Reyes, Ayala, Zeledón y López, por el Diputado Alvarado (P.), resultando electo, por una mayoría de catorce votos el Diputado Don Felipe Bustillo.

Se procedió, en seguida, a elegir un Consejero suplente, recibiendo la votación nominal en esta forma: los Diputados Selva, Pino, Mejía, Rodas, Jerez, Molina, Madrid, Rivas (E.), Rivas (P.), Zeledón, Ayala, Lejarza, López, Moncada y Cortés, sufragaron por el Señor Don Leonardo Romero. Los Diputados Barrios, Zelaya y Barrundia sufragaron por el Diputado Moncada: el Diputado Alvarado, por el Diputado Mejía: el Diputado Bustillos, por el Señor Don Pedro Pablo Chávez; y los Diputados Rocha, Bonilla, Hoyos y

Reyes, por el Diputado Alvarado, resultando electo, por una mayoría de quince votos, el referido Señor Don Leonardo Romero.

Acto continuo se procedió a elegir el otro Consejero Suplente, recibiendo la votación nominal en esta forma: los Diputados Selva, Pino, Mejía, Barrios, Rodas, Alvarado, Zelaya, Jerez, Molina, Bustillos, Bonilla, Hoyos, Madrid, Rivas (E.), Rivas (P.), Zeledón y Ayala sufragaron por el Diputado Moncada; y éste, con los Diputados Rocha y Reyes, sufragaron por el Diputado Alvarado, resultando electo, por una mayoría de veinte y un votos, el Diputado Moncada.

Se dio cuenta con la redacción del decreto en que se admite la dimisión que el Benemérito General Don Trinidad Cabañas hizo el nombramiento de Jefe Supremo, y fue aprobado.

Se dio cuenta también con la redacción del decreto en que nombra Vice—Jefe Supremo Provisorio de la República al Señor Diputado don Pedro Molina; con lo cual se levantó la sesión. Rosalío Cortés, D.V.P. Buenaventura Selva, D.S. R. Pino, D.S.

SESIÓN DEL 30 DE OCTUBRE

A que concurrieron los Diputados V.P. Cortés, Barrundia, Zeledón, López, Reyes, Madrid, Zelaya, Rodas, Alvarado (P.), Moncada, Molina, Bustillo, Rocha, Jerez, Rivas (E.), Rivas (P.), Lejarza, Hoyos y Pino.

En seguida la Secretaría dio cuenta con la redacción del decreto número 8°., en que se nombra el Licenciado Don Francisco Castellón, Jefe Supremo de la República, y fue aprobado.

Se dio también cuenta con la redacción del decreto número 9°. sobre el nombramiento de Consejeros propietarios y suplentes del Estado de Honduras, y fue aprobado.

Se dio también cuenta con la reducción del decreto número 5°., que autoriza al Poder Ejecutivo y Suprema Corte de Justicia de la Nación, para que formen un reglamento interior, sometiéndolo a la aprobación de la Asamblea, y que, entre tanto, puede el Gobierno conceder licencias, con causas justas, a su prudente juicio, tanto a los Consejeros como a los Magistrados, con tal que estas no pasen de tres meses ni se disuelvan los Cuerpos.

A continuación se leyó el dictamen presentado por la comisión compuesta por los Diputados Hoyos, Zeledón y Zelaya, para informar sobre la proposición del Diputado Rivas (P.) y adición del Diputado

Hoyos, sobre que se declare cuáles de los Consejeros deben asistir al Vice—Jefe Supremo: sobre que se decrete la fórmula del juramento que han de prestar los individuos del Gobierno Provisorio, y por último, sobre que se disponga el ceremonial, para el acto de juramento e instalación del Gobierno Provisorio, cuyo dictamen fue puesto a discusión en lo general, y discutido suficientemente, se declaró que había lugar a votarlo y discutirlo, por artículo.

Puesto a discusión el artículo 1°. que dice: "Cuando el Jefe Supremo falte en el mando por muerte o por enfermedad, ausencia u otra causa accidental cualquiera que haya de producir depósito que pase de treinta días, se llamarán al Consejo los vocales correspondientes al Estado de que sea natural el Jefe depositante; pero mientras concurren, continuarán fungiendo todos los que estuvieren en ejercicio, a la época del depósito". Y se acordó que volviese a la comisión.

Puesto a discusión el artículo 2°. que dice: "En los demás casos en que la ausencia o impedimento no haya de pasar de un mes, no se hará novedad; más si estuvieren en el lugar de la residencia del Gobierno los Consejeros del Estado a que corresponde el Jefe depositante, serán éstos llamados y saldrán temporalmente los otros. Se acordó que volviese a la comisión.

Puesto a discusión el artículo 3°. que dice: "Por ahora, y mientras concurran el Jefe Supremo nombrado en sesión de 28 del actual, asistirá el Vice—Jefe Supremo en ejercicio, los Consejeros nombrados por Nicaragua y El Salvador; y fue aprobado, salvando su voto el Diputado Zeledón.

Puesta a discusión la fórmula del juramento que dice: "En presencia de Dios, autor y legislador supremo de las sociedades y en fe de vuestro honor, juráis cumplir con fidelidad los deberes impuestos a vuestro cargo, ejecutando y haciendo que se ejecuten los estatutos, leyes y reglamentos dictados legítimamente y que en adelante se dicten por quien corresponde, y procurando, con todo vuestro esfuerzo, gobernar la República en paz y justicia, manteniendo a los ciudadanos en tranquilidad y en el pleno goce de sus inviolables garantías, y promoviendo cuanto conduzca al engrandecimiento y mejora de Centro América, y a la estabilidad de sus instituciones?

Respondiendo que sí, añadirá el Presidente: si así lo hiciereis Dios os ayuden y si no, él y la patria os lo demanden". Se procedió a la votación por partes en estos términos: la primera parte que dice: "En presencia de Dios, autor y legislador Supremo de las sociedades y en fe de vuestro honor, juráis cumplir con fidelidad los deberes impuestos a vuestro encargo, ejecutando y haciendo que se ejecuten los estatutos, leyes y reglamentos? Fue aprobada. La segunda parte que dice: "dictados legítimamente y que en adelante se dicten por quien corresponde". Fue aprobada, salvando su voto los Diputados Selva, Molina, Barrios, Barrundia, Pino, Jerez, Bustillos y Mejía. La tercera parte que dice:"¿Y procurando con todo vuestro esfuerzo gobernar la República en paz y justicia?". Fue aprobada. La cuarta parte que dice: "Manteniendo a los ciudadanos en tranquilidad y pleno goce de sus inviolables garantías?". Fue aprobada. La quinta parte que dice: "Y promoviendo cuanto conduzca al engrandecimiento y mejora de Centro—América, y a la estabilidad de sus instituciones?".

Fue aprobada. Puesta a discusión la secta y última parte que dice: "Respondiendo que sí añadirá el Presidente: Si así lo hiciereis, Dios os ayuda, y si no, él y la Patria os lo demanden". Fue aprobada.

Seguidamente se puso a discusión la parte del dictamen relativo al ceremonial, proponiendo que se reduzca a un Te Deum con asistencia de la Asamblea Nacional Constituyente, de los alto funcionarios de Honduras y sus subalternos, salvas de artillería con veintiún cañonazos, y alguna otra demostración como colgaduras en las calles e iluminación por dos o tres noches. Y que en el día de la inauguración del Gobierno Provisorio, una comisión de este augusto cuerpo acompañe al Vice—Jefe, en ejercicio, hasta el local que él mismo designe para recibirlo en consejo, quedando a cargo del Presidente de dicha comisión hacer el nuevo Jefe de la República una alocución en nombre de la Asamblea Nacional Constituyente; y que el Vice—Presidente de este alto cuerpo designe el día en que debe tener lugar la instalación del Gobierno Provisorio. Fue aprobada, nombrando el Señor Vice—Presidente a los Diputados López, Madrid Rocha, Bonilla y Pino para la comisión ya indicada.

Hizo moción el Diputado Hoyos para que se llame al suplente más inmediato de Honduras a llenar la falta del Señor Molina en la Asamblea.

Hizo moción el Diputado Rivas (P.) para que, con arreglo al artículo 23 del Estatuto, se declare que cuando el Vice—Jefe entre a ejercer el Poder Ejecutivo, continúe sus funciones en la Asamblea Nacional. Hizo moción últimamente el Diputado Zeledón para que en lugar de la moción del Diputado Hoyos, se resuelva sobre la calificación del propietario del Señor Molina y en su caso se le llame. Tomadas en consideración y discutidas suficientemente, se procedió a votar por su orden dichas mociones, resultando desechadas las de los Diputados Hoyos y Rivas (P.) y aprobada la del Diputado Zeledón, salvando su voto el Diputado Rocha. Se levantó la sesión. Rosalío Cortés, D.V.P. Buenaventura Selva. D.S.R. Pino, D.S.

SESIÓN EXTRAORDINARIA DEL 1º. DE NOVIEMBRE

A que concurrieron los Diputados V. P. Cortés, Barrundia, Zeledón, López, Reyes, Madrid, Zelaya, Rodas, Alvarado, Moncada, Molina, Bustillos, Rocha, Jerez, Rivas (E.), Rivas (P.) Lejarza, Hoyos, Pino.

Se leyó el acta anterior y fue aprobada con la indicación que hicieron los Diputados Zeledón y Mejía, el primero salvando su voto en el artículo del dictamen de la comisión que designa los Consejeros de Nicaragua y El Salvador para que asista al Vice—Jefe, y el segundo salvando también el suyo en la parte de la fórmula de juramento y comienza con la palabra "dictados legítimamente".

Se leyó el voto salvado de los Diputados Barrundia, Barrios, Mejía y Selva, el que por disposición particular de la Asamblea sé mandó insertar en el acta del día y dice así:

A. N. Hemos salvado nuestro voto en la sesión anterior en que se decretó la fórmula del juramento para los individuos del Gobierno Provisorio. En esta fórmula se establece que se juran los estatutos y leyes legalmente dadas, con lo cual se abre la puerta a que el mismo juramento, caso de dudar de la legalidad del Estatuto por las cuestiones que se han suscitado sobre su comisión en la Asamblea, se crea exento de la obligación de guardarlo y sostenerlo fielmente, puesto que la fuerza del juramento prestado solo recae sobre el deber de cumplir disposiciones legales, y por consiguiente exceptúa de este deber a los que no se creen tales o se duda de su emisión legítima. Por esto es que jamás se ha puesto semejante condición en ningún juramento solemne prestado a las Leyes fundamentales de un país. Y se puede asegurar que ninguna nación del mundo ha presentado semejante condición en sus juramentos solemnes.

La Constitución de Francia, la de España, todas las de América, se han jurado simplemente sin presentar una polémica abierta para su cumplimiento y desvirtuar así su fuerza y la obligación que se impone a los funcionarios destinados a ejecutarla. Por esta razón y otras que omitimos, nos hemos separado del acuerdo de la Asamblea. Tegucigalpa,1o.de noviembre de 1852. J. Barrundia. Ramón Mejía. Barrios. Selva.

Se dió cuenta con la nota del Señor Diputado Molina en que acepta el nombramiento de Vice—Jefe provisorio de la Nación.

Se dio cuenta con la comunicación del Supremo Gobierno de este Estado, en que manifiesta a la Asamblea que el 15 del corriente se retirará a la capital por tener que dedicar su atención a los intereses del Estado; y se mandó pasar a una comisión compuesta de los Señores Diputados Zeledón, Reyes y Jerez.

Se leyó el voto de la comisión que dictaminó en la felicitación que a la Asamblea hicieron los militares de esta ciudad, y se señaló su discusión para el día dos.

Se dio cuenta con la renuncia que el Señor Diputado Bustillos hizo del Destino de Consejero propietario del Estado de Honduras, y se pasó en comisión a los Señores Diputados Montoya y Ayala.

Se dio primera lectura a la proposición de los Señores Diputados Cortés y Bonilla, proposición que se reduce a que se faculte al Gobierno Provisorio para que emita las leyes particulares de que habla el Estatuto provisional.

Se dio cuenta con la proposición de los Señores Diputados Jerez y Zelaya sobre que la Asamblea designe el sueldo que deben disfrutar los individuos del Gobierno Provisorio. Dispensada que fue la segunda lectura, pasó en comisión a los Señores Diputados Moncada, Bonilla y Rocha.

Se puso a discusión, en general, el proyecto de ley sobre la manera de recoger el voto popular de que habla el artículo 20, y declarándose que había lugar el voto por artículos, se puso el 1º. que dice: "El Gobierno provisorio de la Nación remitirá, directamente, a las Municipalidades de los tres Estados de El Salvador, Nicaragua y Honduras, el Estatuto de Gobierno Nacional provisorio emitido del 13 del mes corriente, para que lo someta a la sanción del pueblo", el que, lo mismo que el resto de los artículos que contiene el referido dictamen, volvió a la comisión a consecuencia de moción hecha por los Señores Diputados Barrundia, Barrios y Selva.

Se dio cuenta con la redacción del Decreto número 10 en que se declara que los Señores Consejeros de El Salvador y Nicaragua sean los que asistan al Vice—Jefe provisorio, en ejercicio, y habiendo pasado a la comisión de corrección de estilo y reformándose por ella fue aprobada.

En seguida se procedió a la elección de Consejeros Suplentes del Estado de Nicaragua, resultando electos los Señores Doctor Don Máximo Jerez y Diputado Don Pedro Emiliano Rivas, sufragando en el primero los Señores Diputados Selva, Pino, Mejía, Barrios, Rodas, Alvarado, Zelaya, Madrid, Molina, Bustillos, Lejarza, Rivas (E.), Zeledón, Rivas (P.), Montoya, López y Barrundia; y en el segundo los Señores Diputados Selva, Pino, Mejía, Rodas, Zelaya, Madrid, Molina, Jerez, Rocha, Bustillos, Bonilla, Hoyos, Lejarza, Zeledón, Ayala, Moncada y Barrundia. En la primera elección sufragaron en favor del Señor Licenciado Don Gregorio Juárez los Señores Diputados Jerez y Rocha: los Diputados Bonilla y Hoyos en el Señor Don Joaquín Rivas; los Señores Diputados Reyes, Moncada y Cortés en el Señor Don Manuel Antonio Cardenal y el Diputado Ayala en el Señor Doctor Don Jesús Rocha. Y en la segunda los Señores Diputados Barrios, Rivas (E.) y Rivas (P.) en el Señor Licenciado Don Jesús Baca: los Señores Diputados Alvarado y López y en el Licenciado Don Joaquín Rivas: el Señor Diputado Reyes en Don Félix Alfaro; el Diputado Montoya en el Presbítero Don Remigio Salazar; y el Diputado Cortés en el Señor Licenciado Don Lino César.

En seguida se procedió a la elección de Magistrado Suplente del Estado de Nicaragua, resultando electo el Señor Licenciado Don Lino César, habiendo sufragado los Señores Diputados Selva, Pino, Mejía, Barrios, Rodas, Zelaya, Madrid, Molina, Jerez, Rocha, Bustillo, Bonilla, Rivas (E.), Montoya, Moncada, Barrundia y Cortés: los Señores Diputados Alvarado, Hoyos, Reyes, Lejarza, Zeledón, Rivas (P.) y López sufragaron en el Señor Licenciado Don Joaquín Rivas; y el Diputado Ayala en el Señor Licenciado Don Justo Abaonza.

Acto continuo se procedió a la elección de consejeros suplentes del Estado de El Salvador, resultando electos los Señores Diputados Don Rafael Pino y Don Juan José Bonilla, votando en el primero los Señores Diputados Selva, Mejía, Barrios, Rodas, Zelaya, Madrid, Molina, Jerez, Rocha, Bustillo, Bonilla, Hoyos, Reyes, Lejarza, Zeledón, Rivas (F.), Rivas (E.), Ayala, Montoya, López, Moncada, Barrundia y Cortés; y en Don José María San Martín los Señores Diputados Pino y Alvarado Zelaya, Madrid, Molina, Jerez, Rocha, Lejarza, Zeledón, Rivas (P.) Rivas (E.), Ayala, Montoya, López,

Moncada, Barrundia y Cortés; y Don José María San Martín, los Señores Diputados Selva, Mejía, Bustillo, Hoyos, Bonilla, Ayala, Reyes y Cortés.

En seguida se procedió a la elección de Magistrado Suplente del Estado de El Salvador, resultando electo el Señor Licenciado Don Rafael Padilla Durán; sufragaron los Señores Diputados Selva, Pino, Mejía, Barrios, Rodas, Alvarado, Zelaya, Madrid, Molina, Jerez, Rocha, Bustillo, Bonilla, Hoyos, Reyes, Lejarza, Rivas (P.), Zeledón, Rivas (E.) y Moncada: en el Licenciado Don José María Silva los Diputados Montoya, López y Barrundia; y en el Señor Licenciado Don Anselmo País los Señores Diputados Ayala y Cortés.

En este estado manifestó el Señor Vice—Presidente que el día tres del que corre es el designado para que tomen posesión los individuos del Gobierno Provisorio.

Se levantó la sesión. Rosalío Cortés, D.V.P. Buenaventura Selva, D.S.R. Pino, D.S.

SESIÓN DEL 3 DE NOVIEMBRE

A que concurrieron los Diputados V.P. Cortés, Barrundia, Zeledón, López, Reyes, Madrid, Zelaya, Rodas, Alvarado, Moncada, Molina, Bustillo, Rocha, Jerez, Rivas (E.), Rivas (P.), Lejarza, Hoyos y Pino.

Leída el acta anterior fue aprobada.

En seguida, se preguntó a la Asamblea si se procedía a juramentar a los individuos del Gobierno Provisorio y a posesionarlos en sus destinos, puesto que el día de hoy es el señalado para su instalación; y habiéndose acordado de conformidad, se verificó dicho acto del modo siguiente:

El Vice—Presidente de la Asamblea que preside la sesión por falta del Presidente, a presencia de este alto Cuerpo, de las autoridades del Estado que han concurrido, y de un considerable número vecinos de esta capital, tomó juramento al Vice—Jefe Supremo, Señor Diputado Don Pedro Molina, en estos términos: "En presencia de Dios, autor y legislador supremo de las sociedades, y en fe de vuestro honor, ¿juráis cumplir con fidelidad los deberes impuestos a vuestro encargo, ejecutando y haciendo que se ejecuten los estatutos, leyes y reglamentos dictados legítimamente, y que en adelante se dicten por quien corresponde, y procurando con todo vuestro esfuerzo gobernar la República en paz y justicia, manteniendo a los ciudadanos en tranquilidad y en el pleno goce de sus inviolables garantías, y promoviendo cuanto conduzca al engrandecimiento y mejora de Centro—América, y a la estabilidad de sus instituciones? El Vice—Jefe respondió: —Sí juro; y el Vice—Presidente añadió: si así lo hiciereis, Dios os ayude, y si no, él y la Patria os lo demanden.

Juramentado así el Vice—Jefe, los Consejeros del Estados de El Salvador, don Enrique Hoyos y Don José Miguel Montoya, y los de Nicaragua, Diputados D. Pedro Zeledón y D. Buenaventura Selva, prestaron juramento en los mismos términos.

A continuación, el Vice—Presidente de la Asamblea, poniéndose en pie como todos los otros individuos de este Cuerpo y demás concurrentes, declaró instalado el Gobierno provisorio, diciendo en alta voz: "El Gobierno Nacional provisorio de la República de Centro América, está solemnemente instalado el día de hoy".

Seguidamente, la Asamblea Nacional, acompañada del Benemérito General Presidente del Estado, del Presidente de esta Sección Suprema de Justicia y demás autoridades, en medio de un respetable concurso y de las filas que formaban la guardia nacional, se dirigió a la parroquia, donde se cantó un solemne Te Deum, después del cual regresó al local de sus sesiones, e inmediatamente, una comisión del seno de la Asamblea acompañó al Gobierno provisorio hasta instalarlo en el edificio destinado al efecto: allí le felicitó aquella, dirigiéndole la alocución que se agrega al fin, a la cual dio el Señor Vice Jefe Supremo, la contestación que también se agrega. Después de esto, otra comisión nombrada por la misma Asamblea, restituyó al General Presidente del Estado al edificio de su habitación. Con lo que se dio por terminado el acto de instalación que fue celebrado con repetidas salvas de artillería, honores militares y toques de la música marcial.

Se levantó la sesión. Advirtiéndose que las felicitaciones de que se ha hablado dicen así:

"Supremo Gobierno Provisorio: La Asamblea Nacional Constituyente, al confiaros la ejecución del depósito del Estado, comprende las inmensas obligaciones que os impone la situación de la República, y las dificultades, acaso insuperables, en que os vais a encontrar. Después de 14 años de roto el lazo de unidad entre los Estados, difícil parece volverlos a unir. Acostumbrados a gobernarse sin restricción alguna, y sin repitencia a un vínculo común, el Estatuto no pareció sino institución nueva que les impone deberes que limitan el ejercicio de la soberanía plena; pero que, como no es de dudarse, si consideran y meditan la importancia de los incalculables bienes que les debe producir la Unión para moderar y remediar los abusos del poder, ya con relación a los otros Estados hermanos, ya respecto a los ciudadanos y frente a frente de las demás naciones independientes de ambos mundos, no podrán menos de congratularse con sí mismos y con el Ejecutivo Nacional. La empresa parece superior al genio y talentos de un hombre extraordinario; más no os arredréis: la prudencia, tino y moderación darán los resultados que son de desearse, y la Asamblea Nacional confía que no desmentiréis estos principios y sabréis consultar siempre la opinión pública y el voto imparcial de los hombres sabios y experimentados en la difícil ciencia de gobernar. Vuestros sentimientos patrióticos, conducta sin mancha y lealtad que habéis siempre dado a conocer en crisis muy tristes que han empañado la atmósfera de nuestro hermoso suelo, son las garantías más positivas que dais a la representación del pueblo y a todos los ciudadanos que ansiaban ver realizadas las ideas de la reorganización de la República.

El juramento solemne que acabáis de prestar en las aras del augusto poder que representa a un millón de habitantes, ha llenado de gozo y satisfacción a cuantos lo han presenciado y la consumación de este acto, les ha dado a entender que la nacionalidad está restaurada después de tanto tiempo en acefalia y desastres. Congratulaos, Señor, con el pueblo que os vitorea, que muchos pechos rebozan de gozo y piden al cielo quiera dispensaros todas las gracias con que suele favorecer a algunos directores de otras naciones. He dicho".

CONTESTACIÓN

"Señores: La manifestación que habéis dirigido al Gobierno Nacional provisorio, en el acto de inaugurarlo, nos revela la realidad de un hecho y la santidad de un principio, en solicitud del que por una larga serie de esfuerzos, atravesando casi invencibles obstáculos, hemos llegado a punto de establecer. Este es, señores, la institución del "propio Gobierno": La obra esencialmente republicana, destinada a elaborarse en el taller de la inteligencia: la obra heroica y atrayente de la libertad política, así de aquel genio sublime de la libertad religiosa, encarnada en el corazón humano y legada al hombre como una prenda y gaje de su razón. Por eso la libertad fue desde el principio y será hasta el fin, una fuente inmensurable de felicidades. El Gobierno acoge, con el mayor entusiasmo, esa felicitación tan digna y honorable que le dirigió a nombre de la Asamblea Nacional Constituyente: os encarga la devolváis, con el homenaje de sus respetos, la gratitud de que se halla animada, manifestándole, igualmente, la dedicación que está decidida a ejercer en el desempeño de sus deberes. A este propósito, os encarga le recomendéis su eficaz cooperación, para que, al ejecutar sus providencias, confiadas hoy a la impericia de quien ha sido muy extraño a los negocios públicos, si se resigna a aceptarlas, sea en la confianza de establecer, recíprocamente, una saludable inteligencia entre ambos Poderes: aquella que por su parte lleva en mira la común bienandanza. El Señor Presidente del Estado, altos funcionarios y demás corporaciones, se dignarán acoger con muestras de la misma franca complacencia con que ha recibido las suyas el Gobierno Nacional, esta expresión de su reconocimiento, y nuestros votos encaminados a felicitar este día augusto de la patria, que nos haga a todos exclamar: ¡Hemos fundado la República! He dicho.

Tegucigalpa, noviembre 3 de 1852.

Pedro Molina. Rosalío Cortés, D.V.P. Buenaventura Selva, D.S.R. Pino, D.S.

SESIÓN DEL 8 DE NOVIEMBRE

Se dio cuenta con el acta del tres, y puesta a discusión fue aprobada.

Se dio primera lectura a la proposición de los Señores Diputados Madrid y Mejía, pidiendo que cualquier Diputado Suplente de un Estado pueda fungir por cualquier propietario del mismo, y que, en casos muy urgentes y apurados, puedan los Suplentes de un Estado fungir por los Diputados de otros, con tal que estos Suplentes no pasen de tres.

Se dio cuenta con otra proposición del Diputado Barrundia, pidiendo que se estime haya Asamblea si hay la mitad y uno más de su totalidad.

Se puso a discusión el dictamen de la comisión encargada de presentar un proyecto de ley sobre la manera de recoger el voto popular de que habla el artículo 20 del Estatuto, y discutido el artículo 1º. que dice: "El Jefe Supremo de la Nación comunicará el Estatuto de Gobierno Nacional provisorio a los Ejecutivos de El Salvador, Honduras y Nicaragua, y éstos a las Municipalidades y autoridades que hagan sus veces, para que lo sometan a la sanción del pueblo", y fue aprobado con la primera parte de la adición del Diputado Barrios, que dice: "Sin perjuicio que el Jefe Provisorio de la Nación comunique el Estatuto directamente a las autoridades de los mismos pueblos", desechándose la proposición del Diputado Reyes que dice: "Que a más de mandarse a los Ejecutivos de los Estados el Estatuto y Reglamento de elecciones, se remitan también, a las Municipalidades a que fuere posible, adjuntándoles exposiciones que les manifiesten la utilidad y necesidad de este paso, y que en el artículo 1º. del Reglamento, se diga que si en un tiempo dado, que señalará el Congreso, no se les hubiera comunicado el Estatuto y Reglamento, procedan a las votaciones, y que, en este caso, remitan el resultado al Gobierno Provisorio".

Igualmente fue desechada la adición del Diputado Bustillos, que dice: "Mas si pasados cuatro meses no hubiese resultado de la votación popular, en pro o en contra, se entiende sancionado". Salvaron su voto en el artículo de la comisión los Señores Diputados Barrundia, Mejía y Barrios.

Puesto el 2º., que dice: "Luego que dicho Estatuto sea recibido por las Municipalidades o autoridades que hagan sus veces, convocarán éstas a todos los ciudadanos de sus respectivas jurisdicciones para que, el domingo inmediato, concurran a reunirse, en junta popular, en los cantones respectivos". En medio de esta discusión la adicionó el Señor Diputado Rivas (P.), de esta manera: "Los Gobiernos de los Estados mandarán verificar la votación conforme a los reglamentos y leyes vigentes en sus respectivos Estados", adición que, siendo desechada, continuó la discusión sobre el artículo del dictamen, y fue aprobado.

Puesto el 3º., que dice: "Verificada la concurrencia de treinta o más ciudadanos, las Municipalidades o autoridades que hagan sus veces, procederán a organizar, en cada cantón electoral, un directorio, compuesto de un Presidente, dos Escrutadores y dos Secretarios, debiendo recaer dichos nombramientos, donde sea posible, en personas que sepan leer y escribir", y fue aprobado.

Puesto el 4°., que dice: "Organizado el directorio de que habla el artículo anterior, los Secretarios leerán, en alta voz, el Estatuto de Gobierno Nacional Provisorio, explicarán su contenido y su objeto a los concurrentes, y requiriéndolos para que libremente emitan su voto aprobándolo o desaprobándolo, procederán a recibir sus sufragios en un libro que para el efecto habrá rubricado el Presidente de la Municipalidad, o autoridad respectiva, en donde se escribirá el nombre y el voto del sufragio", y fue aprobado.

Puesto el 5°., que dice: "Todo ciudadano en ejercicio de sus derechos, tiene el de votar por la aprobación o desaprobación del mencionado Estatuto exceptuándose solamente las personas que obtengan empleo o comisión de los Gobiernos de los Estados" y fue aprobado; salvando su voto el Diputado Zeledón.

Puesto a discusión el 6°., que dice: "Los sufragantes votarán directa y verbalmente por sí, cuando aprueben, y por no, cuando desaprueben, no pudiendo aprobar en parte el Estatuto y desecharlo en algunos de sus artículos", y fue aprobado, salvando su voto el Diputado Zeledón.

En este estado se suspendió la discusión del proyecto.

Se leyó una nota del Supremo Gobierno Provisorio dando cuenta con la asignación de los sueldos hecha a cada uno de los empleados subalternos y se pasó a una comisión compuesta de los Señores Diputados Bonilla, Matute y Rocha.

En seguida se procedió a elegir, conforme lo previene el reglamento interior, el Presidente de la Asamblea, el Vice—Presidente y el primer Secretario, resultando para el destino el Señor Diputado Don Miguel Montoya, habiendo sufragado en él, los Señores Diputados Selva, Pino, Mejía, Barrios, Rodas, Alvarado, Jerez, Zelaya, Bonilla, Zeledón, Hoyos, Reyes, Madrid, López, Barrundia y Cortés; y en el Señor Diputado Cortés, los Señores Diputados Bustillo, Matute, Ayala, Rocha, Lejarza, Rivas (E.) Montoya y Rivas(P.)

Para el segundo, el Señor Diputado Selva, habiendo sufragado en él, los Señores Diputados Pino, Mejía, Barrios, Rodas, Alvarado, Jerez, Zelaya, Bustillo, Zeledón, Lejarza, Rivas (P.) Madrid, López y Barrundia: en el Señor Diputado Cortés los Señores Diputados Rocha, Bonilla, Hoyos, Rivas (E.) y Montoya: en el Señor Diputado Zelaya el Señor Diputado Selva: en el Señor Diputado Hoyos el Señor Diputado Matute: en el Señor Diputado Reyes el Señor Diputado

Ayala: en el Señor Diputado Lejarza el Señor Diputado Reyes; y en el Señor Diputado Rocha el Señor Diputado Cortés.

Para el tercer destino resultó electo el Diputado Pino, dándole sus votos los Señores Diputados Selva, Mejía, Barrios, Rodas, Alvarado, Jerez, Zelaya, Bustillo, Matute, Hoyos, Lejarza, Rivas (E.), Montoya, Rivas (P.); Madrid, López y Barrundia: en el Señor Diputado Rivas (E.), los Señores Diputados Ayala, Rocha, Bonilla y Zeledón: en el Señor Diputado Rocha, los Señores Diputados Reyes y Cortés; y en el Señor Diputado Madrid el Señor Diputado Pino.

Como el Señor Diputado Pino era el 2°. Secretario, y por consecuencia quedaba vacante este lugar, para reponerlo se procedió a la elección, resultando nombrado el Señor Diputado Jerez, sufragando en él los Señores Diputados Selva, Mejía, Barrios, Rodas, Alvarado, Zelaya, Bustillo, Matute, Zeledón, Hoyos, Lejarza, Rivas (E.), Montoya, Rivas (P.), Madrid, López, Barrundia y Cortés; y en el Señor Diputado Mejía, los Señores Diputados Pino, Jerez, Ayala, Rocha, Bonilla y Reyes.

Se levantó la sesión. Rosalío Cortés, D.V.P. Buenaventura Selva, D.S.R. Pino, D.S.

SESIÓN DEL 9 DE NOVIEMBRE

Leída el acta anterior fue aprobada.

Se le dio posesión al nuevo Presidente de la Asamblea, Diputado Don Miguel Montoya, lo mismo que el Vice—Presidente Diputado Don Buenaventura Selva, primer Secretario Diputado Don Rafael Pino y segundo Secretario Diputado Don Remigio Jerez.

Se dio cuenta con la nota oficial del Vice—Jefe Provisorio, en que señala los sueldos de los empleados subalternos del Gobierno Nacional, y se pasó a una comisión compuesta de los Señores Diputados Bonilla, Matute y Rocha.

Se leyó una comunicación del Supremo Gobierno de Nicaragua en que manifiesta estar enterado de las personas que componen el Directorio de la Asamblea en el mes anterior ; otra del mismo acompañando el decreto en que manda publicar la declaración de instalación de este Alto Cuerpo, y pasó a una comisión compuesta de los Señores Diputados Zeledón y Madrid.

Se dio cuenta con las contestaciones de los Señores Diputados Don Buenaventura Selva, Don Juan José Bonilla y Don Liberato

Moncada, en que aceptan: el primero, el destino de Consejero propietario del Estado de Nicaragua; el segundo, el de Consejero Suplente del Estado de El Salvador y el tercero, el de Consejero Suplente del Estado de Honduras.

Se leyó la felicitación que a la Asamblea Nacional hace la Corporación Municipal de esta ciudad, y se mandó pasar a una comisión especial compuesta de los Señores Diputados Barrundia y Rivas (E.)

Se dio cuenta con la comunicación del Ministerio del Supremo Gobierno de Nicaragua, a que acompaña las credenciales de los Diputados electos a la Asamblea Nacional, Señores Francisco Baca, propietario; y Emiliano Cuadra, Suplente; en lugar de los Señores Doctor Don Mariano Ramírez y Licenciado Don Mateo Mayorga.

Se dio segunda lectura a la proposición del Señor Diputado Barrundia, y preguntado por la Secretaría si se tomaba en consideración y declarándose por la afirmativa, se pasó a una comisión compuesta de los Señores Diputados Matute y Alvarado, leyéndose en seguida la adición puesta por el Diputado Reyes.

Se dio igualmente segunda lectura a la proposición. de los Señores Diputados Mejía y Madrid, y se mandó pasar a una comisión compuesta de los Señores Diputados Hoyos y Selva.

Se leyó una proposición del Señor Diputado Bonilla, pidiendo que se autorice al Ejecutivo provisorio para que emita la ley reglamentaria de justicia, y se pasó en comisión a los Señores Diputados Rodas y Zelaya.

Se dio primera lectura al dictamen de la comisión encargada de emitir su opinión sobre la excusa del Señor Diputado Bustillo del destino de Consejero propietario del Estado de Honduras.

Se dio igualmente primera lectura al dictamen de la comisión Rocha, Moncada y Bonilla, relativo a sueldos de Jefe Supremo, Consejeros y Ministros del Gobierno Nacional provisorio.

Se dio primero lectura al dictamen de la comisión encargada de emitir su voto sobre los sueldos de que habla la nota del Supremo Gobierno provisorio de que ya se ha hecho mención al principio de esta acta; y habiéndosele dispensado los trámites por su carácter de urgente, se señaló discusión para hoy, si hubiera lugar.

Se dio cuenta con el dictamen de la comisión Lejarza y Rocha, sobre receso de la Asamblea, leyéndose en seguida la súplica de los Señores Diputados Barrios, Cortés, Lejarza, Rivas (E.), Rocha y

Mejía, y como a consecuencia de lo pedido por la comisión se le dispensaron los trámites, se señaló su discusión de preferencia para la sesión inmediata.

El Señor Presidente recordó a la comisión compuesta de los Señores Diputados Zeledón y Jerez, despachasen a la mayor brevedad posible el asunto de la traslación del Supremo Gobierno de este Estado a la Capital del mismo.

La Secretaría puso a discusión la redacción del decreto número 11, en que se nombran Consejeros Suplentes de Nicaragua y El Salvador, y fue aprobado con la enmienda de aclarar con el nombre la inicial que usa el Señor Diputado Pedro E. Rivas, y dice Emiliano.

Se dio cuenta con una nota del Supremo Gobierno Provisorio relativa a las ocurrencias del Departamento de Gracias, adjuntado a ella varios documentos, y se pasó a una comisión compuesta de los Señores Diputados Madrid, Bonilla y Rivas, Eleodoro, para que presente un informe en la sesión inmediata.

Se dio primera lectura al dictamen relativo a la comunicación del Supremo Gobierno de Nicaragua, a que acompaña el decreto mandando celebrar la instalación de la Asamblea Nacional.

Acto continuo prosiguió la discusión del proyecto de ley sobre la manera de recoger el voto del pueblo, comenzando por el artículo 7ª., que dice: "La votación durará tres días consecutivos y naturales, debiendo comenzar en cada uno de ellos desde las nueve a las doce de la mañana y de las tres a las cinco de la tarde. Al fin de cada día se regularán los votos recibidos y pondrán de ellos debida constancia bajo la firma de los que forman el Directorio". En medio de esta discusión presentó el Diputado Barrundia la adición que dice: "Que en cada día se hará una vez publicación de los votos y serán fijados en la puerta del edificio". Y tanto el artículo de la comisión sin las palabras "y naturales", como la petición del Señor Diputado Barrundia, fueron aprobados.

Se puso a discusión el artículo 8º., que dice: "Terminada la votación procederá el Directorio a la regulación total de votos, y certificándola en papel sello 4º., de 2ª. clase, la remitirá en pliego cerrado al Gobierno a que pertenezca, y éste al Jefe Supremo de la Nación".

En medio de discutirse este artículo se presentaron varias adiciones, la primera del Señor Diputado Selva, que dice: "Que de la regulación de votos se saquen dos ejemplares, de los cuales remitirá el Directorio uno al Gobierno del Estado respectivo y otro al Gobierno provisorio de la Nación". La segunda del Señor Diputado Hoyos, que dice: "que en vez del papel sellado se ordene que cada pliego esté rubricado al margen por el Directorio, y que al fin del último se anote el número de pliegos de que consta el cuaderno que se remita." La tercera del Señor Diputado Rivas (Pedro), que dice: "Que los directorios remitan, por duplicado, el pliego de la votación a sus respectivos Estados, debiendo quedar el uno en el Archivo del Gobierno, y el otro sea remitido al Provisorio", y la cuarta del Señor Diputado Barrundia, que dice: "Todo el que altere o falsifique, de alguna manera, la votación popular, sufrirá la pena impuesta por las leyes a los falsificadores de un documento público". Puesto a votación, por partes, se aprobó el artículo de la comisión con la supresión de las palabras en papel sello 40. de segunda clase, lo mismo que las adiciones de los Señores Diputados Selva, Hoyos, y Barrundia, desechando la del Señor Diputado Rivas (P.), y salvando en ella su voto el Señor Diputado Zeledón.

Puesto a discusión el artículo 9°., que dice: "Ni las autoridades locales ni los funcionarios civiles y militares de los Estados podrán intervenir directa ni indirectamente en el acto de votación, y en las poblaciones donde haya fuerza armada permanente, se mantendrá encerrada durante la votación en los días destinados a recibir el sufragio popular", y se aprobó variando la palabra intervenir, sustituyéndose con las de ejercer su autoridad, salvando su voto en la segunda parte que comienza y en las poblaciones donde haya fuerza armada, los Señores Diputados Zeledón, Pino, Ayala, Montoya, Zelaya, Mejía, Madrid y Jerez.

Se levantó la sesión. R. Pino, D.S.

SESIÓN DEL 10 DE NOVIEMBRE

Reunido el Congreso en número de veinticuatro Diputados, se abrió la sesión por el Señor Presidente y se dio principio con la lectura del acta del día anterior, y puesta a discusión, fue aprobada, con las modificaciones propuestas por los Diputados Cortés, Hoyos y Barrundia.

El Señor Diputado Presidente manifestó al Congreso que los Diputados Zeledón, Barrios, Barrundia, Reyes y Madrid no habían concurrido a la hora designada al local de las sesiones, y que para alejar sospechas de arbitrariedad, sujetaba a la resolución del Congreso la declaratoria de estar o no los referidos Diputados incursos en la pena establecida para esta falta, y se resolvió que tanto el presente caso como en los que ocurrieran después, el Presidente resolviera lo que creyera justo; quien, en presencia de todos los Diputados, declaró incursos a los dos primeros y dio por excusados a los tres últimos.

La Secretaría dio cuenta con un oficio del Ministro de Relaciones Interiores del Jefe Supremo provisorio de la República, relativo a manifestar los graves inconvenientes que este alto funcionario encuentra para que se decrete el receso o suspensión de las sesiones del Congreso Nacional Constituyente; y el Señor Presidente mandó se agregara a los antecedentes.

Se dio cuenta con una súplica de licencia del Señor Diputado Bonilla, y se mandó juntar a otras súplicas de igual tenor que están pendientes.

El Señor Diputado Consejero Zeledón presentó una moción, relativa a que se amplíen las facultades concedidas al Gobierno provisorio, y se le dio primera lectura.

El Señor Diputado Rivas (P.) presentó una súplica relativa a que se le conceda licencia para separarse de la Asamblea y dispensados los trámites, a solicitud del mismo se mandó agregar a los de su clase.

Se dio segunda lectura al dictamen de los Diputados Madrid y Zeledón relativo a lo que deba hacerse en vista del Decreto Gubernativo del Estado de Nicaragua, de 25 de octubre del corriente año, en que se manda publicar con solemnidad la declaratoria de instalación de este Cuerpo, y el Señor Presidente indicó que se discutiría en la sesión inmediata.

Se leyó, por segunda vez, el dictamen de los Diputados Barrundia, Moncada y Rocha, relativo al sueldo de que deben gozar el Jefe, Consejero y Ministro del Gobierno Provisorio, y el Señor Presidente señaló, para discutirse, la presente sesión.

Se dio cuenta, por segunda vez, con la renuncia que el Señor Diputado Bustillo hace del destino de Consejero, y por disposición del Señor Providente se discutirá en la sesión actual.

Se leyó, por primera vez, el dictamen de la comisión Barrundia y Rivas (Eleodoro), relativo a la felicitación de la Corporación Municipal de esta ciudad.

Por segunda vez fue leído el dictamen de la comisión Hoyos y Selva, relativo a que se disponga o acuerde por la Asamblea, que puede llamarse, indistintamente, a los Diputados Suplentes de un departamento o distrito por los propietarios de otro, con tal de que pertenezcan al mismo Estado; se le pidió se le dispensara los trámites y se discutiera de preferencia, y fue acordado, mandando se agregue a sus antecedentes.

Se dio primera lectura al dictamen de la comisión Zeledón, Reyes y Jerez, relativo a la manifestación que hace el Supremo Gobierno del Estado de la resolución que tiene de trasladarse de esta ciudad o a la de Comayagua.

Se dio primera lectura al dictamen de la comisión Matute y Alvarado, relativa a la proposición del Diputado Barrundia, en que pide se reduzca a menor número el de los Diputados que hoy es necesario para que haya Asamblea, y habiéndosele dispensado os trámites, se agregó a sus antecedentes.

Se dio primera lectura al dictamen de la comisión Bonilla y Rivas (Eleodoro), en la que se trata de la invasión hecha al territorio de este Estado por fuerzas del Gobierno de Guatemala.

Se leyó por segunda vez el dictamen de la comisión Hoyos, Zeledón y Zelaya, relativo a los honores de que deben gozar los miembros del Gobierno provisorio, y el Señor Presidente dispuso que su discusión se efectuará en la sesión inmediata. Continuó la discusión pendiente, del decreto que la Asamblea debe dar para la emisión del voto popular, y estando aprobado en la sesión anterior hasta el artículo 9°., la Secretaría leyó el 10, y se puso a discusión con la adición de los Diputados Selva y Zeledón: durante la discusión el Diputado Alvarado, miembro de la comisión, reformó su dictamen, y así fue aprobado, con las adiciones indicadas por el Diputado Barrundia, cuyo tenor es el siguiente:

"A ningún ciudadano se permitirá presentarse armado al tiempo, ni arengar o hacer demostraciones que puedan perturbar el acto de la votación, ni menos verter expresiones que tiendan a coartar la libertad en los demás sufragantes o a imponerles su sentido particular, su pena de perder el derecho de votar, quedando sujetos a las demás que imponen las leyes".

El artículo 11, que dice: "Los recursos de nulidad, cohecho, violencia o soborno, se determinarán por el Directorio cuando la acusación de un sufragante se dirija contra otro, pero cuando se acuse de alguno de estos delitos del mismo Directorio, se organizará un jurado de cuatro ciudadanos, nombrados, dos de ellos, por el acusador y el acusado, y los otros dos serán designados por la suerte entre los más notables del lugar, y su resolución será definitiva e inapelable", y fue aprobado.

El Artículo 12, propuesto por la comisión, tal cual ella lo propone, fue desechado, y se aprobó según fue redactado por el Diputado Barrundia, y su tenor es el siguiente: "En las dudas o vacíos que pueda ofrecer la presente ley, el Gobierno antes de ejecutarse, el Jefe Supremo en Consejo, los decidirá, y hará las adiciones y aclaraciones convenientes, siguiendo siempre su espíritu. Mas en las dudas o cuestiones que se ofrezcan en el acto de la votación, los decidirá el Directorio en donde ocurran".

El Diputado Mejía hizo una adición, y tomada en consideración, fue desechada.

En este estado, siendo concluidas las horas que el reglamento señala para la duración de las sesiones ordinarias, un Diputado pidió se prolongase este término, y se declaró se levantara la Asamblea a las seis y media de la tarde en sesión extraordinaria.

Se levantó la sesión. R. Pino, D.D.

ESTATUTO NACIONAL

Ministerio General del Supremo Gobierno del Estado de Honduras. Casa de Gobierno. Tegucigalpa, noviembre 5 de 1852. Señor Jefe Político del Departamento de El señor General Presidente se ha servido dirigirme el decreto que sigue:

"El Presidente, en quien reside el Supremo Poder Ejecutivo del Estado de Honduras, Por cuanto: La Asamblea Nacional Constituyente de la República de Centro América ha decretado lo siguiente:

"La Asamblea Nacional Constituyente, considerando: que la primera necesidad de Centro América consiste en su defensa y conservación, y la segunda en su unidad y reorganización nacional: que el proveer a ellas no solo es un derecho natural, sino un deber inherente a la representación del Soberano: que el pueblo, ya unido y formando un cuerpo augusto, por medio de esta Asamblea Constituyente, tiene el Poder Supremo, y demanda, desde luego, de sus representantes la integridad de su país y de sus derechos, para poder después establecer su Constitución: que es inútil y absurda la creación de un gran poder legislador, sin que esta pueda producir un ejecutivo que verifique sus resoluciones y haga cumplir sus leyes; y usando del derecho natural e imprescriptible del pueblo a quien representa para conservar y reorganizar la sociedad.

DECRETA:

Art. 1º. La unión de los tres Estados en un Gobierno Nacional, que se llamará República de Centro—América, queda consumada, y por ella los Estados mantienen todo el poder supremo en su régimen interior con las excepciones del presente decreto.

Art.2º. La Asamblea Constituyente nombrará, por mayoría absoluta de votos, un gobierno nacional provisorio, que durará, hasta el día que empiece a regir la Constitución General que emitiere la Asamblea Constituyente.

Art. 3º. El Gobierno provisorio se compondrá de un Jefe Supremo de la Nación elegido por la Asamblea Constituyente, por mayoría absoluta de votos, de dos Ministros nombrados por el mismo y amovibles a su voluntad; y de dos Consejeros de cada uno de los Estados a que no pertenezca por su nacimiento el Jefe Supremo; nombrados también por mayoría absoluta de votos de dentro o fuera de su seno; entendiéndose que si resultasen electos algunos Representantes, continuarán ejerciendo sus funciones en la Asamblea Nacional.

Art. 4º. El Jefe Supremo debe ser originario de Centro—América y vecino de uno de los tres Estados, estar en uso de los derechos de ciudadano, y tener treinta años cumplidos.

Art. 5º. El Gobierno Provisorio se ejerce, o por el Jefe Supremo solo y sus Ministros, o por un Consejo compuesto de él mismo, de sus dos Ministros y de los cuatro Consejeros de los Estados.

Art. 6º. El Gobierno Provisorio en consejo, tiene a su cargo en su más alta expresión, el depósito de las relaciones exteriores: hace tratados con las naciones extranjeras, reservando su aprobación a la Asamblea: declara la guerra o la paz con la dirección de la Asamblea: forma concordatos, da el pase de bulas y ejerce, en toda su extensión, el derecho de tuición que corresponde a la autoridad política en los negocios eclesiásticos: nombra agentes, Ministros o Cónsules para el exterior: da o niega el exequátur a los extranjeros: admite y arregla las colonizaciones, contrata los grandes canales y caminos generales, muelles y toda construcción o empresa de utilidad general, reservando su aprobación a la Asamblea Nacional: arregla y dirige las postas y correos generales, determina los aranceles y otros de las aduanas marítimas, y ejerce un poder exclusivo en los puertos y fronteras: uniforma y dirige la acuñación de la moneda, fijando su tipo, ley, peso y valor, determinando el precio de la extranjera con aprobación de la Asamblea Nacional: establece las armas y pabellón nacional: dirige la Hacienda de la Nación; y ésta se formará, desde luego, de la mitad de los derechos impuestos al comercio exterior, y si éstos no alcanzaren del cupo que la Asamblea designe a los Estados: señala a cada uno de ellos el contingente de tropa que le corresponde para la defensa del orden y de la Nación, con aprobación de la Asamblea Nacional; propone a la Asamblea el sueldo que deben gozar todos los funcionarios civiles, militares y judiciales del Gobierno Nacional: concede indultos o amnistías a los reos de delitos contra la Nación, cuando lo exija la tranquilidad o conveniencia pública.

En caso de insurrección, rebelión o tumulto, puede delegar al Jefe Supremo todas sus atribuciones: tiene la facultad de suspender a los funcionarios nacionales por seis meses, sin sueldo, y removerlos con causa justificativa; forma el presupuesto de gastos nacionales y lo pasa a la ratificación de la Asamblea: le propondrá una declaratoria solemne de los derechos y obligaciones de los extranjeros en el país, que tienda generosamente a igualarlos en lo posible con los hijos de la República, a someterlos completamente a sus leyes, y a evitar las reclamaciones injustas del exterior, exigiendo el reconocimiento de este decreto en cualesquiera tratados que se celebren con las potencias extranjeras.

Art. 7°. El Gobierno Nacional tendrá todo el poder suficiente para intervenir en el régimen público de los Estados, y emplear la fuerza cuando se altere en ellos el orden constitucional, ora sea por la discordia de las autoridades supremas entre sí, o bien por tumultos o insurrecciones de alguna población, o por otros motivos accidentales. En tales casos, el Gobierno Provisorio tomará conocimiento de las reclamaciones o motivos que se presenten, y decidirá lo que le parezca más conforme a la Constitución del Estado o bien convocará una Asamblea adhoc del mismo Estado y velará por que sea mantenido el orden y las garantías individuales, mientras se establece la marcha libre y constitucional del Estado.

Art. 8º. Los primeros deberes y ocupaciones del Gobierno Provisorio serán:

1º. Poner en el estado posible de defensa a la República:

2º. Esforzarse para formar una coalición con las demás Repúblicas hispano—americanas; o con algunas de ellas, con la mira vital de defender mutuamente su integridad y su independencia, de las agresiones e intervenciones extranjeras; organizando la resistencia conveniente, por cuantos medios estén al alcance de los gobiernos. Al efecto, el Gobierno Provisorio hará un manifiesto a las Repúblicas hermanas, declarando la unión de los tres Estados, sus altos motivos y la posición difícil en que se hallan por la intervención indebida y alarmante, tanto de la Inglaterra como de los Estados Unidos, en las cuestiones interiores del país, y declarándose ambos gabinetes por la usurpación mosquita en el arreglo que intentan imponer a Nicaragua:

3º. Emplear, desde luego, todos los medios diplomáticos de las relaciones exteriores por medio de alianzas, tratados o arreglos para establecer bien la soberanía del país, recobrarla en todos los territorios centro—americanos, y salvar, desde luego, a Nicaragua, y, por consiguiente, a Centro—América, de la intervención con que se le amenaza.

ATRIBUCIONES DEL JEFE SUPREMO SIN EL CONSEJO

Art.9º. Nombrará dos Ministros, el uno para lo interior y el otro para lo exterior: cuidará del orden público nacional y ejecutará todas las disposiciones y leyes de la Asamblea Nacional, y los decretos del Gobierno Provisorio: velará sobre el buen desempeño de todos los funcionarios civiles y militares de la unión: nombrará a todos estos y a los de puertos y fronteras, podrá castigarlos correccionalmente por negligencia, u otras faltas que no constituyan un delito; debiendo ser juzgados conforme a las leyes por los delitos o faltas graves: recibirá los Ministros, Agentes y Cónsules Extranjeros: dará las patentes de nacionalidad a los buques del país: publicará los decretos y leyes dentro de tres días de su recibo: hará los reglamentos necesarios para detallar su ejecución: se pondrá personalmente a la cabeza del ejército cuando lo crea necesario: en caso de traición o tumulto, rebelión o insurrección, podrá hacer arrestos o prisiones, entregando a los acusados o sospechosos, dentro de cinco días, al Juez competente con la exposición de la causa o de los motivos que lo hayan impulsado:

dirigirá todas las fuerzas de la Nación: dará o negará el pase a las de fuera por el territorio de la República: defenderá la Nación de cualquier agresión exterior o de cualesquiera tumultos o rebelión interior, dando cuenta al Gobierno Provisorio y a la Asamblea Nacional: podrá hacer reclutas y alistamientos en los puntos que mejor le parezca para renovar o aumentar las fuerzas de la unión, colocará o hará mover las fuerzas de la Unión, donde lo estime conveniente para el orden y para la defensa del país, y dispondrá de la de los Estados en los casos graves. Sus órdenes serán firmadas por el Ministro del Ramo y serán cumplidas fielmente por los Ejecutivos de los Estados. En caso de disolverse o paralizarse por cualquier accidente el Consejo de Gobierno, el Jefe Supremo solo con un Ministro reasumirá todas las atribuciones aquí conferidas al Gobierno en unión del Consejo.

Art.10. En falta temporal del Jefe Supremo, hará sus veces el Secretario de los exterior: en falta absoluta lo nombrará la Asamblea Constitucional.

INDEPENDENCIA DEL PODER GENERAL Y DEL PODER DE LOS ESTADOS

Art.11. El Gobierno de los Estados queda intacto y en toda su independencia y soberanía en la administración interior, según sus actuales constituciones, con las modificaciones del presente decreto, y ni el Gobierno General no podrá intervenir en su legislación ni en sus constituciones particulares, las cuales se limitarán por la Constitución General, ni el Gobierno de los estados perturbará o paralizará, de manera alguna, la acción indisputable y soberana de la Unión.

GARANTÍAS INDIVIDUALES

Art. 12. El Gobierno provisorio velará y mantendrá fielmente las garantías individuales en los Estados, anulará los decretos, leyes u órdenes de cualquier poder que emanen, que las quebranten; y hará que los Tribunales nacionales revean los fallos o resoluciones judiciales de los Estados que notoriamente las infrinjan, limitándose únicamente a reparar esta violación, y al mismo tiempo restablecerá en su libertad y en sus derechos a todo ciudadano o habitante en quien las garantías hayan sido atropelladas de hecho o por el poder militar, o por cualquier autoridad arbitraria.

Art.13. Una ley general sobre garantías las consignará en detalle sobre las bases de la seguridad, la propiedad, la libertad y la igualdad de los hombres. Ella determinará la manera con que deben sostenerse, tanto por el Gobierno provisorio como por los Tribunales Nacionales.

Art. 14. Quedan, desde luego, consignados como tales garantías:

1º. La libertad de la prensa conforme fue decretada por el Congreso Federal y ésta no puede suspenderse en ningún caso.

2ª. La de las reuniones políticas o electorales de placer o de interés, y todas las demás que no tengan la mira de algún hecho contra la ley.

3ª. La de no ser ninguno castigado sin juicio, ni poder ser juzgado sino por los tribunales establecidos, y por las leyes anteriores al delito y producida su defensa con entera libertad.

4ª. El no poder se despojado de su propiedad sin asegurar previamente la indemnización de su legítimo valor a satisfacción del propietario, y justificada la urgencia de hacer uso el Gobierno de aquella propiedad en beneficio público.

5ª. La de presentar ante el juez la persona que se queja ante el mismo de prisión arbitraria o de violencia por cualquiera autoridad o poder que la tenga reprimida, para que el juez que ha dado el auto de exhibición de la persona o de hábeas corpus, vea si está legalmente presa y por la autoridad competente, o faltan las formalidades de ley, oyendo verbalmente la persona arrestada, y al que la constituyó en arresto y debiendo ponerla en libertad en el acto, si su prisión no es legal, cuyo acto de exhibición debe darlo todo Juez o Tribunal que sea requerido por cualquier preso.

6ª. La de no poder ser registrada una casa sin orden motivada de juez competente.

7ª. La de no poder dar tormentos ni establecer apremios para exigir una confesión, ni mantener en encierros malsanos y con grillos a los presos antes de ser juzgados.

8ª. La de abolir las confiscaciones, azotes y penas crueles infamantes.

9ª. La de abolir la pena de muerte en los delitos políticos, sustituyéndose otras eficaces y seguras por las Asambleas de los Estados. La ley establecerá otras garantías más, si lo tiene por conveniente, y reglamentará el procedimiento sobre las bases dadas.

RESPONSABILIDAD DE LOS FUNCIONARIOS

Art. 15. Todo funcionario público, sin excepción, es responsable de su conducta oficial y particular. Los individuos del Gobierno Provisorio y los del Tribunal Supremo de Justicia, lo serán ante la Asamblea Nacional. Todos los demás jueces y funcionarios del Gobierno Nacional lo serán ante el Tribunal Supremo de Justicia. Una ley reglamentará el procedimiento.

ORDEN JUDICIAL

Art. 16. Habrá un Tribunal Supremo de Justicia, nombrado por la Asamblea Constituyente, compuesto de tres Magistrados, uno de cada Estado. Ellos deben ser Abogados en el ejercicio de sus derechos de ciudadanos, originarios de Centro—América, y vecinos de uno de los tres Estados y mayores de treinta años.

Art. 17. Pertenece al Tribunal Supremo, conocer en las cuestiones civiles de un Estado con otro u otros Estados, o de la Unión con alguno de ellos, y en las de jurisdicción o autoridad constitucional entre estos mismos poderes. Pertenece, también al Tribunal Supremo, conocer en las acusaciones que se hagan a las autoridades de los Estados por desobediencia a las órdenes del Jefe Supremo de la Nación; dadas en el ejercicio de sus atribuciones, por resistencia a ellas, de cualquiera clase, o por una rebelión con fuerza armada. Solamente para los casos de que habla el presente artículo, se compondrá el Tribunal Supremo de cuatro individuos más, elegidos por su Asamblea, de fuera de su seno, por mayoría absoluta de votos.

Art.18. Corresponde al Tribunal Supremo, conocer en los delitos de traición, rebelión o tumultos contra el poder general o las leyes nacionales en los delitos cometidos en alta mar, en las causas de presas y en las de jurisdicción marítima: en las de hacienda nacional: en las de apelación de los Tribunales inferiores de la República: en las criminales de los ministros y cónsules extranjeros, y en las de los mismos Secretarios del Gobierno Nacional: en la de todos los funcionarios nacionales del ramo civil, por delito en el ejercicio de sus funciones, quedando éstos, en todo lo demás, sujetos a los Tribunales comunes.

Art.19. El Cuerpo Legislativo establecerá cuando lo crea oportuno, los Tribunales inferiores con las atribuciones que crea convenientes. Una ley reglamentaria será dada sobre el sistema judicial de este decreto, que podrá desarrollar más las atribuciones de los Tribunales y prescribirá el procedimiento.

Art.20. —El presente decreto será llevado a la sanción del pueblo de los tres Estados, quien votará directa y verbalmente por sí o por no. Todo ciudadano en ejercicio de sus derechos, que no ejerza empleo o comisión del Gobierno de cada Estado, deberá ser citado, y concurrirá a la votación en su respectivo directorio. La mayoría absoluta de la generalidad de sufragios será decisiva. Una ley reglamentará inmediatamente este artículo.

Entretanto, regirá en todas sus partes, y debe ser este Estatuto plenamente ejecutado. Si él recibe la sanción del pueblo, seguirá rigiendo hasta que se proclame la Constitución General. Si no fuese sancionado, la Asamblea Constitucional determinará lo que convenga, para que la Unión no sea disuelta, entre tanto se establece la reorganización y la ley fundamental de la República.

Art. 21. Si la Asamblea Nacional se pone en receso, o falta por cualquier accidente, el Gobierno Provisorio obrará por sí mismo, y queda autorizado en todos aquellos puntos y atribuciones en que se dispone, por el presente decreto, que debe obrar con conocimiento o aprobación de la Asamblea Nacional. El mismo Gobierno tendrá el deber, y es a su cargo, el convocar a la misma Asamblea, aun dar una nueva convocatoria para otra, si hubiese dificultades para reunir la misma, dando al reglamento de elecciones, y estableciendo el mandato del pueblo con toda la extensión de su poder soberano.

Art. 22. Si las elecciones para el Gobierno provisorio recayeren en funcionarios de cualquiera categoría y clase que sean, deben entenderse que no quedan vacantes los destinos que actualmente obtengan.

Art. 23. En caso de disolverse por cualquier accidente la Asamblea Nacional Constituyente, se autoriza a cualquier número de Diputados que de ella quede para dar posesión a los individuos del Gobierno Provisorio, prestando éstos, ante los mismos Diputados, el juramento debido, y en este mismo caso compete al Gobierno Provisorio la facultad de emitir el decreto reglamentario de la manera en que debe recibirse la votación del pueblo que exige el artículo 20 de este Estatuto. Comuníquese a los Gobiernos de los Estados de Honduras, Nicaragua y El Salvador para su publicación y circulación y demás efectos.

Dada en el Salón de sesiones de la Asamblea Nacional Constituyente, en la ciudad de Tegucigalpa, a 13 de octubre de 1852.

JUSTO JOSE RODAS, D.P.
BUENAVENTURA SELVA, D.S.
RAFAEL PINO, D.S.
RAMON MEJIA, D.S.
GERARDO BARRIOS, D.S.

Por tanto: Ejecútese. Lo tendrá entendido el Ministro General del Despacho, y dispondrá se imprima, publique y circule con la solemnidad debida. Dada en la ciudad de Tegucigalpa, en la Casa de Gobierno, a 5 de noviembre de 1852. Trinidad Cabañas. "Al Señor Don Francisco Alvarado".

Ministerio General del Supremo Gobierno del Estado de Honduras. Casa de Gobierno, Tegucigalpa, noviembre 5 de 1852.

Señor Jefe Político del Departamento de………

El Señor General Presidente se ha servido dirigirme el decreto que sigue:

El Presidente, en quien reside el Supremo P.E. del Estado de Honduras. Por cuanto: la Asamblea Nacional constituyente de la República de Centro—América ha decretado lo siguiente:

La Asamblea Nacional Constituyente de Centro—América, teniendo presente que en el Estatuto emitido con fecha 13 del actual, no designaron las personas que debieran servir de suplentes al Jefe Supremo, Consejeros y Magistrados, ha tenido a bien decretar, y

DECRETA:

Art. 1°. Para el caso de muerte, renuncia, enfermedad u otro legítimo impedimento del Jefe Supremo de la Nación, y de los individuos del Consejo Ejecutivo, la Asamblea Constituyente nombrará, por mayoría absoluta, un Vice—Jefe y cuatro Consejeros Suplentes con las mismas cualidades requeridas para los propietarios.

Art.2°.Cada Magistrado propietario tendrá su suplente para que lo reemplace en caso de enfermedad, muerte, ausencia u otro legítimo impedimento. Los suplentes deberán tener las mismas cualidades que los propietarios, y serán nombrados en la propia manera que éstos: pudiendo ser llamado indistintamente cualesquiera de ellos, cuando ocurra falta del propietario.

Art. 3°. La disposición del artículo 10 del Estatuto que ordena que la falta del Jefe Supremo la llene el Secretario de Relaciones Exteriores, se entiende para el caso de que el Vice—Jefe no se halle en el lugar de la residencia del Gobierno y para mientras éste puede venir a hacerse cargo del mando, como también para los casos en que el mismo Vice—Jefe esté impedido.

Art. 4°.—El presente decreto forma parte del Estatuto que, por consecuencia, queda sometido a la sanción del pueblo.

Dado en el salón de sesiones, en la ciudad de Tegucigalpa, a 26 de octubre de 1852.

Rosalío Cortés, D.V.P. Buenaventura Selva, D.S. Rafael Pino, D.S.

Por tanto: Ejecútese. Lo tendrá entendido el Ministro General del Despacho y dispondrá se imprima, publique y circule. Dado en la ciudad de Tegucigalpa, en la Casa de Gobierno a 5 de noviembre de 1852. Trinidad Cabañas.

Al Señor Don Francisco Alvarado.

ELECCIÓN DEL BENEMÉRITO GENERAL CABAÑAS Y SU ENTRADA A LA CAPITAL

Nada es más conforme bajo un Gobierno representativo en el cual domina el elemento democrático, que la eliminación periódica de sus mandatarios: ella encierra en sí el principio del progreso, y comunica al cuerpo social, ese movimiento vital que lo impele de continuo a buscar próvida y activamente todos los medios convenientes de mejorar su condición y de promover el interés de orden y de conservación de que resulta la verdadera felicidad, objeto a que está llamado por su misma constitución.

Y en verdad, la eliminación o renovación periódica, es una garantía que asegura a los pueblos. 1º. El bien inestimable de su libertad legal acotando, por decirlo así, la tendencia de los depositarios del poder a ensanchar su autoridad hasta el grado de convertirse en árbitros absolutos de la suerte de sus comitentes: 2º. El reposo y bienestar puesto que, si una vez llegan a relajarse los resortes de la moral pública de sus mandatarios, les queda expedito el modo de remediarlo eligiendo a otros ciudadanos en quienes por sus antecedentes puede fundar con razón sus esperanzas.

El Estado de Honduras ha probado prácticamente la ventaja inapreciable de este feliz sistema; y por fortuna ha acreditado en dos períodos sucesivos el acierto con que ha procedido en el ejercicio de este derecho escogiendo entre las superioridades sociales; es decir, entre aquellas altas posiciones que se han adquirido por servicios políticos el lustre de los talentos y la gloria de las armas, los sujetos en cuyas manos ha debido poner sus destinos.

Si hay algunos que deploren los estragos de una administración inadecuada, no hay quien al recordar la del insigne o ínclito Lindo no se sienta arrebatada de viva satisfacción y de las más tiernas y agradables emociones: por doquiera que se tiende la vista, allí se encuentran las huellas indelebles de un poder que no se supo emplear en beneficio de los hondureños, a quienes sirvió siempre con paternal solicitud.

A su desprendimiento de los intereses personales y de toda mira ambiciosa, es quizá debido el acierto de la última elección que se ha hecho en plena y perfecta libertad, sin prestar otra intervención en estos actos supremos, que para suplicar a sus amigos y adictos, piensas en serio y maduramente en las cualidades del que debía sucederle en el poder, al cual renunciaba para volver al seno del pueblo a gozar una vida quieta y apacible.

El pueblo pues eligió al magnánimo y virtuoso General Benemérito de la patria don Trinidad Cabañas; sujeto que por sus méritos y servicios, así como por sus principios moderación y probidad, consideramos que llevará dignamente la alta aunque penosa misión de gobernar a Honduras en las difíciles circunstancias en que hoy se encuentra la República. Sí, el Benemérito General Cabañas es el digno sucesor del ilustrado Lindo; y esta es la razón por que el pueblo en general ha aplaudido sincera y cordialmente la aclamación de Presidente hecha solemnemente por los RR. en este soldado ilustre de la libertad. De aquí nacía el interés y la ansiedad con que todos esperaban el voto de aceptación que debía dar respeto a esta elección que él no había ambicionado ni buscado como otros, pues se hallaba contento en la posición que la suerte le había deparado después de una larga serie de infortunios.

Efecto de esa ansiedad fue lo que obligó al gobierno a enviar cerca del Presidente electo una comisión compuesta de las personas más notables del estado civil y militar encargada de persuadirlo para que no se eximiera de prestar a su patria los importantes servicios que hoy demanda en su acreditado civismo. La comisión ha cumplido satisfactoriamente su deber y la deferencia con que ha correspondido el Benemérito General Cabañas al voto de sus conciudadanos ha colmado las esperanzas del público. Dicho esto, describiremos, aunque imperfectamente los sucesos que precedieron a su entrada.

El 26 del corriente, se anunció pues, la aproximación del General Presidente a esta capital, y al punto en que se difundió tan plausible nueva, el gozo y la alegría se hizo notar en los semblantes de todos sus vecinos sin excepción de sexos ni de clases. Personas hubo, que no pudiendo reprimir su alborozo se apresuraron a ir a su encuentro hasta la Villa de San Antonio en donde debía pernoctar aquel día y otra multitud salió al amanecer del 27.

Este día las públicas demostraciones de júbilo llenaron su medida. El Señor Senador Presidente, su Ministro general, los individuos de las CC. de RR. y Senadores, Magistrados de la Corte de Justicia, y empleados civiles, y militares, algunos eclesiásticos y todas las notabilidades de esta capital, entre las que formaban un hermoso contraste ver las señoritas que hacían ostentación de sus gracias montando sus fogosos caballos con sus elegantes trajes de amazonas; salieron al camino hasta donde encontraron al Benemérito General Presidente que venía acompañado de su digna señora, de los individuos de la comisión, y de otros muchos personajes, allí le saludaron todos con vivas aclamaciones y después de los cumplimientos de estilo, continuó su ruta seguido del lucido cortejo.

Apenas hubo entrado a los suburbios, cuando el crujido del cañón, y un repique vivo y general de campanas anunciaron a la población, que ya estaba a sus puertas el ilustre soldado; y desde entonces, todos los habitantes que no pudieron ir lejos, concurrieron a la calle por donde debía pasar hasta el edificio que se había destinado para alojamiento. La tropa formando calle le hizo los honores debidos desde la plazuela de La Merced, desde donde la gente se agolpó tanto, que con dificultad se hacía paso el cortejo. Los vecinos daban a porfía al recién venido las señales más inequívocas de aprecio. La calle estaba regada de flores, y engalanada con arcos, en cuya composición brillaba un exquisito gusto; las casas estaban decoradas exteriormente con colgaduras y banderolas, en que se hacían algunas alusiones análogas al asunto que se hallaba a la orden del día; y todo concurría al esplendor y magnificencia de aquel acto augusto.

En medio de tantos agasajos, llegó por fin al edificio, cuyos salones estaban rica y brillantemente adornados: se veía en un extremo un magnífico dosel con el escudo de armas del Estado en el centro; y a los lados los nombres de las ilustres víctimas de Jaitique; y al otro extremo un estrado de cinco jóvenes señoritas elegantes de gentil disposición, y que, cual si hubiesen robado sus hechizos y encantos seductores a las mismas gracias, ejecutaron con aire y melodía, un himno patriótico en honor del esclarecido soldado.

En seguida una comisión de la municipalidad leyó una felicitación al Señor General Presidente, leyó otra al Señor Coronel don Potenciano Lope en nombre de los Jefes y oficiales de la fuerza permanente; y otra el Señor Coronel Don Domingo Muñoz en nombre de varios patriotas, las cuales no se insertan hoy por la estrechez de nuestras columnas. Se dio fin a la función con un espléndido refresco, que terminó a las cinco de la tarde.

¿Qué testimonios más honrosos del entusiasmo y amor de este pueblo hacia su digno Presidente, el Benemérito General Cabañas? Nosotros nos congratulamos por tan fausto acontecimiento; y esperamos que, bajo tan felices auspicios, el nuevo Presidente no dejará de conducir la nave del Estado hasta el puerto seguro de su felicidad. Bien pudiéramos decir ahora: Él ha venido por vuestra felicidad; hagámosle pues, más llevadera la carga, coadyuvando con eficacia a sus generosos designios.

("Gaceta Oficial", número 38, tomo I, marzo 15 de 1852).

PRIMERA CONTRATA DE FERROCARRIL INTEROCEANICO, CELEBRADA EN 1854 POR EL GENERAL DON TRINIDAD CABAÑAS

TRINIDAD CABAÑAS PRESIDENTE DEL ESTADO DE HONDURAS

POR CUANTO: La Cámara de Diputados decretó y la de Senadores aprobó lo siguiente:

La Cámara de Diputados del Estado de Honduras, con presencia de la contrata celebrada entre el Gobierno del Estado y la Compañía de Ferrocarril Interoceánico de Honduras por medio de comisionados competentemente autorizados: después de un maduro examen y de oír el dictamen de una comisión compuesta de cuatro individuos de su seno, conciliando los intereses del Estado con los de la Compañía.

DECRETA:

Artículo 1. Ratifícase la contrata de Ferrocarril Interoceánico de Honduras, celebrada el 23 de junio de 1853 entre los señores don Justo Rodas y don León Alvarado, comisionados del Gobierno de Honduras y el Señor E. Geo Squier, representante de una compañía americana, en los términos siguientes:

El Supremo Gobierno del Estado de Honduras en Centro América y la Compañía de Ferrocarril Interoceánico de Honduras, compuesta de los señores Rover J. Walker, Amory Edwards, A. Wiltemberger, James S. Thayer, E. Geo Squier, Henry Stanton, Fletcher Wertray y sus asociados, ciudadanos de los Estados Unidos, deseosos de arreglar los términos de un contrato para la apertura de una vía de comunicación entre los océanos Atlántico y Pacífico en todo o en parte dentro del Estado de Honduras, han nombrado de comisionados por parte del expresado Gobierno, a los señores don Justo Rodas y don León Alvarado y por parte de la citada compañía, al señor E. Geo Squier, ampliamente autorizado, a fin de arreglar y concluir un contrato para los objetos arriba mencionados, quienes después de haber canjeado sus respectivos poderes, han convenido y concluido los artículos siguientes:

SECCIÓN PRIMERA
ESTIPULACIONES GENERALES

ARTÍCULO 1. El Estado de Honduras concede a dicha Compañía el derecho y privilegio exclusivo de construir una vía de comunicación por agua o ferrocarril, que pase de una parte a otra por su territorio entre los puntos y por las líneas que la misma Compañía considere más propios y más factibles; y el derecho de hacer libre uso de los puertos, ríos, lagos, aguas, tierras y materiales naturales que sean necesarios o convenientes para el objeto indicado, bajo las condiciones estipuladas en los artículos siguientes:

ARTÍCULO 2. Por su parte dicha Compañía se obliga a construir y abrir a sus propias expensas la expresada vía de comunicación, cuya construcción habrá de hacerse en el mejor estilo, y habrá de ser igual a la de los mejores caminos americanos en lo que toca a solidez y duración. También se compromete a acabar los reconocimientos dentro de tres años, y a concluir la vía de comunicación o camino dentro de ocho años, contados desde la fecha de la ratificación de este contrato; pero caso que hubiesen o apareciesen guerras, revoluciones, epidemias u obstáculos naturales comprobados, ahora imprevistos, y por esto se retardase o suspendiese la construcción de la obra, el tiempo así perdido no se contará como parte de los términos estipulados en este artículo, y éstos podrán prorrogarse a juicio del Tribunal de Arbitramiento establecido en el artículo 3°., sección 6ª., de este contrato, pero si la obra no estuviese concluida dentro del tiempo fijado, entonces por el citado Tribunal ésta volverá al Estado sin condición alguna, y por cada uno de los años prorrogados, la Compañía pagará al Estado una indemnización anual de cincuenta mil pesos.

ARTÍCULO 3. La mencionada Compañía gozará exclusivamente de los derechos y privilegios que se le conceden en este contrato por el término de setenta años, contados del día en que estén concluidas y puestas en operación las obras de que aquí se trata, y durante el mismo término de tiempo, el Estado conviene no hacer ninguna otra concesión ni contrato con persona o Compañía alguna para cualquiera de los objetos aquí especificados.

ARTÍCULO 4. Concluidos los setenta años será del Estado el camino y todos los privilegios concedidos a la Compañía, y ésta será obligada a venderle caso que convenga comprar a Honduras el ferrocarril, sus anexidades y demás propiedades que necesite, a justa tasación hecha por el Tribunal de Arbitramento, pagando su valor al plazo de diez años y con el interés de un medio por ciento mensual.

SECCIÓN SEGUNDA
PRIVILEGIOS DE LA COMPAÑÍA

POR CUANTO: Son indispensables tales concesiones para la construcción, de todas las grandes obras de utilidad pública.

ARTÍCULO 1º. Dicha Compañía tendrá el derecho de pasar libremente, tanto por los terrenos del Estado, como por los de pueblos o individuos, para los fines que tengan conexión con la construcción y operaciones por la vía, y también tendrá el derecho de ocupar y poseer cualquiera porción de dichas tierras por el espacio de doscientas varas de cada lado de la línea del camino y cualesquiera otras que sean necesarias o convenientes para la construcción de estaciones, casas para los ingenieros y otras dependencias del camino, sin pagar indemnización alguna, excepto en el caso de que las tierras así ocupadas perteneciesen a particulares, en el cual se arreglará la Compañía con el propietario, y en el de disputa, ésta se dirimirá a justa tasación de dos individuos nombrados uno por la Compañía y el otro por el propietario, o de oficio en caso de negativa de éste, de que conocerá el Juez de su domicilio; y si disintiesen los dos así nombrados, éstos elegirán un tercero, cuyo voto, siendo conforme con el de cualquiera de los dos primeros, producirá un fallo decisivo. Más se advierte, que no sólo serán valorados y satisfechos los terrenos, pero también las propiedades que hubiese en ellos y que fuese inutilizadas, y que el ferrocarril no podrá comprender, ni en su línea, ni en las doscientas varas que se le conceden a cada lado, ninguna población de Honduras; pero sí podrá interesar sus arrabales y ejidos en los términos de este contrato.

Y para que el mismo ferrocarril no sea interrumpido ni maltratado por el tránsito hacia los departamentos laterales, la Compañía establecerá a sus propias expensas el número de puentes que se juzguen necesarias por el Tribunal de Arbitramento para el comercio libre y cómodo del Estado.

ARTÍCULO 2º. El Estado concede a dicha Compañía el derecho de tomar de cualquiera de las tierras públicas o bosques de Honduras, sin pago o indemnización, toda la leña, piedra, cal, madera u otros materiales que se requieran para la construcción o uso de dicha vía o camino. Y si la Compañía necesitase de algunos de estos materiales que se encuentren en tierras de particulares, tendrá libertad de tomarlos, pagando a sus dueños el precio en que se convenga, o el que subsiguientemente se determine, en la forma que expresa el artículo anterior.

ARTÍCULO 3º. El Estado concede a todos los vapores y buques de la Compañía, o que naveguen en conexión con la ruta, el derecho de entrar y salir en los puertos de ésta, el de pasar por todos ellos, por sus ríos y aguas y el uso de ellos libre de toda clase de derechos y cargas, a no ser los que se indican en el siguiente artículo.

ARTÍCULO 4º. Todas las máquinas, instrumentos, provisiones y otros artículos y materiales que la compañía necesite para las exploraciones y reconocimientos, y para la construcción y uso del camino, serán admitidos en el Estado, libre de toda clase de derechos; pero si la Compañía introdujese mercancías u otros artículos con el fin de venderlos o cambiarlos, habrán de ser registrados por los empleados correspondientes, y pagarán los derechos establecidos o que se establezcan por la tarifa del Estado.

ARTÍCULO 5º. El Estado se obliga a auxiliar de todos los modos posibles a los contratistas, ingenieros, empleados y operarios que estén ocupados en las exploraciones y reconocimientos de la ruta, y en la construcción de los trabajos del camino, y con este fin estipula: que no exigirá de los ciudadanos del Estado que estén ocupados por la Compañía la rendición del servicio que les impone la Constitución, si no es en el caso de grande y urgente necesidad pública; pero para que dichos ciudadanos gocen de este derecho de excusión, es necesario: 1º. que estén matriculados en el servicio de la Compañía; 2º. que ésta haya dado al Jefe Político respectivo conocimiento de las fechas en que hayan sido matriculados; y 3°. que hayan estado sirviendo por lo menos un mes sin interrupción.

ARTÍCULO 6°. Dicha Compañía tendrá el derecho de constituirse en Compañía de acciones para crear, vender o disponer de otro modo de su capital, y el de establecer estatutos y reglamentos para la administración de sus negocios interiores y para el nombramiento de los empleados correspondientes, y de todo su capital, propiedad y efectos, estarán exentos de impuestos, contribuciones u otras cargas o derechos de parte del Estado, sin contrariar lo dispuesto en el artículo 4°. de esta sección, y entendiéndose que en las facultades que se le conceden no se comprende la de imponer penas o castigos a los operarios.

SECCIÓN TERCERA
DE LOS DERECHOS Y RENTAS DEL ESTADO

ARTÍCULO 1°. Cuando la proyectada vía de comunicación esté establecida, la Compañía se obliga a pagar al Estado un peso por cada individuo mayor de diez años que por dicha ruta se transporte por el Estado de mar a mar, y por los que pasen de un punto a otro del mismo Estado pagarán lo que se establezca conforme al artículo 4°. El Tribunal de Arbitramiento de que habla el artículo 3°. de la Sección 6ª. emitirá los reglamentos necesarios para llevar a efecto este artículo, de una manera tan eficaz, que asegure los intereses del Estado y no demore ni embarace en lo más mínimo las operaciones de la Compañía.

ARTÍCULO 2°. La Compañía conviene en recibir del Estado, como operarios en las obras del camino, cualesquiera reos sentenciados que sean capaces de trabajar bajo las condiciones y reglas que se determinen entre la Compañía y el Estado.

ARTÍCULO 3°. La Compañía conviene en conducir por el camino propuesto las valijas públicas del país que llevan la correspondencia, con tal que se le dé una tercera parte del producto del porte cobrado por el Estado y en conducir libre de costo toda la correspondencia oficial del Gobierno; en consideración de lo cual, el Estado estipula:

que no cobrará ni recaudará portes ni derechos algunos por la correspondencia de la Compañía.

ARTÍCULO 4°. La Compañía establecerá una tarifa de peaje e impuestos para el transporte de todos los pasajeros, efectos, géneros, mercancías, y propiedades de toda descripción por dicho camino o cualquiera porte de él, pero al mismo tiempo, con la mira de atraer por esta vía de comunicación la mayor concurrencia de los negocios, la Compañía conviene en establecer la mencionada tarifa al precio más bajo posible y conciliable con los recíprocos intereses del Estado y la Compañía. Igualmente se estipula que, por lo que, respecto a viajes en el interior, el Tribunal de Arbitramento de que habla el artículo 3°. Sección 6ª. establecerá una tarifa en términos equitativos. El mismo Tribunal designará la parte que el Estado deba recibir de los productos de viajes en el interior.

SECCIÓN CUARTA
DE LOS DERECHOS DE LAS PERSONAS Y PROPIEDADES QUE PASEN POR DICHA VÍA DE COMUNICACIÓN

ARTÍCULO 1°. Queda expresamente estipulado: que a los ciudadanos de los Estados Unidos y demás naciones que estén en paz con Honduras, les será permitido pasar de un mar a otro por la vía de comunicación o camino que establezca la Compañía, libres de toda clase de impuestos y cargas, y que no se les exigirán pasaportes durante los setenta años; pero esto no exonera a la Compañía del pago que debe hacer al Estado conforme el artículo 1°., Sección 3ª.

ARTÍCULO 2°. Todas las valijas que lleven la correspondencia, los géneros, las mercancías, artículos manufacturados, u otra propiedad, destinados a transportarse de un mar al otro, en ambas direcciones, habrán de entrar y salir libres de toda clase de derechos, y estarán exentos de cualesquiera impuestos de tránsito, y asimismo el Estado habrá de darles seguridad y protección contra toda interrupción en su curso. Todos los cargamentos o artículos destinados para el tránsito habrán de declararse a su entrada en los puertos, en los que, sin romper ni examinar fardo alguno, y sin la menor demora será del deber del empleado del Gobierno autorizado al efecto sellarlos y marcarlos a bordo del buque que los traiga, o en los depósitos de la Compañía, con el sello o marca establecida para este fin, y todos los fardos o artículos así marcados no podrán pararse o detenerse de ninguna manera, ni habrán de sujetarse a impuesto alguno en su tránsito por el país o en exportación del mismo. Y por la marca de tránsito de dichos artículos o fardos, se pagará medio real por cada uno de los que en volumen no excedan de un pie cúbico, un real por cada uno de los que excedan de esta me—dida y no pasen de dicho pies cúbicos; y dos reales se cargarán a todos los que tengan más de cinco pies cúbicos, sin embargo, el equipaje personal de los viajeros no estará sujeto a que así se marque y se registre: pero todo artículo incluido en el equipaje destinado a transportarse de mar a mar habrá de llevarse en carruajes especialmente acondicionados para este fin, tomándose las precauciones que acuerde el Tribunal de Arbitramento establecido por la Sección 6a. en artículo 3o., más queda entendido, que todo el carbón de piedra que la Compañía lleve de una parte a otra, no estará sujeto a estas restricciones y pasará— libre de toda clase de impuestos.

ARTÍCULO 3°. Queda entendido y convenido que los derechos de las personas y de la propiedad de que se habla en esta Sección, durarán los sesenta años.

SECCIÓN QUINTA
TERRENOS PÚBLICOS O BALDÍOS Y COLONIZACION

ARTÍCULO 1°. La Compañía tendrá el derecho de comprar en la proximidad de la vía de comunicación propuesta, un número de caballerías de tierra de las públicas del Estado que no exceda de cinco mil caballerías, al precio fijo de veinte pesos por cada una de ellas, que habrán de pagarse en acciones de la Compañía al par; y el Estado hace a la misma Compañía una concesión libre de cuatro mil caballerías de las tierras públicas o baldías que tiene en las costas de Lean y Trujillo, y la Compañía habrá de poseer dichas tierras conforme las leyes de Honduras, quedando por propiedad de éste las maderas exportables. La Compañía no podrá enajenar o disponer de las tierras concedidas por el presente artículo hasta que ya estén comenzados los trabajos de la ruta o camino; y el Estado de Honduras se obliga a no disponer de ninguno de sus terrenos públicos o baldíos situados en la línea de la ruta o camino, hasta que se le presente a la Compañía la oportunidad de escoger los que hubiesen de comprar.

ARTÍCULO 2°. Siendo el objeto de la concesión de tierras favorecer el establecimiento de colonias en el territorio del Estado, se estipula: que éstas serán colonias de Honduras, y que, en consecuencia, los colonos estarán sujetos a las leyes del Estado como los naturales del país, y gozarán. de los mismos derechos y privilegios en todo respecto, exentos, sin embargo, por el término de diez años, de toda clase de impuestos y contribuciones directas y todo servicio público contra su voluntad, como cada colonia tenga por lo menos cincuenta habitantes. Igualmente gozarán estos mismos derechos y privilegios tan luego como sea establecido cualquier individuo de éstos sea no colonia.

ARTÍCULO 3°. Queda entendido de una manera distinta que las tierras que por esta sección se adquieren, no habrán de enajenarse a ningún Gobierno, y que Honduras tendrá el derecho de tanteo en caso que le convenga recobrar sus tierras.

SECCIÓN SEXTA
ARTÍCULOS CONDICIONALES Y ADICIONALES

ARTÍCULO 1°. Si al hacer el reconocimiento se encontrare que para continuar la ruta o camino de que se trata, se puede hacer uso temporario o permanente de cualesquiera ríos del ESTADO, la Compañía tendrá el derecho de hacerlo y de construir diques y esclusas y de hacer las mejoras que sean con remitentes y necesarias.

ARTÍCULO 2°. Si fuese necesario o conveniente comenzar o terminar la ruta o camino propuesto, en algún punto que no esté reconocido como puerto, el Gobierno de Honduras combine en establecerlo puerto libre por setenta años, de la misma manera que em la actualidad está organizada el de Amapala.

ARTÍCULO 3°. Cualquiera disputa o controversia que ocurriere entre el Estado y la Compañía, se resolverá por un arbitramento de cinco comisionados, que llevará el nombre de "Tribunal de Arbitramento" y se elegirá de la manera siguiente: dos por parte del

Estado. Dos por parte de la Compañía y el quinto por los cuatro nombrados, quienes oirán, determinarán y decidían las materias de controversia y cuya decisión será final, inapelable y obligatoria para el Estado y la Compañía. Y además se estipula que, en caso de que los cuatro comisionados así escogidos no pudiesen convenir en la elección del quinto, el Estado y la Compañía elegirán entonces tres individuos de cuyo número se tomará el que ha de hacer de quinto comisionado; pero si discordasen en esta elección, la suerte entonces decidirá entre los tres el que debe ser. También será del deber de dicho Tribunal establecer los reglamentos necesarios, para que se lleven a cabo las estipulaciones de este contrato de un modo armonioso con los mutuos intereses y la seguridad de la Compañía y del Estado.

ARTÍCULO 4º. Y ya que por el artículo 8º. del Tratado celebrado entre los Estados Unidos y la Gran Bretaña en 19 de abril de 1850, está restablecido por estas dos potencias, como un principio general y convenido entre ellas, que han de dar su protección, por estipulaciones por canal o ferrocarril que se abriesen al través del istmo que une la América del Norte con la del Sur; por estas razones, y con la mira de librar la vía de comunicación que forma el objeto de este contrato, de todo obstáculo o interrupción, sean cualesquiera sus causas y circunstancias, el Gobierno de Honduras se obliga a entrar en negociaciones con los diversos Gobiernos con quienes tiene relaciones, a fin de obtener de cada uno de ellos, por separado, la protección y reconocimiento de la neutralidad perpetua de dicha vía de comunicación. Así mismo queda convenido en que han de ser iguales los términos de las estipulaciones que se hagan con cada uno y todos los Gobiernos mencionados, en lo que respecta a la citada vía de comunicación, con el objeto de precaver cualquier celo o desavenencia.

ARTÍCULO 5º. La mencionada Compañía tendrá también el derecho de establecer un telégrafo magnético por el territorio del Estado, en la línea de la ruta propuesta, o de cualquier otra que tenga por conveniente, y el de recibir impuestos por la transmisión de noticias por el mismo con sólo la condición de que el Gobierno del Estado puede hacer libre uso del expresado telégrafo para participar sus órdenes u otros objetos que estén en conexión directa con la administración de los negocios públicos. La Compañía podrá separar este privilegio de los demás concedidos por este contrato, y transferirlo o disponer de él a su discreción.

ARTÍCULO 6º. Considerando que es importante procurar que venga a establecer en Honduras artesanos y hombres trabajadores que faciliten las obras del camino propuesto. El Supremo Gobierno conviene en dar a dichos extranjeros cincuenta acres de tierra donde las hay baldías, con tal que manifiesten su designio de radicarse y hacerse ciudadanos de Honduras. Para hacerse acreedores a esta concesión, es necesario que dichos extranjeros hayan trabajado en la construcción de la ruta o camino, y obtengan de la Compañía un certificado que pruebe sus servicios y aptitudes, el cual presentarán al Supremo Gobierno para que éste les designe el lugar donde deben establecerse, y los mande poner en posesión de su terreno. A los artesanos que vengan con sus familias se les concederá un área de sesenta y cinco acres; pero el número de concesiones no podrá pasar de mil.

ARTÍCULO 7º. El presente contrato habrá de ratificarse por las correspondientes autoridades constitucionales del Estado, en el período de tiempo más corto posible, y por la Compañía después, por medio de su comisionado plenamente autorizado al efecto.

En testimonio de lo cual firmamos y sellamos el presente por triplicado en la ciudad de Comayagua, a 23 de junio de 1853. E. Geo Squier. JUSTO JOSÉ RODAS. LEÓN ALVARADO.

CONCLUYE LA CONTRATA

ARTÍCULO 2º. El Supremo Gobierno queda autorizado para que, en caso que le convenga a Honduras abrir caminos accesorios, celebre contratos, ya sea con la misma Compañía o con cualesquiera otras, sujetándolos a la aprobación del Poder Legislativo.

ARTÍCULO 3º. Ratificada que sea la presente contrata por el Presidente de la Compañía, si estuviese ampliamente facultado al efecto, y canjeadas que sean las ratificaciones, el Poder Ejecutivo la mandará publicar y cumplir con una ley de Estado.

Pase al Senado. Dado en el Salón de Sesiones, a 22 de abril de 1854. Joaquín Bustillo. D.P. CASTO ALVARADO, D.S. SANTIAGO

DIAZ, D.S. Cámara del Senado. COMAYAGUA, abril 26 de 1854.Al Poder Ejecutivo. JOSE ANTONIO VIJIL, S.P. PEDRO RAMIREZ, S.S. Por tanto: Ejecútese. Comayagua: abril 27 de 1854. TRINIDAD CABAÑAS. El Ministro de Relaciones, RAMON MEJIA. El Ministro de Hacienda y Guerra, JOSE MARIA CACHO.

En Comayagua, Capital del Estado de Honduras, a los 27 días del mes de abril de 1854. Reunidos el señor don Joaquín Meza, comisionado especial del Gobierno del Estado, y Mr. Amory Edwards, Presidente y Representante de la Compañía del Ferrocarril Interoceánico, con el objeto de examinar el primero la autorización que el segundo tiene para ratificar por parte de la citada Compañía el contrato celebrado sobre establecer dicho ferrocarril y habiendo canjeado en el mismo acto sus respectivos poderes y resultado que son legales y bastantes, ratificamos en todas sus partes el presente contrato. En fe de lo cual, firmamos y sellamos el presente en la misma fecha. JOAQUIN MEZA. AMORY EDWARDS. TRINIDAD CABAÑAS, Presidente del Estado de Honduras.

Por tanto: Mr. Amory Edwards, Presidente y Representante de la Compañía de Ferrocarril Interoceánico de Honduras, plenamente autorizado, ha aceptado en todas sus partes la contrata anterior, en los mismos términos y con las mismas condiciones con que la Asamblea Legislativa del Estado se sirvió aprobarla.

DECRETO:

Artículo único. La contrata de Ferrocarril Interoceánico de Honduras que antecede, será tenida y guardada como una Ley del Estado, Imprímase, publíquese y circúlese.

Dado en la ciudad de Comayagua, en la Casa del Gobierno, a los veinticinco días del mes de abril del año de mil ochocientos cincuenta y cuatro.

TRINIDAD CABAÑAS.

El Ministro de Relaciones,
RAMON MEJIA

El Ministro de Hacienda y Guerra,
JOSE MA. CACHO

Y de orden del Señor General Presidente se imprime, publica y circula.

MEJIA

(Boletín de la Secretaría de Fomento, Obras Públicas y Agricultura. Núm. VI, 1915. Tegucigalpa, D.C.).

EL GOBIERNO DEL GENERAL CABAÑAS CONCEDE TIERRAS AGRÍCOLAS AL CÓNSUL NORTEAMERICANO MR. AGUSTIN FOLLIN EN TERRITORIOS HONDUREÑOS OCUPADOS POR LOS BRITÁNICOS

(Párrafos de la polémica sostenida por los señores Fernando Ferrari y José Medardo Mejía en torno a la personalidad pública del General Cabañas, acusado por Ferrari de entreguista).

El Señor Agustín Follin, Cónsul de los Estados Unidos, con domicilio en el Puerto de Omoa, debe haber cumplido instrucciones de su Gobierno en el sentido de acosar por todos los medios posibles a los ingleses en la Costa Norte hasta lograr que abandonaran el suelo hondureño, no con el propósito de garantizar la soberanía de Honduras, por altruismo, sino de arrebatárselo a la Gran Bretaña, gran amiga en el Tratado Clayton—Bulwer y gran enemiga por los derechos adquiridos en Centro América antes del Tratado.

Si no fuera el serio conflicto de los Estados Unidos y la Gran Bretaña por lo apuntado últimamente, diríamos que Mr. Follin estaba loco al pedir concesiones en tierras insulares y continentales de Honduras que se hallaban en poder de los ingleses desde antes de la independencia, y que el cónsul inglés Federico Chatfield cuidaba como las niñas de sus ojos al tenor de los numerosos documentos que se pueden arrastrar al caso que se debate.

Ya dijimos que el 13 de julio de 1852 el Superintendente de Belice anunció que la Reina Victoria había decidido que se estableciera en las Islas de la Bahía una colonia inglesa con el nombre de Colonias de la Bahía, que levantó la protesta de los Estados Unidos.

Antes, el 10 de septiembre de 1847, el Cónsul Chatfield había dirigido un oficio al Gobierno del doctor Lindo en que le notificaba que "el Derecho territorial del Rey Mosquito debe mantenerse como extendiéndose desde el cabo de Honduras hasta la boca del Río San Juan" "y que el Gobierno de su Majestad no puede ver con indiferencia ningún atentado a usurpar los derechos o territorios del Rey Mosquito, quien está bajo la protección de la corona británica".

Del lado de Honduras, Chatfield afirmaba que el territorio del Rey Mosquito comprendía pate del departamento de Yoro, parte del de

Tegucigalpa (hoy Francisco Morazán), Olancho, Colón y La Mosquitia hondureña. Del lado de Nicaragua, este país quedaba sin costa en el Atlántico y perdía las Segovias. Chatfield lo había notificado de este modo a los gobiernos hondureños y nicaragüenses.

Así los hechos y las cosas, don Fernando Ferrari Bustillo, copia la concesión que el Gobierno del General Cabañas le dio al Cónsul Norte—americano Agustín Follin, que dice:

"Gobierno Supremo del Estado, Comayagua, Septiembre 10. de 1854. Se dio cuenta con el escrito del Señor Agustín Follin, en el que por sí y a nombre de la Compañía de Tierras de Honduras de que es individuo, a la cual representa como Agente autorizado, dice: que propone comprar los terrenos baldíos de la propiedad del Estado que comprenden todo lo que lleva el nombre de Territorio Mosquito y que abraza la línea demarcada por el Señor Chatfield e Islas respectivas, al mismo tiempo que las que haya entre la margen oriental del Río Romano y la verdadera línea divisoria de este Estado con el de Nicaragua que termina en la desembocadura del Río de Cabo de Gracias a Dios, como también las tierras públicas que se encuentran en las Islas del mismo Estado conocidas con los nombres de Guanaja, Barbareta, Murat, Elena, Roatán, Utila y debiendo tener y poseer dichas tierras la Compañía y todas sus pertenencias, con el derecho de arrendarlas, y venderlas o traspasarlas a otros en perpetuidad, las cuales tendrá la propia Compañía como parte del Estado, bajo su soberanía y sujetas como sus habitantes a las leyes respectivas en todo respecto; ofreciendo reunir en los puntos que crea más aparentes los indios Payas, Toacas o Xicaques para que formen pueblos y pagando la caballería de tierra con estos términos: diez pesos plata por cada caballería de los que resulten en la medida que se haga, mitad en efectivo y la otra mitad en acciones de la Compañía, debiendo considerarse para evitar equivocaciones que treinta y seis caballerías de tierra serán igual a una legua cuadrada.

"Y considerando el Gobierno que la propuesta que antecede ofrece las ventajas de que el terreno a que se refiere se conserva bajo la soberanía y señorío de Honduras a quien legítimamente corresponde y sobre el cual ha pretendido el Gobierno de S.M.B. establecer un dominio injustificable con pretexto de proteger al supuesto Rey de los Mosquitos; y de que poblándose los desiertos que comprende y cultivándose por brazos laboriosos se desarrolle la riqueza territorial, se civilicen y mejoren de condición las tribus salvajes que en ellos se encuentran diseminados y se aumente por consiguiente la importancia estadística de Honduras, en uso de sus facultades ha tenido a bien emitir el siguiente:

ACUERDO:

1º. Se acepta la propuesta por el señor D. Agustín Follin como Agente autorizado a nombre de la Compañía de tierras de Honduras sobre comprar los terrenos baldíos que se comprenden en las Islas que indica y en las Costas del Norte, desde la desembocadura del Río Romano o Aguán hasta el Río Cabo Gracias a Dios, lindero divisorio del Estado de Nicaragua sin determinarse por ahora la extensión que debe tener el interior que será la que fije el cuerpo Legislativo, y entendiéndose por Caballería un área que comprenda seiscientos cuarenta y cinco mil ochocientos diez y seis y octava varas cuadradas (645.816/8), o lo que es lo mismo, un paralelogramo de veintidós cuerdas de cincuenta varas y treinta y seis y media varas más de largo y la mitad de ancho.

2º. Se exceptúan de esta Contrata aquellas porciones de terreno que se consideren necesarias para ejidos de los pueblos de indígenas que existen nómadas o establecidos en aquellos desiertos.

3º. La Compañía podrá hacer uso de cada porción del terreno referido tan luego como sea medido y pagado su valor al Estado en los términos que propone, obteniendo el título correspondiente, y,

4º. Como inherente a la soberanía del Estado, al Gobierno conserva el derecho de habilitar puertos, aduanas y levantar fortificaciones en las islas y puntos de la enunciada costa que juzgue conveniente, comprando a la Compañía los terrenos que para tales fines necesite, al mismo precio en que ahora se las vende.

5º. La admisión que por el presente se hace de la propuesta, presentada por el señor don Agustín Follin como Agente autorizado a nombre de la Compañía de Tierras de Honduras, deberá tenerse como una iniciativa y, por consiguiente, queda sujeta a la aprobación del Cuerpo Legislativo, a quien para tal fin se le dará cuenta con este Acuerdo y antecedentes en su próxima reunión, librándose del mismo, entre tanto, un testimonio autorizado por los fines que convengan al mencionado proponente.

(f) CABAÑAS".

Subrayamos el punto quinto para que se vea la previsión del Presidente Cabañas en el sentido de tomarse la propuesta del señor Follin "como una iniciativa sujeta a la aprobación del Cuerpo Legislativo".

El señor Ferrari sólo transcribe la contrata y no agrega el Decreto Legislativo en que fue aprobada la misma. En realidad, no la consideró el Congreso por las turbulencias políticas del tiempo.

Dada la naturaleza de la contrata del señor Follin que pedía tierras isleñas y continentales ocupadas hacía mucho tiempo por los ingleses, con sonrisas estamos tentados a suponer que la sugirió el "zorro" de don Juan Lindo para reforzar la actitud última del Gobierno de los Estados Unidos encaminada a que la Gran Bretaña devolverá los territorios usurpados a su legítima dueña, la República de Honduras.

Más, dejemos a las alegres suposiciones improbables y atengámonos a lo que flotaba en el ambiente de aquella época o sea la animosidad de los Estados Unidos y la Gran Bretaña por la dominación exclusiva de los países centroamericanos, echándole leña al fuego con la contrata de Mr. Follin en tierras que ocupaban los ingleses.

IX
LA CONTRATA DE MR. FOLLIN EN LA ISLA DEL TIGRE Y SU SIGNIFICADO ANTIBRITÁNICO

Don Fernando Ferrari Bustillo parte en su acusación del supuesto que Guardiola salvó la Isla del Tigre para la Patria y Cabañas la vendió un extranjero. Por tanto, en su concepto, Guardiola fue un patriota y Cabañas un traidor. De ese modo, le da a la lucha que alimenta la historia la pequeña dimensión de un pleito de pavos en el corral, y así en vez de aclarar los hechos les arroja más sombras para que se obscurezcan del todo, y nadie vea la esencia histórica, y al cabo de ello jamás se salga del "dime que te diré" de los viejos historiadores liberales y conservadores, en los que lo que para unos es blanco, para los otros es negro y viceversa.

El Tratado Clayton—Bulwer no hizo más que arreciar la lucha por la dominación de Centro América entre los Estados Unidos y la Gran Bretaña. En el transcurso de este enjuiciamiento la luz opaca al principio se vuelve radiante a la postre. Los Estados Unidos se empeñaban en fincar intereses propios en Nicaragua, Honduras y El

Salvador —zona central del país del Acta de Independencia y la Federación— y la Gran Bretaña con decisiva influencia en Guatemala y Costa Rica las orillas del mismo país se empeñaban en impedir que se le arrebatara lo que antes del Tratado consideraba suyo sin disputa.

Siguiendo la lógica de los acontecimientos, nuestros grandes hombres eran simples peones de aquel juego horrendo en el tablero centroamericano. Los unos eran peones de los Estados Unidos. Los otros, peones de la Gran Bretaña. Después del Tratado Clayton—Bulwer, los antiguos federalistas pasaron a llamarse liberales; y los viejos separatistas se dieron el nombre de conservadores. Los liberales sonreían dichosos al sentirse apoyados por los Estados Unidos, y los conservadores, de un natural seudo aristocrático, pensando en su graciosa Majestad la Reina Victoria, descansaban su confianza en el poder mundial de la Gran Bretaña. Los liberales solían mostrar a sus amigos cartas autógrafas, de personajes eminentes de Washington. Los conservadores en fechas memorables vestían los uniformes y lucían los espadines con que los halagaba el trono de Inglaterra. Los liberales se entusiasmaban con las libertades proclamadas en la Constitución Federal de los Estados Unidos. Los conservadores contraían el ceño al afirmar que el orden centroamericano sólo podría venir del "protectorado inglés".

Honradamente hablando, nuestro defendido, General Cabañas, era un santo varón que sin darse cuenta de su papel histórico se movía por los caminos que le señalaban los estadounidenses y al defendido de don Fernando Ferrari Bustillo, General Guardiola, era el caballero de la espada de fuego que exponía la vida en los combates que debían ganar los intereses británicos.

En tiempos anteriores, el General Guardiola ayudó en su condición de militar a salvar la Isla del Tigre, sirviendo a Honduras y a los Estados Unidos. Posteriormente cambió de rumbo al servir a Honduras y a la Gran Bretaña.

Hagamos un breve relato del pleito de las grandes naciones anglosajonas por la Isla del Tigre.

El Gobierno del Doctor Juan Lindo (1848—1852), personaje que no era liberal ni conservador sino tornasol, lo que le permitía aprovecharse de todas las situaciones como una habilidad de Talleyrand, habiendo estudiado el Tratado Clayton—Bulwer y darse cuenta del sol ascendente de los Estados Unidos, se hizo al lado del sol que alumbraba, y decidió enfrentarse con heroísmo de prócer a la

Gran Bretaña, en la costa atlántica y en el Golfo de Fonseca, solo unas veces y en alianza confederada otras, (he aquí el sentido de la Confederación de Chinandega y Nacaome, siempre estimulada por Mr. Squier, cónsul de los Estados Unidos).

Para que se vea el encono vivo de las grandes naciones, citaremos los documentos o notas diplomáticas que se cruzaban entre el cónsul inglés Federico Chatfield y el Gobierno de Lindo:

El 20 de septiembre de 1849, el Cónsul Chatfield amenaza al Gobierno de Honduras con retener la Isla del Tigre y ocupar el Puerto de Trujillo en nombre de su Majestad Británica.

El 28 de septiembre de 1849, los Estados Unidos de América y la República de Honduras celebran un convenio por el cual Honduras cede a los Estados Unidos la Isla del Tigre, en el Golfo de Fonseca. Firmaron el convenio en León, Nicaragua, don José Guerrero y Mr. E. Geo Squier.

El 2 de octubre de 1849, Chatfield nombra Superintendente de la Isla del Tigre al Señor Carlos Dárdano Dota y comunica este nombramiento al Gobierno de Honduras.

El 16 de octubre de 1849, Chatfield informa al Gobierno de Honduras haber tomado posesión de la Isla del Tigre.

El 26 de octubre de 1849 Carlos Dárdano Dota, en funciones de Superintendente Británico, dicta disposiciones reglamentarias en la Isla del Tigre.

El 27 de octubre de 1849, el Ministro de Relaciones del Gobierno de Honduras, don José María Rugama, remite a Chatfield copia del Convenio de Honduras, con los Estados Unidos, por el que la primera cede la Isla del Tigre a los segundos.

El 28 de octubre de 1849, el general Santos Guardiola, patrióticamente (o equivocadamente, lucha esa vez contra los intereses de la Reina Victoria) lanza desde Tegucigalpa un manifiesto en que llama a las armas a los hondureños para defender la Isla del Tigre de los ocupantes británicos.

El 2 de noviembre de 1849, Chatfield se da por notificado del convenio de Honduras y los Estados Unidos y ratifica que la Isla del Tigre es de propiedad de Inglaterra por deudas pendientes del Estado.

El 8 de noviembre de 1849, el Ministro Rugama contesta la nota de Chatfield en la que declara que el "Gobierno de Honduras no volverá a entrar en relaciones con Usted (Chatfield)".

El 8 de noviembre de 1849, el Gobierno de Honduras condena la Superintendencia del Señor Carlos Dardano Dota en la Isla del Tigre.

El 8 de noviembre de 1849, "El Gobierno de El Salvador reputa como ilegítima e injuria la ocupación que el Consulado Británico ha hecho de la Isla del Tigre, perteneciente al Estado de Honduras, contra cuyo acto protesta de la manera más solemne", y al mismo tiempo "corta y prohíbe absolutamente la comunicación del Estado de El Salvador con dicha Isla, y advierte al que infrinja esta disposición que será castigado con las penas que las leyes establecen para tales casos, durante la incomunicación, hasta que la Isla sea devuelta al Estado de Honduras, a quien pertenece" (Gaceta de El Salvador, número 4, de 7 de diciembre de 1849).

El 5 de noviembre de 1849, Chatfield desde el Gorgon, surto en el puerto de La Unión, dirige una nota al Gobierno de Honduras en que dice: "Desde el año de 1838, Honduras, Nicaragua y El Salvador, formalmente desconocieron la existencia del Gobierno Federal de Centro América, pero se han abstenido de declararse repúblicas soberanas e independientes, al parecer con la mira de estar en una situación equívoca, teniéndose unas veces las tres, como cuerpo nacional, según el caso puede convenir, haciendo de este modo difícil el distinguir propiamente como deben ser tratados".

El 23 de octubre de 1849, el Cónsul Norteamericano E. Geo Squier, desde León, Nicaragua, dirige una nota al Cónsul Británico F. Chatfield, en la que le exhorta a desocupar la Isla del Tigre en el término de seis días.

El 26 de diciembre de 1849, el Almirante Phipps Homly, a bordo del Gorgon, desde la Isla del Tigre, declara que las fuerzas británicas desembarcadas en la Isla serán removidas con la mayor prontitud posible.

El 30 de diciembre de 1849, el Comandante de Armas Licona toma posesión de la Isla del Tigre, enarbola el Pabellón Nacional y comunica este acto al Jefe de las fuerzas hondureñas, General Guardiola.

El 31 de diciembre de 1849, el Gobierno de El Salvador celebra que las fuerzas británicas hayan bajado la bandera inglesa y el Comandante de la Isla haya enarbolado el pabellón de Centro América.

Con la desocupación de la Isla del Tigre que hicieron las fuerzas británicas y la ocupación de la misma por las autoridades hondureñas, cesó el Convenio de los Estados Unidos de América y Honduras, celebrando entre Mr. Squier y don José Guerrero en la ciudad de León, Nicaragua, el 28 de septiembre de 1849.

Ahora puede comprenderse cómo fue de inmensa la gratitud de los grupos dirigentes de Honduras con los Estados Unidos que les habían ayudado a salvar la Isla del Tigre de las garras del León Británico. Y ahora se comprende también cuán fácil fue para los inversionistas estadounidenses obtener contratas ferrocarrileras y de tierras en la Costa Atlántica y en el Golfo de Fonseca especialmente en la Isla del Tigre, que con el proyectado ferrocarril sería uno de los puertos más famosos del mundo.

Pasemos a transcribir la contrata de Mr. Follin:

"Considerando: El Señor Don Agustín Follin, vecino del Puerto de Omoa, se dirige el Gobierno en 7 del corriente por medio de una representación, en que manifiesta que el estado de sus negocios industriales que hace más de veintiséis años tiene establecidos en el país, y a los cuales ha dado toda la extensión posible en las Costas del Norte, demando el adquirir posesión de tierras por el lado del Pacífico, con el cual debe relacionarse y habiendo calculado como el punto más análogo a llenar su objeto, la Isla del Tigre, ofrece comprar toda la parte que en ella se encuentra realenga, o de la propiedad del Estado, exceptuando por consiguiente, todos los sitios cedidos al Señor D. Carlos Dardano y a otras personas a que hayan sido vendidas. En tal virtud ofrece por los referidos terrenos baldíos que se calcula no excederán de doscientas caballerías, dar veinte mil pesos en estos términos: el equivalente de cinco mil pesos de plata en moneda de cobre al cambio de tres por uno; y los quince mil restantes en una carta cuenta o de crédito para que según convenga al Gobierno gire las letras respectivas a noventa días vista a cargo de su corresponsal residente en New York.

Agrega que si después de medido el terreno resultase que la cantidad de caballerías que abraza no es bastante a emplear la de dinero que ofrece a razón del doble del valor que por la ley se fija a cada una de ellas, él cede todo el sobrante a beneficio del Estado. Esta propuesta fue pasada a las Oficinas de Hacienda correspondientes y oída su opinión el Gobierno emitió el siguiente Acuerdo... Atendiendo el Gobierno a que por la ley del 23 de julio de 1836 deben ser considerados como propiedad del Estado todas las tierras llamadas realengas y por lo mismo venderse previos los trámites que ella determine: que se hallan en este caso las que comprenden la Isla del Tigre en el Golfo de Fonseca, con excepción de las cuatro caballerías que por Acuerdo Supremo le fueron cedidas al Señor Don Carlos Dota en compensación de los oficios que ha prestado en favor del establecimiento del Puerto de Amapala; de los solares que también se han cedido por el Gobierno a nacionales o extranjeros, con el manifiesto interés de que se pueble la referida Isla; y de aquella parte del terreno que abraza los expresados solares y población; que la propuesta hecha por el Señor Don Agustín Follin, vecino de Omoa, de dar veinte mil pesos por las indicadas tierras públicas, es ventajosa al erario del Estado, pues que por el cálculo más aproximado, no puede exceder de trescientas las caballerías que contiene correspondiendo a cada una de ellas, más que el duplo de la cuota fijada por la ley; de conformidad con el informe que la Dirección General de Rentas emitió después de haber oído al Fiscal de Hacienda, cuya opinión está en el sentido en cuanto hace relación a los intereses del Fisco.

Acuerdo: 1°. Que el Intendente del departamento de Choluteca previa la información a que se refiere el Art. 3°. de la citada Ley haga que un profesor de agrimensura practique la medida de toda la Isla del Tigre; y en caso de que no lo haya, proceda él mismo a verificarlo, según lo dispuesto en dicho artículo. 2°. Que después de medida la circunferencia de todo el terreno, se trace una área que contenga media legua cuadrada, procurando que contenga la mayor parte posible de la costa, quedando la población de Amapala aproximadamente al centro para que, este sitio pueda servir a los usos comunes de la memorada población, pues aunque por la ley no le corresponden hasta ahora ejidos por no tener el número de habitantes que ella exige para tal gracia, es de esperarse sumamente, y debe prevenirse este caso. 3°. Que se forme el plano correspondiente de todo el terreno y cálculo de las caballerías que contiene, para que extraído del número de ellas el que comprende la referida área, los solares que se hallen fuera de ella, cedidos hasta ahora por el Gobierno, y separando igualmente de aquella suma las cuatro caballerías correspondientes al Señor Cónsul de Cerdeña don Carlos Dardano, se averigüe la cantidad de tierras de que puede disponer el fisco. 4°. Que practicando todo esto, el Intendente del departamento de Choluteca proceda a mandar fijar los cuarteles y evacuar las demás diligencias prevenidas en el Art.4 de la enunciada Ley, hasta verificar el remate que debe verificarse en el mejor postor, prefiriéndose por tanto al señor don Agustín Follin, y sin que baje aquel de la cantidad que éste ha propuesto; siendo advertencia que las pujas que se hagan por esta base debe ser en moneda efectiva, reputándose como tal la que el señor Follin ha adelantado al Gobierno en el valor de varios elementos de guerra. (Nosotros subrayamos para siguientes explicaciones). 5º. Siendo de bastante importancia las tierras sobre que ha hecho propuesta el mencionado señor Follin, por su situación topográfica y estando, por lo mismo, en los intereses del fisco, sacar de ellas todas las ventajas posibles el Intendente expresado fijará para su remate el término que prudentemente calcule necesario para que llegue la noticia a los Estados vecinos, y puedan concurrir las personas que quieran hacer posturas, dándose desde ahora con tal fin la publicidad conveniente de este Acuerdo en la Gaceta Oficial del Estado. 6º. Ya sea que las tierras baldías de la Isla del Tigre sean rematadas en el Señor Follin, o ya en cualquiera otra persona, debe establecerse como condición indispensable de la venta y hacerse constar así en la escritura que se otorgue, que el Estado no enajena ni puede enajenar derechos de soberanía y dominio que tiene sobre la expresada Isla; que todas las personas que la habiten deben quedar por el mismo hecho sujetas a las leyes del Estado; y que cualquiera que sea el comprador no podrá vender el todo o parte de las tierras a ningún Gobierno, pues si así lo hiciera, deberá considerarse nulo y de ningún valor el Contrato, volviendo al Estado la propiedad; y 7º. Cuando el Gobierno considere conveniente ocupar algunos puntos de la Isla del Tigre para establecer fortificaciones fuera del terreno que ahora se destinará a la población de Amapala comprará la parte necesaria a este fin al poseedor o poseedores de dicha Isla, quiénes desde ahora quedarán obligados a vendérsela en el mismo precio en que se hayan rematado, guardando una exacta proporción entre el todo y la parte que se ocupe. Dado en Comayagua a 19 de agosto de 1854. Rubricado "Cacho". Es copia del Ministerio General, Comayagua agosto 23 de 1854. "(f) CACHO".

El 11 de agosto de 1854, don Lucas Ríos, Fiscal de Hacienda objeta la contrata de Mr. Follin en la Isla del Tigre, diciendo que el asunto debe ser tratado bajo dos aspectos: el económico y el político. Considerados los terrenos como ramo de hacienda, la venta es ventajosa al Erario. Mas, viendo lo político hay inconvenientes, porque siendo Follin Cónsul de los Estados Unidos de América, ha renunciado los derechos de Honduras y ha perdido esta calidad bajo el Art.14 de la Constitución; por consiguiente hará valer sus derechos bajo la protección del Gobierno cuyo poder alcanzará legalmente hasta las posiciones de sus súbditos y agente, lo que viene a ser un contra—principio de sumo imperio de todo Gobierno en su respectiva Nación. Adquirida la propiedad por un extranjero, cualquiera condición que se estipule pertenecerá a las que se llama imposibles por razón de quedar a la conveniencia del comprador el cumplirla o no, sin que Honduras pueda obligar por carecer de poder sobre súbditos de otra Nación, como lo es el del Señor Follin, mientras mantenga al Consulado. Así es que puede enajenar la Isla a otra Nación o a súbditos de otro Gobierno libremente, y Honduras sin derecho legal para impedirlo caerá en los lazos que la naturaleza del asunto y las circunstancias o espíritu de empresa le preparen.

En el Atlántico, Honduras ha perdido la Isla de Roatán y perder en el Pacífico la del Tigre, Zacate y Meanguera, alarmará a Nicaragua y El Salvador por el influjo de un poder extraño en nuestro litoral. De lo dicho deduce el Fiscal de Hacienda, que no conviene a los intereses generales del Estado la venta de ninguna de las islas, y que al contrario es de la mayor importancia recuperar la de Zacate atendiendo al porvenir y los inconvenientes expresados, pues debe impedirse la enajenación a extranjeros y tomarla el Estado de conformidad con el Art. 112 de la Constitución".

Se nota que don Lucas Ríos era un patriota y un abogado juicioso. Se le debía levantar una estatua. Pero Ríos veía el porvenir, sin darse cuenta del soplo tremendo del Destino Manifiesto. No podía el Gobierno de Cabañas negarse a la contrata de Follin, por haberle adelantado armas para que se defendiera de las acometidas de la Gran Bretaña por medio de Guatemala. Y, así las cosas, no se puede culpar de imprudencia a quien es víctima de ella.

Bien podían los gobiernos centroamericanos levantar un frente nacional contra la expansión y dominación de las potencias del Tratado Clayton—Bulwer, pero en la práctica unos estaban halagados por el espíritu empresario de los Estados Unidos y otros se hallaban seducidos con el esplendor de pertenecer al imperio mundial de la Gran Bretaña.

Los Estados Unidos prepararon en el Gobierno del doctor Lindo al arribo al poder del General Cabañas, destinado a servirles más. Pero sabidos que no tardaría la contrapartida de la Gran Bretaña con el arrojo del General Guardiola, matriculado en el servicio inglés.

La Isla del Tigre era una manzana del Jardín de las Hespérides. Una vez construido el ferrocarril interoceánico por Mr. Squier o por Sir Brown, Amapala sería uno de los puertos más famosos de América y del mundo.

Cuando Follin, Cónsul de los Estados Unidos, pedía 200 caballerías de tierra en la Isla del Tigre, Dardano, Cónsul de Cerdeña, ex—Superintendente de la Isla y Agente Veterano de Inglaterra ya tenía otras tantas caballerías en pago por la construcción del puerto de Amapala, y se había quedado allí en espera de nuevas órdenes y de las novedades del porvenir.

X
ANEXIÓN DE HONDURAS A LOS ESTADOS UNIDOS DE AMÉRICA

Don Fernando Ferrari Bustillo no deja fuera de su catilinaria al prócer José Francisco Barrundia, Ministro Plenipotenciario del Gobierno de Honduras, presidido por el General Trinidad Cabañas ante el Gobierno de los Estados Unidos de América, que presidía entonces Mr. Franklin Pierce. Para no dejarlo al margen de sus exclamaciones encendidas, echa mano del texto del guatemalteco Federico Hernández de León, titulado "El Libro de las Efemérides", publicado en 1965, y en el cual hay una con el mote de "Supuesta anexión de Honduras" en la que con el estilo propio del autor, que no era historiador sino periodista, con lo que pretendemos calificarlo de menos preocupado de la severidad histórica y más de la novedad, de la sensación, del "Affaire" periodístico, da a entender que Barrundia por encargo de Cabañas fue a Washington con la misión de proponerle al Presidente Pierce que aceptara a Honduras como un Estado más de la Unión Americana, fundándose en la conveniencia de las partes, afanadas en mantener en algo los pendones de la libertad.

Como Barrundia era un gran orador, en su primer discurso dio a entender con insinuaciones muy acentuadas la misión que lo llevaba a Washington, y en parte, como aquí pretendemos ser fieles a los argumentos de Ferrari Bustillo, consideramos mejor trasladar los capítulos más concretos del "Libro de las Efemérides" de Hernández de León, que dicen:

"...En ese discurso de recepción, las insinuaciones como anotaba "Iberia" (una revista) son muy marcadas; demasiadas para un simple discurso protocolar. Decía Barrundia: "Hablo de la comunicación rápida que debe establecerse entre los dos océanos. Honduras ofrece sus puertos cómodos, su saludable clima y sus vastos recursos, no desarrollados aún, para ayudar a esta gran empresa y abre su rico y fértil territorio al espíritu emprendedor y a la industria del pueblo americano.

"...El lector puede ver el alcance que tiene estas frases si considera que, al poco tiempo Nicaragua abría sus puertas al espíritu emprendedor del americano y un gringo de apellido Walker tomaba la presidencia por asalto y empapaba la tierra nicaragüense con la sangre de los que había tenido la debilidad de acogerlos como amigos...

"...Más adelante, en el propio discurso, Barrundia agregaba: "Honduras debe ser para siempre el amigo y el hermano de los Estados Unidos y cuenta confiadamente con ellos para mantener su libertad y su independencia. ¡Quiera el Eterno, que dispone de los acontecimientos, unir a estos dos países con lazos indisolubles de interés y de una prosperidad futura!... Será para mí una gran satisfacción dar el primer paso hacia ese resultado y probar al Gobierno de Vuecencia el deseo formal que tiene Honduras de establecer con los Estados Unidos una fraternidad íntima bajo una forma tal que las dos naciones no tengan más que un solo interés en la causa común de la libertad...". Esta era una de las formas con que don José Francisco entendía el postulado de la libertad, idea muy original que consistía en someterse a otro.

"...La misión de Barrundia resultaba peligrosísima por su resonancia. Barrundia era un obcecado. Trinidad Cabañas, un fanático y siempre se le ve como turiferario de los caudillos, y lo que decía Barrundia lo aceptaba como el Evangelio. La anexión a los Estados Unidos se derivaba de algo meditado y medido. (Subrayamos lo que agrega Federico Hernández de León). El lector habrá de observar, como ya lo apunté en alguna ocasión, que los liberales de la América Central siempre han tendido a los Estados Unidos, en tanto que los conservadores tienden a México. Y, desde estos días que señalo y desde los de la independencia, se ha mantenido esta inclinación manifiesta. (Ahora el comentario a lo subrayado: Hernández de León hace aquí lo que suele hacer el periodista que sabe manejar su carrera, con tal habilidad que juega con ella, a diferencia del bobo que escribe sin miraje, y a las últimas lamenta lo que escribió. El viejo director de "Nuestro Diario" afirma que los liberales de Centro América siempre han tendido a los Estados Unidos, y como él en el tiempo que redacta es liberal la advertencia tiene los vivísimos chispazos de un brillante. Y a renglón seguido informa que los conservadores tienden a México... salida de un cazurro, porque él sabe mejor que nadie, que los conservadores fueron en la América Central el caballo de Troya de la Gran Bretaña, desde Aycinena, pasando por Rafael Carrera hasta el mariscal Cerna). Con estas observaciones sigamos citándolo:

"...Indudablemente lo que salvó el conflicto que adquiría caracteres penosos, fueron dos cosas: la renuncia del Presidente Pierce y la muerte inmediata de Barrundia (en Nueva York, 9 de agosto de 1854). Y aún ante la renuncia de Pierce, quedaba la actitud que podría tomar el Congreso. La prensa americana señalaba ese camino. "Asunto de negocio", gritaban los directores de la opinión pública. Los honorables congresales resolverían el asunto a base de transacción comercial; tantos millones de dólares y Honduras pasaba a formar parte integrante de los Estados Unidos.

"Se llegó a decir lo siguiente, después de increpar a Pierce por su renuncia a la absorción, que le insinuaba: "Si el Capitán Taylor fuera Presidente y su primer ministro un hombre como Calhoum, Barrundia no tendría más que hacer la propuesta a nombre de Honduras para que fuera aceptada... La agregación de Honduras a los Estados Unidos (vamos a subrayar) fijaría debidamente la cuestión de la balanza del poder naval y comercial en este continente en nuestro favor.

(Comentario: ¿A qué balanza del poder naval y comercial aluden los críticos del Presidente Pierce y partidarios del Capitán Taylor? A LA QUE ASPIRAN TENER CON LA PODEROSA FLOTA Y EL VASTO COMERCIO DE LA GRAN BRETAÑA, SEÑORA DE LOS MARES Y TALLER DEL MUNDO A LA MITAD DEL SIGLO DIECINUEVE, SUPERIOR A LA FLOTA Y EL COMERCIO DE LOS ESTADOS UNIDOS EN EL MISMO TIEMPO, ALUSIÓN QUE REFLEJA EL TREMENDO CONFLICTO DE LAS DOS POTENCIAS ANGLOSAJONAS EN EL MAR CARIBE Y EN CENTRO AMERICA).

Coloquemos las cosas en sus puntos:

1º. El 28 de abril de 1854, el Gobierno de Cabañas aprobó y publicó la contrata ferrocarrilera con Mr. E.G. Squier. En esos años existía la fiebre de los ferrocarriles, y el sentimiento en favor de las vías férreas era general, abarcaba por igual a los yancófilos y a los anglófilos, sin medir las consecuencias "antipatrias". Si la pasión ferrocarrilera compromete peligrosamente a los hombres públicos de la década 50 al 60, el mismo fervor por los raíles marca con fuego a los "estadistas" de la década de 60 al 70.

2º. Mr. E.G. Squier gestionaba a nombre de una compañía privada que soñaba con el negocio de construir un ferrocarril que saliera de Puerto Cortés y terminara en el Golfo de Fonseca, con fines favorables al capital norteamericano y los transportes navieros de Nueva York a San Francisco de California; pero el gestor Squier tropezó con el desinterés de los negociantes neoyorkinos, más inclinados a la construcción de un ferrocarril por Panamá. Por eso pasó con su gestión a Londres, donde el Ministro Clarendon le arrebató la iniciativa, y así empezó el proyecto ferrocarrilero inglés que más tarde comprometería a los Gobiernos de Guardiola y de Medina.

3º. José Francisco Barrundia, partidario de los Estados Unidos sin reservas, fue a Washington a reforzar como diplomático el proyecto ferrocarrilero en que se interesaban el Gobierno de Cabañas y Mr. Squier. El primer párrafo del discurso de Barrundia, que reproduce Hernández de León, dice eso expresamente y carece de otra intención. Y el segundo párrafo, leído honradamente, invoca la amistad y la fraternidad internacional de Honduras y los Estados Unidos, republicanos ambos países, para mantener la libertad y la independencia de uno y otro.

4º. Acéptese que la prensa norteamericana tergiversara maliciosamente los conceptos del discurso del Ministro Barrundia y en esa tergiversación se basara Federico Hernández de León para hacer el "refrito" periodístico que insertó en su "Libro de las Efemérides". Barrundia era hombre de principios; había luchado por la independencia de Centro América; en ocasiones había sido Presidente Federal; llegó a ser Consejero de la Confederación de Chinandega, que aunque bajo signo "americano" como decían entonces, buscaba la unidad de Centro América libre de la influencia inglesa, y a segunda liberación tendría que ser tarea posterior. Un ciudadano como Barrundia andaba en "su cuento", y con esta convicción podía abrazarse hasta con el diablo, con tal de echar a los británicos del suelo centroamericano. Para arrojar a los colonialistas españoles de América, muchos patriotas americanos no sintieron asco de pedirle asistencia a la Gran Bretaña, y no pocos caudillos de la República siguieron esa asistencia para conquistar el Poder o retenerlo. Rafael Carrera fue uno de los últimos.

5º. El Presidente de los Estados Unidos Franklin Pierce comprendió bien el discurso del Ministro Plenipotenciario de Honduras, José Francisco Barrundia, y no pasó a más que cumpliera el deseo de los periodistas norteamericano, PARA QUE TODAS LAS ACUSACIONES DE FERRARI BUSTILLO CONTRA EL GOBIERNO DE CABAÑAS QUEDARÁN EN PENSAMIENTOS SUBJETIVOS, SIN LLEGAR A NINGUNA OBJETIVIDAD PRÁCTICA.

6º. Don Fernando Ferrari Bustillo, solicitó al Departamento de Estado de Washington copia del discurso de don José Francisco Barrundia, pronunciado el 12 de junio de 1854, para publicarlo. Desde la fecha de sus Pasaje extractados al día de hoy han pasado diez meses y ya debe haberlo recibido. Lo excitamos para que publique sin pérdida de tiempo el discurso del Ministro Barrundia.

WILLIAM WALKER LLEGA A NICARAGUA PARA INICIAR LA CONQUISTA DE CENTRO AMÉRICA

1º. COINCIDENCIAS HISTÓRICAS

Trinidad Cabañas, substituto de Francisco Morazán en la jefatura de las huestes unionistas centroamericanas y Presidente de la República de Honduras, había empezado su gobierno con el intento de fundar el nuevo Estado de la Confederación de Centro América en que participaban por de pronto la propia Honduras, El Salvador y Nicaragua, esperando que se agregarían después Guatemala y Costa Rica, los "Países de Chatfield" como les llamaba un fogoso orador de la época. Desgraciadamente, cuando Cabañas se hallaba en este empeño confederalista, los gobernantes de El Salvador, doctor Francisco Dueñas, y de Nicaragua, licenciado Laureano Pineda que se hallaba bajo la presión de don Frutos Chamorro, ya habían abandonado o estaban para abandonar "la política de los Estados centrales" para trasladarse a "la política de los Estados chatfilianos" por estar más acorde con sus ideas y sus temperamentos.

Aquel enérgico Frutos Chamorro que no hacía mucho había lanzado un ejército contra Carrera, ahora se sentía convencido por el conservatismo y el 1o. de abril de 1853 asumió el cargo de Director Supremo de Nicaragua, diciendo en su Mensaje leído ante la Asamblea que "mantendría el país libre de perturbaciones políticas, previniendo los males antes que remediarlos y (que) se guiaría sólo por el bien del Estado". A la vez, como quería armonizar los opuestos, nombró Ministro de Gobernación y de Relaciones Exteriores al licenciado Mateo Pineda, y Ministro de Hacienda y Guerra al doctor Máximo Jerez. Los conservadores granadinos objetaron la presencia de Jerez en el Gabinete, y por allí empezó la querella que más tarde se habría de agravar hasta lo inesperado.

Como Chamorro andaba en todo cortando los lazos federalistas, pidió a la Asamblea que emitiera un decreto convocando al pueblo para elegir una Constituyente. Esta Constituyente debía declarar el Estado (nombre que le venía de haber sido miembro de la Federación) en República; derogar la Constitución de 1838 y dar otra más de acuerdo con el sentido de la época; y quitar el nombre de Director Supremo por el de Presidente que llevaría en lo sucesivo el Jefe del Poder Ejecutivo. En las elecciones de la Constituyente resultaron diputados por la zona de Occidente el Licenciado Francisco Castellón, el doctor Máximo Jerez y el coronel Francisco Díaz Zapata.

Entre tanto fue descubierta una conspiración en la ciudad de León, señalándose como autores de ella a los anteriormente mencionados Castellón, Jerez y Díaz Zapata. Chamorro ordenó la captura de los indicados y su remisión bajo buenas seguridades policiales a Managua. La orden fue cumplida con los políticos ya dichos, escapando otros en dirección de la frontera de Honduras. Al llegar los reos a Managua, fueron expulsados del país, llegando los tres a la capital hondureña, Comayagua.

La Asamblea Constituyente se reunió el 22 de enero de 1854, y el 30 de abril entró en funciones la nueva Constitución en que Nicaragua aparecía siendo República y Chamorro pasaba a ser Presidente para el período de cuatro años que empezaría el 1º. de marzo de 1855.

En Honduras fueron recibidos los emigrados nicaragüenses con los brazos abiertos; recibieron auxilio del Presidente Cabañas y así lograron invadir a Nicaragua en los primeros días de mayo de 1854. La invasión la hicieron por el pueblo de Somotillo y por el puerto de Realejo. Aquí desembarcó el doctor y general Máximo Jerez con veinticinco hombres, y el 6 de mayo cayó de sorpresa sobre la plaza de Chinandega, capturándola. Esta noticia voló por los cuatro rumbos del país, y movió al Presidente de la República general Chamorro, quien partió de la ciudad de León con fuerzas bien armadas y dispuestas para el combate. El encuentro de las tropas del Gobierno y de las revolucionarias fue en la hacienda de El Pozo, aproximadamente unas cuatro leguas de la ciudad citada. A pesar del deseo de vencer de las fuerzas comandadas por Chamorro, fueron derrotadas el 12 de mayo del expresado año. Los revolucionarios victoriosos entraron marchando a la ciudad de León en donde se les unió la guarnición militar.

En honor a la verdad en la hacienda de El Pozo no hubo un combate; hubo simplemente una escaramuza; pero tiene la importancia de haber dado comienzo a la guerra civil de 1854, con participaciones internacionales jamás imaginadas.

Llegaron los revolucionarios a León y así se adueñaron de todo Occidente. Máximo Jerez organizó una tropa de 800 soldados que llevó el nombre de Ejército Democrático, usando el distintivo de una cinta roja en el sombrero, y marchó sobre la ciudad de Granada, donde a su vez el general Chamorro había organizado el Ejército Legitimista que usaba una divisa blanca en el sombrero. Como la guerra empezaba a tomar forma, el general Chamorro depositó la Presidencia en el diputado José María Estrada para contrarrestar el ataque del General Jerez.

Como los liberales de León, que a partir de la guerra de 1854 llevaran el nombre de demócratas, objetaban la conducta, a su parecer arbitraria, del general Frutos Chamorro, tomaron el acuerdo de objetarlo nada menos que con otra arbitrariedad. Sin basarse en ley alguna del Derecho vigente o tradicional, hicieron que la Municipalidad leonesa nombrara Director Supremo del Estado de Nicaragua al licenciado Francisco Castellón, quien empezó a gobernar el 11 de junio de 1854. El Ministro General del Gobierno leonés fue el señor Pablo Carvajal. Entre tanto, la jurisdicción de los demócratas comprendía el departamento de Rivas, el Gran Lago, el Río San Juan, y los legitimistas se habían reducido a la ciudad de Granada, y a los departamentos de Chontales y Matagalpa.

Parece que el general Jerez tenía presentes los largos sitios que ponían los romanos a las ciudades ibéricas. El sitio de Granada duró ocho meses; no dejaron ver los rasgos de heroísmo de los asaltantes y de los sitiados. Si se dejaron ver no pocos correos que iban y venían con pliegos en que se proponía la paz, pero sin llegar a resultados positivos. Por Jerez levantó el cerco de Granada y se trasladó a León.

Libres del acecho las tropas legitimistas se apoderaron de la ciudad de Managua y de los departamentos del Norte y Sur de la República. En esta contramarcha victoriosa se hallaban cuando falleció el general Frutos Chamorro el 12 de marzo de 1855. Le sucedió en el mando del ejército el general Ponciano Corral, y reunida la Asamblea con catorce diputados, nombró Presidente Provisional a don José María Estrada.

Al mismo tiempo, el Gobierno de León condenó al general Jerez por su fracaso en Granada que no pudo tomar y llamó al general José Trinidad Muñoz, a la sazón domiciliado en San Salvador, lugar en que vivía con muy limitados recursos, para ponerlo al frente del Ejército Democrático. Es notorio, que el general Muñoz tenía una larga carrera militar que había empezado en México, donde se fogueó en las luchas patrióticas del pueblo mexicano contra el expansionismo norteamericano. De modo que el general Muñoz tenía y había vivido una filosofía política de liberación nacional. El famoso general vino de El Salvador a León a prestar sus servicios militares. En cuanto

Muñoz tomó el mando del Ejército leonés, lo primero que hizo fue interesarse en conciliar a los nicaragüenses en hacer la paz, pero no lo consiguió.

Y estando así las cosas, el Presidente Castellón dio un paso en falso que tuvo consecuencias lamentables tanto para Nicaragua como para Centro América. Las coincidencias históricas con que encabezamos esta introducción se refieren a la unión de una lucha nacional interna con otra extranjera que viene a sumarse a cualquiera de las alas nativas para sacar provecho en favor de un poder extranjero. Esta, precisamente, ha sido la tragedia de Centro América: siempre los nativos se pelearon entre sí por quisicosas y el aprovechado en una u otra forma ha sido un poder internacional: o la Gran Bretaña o los Estados Unidos.

2º. WILLIAM WALKER A LA VISTA

Aunque el licenciado Francisco Castellón gozara de gran prestigio en las filas liberales de Nicaragua, después llamadas demócratas, a tal grado que lo hicieron Presidente, y en lo personal era una persona subyugante con el suave timbre de su voz y su conversación amena, a las mujeres las hipnotizaba con sus ojos verdes, nos parece que andaba en medio de una cosa que no entendía y que sus mirajes no eran muy lejanos. Porque si era Presidente (municipal) de León por la voluntad de sus partidarios, en vez de mandar al Padre Alcaine a Granada a lograr un acuerdo de paz nacional con el Presidente de la República, general Frutos Chamorro, acuerdo que no se logró, y era lógico que no se lograra, mejor hubiera reunido en convención a los demócratas (liberales) de Occidente para desalentarlos del propósito de tomar el poder por la fuerza; reconocer que él mismo no era Presidente porque la Municipalidad de León no era el órgano indicado para darle dicho cargo; invitar al general Muñoz para que disolviera el Ejército Democrático, y luego notificar estas decisiones al Gobierno de Granada con el añadido de respetar y obedecer su autoridad. Así las cosas internas de Nicaragua habrían quedado intrafronteras y no habrían pasado a más. Lo que deseamos decir es que para los escritores y lectores juiciosos sale mejor un Castellón tonto, que no se da cuenta de la redondez y giro de la tierra, que un Castellón malvado que sabía de sobra que iba a entrar en servicio de la Confederación del Sur, interesada en establecer una República esclavista en Centro América y en tomar para su provecho la Compañía del Tránsito que había establecido Cornelius Vanderbilt por la zona canalera de Nicaragua para comunicar a Nueva York con California.

El hecho, sin embargo, es el hecho. El licenciado Castellón entró en pláticas con el sureño Byron Cole y terminaron por celebrar un contrato para traer de California 300 estadounidenses sureños que bajo el mando de sus propios oficiales prestarían servicios militares bajo el mando del general en jefe del Ejército Democrático. Byron Cole partió a su país con el objeto de reunir la gente señalada en el contrato, pero habiendo tenido otras atenciones importantes al momento de su llegada, tuvo a bien traspasar, el convenio firmado con el Presidente Castellón de Nicaragua, al señor Williams Walker, un activista de la política expansionista y esclavista de los Estados del Sur que poco antes había tratado de fundar una República independiente en el Estado mexicano de Sonora, sin haber logrado su propósito.

Walker, encantado de la oportunidad que se le ofrecía de colmar sus ambiciones, reunió cincuenta y ocho sureños bien armados, tiradores insignes que donde "ponían el ojo ponían la bala", los subió al bergantín "Vesta", se hizo a la mar, y el 13 de junio de 1855, llegó al puerto del Realejo de la República de Nicaragua. Walker pasó a Chinandega donde bautizó a su tropa con el nombre de Falange Democrática. De Chinandega fue Walker solo a la ciudad de León para tener una entrevista con Castellón, jefe del Gobierno, y Muñoz, jefe del Ejército. El recibimiento de Walker por parte de Castellón fue sumamente amistoso y regocijado; fue indiferente y seco en lo que respecta a Muñoz, quien de sobra conocía la política antihistórica y atentatoria a la soberanía de las naciones y a la dignidad del hombre que se ejercía en los Estados del Sur, esclavistas y expansionistas.

Walker era un hombre de mediana estatura, enjuto, no pasaba de cien libras. Daba, sin embargo, la impresión de ser recio, fuerte, resistente, audaz, con un valor temerario. A simple vista se notaba que había nacido para la guerra. Era inteligente, vivaz, de concepción rápida, como suele decirse "las cazaba al vuelo", y todo lo llevaba al rol de sus conveniencias y sus cálculos. Sin sentido de humanidad, enconado, lleno de odios, veía en las personas la parte que podía aprovechar y despreciaba lo demás. Creía en Dios del que se consideraba delegado en la tierra, y así pensaba que su misión era divina y justa, y aquellos que le desobedecían o se pasaban al bando de la República, eran traidores y merecían acabar fusilados. Además, Walker no venía por venir a Nicaragua. Venía a fundar una República esclavista y a pasar la Compañía del Tránsito de Vanderbilt del servicio de los Estados del Norte a la propiedad de los Estados del Sur que más tarde formarían una Confederación negrera, esclavista, algodonera, independiente. Además de lo expresado, Walker no había llegado a los treinta y cinco años; era médico graduado, profesión que no ejerció por no coincidir con su temperamento; era abogado, carrera que le sirvió para salir de sus frecuentes enredos jurídicos; y era periodista, actividad que le servía para divulgar sus ideas y convencer a la opinión pública. Con todo, Walker a nuestro parecer adolecía de un penoso inconveniente: no comprendía las ideas de su siglo; no seguía el curso de los principales acontecimientos de su tiempo; al contrario, luchaba contra los dictados de la historia y "nadaba contra la corriente". Su admirable libro, tan bien escrito, "La Guerra de Nicaragua" es una prueba documental de lo que aquí se dice. Es increíble que en el siglo XIX haya quien escriba tan elegantemente en favor de la esclavitud y hable de razas superiores y razas inferiores.

3°. DISCORDIA DEL GENERAL MUÑOZ Y EL CORONEL WALKER.

En la conferencia que tuvieron el Presidente Castellón y los militares Muñoz y Walker, quedó muy claro que estos dos últimos no marcharían de acuerdo en la guerra declarada a los legitimistas que gobernaban en Granada. Muñoz quería que no hubiera guerra, que se hicieran todos los esfuerzos posibles por llegar a la paz y a la conciliación nacional, y más en aquel momento que empezaba a manifestarse el peligro expansionista de los esclavistas sureños que él había combatido en defensa de la integridad territorio de México. Este distinguido militar por experiencia adquirida en otro país era el que veía con más claridad la situación presente y futura de Nicaragua con el arribo de los americanos como se decían y se hacían llamar ellos. Walker, por el contrario, era un atizador de la guerra y la situación de Nicaragua debía resolverse cuanto antes con la victoria total de los demócratas de León y la Falange Democrática comandada por él.

El resultado de los tres personajes fue terminante: el general José Trinidad Muñoz, jefe del Ejército Democrático convenía en hacer la guerra al Gobierno legitimista del general Chamorro en Granada, para lo cual prestaría la mayor cooperación posible; y Walker con sus rifleros se acercaría al campo enemigo, contando desde luego con la asistencia de una fuerza nicaragüense. En honor a la verdad debe decirse que, con excepción del alto cuadro del gobierno, gran parte de los demócratas—liberales demostraban descontento por el mal acuerdo de haber traído a unos extranjeros a participar en la política interna del país, como se verá luego.

Reforzaremos esta información argumentada con lo dicho por el escritor nicaragüense Alejandro Hurtado Chamorro en su notable libro William Walker: ideales y propósitos, en el que dice:

"Walker no había llegado a Nicaragua a laborar únicamente por los propósitos demócratas. Sus verdaderos planes estaban ligados con los designios del Sur de los Estados Unidos. De allí que desde el primer momento surgen colisiones de intereses, que le distanciaron más aún de Muñoz.

El interés de los demócratas estaba concentrado en defender a León y en capturar Granada. El interés principal de Walker estaba en proveerse de hombres y pertrechos, para lo cual necesitaba apoderarse de la ruta del tránsito; hacia eso dirige su primera acción, con desaprobación de Castellón y de Muñoz. El mismo Walker revela sus propósitos al escribir lo siguiente: "Era una política fija de Walker aproximarse hasta donde fuese posible a la ruta del tránsito, con el objeto de efectuar reclutamiento entre los pasajeros... y de obtener medios de rápida comunicación con los Estados Unidos...Era ocioso para ellos gastar sus energías y fuerzas en una campaña que no les dirigiera hasta la ruta del tránsito".

Este desacuerdo se hace sentir, —sigue diciendo Hurtado Chamorro— en la poca ayuda que los jefes demócratas prestan a Walker, en su primera expedición militar dirigida contra Rivas. Le ofrecieron doscientos hombres y sólo le suministraron cien, mandados por el Teniente Coronel Félix Ramírez, quien era servidor incondicional de Muñoz. Este recibió instrucciones secretas de su jefe, de que desertase con su gente del ejército filibustero. Al mismo tiempo Muñoz envió aviso a Corral a Managua, del movimiento que se preparaba contra Rivas (hecho que Pérez confirma). El golpe cuyo éxito estribaba en la sorpresa, perdió toda eficacia con este aviso, y de nada sirvió el sigilo con que se organizó la expedición.

El 23 de junio La Falange se embarcaba nuevamente en el Vesta; fondeó éste en la costa de Brito, y el grupo expedicionario se dirigió inmediatamente hacia Rivas. Le era indispensable a Walker ocupar esta ciudad si deseaba controlar la ruta del tránsito. Al pasar por el pueblo de Tola, distante apenas tres leguas de su destino, sorprendieron y dispersaron un piquete de legitimistas que se encontraba acantonado en el cuartel. Los dispersos se adelantaron a dar la voz de alarma que no era necesaria, pues el ejército legitimista esperaba con más de 500 hombres, al mando del Gobernador don Eduardo Castillo.

4°. EL RESULTADO DEL ATAQUE A RIVAS

Rivas fue atacado al mediodía del 29. Los cien nativos comandados por Ramírez, se desbandaron y huyeron a los primeros disparos, dejando a los americanos solos. Doubleday relata que más tarde Ramírez declaró que su deserción se debió a órdenes expresas de Muñoz. Walker atribuyó el incidente a esa misma causa, y formuló acusaciones posteriores contra Muñoz ante Castellón.

La Falange se refugió en varias casas donde fue rodeada por el enemigo y asediada por cuatro horas. Los rifleros americanos hicieron carnicería, pero dos de los mejores oficiales de Walker perecieron en la acción y otros fueron heridos. Los que murieron fueron Keewen, veterano de la invasión a Cuba y Crocker, veterano de la invasión a Sonora. Solamente le quedaban 38 hombres al filibustero contra tremendas desventajas. Fue entonces que los legitimistas concibieron el plan de incendiar las casas en las que los americanos se habían refugiado. Con ello establecieron para Walker el precedente de usar el fuego como arma ofensiva, que tan siniestramente usó él. después en Granada. Manuel Mongalo, heroicamente se aproximó a las casas para incendiarlas. Los filibusteros levantaron entonces tremenda gritería, e irrumpieron con tal ímpetu que la tropa legitimista no pudo contenerlos, y los dejó escapar con solo la pérdida de un hombre.

Con los sobrevivientes en acción, Walker con dificultad hizo la caminata hasta San Juan del Sur. Allí sus hombres presentaron un lastimero espectáculo; descalzos unos; cojeando otros por efecto de las heridas; todos sucios y harapientos.

El "Vesta" al que había instruido que los esperase en el puerto, no aparecía por ninguna parte. Una goleta costarricense, la "San José", fue abordada entonces y obligada a hacerse a la vela con rumbo al Realejo. Era ésta la misma embarcación que había conducido a Nicaragua al jefe hondureño, general Santos Guardiola, quien había llegado a prestar su ayuda al ejército legitimista.

Por fin en el camino avistaron al "Vesta", transbordando a él la tropa, el cual llegó al Realejo en el primer día de junio.

Tal fue el desarrollo de los acontecimientos de la acción que Walker luego denominó "La primera batalla de Rivas". Aunque no pudo tomar la ciudad, había dado al país una demostración de la efectividad de sus rifleros de precisión, hasta entonces desconocidos en Nicaragua.

Había probado además la fuerza y valentía de sus hombres, luchando en tan desfavorables circunstancias; pero sobre todo había adquirido prestigio militar a pesar del fracaso. Desde entonces fue temido y respetado en Nicaragua, y en el Gobierno legitimista de Granada se adquirió la convicción de que un poder más eficiente había comenzado a combatirle.

5°. CONQUISTA DE LA CIUDAD DE GRANADA

Seguimos citando al escritor nicaragüense Hurtado Chamorro.

"A su regreso a León, después de quejas y acusaciones contra Muñoz, Walker cuya presencia había alejado el peligro de un ataque legitimista a la ciudad, proyecta una segunda expedición a la ruta del Tránsito. El filibustero exigía que se le siguiese juicio a Muñoz para deslindar las responsabilidades que éste tenía en el fracaso de Rivas. En los momentos en que el partido demócrata más necesitaba de su asistencia y servicio, se retira a su tienda como Aquiles ofendido y amenaza con abandonar Nicaragua con su tropa, si no se atiende a sus reclamos. Varias personas de importancia llegaron a suplicarle entre ellas Mariano Salazar y hasta el mismo Castellón, los cuales tuvieron que acceder en parte a sus exigencias, y Walker obtuvo con esta táctica insincera y ladina el apoyo y la libertad de acción que requería.

Existe un hecho de gran significación que revela ampliamente su interés por la ruta del tránsito. Por intermedio de Byron Cole consigue Castellón completa autoridad para arreglar las diferencias existentes entre la República y la Compañía del Tránsito. Hasta la vez solamente el Gobierno legitimista de Granada se había ocupado de este asunto por haber sido reconocido por los Estados Unidos. Estrada había nombrado dos comisiones para que tratase en Nueva York las diferencias existentes. Castellón sin embargo notificó a la Compañía que su Gobierno consideraría nulos cualquier arreglo que efectuase con dichos comisionados.

Así pues Walker quedó facultado como mandatario demócrata para tratar con los Agentes de la Compañía e inclinarlos a su favor. Claro está que el resultado de la guerra resolvería la política de la Compañía, ante la dualidad de gobiernos.

A mediados de agosto marchó Walker con su tropa al Realejo y la colocó a bordo del "Vesta". En Chinandega le salió el primer nicaragüense adicto de verdad en la persona de José María Valle (el Indio chelón, como le llamaba: nota nuestra), quien desempeñaba el puesto de Subdirector de Policía y quien reunió para Walker una fuerza de 120 nativos que llevó al Realejo. Allí el filibustero, todavía guardando compostura sumisa, pues el gobierno de León seguía creyendo que podía entenderse con el gobierno de Granada, disimulaba su desobediencia y verdadero propósito, pretendiendo que se preparaba dirigirse a Honduras a prestarle apoyo a Cabañas, quien, encontrándose en guerra con Guatemala, lo había solicitado al partido demócrata.

El 23 de agosto, a pesar del urgente pedimento de Castellón, que regresase a León a defender la ciudad, amenazada por el ejército de Guardiola, se dio a la vela para San Juan del Sur, acompañado por Valle y sus nativos. Poco antes de su partida recibió nuevo mensaje de Castellón, en el que le comunicaba la victoria de Muñoz sobre Guardiola en "el Sauce", en la que aquél perdió la vida. Esta vez la suerte, o más bien las balas asesinas según se sospecha le habían eliminado un enemigo.

Poco después de su desembarco en San Juan del Sur, Walker atravesó con su tropa toda la ruta del tránsito hasta llegar a La Virgen. Guardiola quien se había reconcentrado en Rivas después de su derrota en El Sauce, le atacó con 600 hombres a la mañana siguiente. Walker y sus rifleros tuvieron que luchar con el lago a sus espaldas, y como no existía posibilidad de retroceder, se batieron con gran bravura. El jefe filibustero se expuso tanto en la acción, que una bala fríale golpeó en el cuello haciéndole caer, y un tiro de fusil le atravesó un paquete de cartas que llevaba en el bolsillo.

El resultado fue una aplastante victoria para las fuerzas extranjeras. Walker ordenó que los heridos del enemigo fuesen atendidos en la misma forma que los suyos. Sesenta legitimistas murieron en la acción, y más de 150 rifles cayeron en poder de Walker.

Al siguiente día del encuentro, la Falange regresó a San Juan del Sur en donde permaneció por un mes. Durante este período, Castellón murió en León víctima del cólera. Su sucesor, Nazario Escoto, agradeció a Walker su victoria y le ofreció el envío de nuevos reclutas.

La pequeña fuerza filibustera se incrementó con la llegada de voluntarios nicaragüenses, atraídos por el triunfo de Walker, lo mismo que por algunos reclutamientos efectuados entre los pasajeros del Tránsito. Los desertores legitimistas informaban a éste de los movimientos del enemigo.

Se recibían constantes reportes de que Corral se alistaba a efectuar un fuerte ataque. Debido a ello Walker contramarchó hasta La Virgen en donde supo que el jefe legitimista, había salido de Rivas con casi toda su fuerza. Al conocer éste sin embargo la proximidad de Walker, regresó a Rivas precipitadamente con lo cual el filibustero comprendió que le bastaría simular un ataque a dicha ciudad para paralizar cualquier estrategia de avance de los legitimistas. Encontrándose en La Virgen, interceptó también correspondencia del general Fernando Chamorro para Corral, en la que le informaba que Granada se encontraba casi sin defensas; Walker la remitió a Corral, en ardid de cortesía benevolente, con el objeto de probar la reacción de su antagonista. Corral expresó recibo de las cartas, y a su vez remitió a Walker un pliego lleno de signos masónicos, significándole con ello su anuencia a entenderse con él.

Walker regresó a San Juan del Sur, estimando que su fuerza era insuficiente para un ataque a Rivas, cuya dificultad ya había probado. Allí recibió una remesa fresca de reclutas que le llegaron al mando del coronel Charles Hillman, veterano de la Baja California.

Al mismo tiempo recibió los refuerzos ofrecidos de León al mando de Ubaldo Herrera, con lo cual reunió un contingente apreciable de tropa.

Sintiéndose fortalecido y confirmado de nuevo la indefensión de Granada, Walker concibió entonces uno de los pocos proyectos que revelan verdadera aptitud de mando en su persona: la captura de esa ciudad.

Para garantizar más efectivamente la indefensión, envió a León un comisionado pidiendo a Escoto que llamase la atención a los legitimistas con un movimiento sobre los pueblos de Oriente.

Desde la muerte de Muñoz, el general José María Ballestero había asumido el mando del ejército demócrata, y éste excitó a su segundo el general Pineda para que, de acuerdo con lo solicitado con Walker, permaneciese en Pueblo Nuevo, adonde las fuerzas de Martínez le habían arrojado. Los granadinos, temerosos de esta amenaza, remitieron su mejor tropa a conjurarla al mando del coronel Francisco Chamorro, aunque en realidad era Martínez el alma de la expedición. Este obtuvo un resonante triunfo sobre Pineda, y si se hubiese dirigido sobre León es posible que hubiera conquistado la ciudad. Granada en cambio había quedado desguarnecida. El hecho de que en Masaya el indio Pedro Gaitán había asaltado recientemente los cuarteles apoderándose de las armas, fusilado a algunos legitimistas, y se mantenía amenazante con su partida de facciosos, favoreció también los designios de Walker. El incidente requirió en el envío de tropa a reforzar aquella plaza, con detrimento del contingente granadino.

De acuerdo con sus planes, el 11 de octubre se dirigió Walker de nuevo hacia La Virgen. Allí tomó posesión de uno de los vapores de la Compañía de Tránsito, y en la tarde siguiente colocó a bordo su fuerza entera. En la oscuridad de la noche con las luces apagadas, el vapor pasó frente a Granada, deteniéndose a la altura de la hacienda llamada Tepetate. Desembarcada la tropa, procedió Walker su avance hacia la ciudad en la madrugada del trece (de octubre). Llegó a ella casi amaneciendo, y como ironía del destino, en momento en que las campanas de las iglesias repicaban la victoria de Martínez en Pueblo Nuevo.

La tropa filibustera irrumpió a la plaza en rápida carrera, y en pocos momentos se apoderó del sorprendido cuartel. Granada había caído en la trampa, y su captura se había realizado disparándose apenas unos cuantos tiros al aire.

6º. WALKER, AMO Y SEÑOR DE GRANADA

Con la ayuda del doctor Hurtado Chamorro le hemos dado extensión y detalle a la presencia de Walker en Nicaragua por su doble significado: en primer lugar, porque a raíz de la toma de Granada Walker se agiganta y proyecta su sombra a Centro—América, viendo entonces los pueblos centroamericanos el peligro de una nueva conquista colonial que los amenaza; y, en segundo lugar, porque la guerra de Walker en Centro—América en el quinquenio de 1855 al 60, que dichosamente ganaron los pueblos centroamericanos, fue el preludio de la guerra que la Confederación del Sur le entabló a los Estados del Norte en los Estados Unidos de 1861 al 65 y que para bien ganó el pueblo norteño industrial sobre la oligarquía sureña algodonera y esclavista.

Digamos pues que firmemente establecido en la capital legitimista, Walker se convirtió en el amo del Estado. Con un solo golpe maestro había asestado una herida de muerte al bando enemigo, y se había granjeado el respeto y confianza de los dirigentes demócratas cuyos anhelos había realizado. Tal situación bien administrada, era garantía absoluta de que Walker podría llevar a cabo, sus propósitos expansionistas sureños en Nicaragua. Sin embargo sus desacertados actos posteriores, durante los inmediatos seis meses que transcurrieron, colocaron en contra suya todas las fuerzas que debieron haber actuado a su favor. Primero se granjeó la enemistad de los legitimistas; luego la de los demócratas; y finalmente la hostilidad de todo Centro América, según será comprobado después.

Por de pronto procedió con gran tacto y cordura. Dio libertad a los prisioneros políticos que se encontraban en la cárcel de la ciudad. Al mismo tiempo prohibió a su tropa el saqueo y toda represalia en contra de legitimistas importantes y odiados. Publicó una proclama ofreciendo garantías de la vida, persona y propiedad a cuantos se presentasen. Asistió a misa el día siguiente domingo, procurando con ello atraerse la benevolencia del clero, ya que conocía la poderosa influencia que ejerce en las sociedades latinoamericanas.

Los resultados no se hicieron esperar, y ese mismo día los munícipes de la ciudad se reunieron, y aprobaron una resolución por la que se ofrecía indirectamente a Walker la Presidencia. Este declinó la oferta con mucho tacto, y manifestó que la persona indicada para esa magistratura era don Ponciano Corral, cuya hostilidad pretendía ahora apaciguar. Si lo lograba garantizaría la paz de la República.

El jefe Corral supo la mención de su nombre que había hecho Walker, y no depuso las armas de inmediato pero amainó su ardor legitimista. Dispuso dejar Rivas al cuidado del general hondureño Florencio Xatruch con fuerzas suficientes para dirigirse a Masaya que desde ese momento se transformó en la nueva capital legitimista, y allí se estableció el Presidente Estrada.

De aquí en adelante, en el curso de la guerra, será frecuente el aparecimiento en los hechos del filibusterismo la figura del Ministro plenipotenciario norteamericano John Wheeler, originario de la Carolina del Norte, cuya cooperación a la causa de su tierra natal no se hizo esperar. Pues en la casa del Ministro plenipotenciario Wheeler, fue alojado bajo palabra de honor don Mateo Mayorga, uno de los Ministros del Gobierno, capturado en la ciudad.

Al calmarse los ánimos exaltados por tan graves sucesos, Walker dirigió su actividad a procurar la paz con el ejército legitimista. Para ello envió comisiones por el lago y por tierra, a entrevistarse con Corral en Rivas, buscando negociar con él un convenio para que depusiera las armas. El mismo Ministro americano Wheeler formó parte de la comisión que se dirigió embarcada. Este funcionario junto con sus dos secretarios fue arrestado por el general Xatruch y detenido por dos días en Rivas, después de los cuales se le dio libertad y regresó a Granada. Corral le remitió una nota protestando por su interferencia en los asuntos políticos de Nicaragua. La comisión terrestre encontró a Corral en Nandaime, a quien expuso el mensaje de Walker. El jefe legitimista era ambicioso y había tenido gran despecho con el nombramiento de Estrada como Presidente a la muerte de Chamorro. Por eso al oír las campanillas presidenciales, se le rebajó la belicosidad. En lugar de dirigirse a Granada con su ejército, a procurar reconquistar la ciudad como había decidido, optó por encaminarse a Masaya, dando tiempo a Walker para que consolidara su ocupación y recibiera refuerzos.

7°. EMPIEZAN LOS DESATINOS DE WALKER

Se supone que fue el norteamericano P.H. Frech, de vuelta de Granada, quien informó a Walker en San Juan del Sur del desamparo militar en que había quedado la capital legitimista, que hacía fácil su captura y que este mismo sujeto le ofreció al filibustero traerle de California nuevos reclutas para fortalecer la expedición en Nicaragua. En efecto, como lo ofreció lo hizo, y con esa tropa al llegar a La Virgen, decidió dirigirse en uno de los vapores de pasajeros para rendir el fuerte de San Carlos en el río de San Juan. El intento fracasó, ocasionando fuertes daños y agitando el ánimo legitimista.

En represalia, un cuerpo de tropa de ese partido, posiblemente actuando bajo instrucciones del general Xatruch, disparó contra los pasajeros americanos que se encontraban en los edificios del Tránsito de La Virgen. Varios fueron muertos y otros heridos. También la tropa legitimista acantonada en el fuerte de San Carlos, suscitado su recelo, disparó contra uno de los vapores de la ruta, ocasionando la muerte de una señora norteamericana y de su hijo.

Con tales atropellos la Compañía del Tránsito cerró temporalmente la ruta, y el servicio quedó descontinuado. Walker al tener conocimiento de los hechos, perdió su seriedad habitual iniciando el período de desatinos.

En represalia y como medida de escarmiento contra legitimistas, decidió entonces fusilar a un inocente: Mateo Mayorga. Aprovechando la coyuntura de una visita que efectuó a la casa de enfrente, en donde se encontraba su hermano gravemente enfermo, fue aprehendido por los soldados de Walker y reducido a prisión. Sentenciado Mayorga fue puesto en capilla ardiente, sin que el Ministro Wheeler interpusiese su mediación para protegerlo. La decisión del filibustero fue inquebrantable, y a pesar del pedimento de clemencia de sus propios oficiales, Mayorga fue fusilado en la plaza por un pelotón de rifleros leoneses.

Después del fusilamiento de Mayorga, Walker declaró la ley marcial, manifestando además que tendría a todas las familias legitimistas, como rehenes de nuevos atropellos o sabotajes. Esta amenaza atemorizó a Corral y a sus oficiales; como consecuencia se rindieron a un ultimátum de Walker, y un pacto de arreglo fue acordado.

Pedro Joaquín Chamorro, prominente legitimista hecho cargo de la Prefectura de Masaya, por el contrario manifestó firmeza y resolución en tales circunstancias. A pesar de tener su familia en Granada, publicó una calurosa proclama excitando a la resistencia. En ella manifestó que se encontraba listo para sufrir el derrame de sangre de su familia, si era preciso regar con ella el árbol de la Independencia.

8º. GOBIERNO PROVISIONAL

El 23 por la mañana, llegó el general Corral a Granada. Llevaba el mandato de Estrada para representar en todo al partido legitimista. Walker, según manifestó actuaba como comandante expedicionario de la fuerza demócrata, y que por tanto necesitaría someter sus actos a la aprobación del Gobierno provisorio de León. Los puntos acordados fueron los siguientes:

1) Quedan suspendidas todas las hostilidades y restablecida la paz entre los beligerantes.

2) Se nombra a sugerencia de Corral, a don Patricio Rivas Presidente Provisorio, mientras se convoca a elecciones.

3) Quedan olvidados todos los delitos políticos, acordándose una amnistía general para los miembros de ambos bandos.

4) Quedan en libertad de retirarse fuera de la república, aquellos jefes u oficiales que así lo dispusieren, con garantía de sus personas y propiedades.

5) Los gobiernos existentes en Nicaragua durante la guerra, cesa—rían en el acto en que fuesen notificados del tratado, y cualquiera de ellos que quisiese continuar ejerciendo el Poder Ejecutivo será reputado como perturbador de la paz.

A las estipulaciones anteriores se agregaron las siguientes:

1) Veinticuatro horas después de la llegada del Presidente Provisorio a Granada, entrará a esta ciudad el ejército de Corral, el cual unido a las fuerzas de Walker, pasará al templo a dar gracias a Dios por la terminación de la guerra.

2) Walker será reconocido como general en jefe del Ejército de la República.

3) Corral entregará su mando y armamentos.

4) Los dos ejércitos no usarán más divisa que un listón celeste con una inscripción diciendo: "Nicaragua independiente". Esta divisa substituía a la roja y blanca de demócratas y legitimistas.

Corral llevó un ejemplar de este convenio para presentarlo a Estrada. Los señores Fermín Ferrer y José María Valle llevaron otro al conocimiento del Gobierno Provisional de León.

El descontento entre legitimistas fue general y hasta se pensó en deponer a Corral y proclamar en su lugar a Martínez. El acuerdo fue aceptado por Estrada, aunque posteriormente lo protestó alegando que, si lo había ratificado, había sido obligado sólo por las circunstancias del momento. El Gobierno Provisorio de León lo ratificó sin comentarios. De esta manera parecía establecerse la paz en Nicaragua.

Corral se presentó en Granada con su tropa el día fijado para ello. Los soldados marcharon silenciosos, dejando ver por la expresión de su semblan te la pasión que dominaba su ánimo partidarista.

Tanto Walker como Corral concurrieron a la Catedral donde se cantó un solemne "Te deum".

De allí pasaron al Cabildo donde se celebró la ceremonia oficial de trasmisión del poder. Como remate del acto, Corral y Walker se arrodillaron ante un crucifijo y juraron solemnemente cumplir lo pactado.

La amistosa actitud de Walker ante la Iglesia le valió que el Vicario Capitular del Obispado, Presbítero José Hilario Herdocia, le enviase una nota de felicitación por el restablecimiento de la paz en Nicaragua.

El Presidente Rivas nombró a Corral Ministro de la Guerra, y todo parecía augurar paz y tranquilidad. Sin embargo, Walker impuso los nombramientos de Máximo Jerez, Fermín Ferrer y Parker H. French en las carteras de Relaciones Exteriores, hecho que hizo comprender a Corral que en lo único que había trabajado era en la fabricación de un amo, lo que despertó su rebeldía.

Pocos días después escribía cartas evidentemente conspiradoras al general Santos Guardiola, quien había ascendido al poder de Honduras. Las cartas cayeron en poder de Walker y éste acusó a Corral de traidor ante el nuevo régimen. El jefe legitimista habiendo desbandado su tropa el día anterior, y a pesar de encontrarse inerme no negó su responsabilidad. Condenado por un consejo militar integrado por oficiales americanos, con violación de sus derechos constitucionales, fue condenado a muerte. Sin embargo, el consejo le recomendó clemencia a Walker. Este la negó y lo mandó fusilar.

Así realizó Walker la segunda ejecución de un prominente legitimista. Con esa muerte se desembarazó de un enemigo poderoso, pero su sangre hizo germinar mil rebeldías en el corazón legitimista. Walker con este nuevo error ya no pudo apaciguar el sentimiento general de mala voluntad hacia su persona y a lo que había traído a Nicaragua.

Al conocerse la prisión de Corral, el general Xatruch que se encontraba al mando de la plaza de Rivas, emigró a Costa Rica, y Martínez se dirigió a Honduras; otros legitimistas de importancia siguieron su ejemplo, iniciándose en masa la emigración que tanto daño le ocasionaría al filibustero.

Dos días después del fusilamiento de Corral, John Wheeler, el Ministro americano, por sí y ante sí, reconoció el Gobierno Provisional de Patricio Rivas. Su diligencia fue desaprobada por el Departamento de Estado, único en tener iniciativa de reconocimiento de gobiernos; sin embargo, el incidente no ocasionó su destitución y el Presidente Pierce lo mantuvo en su puesto a pesar de las recomendaciones del Departamento de Estado en contrario.

Apenas Patricio Rivas fue instalado en calidad de Presidente Provisorio, las tropas demócratas y legitimistas fueron desbandadas. Sólo la Falange permaneció en la República como única fuerza militar. Walker como supremo comandante vino a ser así la verdadera cabeza del Estado, ya que su fuerza era la única base de autoridad.

Walker manifestó poca habilidad y tacto político. Su condición de extranjero en el mando suscitaba además susceptibilidades y perjuicios al pueblo nicaragüense. En ese mismo momento el partido demócrata empezó a oponérsele.

9º. RELACIONES CON EL TRÁNSITO Y ACTIVIDADES DIPLOMÁTICAS

En su libro "La Guerra de Nicaragua" Walker publica: "El control del tránsito es para los americanos el control de Nicaragua; porque el lago, no el río como piensan muchos, suministra la llave para la ocupación del Estado entero; por consiguiente, quienquiera que desee mantener Nicaragua con seguridad, debe tener cuidado de que la navegación en el lago, sea controlada por sus amigos más adictos y dignos de confianza".

Además de esa importancia política y militar que Walker le atribuyó, y que ya había sido probada en la contienda nicaragüense, la ruta del tránsito y sus operaciones por medio de la Compañía, constituía el sistema de comunicación más rápido y eficiente que poseía Nicaragua en esa época con los Estados Unidos. Una expedición militar que dependiese en su abastecimiento de este país, necesitaba irremisiblemente de los servicios de la Compañía. Tal servicio podía ampliarse en diversas formas; la Compañía podría servir de Agencia de enganche de reclutas en los puertos americanos; podría cooperar reduciendo el costo de pasaje de inmigrantes; podría prestar ayuda económica.

Algo más todavía, la Compañía poseía el único tráfico comercial que existía en el Atlántico, en donde se encontraban situados los Estados del Sur, cuya ayuda debía ser organizada con eficiencia, si se deseaba garantizar el éxito de la expedición filibustera. Inclinar a la Compañía a su favor era pues vital para Walker.

Al desconocer los demócratas el Gobierno de Frutos Chamorro, habían dirigido nota al Agente de la Compañía en Nicaragua, general Caleb Cushing, instándole a que éste reconociera su autoridad como la única legítima de Nicaragua. Cushing que no era inclinado a la causa de Chamorro, porque éste había amenazado con embargar los barcos por pagos debidos a la Nación, creyó jugar buena carta accediendo a tal pretensión. El interés de la Compañía parecía tener mejor futuro con los demócratas. Sin embargo, la Compañía había mantenido una prudente expectativa, dispensando sus favores de acuerdo con los vaivenes de la guerra.

Mientras Walker permaneció en San Juan del Sur, antes de su movimiento hacia Granada, conoció a Charles J. Mac Donald, cuya relación debía traer grandes resultados para el futuro del filibusterismo en Nicaragua. Era éste un amigo de C. K. Garrison, el Agente en San Francisco de la Compañía y ofreció su mediación a Walker, para que éste se inclinase en definitiva hacia los americanos. Mc. Donald arregló el transporte gratuito de los reclutas de Walker. De esa manera inició la Compañía su ayuda efectiva a los filibusteros.

Como consecuencia natural de ese privilegio, hubo incremento inmediato de inmigrantes filibusteros, y los barcos llegaban cargados con ellos a Nicaragua.

Tal fue el acopio de reclutas y el alboroto que promovían en los muelles, que los Ministros de Costa Rica, El Salvador y Guatemala advirtiéndolo presentaron una protesta al Gobierno de Washington, y el Presidente Pierce se vio forzado a emitir una proclama condenando al menos públicamente cooperación tan manifiesta.

Iniciados los agentes de la Compañía en la política favorecedora del interés filibustero en Nicaragua, facilitaron también su ayuda financiera al constatar el éxito de Walker. Las arcas nacionales se encontraban vacías, y un Gobierno sin dinero carece de autoridad y respaldo ante el mundo internacional. En tales circunstancias los agentes del Tránsito negociaron un préstamo al Gobierno de 20.000.00 dólares con garantía de tierras nacionales, que entregaron de inmediato a Walker.

10º. EL MILLONARIO VANDERBILT ARRUINA LOS PLANES DE WALKER

Por ese tiempo los asuntos internos de la Compañía se hallaban en crisis. Garrison y Morgan, accionistas y gerentes que habían reemplazado a Vanderbilt, habían aprovechado la ausencia de éste en Europa, y maniobrado el alza de acciones en su favor, con grave pérdida para el ausente.

Cuando Vanderbilt se hizo presente, descubrió de inmediato las maniobras especulativas y resolvió controlar nuevamente la Corporación con objeto de desquitarse. En una reunión que tuvo con sus defraudadores les manifestó: "No les voy a demandar porque la justicia es muy lenta; les arruinaré que es peor".

Garrison y Morgan comprendieron que las palabras de Vanderbilt no eran una simple amenaza; este hombre era demasiado poderoso y les era difícil defenderse. Si no encontraban un medio de detenerle, pronto serían desplazados de la Administración de la Compañía, y este cumpliría su vaticinio.

En tales circunstancias le propusieron a Walker, patrocinados por Edmund Randolph, su gran amigo, un plan sencillo pero efectivo. La Compañía se había obligado a pagar ciertas sumas al Gobierno por concepto de dividendos; tales dividendos jamás habían sido abonados, y en 1855 el Presidente Estrada había enviado emisarios a Nueva York para arreglar los reclamos. Una oferta de 30.000.00 dólares fue rehusada por ellos, y como consecuencia se había decidido someter el diferendo a un arbitramiento que se encontraba pendiente. La teoría de Garrison y Morgan sostenía que al no haber cumplido la Compañía su obligación, el contrato se había resuelto de pleno derecho. Walker pues podía declarar su resolución, y sustituirlo con uno nuevo. Ellos serían los concesionarios de este nuevo contrato.

Walker se encontraba agradecido con estos dos señores, porque habían sido ellos como gerentes, los que le habían concedido el préstamo ya referido. Se decidió pues a favorecerlos. El Gobierno declaró inexistente el antiguo contrato y el Presidente Rivas presionado por Walker, accedió a autorizar el nuevo, a pesar de que sus términos eran menos favorables para Nicaragua que el antiguo. Al mismo tiempo se confiscó la propiedad de la Compañía por el adeudo existente.

Este acto fue uno de los más grandes errores de Walker. Con él se crio la poderosa hostilidad de Vanderbilt, la que fue la causa principal de su fracaso en Nicaragua. Las consecuencias de su error fueron inmediatas. Al enterarse Vanderbilt de las anteriores resoluciones, retiró al punto del servicio sus barcos en el Atlántico, y Walker quedó sin poderse abastecer de sus fuentes principales que eran los puertos de los Estados del Sur, especialmente Nueva Orleans.

Los nuevos barcos de Garrison y Morgan aún no se encontraban listos para suplir a los anteriores. Así que temporalmente solo por el Pacífico podría abastecerse. Esta situación duró más de dos meses, con grave peligro para la seguridad filibustera.

11º. EL GOBIERNO DE GRANADA EN LA CONTIENDA INTERNACIONAL

Asegurada la paz y su vía de abastecimiento, Walker dirigió su actividad a gestionar el reconocimiento del Presidente Rivas tanto de los Estados Unidos como en Centro América.

Como agente para obtener el reconocimiento americano, escogió a Parker H. French el que había atacado infructuosamente el fuerte de San Carlos, y que entonces ejercía el Ministerio de Hacienda. Era este personaje de pésimos antecedentes, se le había seguido proceso por estafa en los Estados Unidos, por lo cual se encontraba desacreditado en ese país, lo que Walker desconocía a la sazón.

French llegó a nueva York en donde se convirtió por un rato en el héroe popular del momento, cuando desafió a las autoridades federales que aparentemente pretendían hacer cumplir las leyes de neutralidad de los Estados Unidos. Pronto sin embargo los periódicos se enteraron de sus estafas anteriores, y el descrédito le sucedió.

El reconocimiento le fue negado, pero no por esa razón. Algunos comentaristas del suceso señalaron como principal motivo, el haber accedido el Presidente Pierce a los deseos de los votantes católicos en el extranjero, cuyos votos pretendía para su nominación candidatural.

Posiblemente la presión de Inglaterra haya tenido también participación en determinar la actitud de Pierce. La Gran Bretaña acusaba a los Estados Unidos de impulsar secretamente la empresa filibustera nicaragüense, con violación de la cláusula de tratado Clayton—Bulwer, que prohibía ejercer dominio en Centro América.

Además, los representantes de los otros países de Centro América, habían estado presentando queja tras queja, en especial el de Costa Rica. Pierce en tales circunstancias estimó conveniente negar el reconocimiento americano.

Sin embargo, en ese momento político de los Estados Unidos, la empresa de Walker en Nicaragua era de capital importancia ante la consideración del partido demócrata de tendencias suristas. El acto de Pierce le volvió impopular. El Comité que redactó la plataforma del partido, con Pierce Soulé a la cabeza, estableció como uno de los principios, la ayuda a la causa de Walker en Centro América.

El Secretario de Estado, Lewis Cass, que durante la posterior administración de Buchaman adversó a Walker, teniendo en este momento aspiraciones candidaturales, tuvo que declararse por "los derechos de los americanos a emigrar y a llevar armas consigo". En una carta leída a la vitoreante multitud en Nueva York manifestó: "Me siento libre de confesar que el esfuerzo de nuestros compatriotas en Nicaragua, excita mi admiración... Las dificultades que el General Walker ha encontrado y vencido, colocarán su nombre en la lista de los hombres distinguidos de su época... Un nuevo día, espero, se abre los Estados de Centro América. Nuestros conciudadanos plantarán las semillas de nuestras instituciones, y quiera Dios que crezcan en abundante cosecha de industria, empresa y prosperidad".

Buchaman, el principal adversario de Pierce en la campaña electoral, de inmediato mostró sus simpatías por Walker, Pierce comprendiendo su error y el peligro que corría su candidatura con su acto negativo de reconocimiento al Gobierno de Patricio Rivas, rectificó apenas pudo, reconociendo precipitadamente al próximo adversario de Walker, el Padre Vijil, a pesar de todas las oposiciones diplomáticas. Su mensaje al Congreso sin embargo, dando cuenta de su cambio de política hacia. Nicaragua, muestra una mente preocupada por la idea de la anexión de este país. Era una estrategia intencionada a calmar los recelos de Inglaterra y de los Estados del Norte. El reconocimiento de Rivas por Pierce es tanto más significativo, cuanto que entrañaba un peligro de guerra con el Imperio Británico. El London Post previno con tal motivo: "Nadie puede predecir qué consecuencias puede originar el éxito filibustero en Centro América". No obstante, el daño político que Pierce se había ocasionado era ya irreparable y Buchaman ganó la elección. Al aceptar éste la nominación Presidencial repitió ante la Convención el principio que establecía la política del Partido con relación a Centro América:

"En vista de tan recomendable interés (se refería a la expedición de Walker), el pueblo de los Estados Unidos no puede dejar de simpatizar con el esfuerzo que está efectuando el pueblo de Centro América, para regenerar esa porción del continente que cubre el pasaje a través del istmo interoceánico".

12. ESFUERZOS POR LOGRAR EL RECONOCIMIENTO DE WASHINGTON

La negativa de recibir a French tuvo una enorme repercusión en Centro América. Los gobiernos de las demás repúblicas del istmo, no salían de su asombro al constatar por este acto la aparente falta de asentimiento de los Estados Unidos con la empresa Walker, sobre todo al considerar los terribles resultados de la recién pasada guerra con México, en la que este país se vio forzado a ceder de territorio a la Unión Americana. Todos los enemigos del filibusterismo se sintieron animados e hicieron coro en su contra. Como de costumbre los políticos centroamericanos veían más allá de sus narices, y no investigaron las verdaderas causas de la falta de reconocimiento. Al regresar French a Nicaragua, Walker lo recibió con frialdad y lo despidió de su servicio, posiblemente atribuyendo el fracaso de su misión a su descrédito y desprestigio.

Ya se dijo, el segundo emisario escogido por Walker fue el Padre Vijil. El filibustero era extremista. Antes había enviado un estafador; ahora enviaría un sacerdote. Era éste un varón ilustrado, buen orador y de buenas intenciones. Había pronunciado el sermón en la Catedral, el domingo que Walker asistió a misa, el día siguiente de la captura de Granada. En él abogó por la conciliación nacional, exhortando al jefe filibustero a que fuese "emisario de paz" y halagándole con otros epítetos encomiásticos. Pérez (un cronista nicaragüense) relata que abrigaba resentimiento con don Frutos Chamorro, por haberle negado éste el Obispado de Granada, y que por tal motivo se inclinaba al bando demócrata. Dicho incidente puede explicar su benévola actitud hacia Walker, que apenas era similar a la de todos los dirigentes demócratas y a la de muchos legitimistas vencidos y humillados. Debe consignarse sin embargo que la mayoría de los cronistas afirman que Vigil fue simpatizante de las ideas liberales desde sus años mozos.

Con todo no nos cabe duda, de que no es merecedor ni mucho menos, de la apasionada crítica y violento vituperio que le han hecho por la cooperación que le prestó a Walker. Hay que observar no obstante a favor de Vigil, que la mayoría de esa diatriba proviene de plumas legitimistas exaltadas por la pasión partidarista, como la del Licenciado Pérez, o de las de los católicos alarmados, por el peligro que creían percibir en el protestantismo filibustero.

Vigil fue reconocido por el Presidente Pierce. Los ataques y descortesías, sin embargo, de los otros ministros de Centro América, le forzaron finalmente a abandonar su puesto. Cuentan las crónicas que en una visita que le hizo al Arzobispo de Baltimore, éste le manifestó que no podía comprender cómo había llegado a los Estados Unidos, con el objeto únicamente de laborar en contra de su religión y de su patria; el incidente si es que existió, no hace más que revelar la exaltación del ánimo católico en su contra. La mayoría del cuerpo diplomático rehusó reconocerle en su carácter oficial. Molina, Encargado de Negocios de Costa Rica e Irisarri quien representaba a Guatemala y a El Salvador, protestaron vigorosamente ante Marcy (jefe del Departamento de Estado). Perú y Nueva Granada siguieron igual ejemplo. La animosidad de los representantes latinoamericanos, culminó en una reunión en Washington en la que proyectaron un tratado formal de alianza que remitieron a sus respectivos gobiernos La influencia inglesa y española se encontraba desde luego tras esas actividades.

En lugar de Vigil, Walker nombró entonces a Appleton Oakman, quien fue portador de una carta especial para Pierce. Era este un ciudadano americano recién llegado a Nicaragua y simpatizante de la causa del Sur. El Gobierno americano sin embargo, en vista del rompimiento de Walker con el partido demócrata y estimando su situación política comprometida, prudentemente decidió no recibirlo en su carácter oficial.

13. WALKER BUSCA RECONOCIMIENTO CENTROAMERICANO

Walker gestionó el reconocimiento del Gobierno de Rivas en Centro América, por medio de nota diplomática dirigida a cada una de las repúblicas. La única que acusó recibo sin embargo fue El Salvador. Aquí gobernaba don Rafael Campos; éste inaugurado

Presidente en 1856, simpatizaba según Gámez (José Dolores) con los legitimistas, pero no se atrevía a contrariar al partido oposicionista acaudillado por Gerardo Barrios y Cabañas que eran amigos de los demócratas; por este mismo interés político patrocinaba la causa de Cabañas, recién derrocado de la Presidencia de Honduras, por el Presidente Rafael Carrera de Guatemala que recelaba de su liberalismo e ideas unionistas. Campos en su nota de contestación a Walker, le ofrecía cooperación en la empresa de restablecer a Cabañas en Honduras.

En esta República había asumido el mando el general Santos Guardiola, el mismo que había perdido las acciones del Sauce y de La Virgen en Nicaragua. Allí se encontraban emigrados los principales legitimistas, entre ellos el Presidente José María Estrada, el General Tomás Martínez y Don Fulgencio Vega, esperando auxilio hondureño para su causa, lo que constituía un peligro para Walker.

El propio Cabañas llegó a Nicaragua a solicitar el apoyo de los demócratas para recuperar su Gobierno. Arribó a León a fines de noviembre y fue recibido por Homby, uno de los altos oficiales filibusteros, en representación de Walker; sin embargo, el jefe filibustero eludió comprometerse, disimulando su actitud con banquetes y recepciones oficiales que tributó en Granada al ilustre solicitante. El Gobierno de Honduras, según refiere Pérez (cronista nicaragüense de aquel tiempo), alarmado por tan suntuoso recibimiento, determinó mandar un observador cerca del Presidente Rivas. Al comprobar éste el poco éxito de Cabañas en su gestión, regresó protestando que el Gobierno de Honduras no se mezclaría en los asuntos internos de Nicaragua. De esta manera Walker evitaba inteligentemente, la posible ayuda que Guardiola podía ofrecer a los jefes legitimistas refugiados en Honduras.

Hasta aquí la versión del doctor Alejandro Hurtado Chamorro en la parte que hemos titulado Walker busca reconocimiento centroamericano. Ciertamente, los gobiernos dominados por la política inglesa (ahora Guatemala, Honduras y Costa Rica) no iban a cometer la ingenuidad de hacerle el juego en Centro América a Walker, agente de primera clase de la Confederación del Sur. El único que quedaba limpio de pecados era El Salvador, cuyo Gobierno no hallaba qué hacer por hallarse entre dos fuerzas colosales, y, por último, pretendiendo salir de aquella aflicción, siempre en un balanceo característico, mandó a Granada a don Justo Padilla con credenciales del Gobierno salvadoreño a observar de cerca y a pedir explicaciones sobre la razón de aumentar las fuerzas extranjeras en Nicaragua. Walker llevándolo a presenciar una parada militar, le hizo saber a Padilla que se aumentaban las fuerzas en la forma que estaba viendo porqué el Gobierno de Granada tenía que defenderse de la inminente ofensiva del Gobierno de Costa Rica.

Como habían sido los demócratas nicaragüenses (liberales) quiénes sin necesidad habían traído la peste del filibusterismo, por lo que llevaban el cargo de traidores, y los legitimistas de la misma Nicaragua se habían enfrentado con las armas en la mano a la invasión filibustera, de donde les venía el honroso título de patriotas, los liberales centroamericanos se sentían avergonzados, y queriendo saber a fondo qué era lo que realmente estaba pasando en Nicaragua, invitaron al jefe del liberalismo centroamericano, general Trinidad Cabañas, para que pasara al país de los lagos a indagar la verdad de los hechos.

Dicho lo anterior, conozcamos la versión de otro personaje importante.

14. VIAJE DEL GENERAL CABAÑAS A NICARAGUA, SEGUN EL DOCTOR LORENZO MONTUFAR

Dice:

En El Salvador un número considerable de personas importantes ignoraban los propósitos absorbentes de Walker, y por ello simpatizaban con este jefe porque creían ver en él un sostenedor de la democracia de Centro América.

Por lo mismo, El Salvador se apresuró a reconocer la administración que creó el tratado del 23 de octubre.

Por este tiempo concluía su período presidencial el señor José María San Martín.

Dueñas deseaba la presidencia; pero San Martín se propuso que esta recayera en el señor Rafael Campos y logró su intento.

Campos es hombre honrado: no pertenece al partido liberal pero no oprime el pensamiento.

Los partidarios salvadoreños de los demócratas de Nicaragua, establecieron en El Salvador un periódico titulado "El Rol".

Era su primer redactor el licenciado José María Zelaya, nicaragüense de origen y amigo íntimo de Jerez.

La creencia de que Walker era el sostenedor de la causa liberal de Centro América, dominó por algunos días a viejos liberales que se creían perdidos por la muerte de Morazán.

En ese concepto, un liberal que había sufrido por su partido desde que el señor Mariano Aycinena era jefe del Estado de Guatemala, Manuel Carrascosa, hizo una manifestación expresiva, felicitando a Walker por sus triunfos.

Esa felicitación la publicó con aplauso "El Rol" salvadoreño.

El General Trinidad Cabañas, amigo íntimo del General Morazán, liberal fiel y decidido sostenedor de la unidad de Centro América, había: sustituido a Lindo en la presidencia del Estado de Honduras.

Era imposible que Carrera, el enemigo más tenaz que tuvo Morazán y el separatista más decidido, viera con indiferencia a un poderoso adversario político en la silla del Poder Ejecutivo de Honduras.

No faltaron pretextos para la guerra. Cabañas fue vencido y arrojado del territorio de su patria.

Él se refugió en los minerales de Los Encuentros, que se hallan en el departamento de San Miguel.

Desde allí escribió a Walker y a Jerez que las libertades públicas de Centro América estaban a punto de perecer con el triunfo obtenido por el Gobierno de Guatemala[2].

En el mismo sentido escribió a su amigo, hermano político y correligionario Gerardo Barrios.

Otras cartas en el mismo concepto enviaron al General Jerez.

En ellas le decía que sólo en las fuerzas que se hallaban al servicio de la democracia podía encontrarse la salvación de Centro América.

En consecuencia, pedía auxilio a Jerez para recuperar el poder que había perdido en Honduras.

Cabañas se dirigió a Nicaragua. Llegó a León hacia el fin de noviembre y en seguida se encaminó a Granada.

Dice Walker que cuando se supo que había salido para dicha ciudad, fue enviado el coronel Hornsby hasta Managua para acompañar al ex—Presidente de Honduras a la capital de Nicaragua.

El 3 de diciembre fue recibido por Walker, según él mismo dice, con las demostraciones del mayor respeto.

---

[2] En el libro de William Walker titulado "Guerra en Nicaragua", se dice que Cabañas fue llamado por sus amigos los demócratas nicaragüenses.

Walker dice hablando de Cabañas: "El General Trinidad Cabañas era el más antiguo e influyente entre los liberales de Centro América. Había sido el fiel compañero de Morazán en sus esfuerzos para salvar la federación, y aunque generalmente desgraciado como soldado, nadie ponía en duda su valor, ni su ardor por los principios que profesaba. Los americanos que le conocían, le declaraban como el hombre más honrado de las cinco repúblicas, y su conducta hacia los demócratas de Nicaragua, ciertamente había sido la de un hombre que hace el sacrificio de sí mismo".

El General Cabañas se proponía que el Gobierno del señor Rivas le diera auxilios para volver a la Presidencia de Honduras, de la cual había sido lanzado por las armas de Carrera, Presidente de Guatemala.

Cabañas se creía con un derecho perfecto a ese auxilio, porque había auxiliado a los demócratas de Nicaragua con toda clase de recursos y muy especialmente con una parte del ejército de su mando.

Este auxilio había servido de pretexto al Gobierno de Carrera para combatir a Cabañas; y por lo mismo el Presidente de Honduras que acababa de caer y se consideraba como una autoridad legítima de su patria, por no haber expirado su período constitucional, creía tan justo como indispensable que en Nicaragua se le otorgara el auxilio que pedía.

Entre las intenciones de Walker y las de Cabañas había una vasta diferencia.

El Presidente de Honduras se proponía obtener una patria libre centroamericana, con todas las libertades públicas consignadas en la Constitución de 1824.

Walker la quería americanizar (nota: entiéndase el sentido nórdico de esta palabra), no para que marchara por la senda trazada por el General Washington, sino para tender en la América Central el negro manto de la esclavitud.

Con tan diversas ideas no podía haber coincidencia de opiniones. El jefe de la Falange no creyó entonces exhibir sus aspiraciones y sus propósitos y dio disculpas inadmisibles para sostener su negativa.

Digo que auxiliar a Cabañas contra los que entonces mandaban en Honduras era dar lugar a que se creyera que abrigaba ideas conquistadoras.

En todo esto hay también verdades que no se ven con toda la claridad del sol y sólo se divisan en la penumbra: (Las verdades de la Gran Logia de la "Estrella Roja" que Walker guardaba en su pecho, y que seguramente no conoció en su texto el doctor Montúfar: nota nuestra).

Guardiola temía más a Cabañas que a Walker, y, como aspirante al poder de Honduras primero y después como Presidente de aquella República, trató de evitar celos al hombre que el 3 de septiembre le hizo comprender en La Virgen su gran superioridad militar.

El señor Rivas, bajo la influencia de Walker, dio a Cabañas muchísimas disculpas; pero no se atrevió a presentarle una negativa rotunda.

Cabañas dijo que se retiraría a León, donde aguardaría la última resolución del Gobierno.

Dirigióse en efecto a esa ciudad acompañado del General Jerez, Ministro de Relaciones Exteriores.

A la vuelta de Jerez a Granada, Rivas había determinado negar el auxilio que Cabañas pedía.

Entonces el General Jerez presentó su dimisión el 8 de enero de 1856, en los términos siguientes: "Sin otro motivo para mi inconformidad con las resoluciones tomadas relativamente a los asuntos del Estado de Honduras, los cuales a mi entender afectan lo más vivo del honor y verdadero intereses de Nicaragua, tengo el sentimiento de pediros mi separación del Ministerio de Relaciones Exteriores con que se sirvió distinguirme el Supremo Gobierno provisorio, estando como estoy en la convicción de que bajo tales circunstancias, soy la persona más impropia para desempeñarlo."

Al mismo tiempo renunció el Licenciado Selva del Ministerio de Guerra.

El General Cabañas regresó a El Salvador, donde se ocupó de incitar al pueblo contra los americanos y en promover una guerra contra ellos. Publicó un manifiesto contra Walker y su Falange. (Opúsculo, decían entonces, titulado "Walker en Nicaragua": nota nuestra).

En él se hace ver las verdaderas tendencias de los invasores en Nicaragua y llama a las armas a los salvadoreños y a todos los que aspiran a una patria libre en la América Central.

El manifiesto de Cabañas produjo un efecto extraordinario en todas partes donde fue leído.

"El Nicaragüense", periódico de Walker, pretendió desvirtuar tan importante documento, diciendo que su autor lo había dictado por la repulsa que sufrió en Nicaragua.

Es verdad: sin aquella repulsa, Cabañas no hubiera publicado ese documento histórico; pero la causa de él no fue precisamente la indignación que la negativa le produjo, sino las grandes verdades que ella le puso de manifiesto.

No sólo esto dice "El Nicaragüense" sino que se propone denigrar infiriendo cuantas ofensas son imaginables a un soldado leal cuya única aspiración era la unidad y bienestar de Centro América.

(Tomado de "Reseña Histórica de Centro América" del Doctor Lorenzo Montúfar).

15. OTRAS ACLARACIONES SOBRE CABAÑAS QUE HACE EL HISTORIADOR JOSÉ DOLORES GAMES EN SU "HISTORIA DE NICARAGUA"

El General Cabañas, debilitado por los auxilios que prestó a la revolución democrática, no pudo resistir la revolución de López y sucumbió en los campos de Masaguara el 6 de octubre de 1855. El primer paso de Jerez, así que creyó que la situación estaba en manos de los demócratas, fue invitar a Cabañas para que pasara a Nicaragua a recibir auxilios con qué recuperar el poder perdido en Honduras.

Pendiente este compromiso, que era tan sagrado para el jefe demócrata, éste consintió en todo cuanto Walker exigía, por tal que cuando llegara Cabañas no tuviera pretexto alguno como negarle lo que le había prometido.

El 3 de diciembre de 1851 se presentó Cabañas en Granada y fue recibido con todos los honores de un antiguo Presidente; pero cuando Jerez quiso hacer efectivo su ofrecimiento, Walker se opuso aplazando el auxilio para más tarde.

Cabañas manifestó entonces, que en el inmediato mes de enero terminaba su período de Presidente en Honduras; que pasada esa fecha no tenía derecho para llevar la guerra, y que por lo mismo desistía de toda idea a este respecto. "A esta altura, Cabañas ya se había dado cuenta de los propósitos de Walker y usó de pretexto para desistir de la ayuda que le ofreciera Jerez, la próxima terminación de su período presidencial para no traer la guerra a Honduras contra Guardiola, quien había ascendido a la Presidencia de la República por la influencia de a través de las armas de Carrera, peón éste de los ingleses para intervenir en la vida política, económica y social de Centro América". (Nota nuestra).

Jerez, bastante contrariado, fue a encaminar a Cabañas hasta León. En esta ciudad hubo una reunión de los principales del partido democrático, y en ella tomó la palabra el jefe hondureño para manifestar con la energía y franqueza que acostumbraba con sus amigos, QUE EN VEZ DE SALVAR A NICARAGUA DEL ATRASO POLITICO Y DE LA OPRESIÓN, COMO TANTO LO HABÍAN CACAREADO, NO HABÍAN HECHO OTRA COSA QUE ENTREGARLA MISERABLEMENTE A UN CAPITÁN DE LADRONES, QUE LA TRATABA COMO A PAÍS CONQUISTADO, Y QUE TAN LUEGO COMO SE SINTIERA FUERTE, TRATARIA TAMBIEN DE CONQUISTAR AL RESTO DE CENTRO AMÉRICA.

El jefe democrático (Jerez) era un verdadero patriota, tenía gran talento, mucha ilustración, un valor a toda prueba y una honradez tan exagerada, que con frecuencia lo hacía víctima del engaño de todo el mundo a quien juzgaba por sí mismo.

Desde su viaje a Europa como Secretario del Ministro Castellón, convencido del ridículo papel que hacían ante el mundo "las cinco soberanas miniaturas de Centro América", se convirtió en el más decidido partidario de la reconstitución nacional.

Más tarde tuvo amistad con Barrundia y por medio de éste con Cabañas, jefes ambos del partido nacionalista. Por este último, que fue "EL CAUDILLO MAS HONRADO DE SU TIEMPO", sintió Jerez entrañable cariño y veneración sin límite.

El carácter de Jerez no permitía términos medios en tratándose de llegar a una conclusión: "Ser o no ser" era el problema planteado, y para ser centroamericano, creía lícito cualquier medio, ni más ni menos que Chamorro para lograr el sostenimiento del orden.

El candor y buena fe de aquel hombre, a quien la posteridad ha calificado de "alma de niño y corazón de león", fueron explotados hábilmente por el jefe filibustero, que le hablaba siempre en lenguaje en consonancia con sus ideas y le hacía hermosas promesas que se aplazaban por las circunstancias.

Pero cuando Cabañas "EL HOMBRE IDEA", como le llamaba el mismo Jerez, le hizo ver el abismo en que había sumido a Nicaragua y las desgracias sin cuenta que sobrevendrían a Centro América, abrió los ojos y se propuso remediar el mal que había causado.

Jerez al regresar a Granada se separó del Ministerio. Otro tanto hizo Selva; y el Gobierno del señor Rivas quedó reducido a este, al Ministro Ferrer, que era un abogado de provincia y a Walker, señor y jefe absoluto de Nicaragua.

Por renuncia de Jerez y Selva, Rivas nombró, en reposición de ambos, respectivamente, a los señores doctor don Norberto Ramírez y licenciado don Sebastián Salinas; pero no aceptaron. Nombró entonces al señor licenciado don Francisco Baca, para el desempeño de ambas carteras, y también se excusó de servirlas. LOS AMIGOS DE JEREZ OBEDECIAN A UNA CONSIGNA, y el Presidente Rivas tuvo que resumir todas las carteras en Ferrer, que asumió el carácter de Ministro General.

El desagrado de los democráticos no podía manifestarse más claramente, y Walker que fue de los primeros en comprenderlo, procuró atraer a su lado al partido legitimista; pero éste que no olvidaba el sangriento patíbulo de Corral, rechazó los halagos y prefirió vivir en los bosques" (Páginas 528 a 530).

16. CABAÑAS ES ELEGIDO PRESIDENTE DE LA ASAMBLEA DE EL SALVADOR; ALLÍ PRONUNCIA UN DISCURSO CONTRA EL FILIBUSTERISMO EL 1º. DE MAYO DE 1858

Señor Presidente de la República:

Apenas entendieron los Representantes del Pueblo Salvadoreño, que cuestiones de mucha trascendencia habían impulsado al Supremo Gobierno a convocarlos para que se reuniesen extraordinariamente; todos, animados por el más puro patriotismo dejaron sus hogares ansiosos de cooperar en cuanto les fuera posible a allanar las dificultades, que, diferidas, hubiera tal vez, trastornado la tranquilidad pública, y a conjurar peligros que, si llegaba la época de su realización, podrían ser irremediables.

Hoy se retiran los Representantes llevando la satisfacción de creer que han cortado de raíz el mal que iba a conmover a todas las clases de la sociedad. En la historia de nuestros errores y de nuestros desaciertos, jamás se había presentado el espectáculo de dos Supremos Tribunales en competencia, disputándose la autoridad, y paralizando por esto de hecho, la administración de justicia: espectáculo misérrimo originado de una interpretación arbitraria de la ley hecha por aquellos mismos que por su elevada posición, debían servir de ejemplo y ser modelo de sumisión y sabiduría. Queda este triste episodio fenecido.

La insolente audacia de los filibusteros de los Estados Unidos, amenaza a otras Repúblicas Hispano Americanas, al paso que prepara para el próximo junio dos expediciones contra Centro América combinadas y basadas en la debilidad resultante de nuestra desunión y fraccionamiento en menguadas nacionalidades.

Para lo primero, las Cámaras dejan ya bastante autorizado al Gobierno para que, de acuerdo con las demás Secciones de Centro América, concurran a la defensa de cualquiera de las Repúblicas del Sur que sea agredida por los vándalos.

Respecto a lo segundo, no tan sólo se han ensanchado las facultades concedidas al Gobierno para el caso de una invasión pirática, sino que se le autoriza para que desde luego haga uso de ellas, a fin de que pueda preparar todos los elementos de defensa que juzgue necesarios a efectos de salvar nuestra independencia y libertad.

Pero lo que más satisface a los Representantes, es haber correspondido al clamor público, que, de un extremo a otro de Centro América, pide unión nacional. Esta necesidad imperiosa, sólo podía ser retardada por los que mandan en nuestras débiles secciones; más esta vez, por una dicha, los mismos supremos mandatarios son los primeros que dan pasos para satisfacer la opinión general. Esta feliz disposición, y la convicción que tiene el pueblo salvadoreño de que su actual Presidente, si tiene ambición, no es la del mando, sino la muy noble de hacer el bien del país, y de hacerlo de un modo durable, ha impedido a la Representación Nacional a investirlo de la facultad más alta para promover y llevar a efecto, la ansiadísima unión Centroamericana.

Señor Presidente:

En vuestras manos queda la suerte futura de El Salvador y hasta cierto punto de la América Central. Que la Divina Providencia os ilumine, pues, para que todos vuestros pasos en esa nueva senda que vais a recorrer, lleven el sello del tino y del acierto; y que vuestro nombre y el de los Jefes de las otras secciones se hagan, merecedores de ocupar una página en la historia, como bienhechores del género humano. HE DICHO.

17. CONTESTACIÓN DEL PRESIDENTE DE EL SAVADOR, DON MIGUEL SANTÍN, AL DISCURSO DEL DIPUTADO PRESIDENTE GENERAL CABAÑAS

Señor Presidente de la Asamblea General:

Las graves dificultades en que se encontraba el Gobierno con la probabilidad de una nueva expedición filibustera sobre Nicaragua y el Perú, y las que había acarreado en el interior el cisma judicial, con gravísimo daño de los intereses públicos, y con todos los síntomas de un trastorno, fueron las causas de la convocatoria extraordinaria de la augusta Representación Nacional.

Estos asuntos vitales, sólo podían ser tratados por el Cuerpo Legislativo, tanto porque son de su resorte y atribuciones, como porque me juzgué insuficiente para darles una solución perfecta y en consonancia con el interés general.

En efecto, sometidos a su deliberación, me congratulo al observar la sabiduría y patriotismo con que los ha resuelto el Soberano.

El Gobierno queda ampliamente facultado para cooperar a la defensa de cualquier país Hispanoamericano que sea atacado por el filibusterismo. Se le ha dado una autorización omnímoda para acordar y establecer con los demás de Centro América, su Gobierno provisorio, invistiéndolo de todo el poder que es necesario para defender la integridad del territorio y la independencia de las Secciones hermanas; entendiéndose la facultad para tratar con ellas de organizar un Gobierno común que las represente y haga la felicidad de todas.

Si por un lado esta confianza me llena de satisfacción, por otro me aflige, pues no desconozco la gravedad de estos negocios y mi insuficiencia. Empero, este mismo conocimiento que tengo de mi persona, y desnudo de toda vanidad y presunción, me harán ocurrir a las luces de todos los centroamericanos, llamándolos en mi auxilio, y lo haré confiado en que, sobre el punto de nacionalidad, los intereses son comunes y se cofunde y amalgaman.

Por grande que parezca el peligro de las agresiones filibusteras, yo confío en el triunfo de nuestra causa, porque el patriotismo renace y se fortifica en los grandes conflictos.

Por lo que respecta al cisma judicial, la Legislatura ha hecho lo que le pareció más análogo al bien general juzgando y deponiendo de sus destinos a los Magistrados que lo establecieron, como una consecuencia necesaria de la desobediencia a la orden legislativa del 6 de febrero de este año.

He sentido vivamente que hubiese llegado hasta ese extremo aquel desagradable asunto; pero, por otra parte, todo sacrificio es pequeño frente a frente de los intereses generales, y en materia de bien público y de orden, no debe superar otra consideración.

Señor Presidente de la Asamblea General: Yo felicito a este augusto Cuerpo, por el acierto que ha tenido en las resoluciones de los negocios que sometió a su conocimiento el Ejecutivo.

Señores Senadores y Representantes: Yo os doy las gracias por toda la confianza que os he merecido, y por la prontitud con que ocurristeis al llamamiento que os hizo el Gobierno. Vuestro patriotismo se ha marcado perfectamente por el empeño que habéis manifestado en favor de la República, haciendo marchar la Administración por el camino de la regularidad.

Yo me despido cordialmente de vosotros, quedándome la esperanza de ocurrir siempre a vuestro apoyo. Os vais a confundir entre vuestros compatriotas llevando la satisfacción de haber acertado en los legislativos, y a mí me cabe el consuelo de que no abandonaréis al Estado y su Gobierno.

HE DICHO.

(Tomado de La Gaceta Oficial de Honduras, Tomo 3, No.13, Año de 1858).

18. DECRETO QUE CONDENA EL FILIBUSTERISMO Y QUE FIRMA EL GENERAL CABAÑAS COMO PRESIDENTE DEL CONGRESO DE EL SALVADOR.

El Presidente del Estado de El Salvador
Por cuanto: la Asamblea General ha decretado lo que sigue:
La Cámara de Senadores del Estado de El Salvador

CONSIDERANDO

1º. Que los filibusteros preparan dos expediciones una en la Mobila y la otra en California sobre Centro América, las cuales amenazan de una manera positiva su independencia y nacionalidad.

2°. Que la propensión esclavista del filibustero es la ocupación del país, hacerse dueño de las propiedades de los centroamericanos, profanar los templos y la religión; y satisfacer por todos los medios de la rapacidad y la fuerza su extremada codicia e inmoralidad, sometiendo, por último, a los hijos del país a la condición de abyectos y miserables esclavos.

3°. Que los proyectos ambiciosos, audaces e injustos del vandalismo se prometen buen éxito fundándose en la debilidad de Centro América, con motivo de hallarse dividida en cinco secciones independientes y sin vínculo firme y eficaz de unión entre ellas.

4°. Que esa misma división no permite que la defensa y resistencia contra los invasores sea pronta, enérgica, fuerte y combinada, por la falta de centro de unidad, resultando de esto que se presentan al enemigo muchas ventajas ensanchando así su insolencia, lo cual retarda el éxito de la campaña con graves sacrificios de hombres y dinero, exponiéndonos al riesgo inminente de perder la independencia, siendo presas de la horda de filibusteros sin religión y sin ley.

5°. Que una harto dolorosa y prolongada experiencia nos está demostrando, de muchas maneras y con la mayor evidencia que la división en cinco secciones, sobre excitar la ambición y codicia extranjeras, y sujetarnos al escarnio y humillaciones, nos conduce cada día a peor condición, porque agotándose la riqueza pública, fomentándose la inmoralidad y el espíritu de localismo, promoviéndose la discordia, las facciones interiores y guerras fratricidas, se impide el progreso de la agricultura, la industria y el comercio.

6°. Que los Estados de Centro América no se hallan en capacidad de sostener gobiernos independientes que figuren entre las naciones si no es en un rango muy inferior por carecer de todos los elementos necesarios para representar entre los soberanos.

7°. Que la América Central unida cuenta una población numerosa, rentas abundantes, un territorio extenso y feraz y que brinda grandes ventajas para el progreso nacional, y que, con tan importantes elementos, regido por un solo Gobierno será una Nación fuerte, considerada, respetada, y digna de contarse en el número de las naciones cultas.

8°. Que la América Central bajo un solo Gobierno, escarmentará y castigará los filibusteros que invadan su territorio, mediante a que posee suficientes elementos para ello, así como para conservar su independencia y nacionalidad.

9º. Que establecido el Gobierno unitario en la América Central serán más extensas, firmes y consideradas sus relaciones con las potencias extranjeras, por restablecerse de esta manera la confianza y el crédito.

10. Que la opinión pública se ha pronunciado abierta y unánime en favor del establecimiento de un gobierno nacional, como única medida capaz de salvar nuestra independencia y nacionalidad amenazadas gravemente por la rapacidad filibustera, y de poner fin a las desgracias que ha sufrido la Nación.

11. Y que el Presidente de Nicaragua animado de tan eminente pensamiento se ha dirigido a los Presidentes de las secciones que componen la América Central, excitándolos a reunirse en un punto dado de la República para tratar acerca de este particular, ha tenido a bien decretar y

DECRETA UNÁNIMEMENTE:

Art. único. Se autoriza extraordinaria y omnímodamente al Supremo Poder Ejecutivo para que celebrando los convenios conducentes con los Gobiernos de Guatemala, Honduras, Nicaragua y Costa Rica, procure y concurra a organizar y establecer dentro del menor término y de común acuerdo con ellos, un Gobierno nacional que rija a toda Centro América; invistiéndolo con facultades amplísimas para salvarla de las invasiones filibusteras que la amenazan y de cualquier otra; y para que después de cesar el peligro, promueva sin demora la organización del Gobierno Nacional de un modo firme, definitivo y permanente como fuere más conveniente y adaptable a las Repúblicas Centro—americanas.

Dado en el Salón de sesiones de la Cámara de Senadores en Cojutepeque, a 30 de abril de 1858.

Pase a la Cámara de Diputados.
José María Silva, Senador Presidente
Manuel Rafael Reyes, Senador Secretario.
Mariano Reyes, Senador Secretario.

Cámara de Diputados: Cojutepeque, abril 30 de 1858.

Al Poder Ejecutivo.

Trinidad Cabañas, Diputado Presidente. Miguel Salazar, Diputado Secretario. José María Videz, Diputado Secretario.

Casa de Gobierno: Cojutepeque, mayo 1º. de 1858.
Miguel Santín.

Por impedimento del Señor Ministro de Gobernación, el Jefe de Sección.

Manuel Urungaray.

19. MIENTRAS LES LLEGABA DE LONDRES LA SEÑAL DE ATAQUE, LOS GOBERNANTES ANGLÓFILOS SE MANTENÍAN NEUTRALES. EL CASO DE GUARDIOLA EN HONDURAS.

El General Guardiola, el leal soldado de la causa legitimista, (17 de febrero de 1856); y tanto Estrada como sus amigos, que habían trabajado mucho por su elección, estaban muy llenos de ilusiones, pensando que les proporcionaría toda clase de auxilios.

Guardiola, ciertamente, recibía a sus antiguos amigos con cara placentera, y es posible que les ofreciera alguna limosna, pensando en hacerles mucho favor; pero su actitud no fue la misma cuando los legitimistas le reclamaron auxilio, de conformidad con el tratado de 1851. LA NEUTRALIDAD, LA MALA SITUACIÓN DEL PAÍS Y OTROS PRETEXTOS SEMEJANTES, sirvieron de excusa para negarse en absoluto a toda intervención en Nicaragua.

No era ya Guardiola el proscrito que imploraba auxilios en Granada contra Cabañas. Si en aquel tiempo pudo ofrecer a los legitimistas su vida y fortuna, hoy creía concederles mucho con recibir sus visitas.

Lo que acontecía al ex—Presidente Estrada y a sus infortunados amigos, es la historia de siempre. La humanidad por lo general piensa, siente y quiere de muy distinta manera, según la posición que ocupa.

Para que no quedara duda de su actitud, GUARDIOLA PROHIBIÓ A SUS SUBORDINADOS QUE ESCRIBIESEN CONTRA LOS FILIBUSTEROS, ALEGANDO QUE NO DEBÍAN

ENTROMETERSE EN LA POLÍTICA INTERIOR DE LOS PAISES VECINOS.

Poco después acreditó una Legación ante el Gobierno del señor (Patricio) Rivas. La Legación se regresó de Chinandega por temor del cólera; pero al verificarlo se dirigió oficialmente a Walker, PROTESTÁNDOLE QUE EL GOBIERNO DE HONDURAS NO SE MEZCLARÍA nunca en los asuntos de Nicaragua.

En enero de 1856 se inauguró en El Salvador la Administración Presidencial del señor don Rafael Campo.

El mismo Presidente salvadoreño mostraba simpatías por los legitimistas; pero teniendo en contra un gran partido de oposición acaudillado por Gerardo Barrios y Cabañas, que eran amigos y aliados de los democráticos, el señor Campo habría guardado una actitud pasiva, SI CABAÑAS A SU REGRESO DE NICARAGUA NO HUBIERA LLEGADO LEVANTANDO EL SENTIMIENTO PÚBLICO CONTRA WALKER Y LOS FILIBUSTEROS Y ANUNCIANDO EL PELIGRO QUE AMENAZABA A TODA CENTROAMERICA.

(Fue el minuto estelar de Cabañas que lo puso por sobre todos los políticos liberales centroamericanos al determinar el viraje que debía tomar el liberalismo para hacerlo coincidir con la causa de los Estados industriales de los Estados Unidos que en 1861 debía llevar Lincoln a la historia sobre los Estados agricultores y esclavistas de la Confederación del Sur: Nota nuestra).

El Presidente Campo, que no necesitaba de estímulo, fundándose en la inquietud general que había en todo El Salvador por la presencia de los americanos en Nicaragua, envió a Granada un portapliegos, a pedir al Gobierno del señor Rivas a pedir explicaciones sobre el aumento siempre creciente de la fuerza americana.

(Ya lo habíamos dicho en páginas anteriores: Nota nuestra). Walker y los filibusteros se mofaron del uniforme y modales del comisionado; y para impresionarlo más, se dispuso una solemne revista de la fuerza en la plaza.

En ese día (8 de marzo) había llegado también a Granada don Domingo Goicuria con un auxilio de 250 hombres, cuyo transporte fue dé cuenta de la nueva Compañía de Tránsito. Las fuerzas americanas en ese tiempo, según confesión de Walker, pasaban de 2.200 hombres que, a cien pesos mensuales, hacían un total de dos millones seiscientos cuarenta mil pesos anuales.

El Gobierno de Guatemala continuaba en inteligencia con Estrada. Según comunicaciones que se publicaron en esos días, el Ministro Aycinena había desaprobado muchas veces la terquedad de sus amigos legitimistas y también se había cansado en vano de predicarles tolerancia. Sin embargo, ante la presencia de los filibusteros, los hombres de Guatemala, alentaban nuevamente al ex—Presidente legitimista y lo excitaban a constituir su Gobierno, aun cuando fuera en un pueblo de Honduras, para reconocerlo.

Desgraciadamente, Estrada no podía regresar a Nicaragua, ni Guardiola le permitía que comprometiera la neutralidad hondureña.

(José Dolores Gámez, Historia de Nicaragua, páginas 533 a 535).

20. GUERRA CON COSTA RICA

La hostilidad sincera y decidida del Presidente de Costa Rica Juan Rafael Mora, joven de patriotismo exaltado, hacia Walker, se manifestó desde el principio. Todos los otros gobernantes centroamericanos tuvieron vaivenes en sus relaciones con Walker; éste fue su tenaz enemigo desde los comienzos de su aventura en Nicaragua. Costa Rica fue la única República del istmo que le hizo la guerra al filibustero, sola y sin aliados.

Esta hostilidad de Mora se había manifestado a través de su Ministro en Washington, señor Luis Molina, quien fue sucedido por su hermano Felipe. En violentas notas habían llamado la atención del Departamento de Estado americano contra la expedición de Walker.

Como consecuencia de esta política y por encontrar en el Gobierno de Mora, identidad de principios partidaristas, Costa Rica fue de inmediato refugio de legitimistas. Esta colonia numerosa ayudaba también a esparcir la animosidad en contra de Walker, y éste subestimando el patriotismo de Mora, atribuyó su hostilidad a dicha propaganda, en lo que se equivocaba. La guerra de Costa Rica no fue guerra legitimista. Fue sincero patriotismo costarricense el que le dio vida.

El jefe filibustero, en un intento de conjurar esa amenaza, había hecho que Rivas remitiese una nota amistosa a Mora, que éste ignoró completamente. Luego decidió enviarle un emisario de paz; escogió para ello a Luis Schlesinger, un veterano de la invasión de Narciso

López a Cuba, que hablaba bien el español. Mora despidió al emisario sin recibirlo siquiera.

Pronto la situación se puso en extremo tirante, y el Gobierno de Costa Rica reunió el Congreso para pedir autorización de declarar la guerra y de colectar dinero para emprenderla. Luego Mora en ardorosa proclama declaró: "que la paz de Costa Rica se encontraba en peligro, y que denunciaba a esa banda de filibusteros, la peor ralea de hombres de la tierra, los que, repudiados por la justicia de la Unión Americana, y no habiendo logrado saciar su voracidad en Nicaragua, se preparaba a invadir Costa Rica, para satisfacer sus pasiones y apetitos desenfrenados, en las esposas e hijas de sus ciudadanos, y en sus hogares y tierras.

Costa Rica declaró la guerra el 26 de febrero de 1826, manifestando que lo hacía, no en contra de la Nación nicaragüense sino en contra de los filibusteros que se encontraban en ella. El mismo Mora asumió la jefatura del ejército, a pesar de carecer por completo de experiencia militar.

El ejército cruzó el Golfo de Nicoya en botes, partiendo de Punta Arenas, e inició la invasión de Nicaragua. Otra fuerza de tropa se dirigió por el río Srapiquí con el objeto de desalojar a los filibusteros que se encontraban acantonados en la desembocadura del Río San Juan.

Walker mientras tanto en Granada, juzgando equivocadamente que eran los legitimistas los que le atacaban, comete un grave desatino. Se pronuncia campeón del partido demócrata, adoptando como enseña de sus soldados la cinta roja de ese partido, y declara la guerra a los legitimistas. Así la contienda queda definida: guerra a los filibusteros, por una parte; guerra a los legitimistas por otra.

Ya desde el mes de noviembre de 1855, Walker había emitido un decreto de confiscación de propiedades, destinado a doblegar la rebeldía legitimista. Al adversar en esa forma implacable al partido legitimista, su error fue más grave todavía porque era el partido en Centro América, y eso le ocasionaba la hostilidad de sus principales gobernantes. (El partido legitimista, para decirlo con palabras nuestras, era el mismo partido conservador que contaba con la simpatía y el apoyo de los británicos).

El decreto de confiscación imponía la obligación a los nicaragüenses de volver a sus hogares, bajo la pena de crecidas multas que debían hacerse efectivas, con la confiscación de bienes del remiso a obedecer. Walker había esgrimido discrecionalmente esa arma hasta entonces. Al aparecer la guerra de Costa Rica decidió usarla con toda eficacia. Este hecho inflamó el espíritu patriótico de los legitimistas.

La paciencia del filibustero había llegado al límite de la tolerancia y ahora, que, según su sentir, le provocaban la guerra, su resentimiento estalló con sin igual violencia. Para él su acción militar no va dirigida contra Costa Rica sino contra el partido legitimista de Nicaragua por el que se mueven los ejércitos de Mora.

Walker publica un manifiesto en que expresa sus pensamientos políticos y militares. "La amistad que habíamos brindado a los legitimistas ha sido despreciada. No nos queda más arbitrio, que hacerles reconocer que nuestra enemistad puede ser tan peligrosa y destructora, como fiel y verdadera es nuestra amistad. Pero ahora que la ley natural de protección individual nos obliga a los norteamericanos de Nicaragua a declarar enemistad eterna al partido servil y a los gobiernos serviles de América Central...", procederemos con más energía y decisión. Las palabras finales de su proclama provocan la hostilidad de todo Centro América. Su ansiedad por conquistar el istmo se revela en ese instante. El sentido intuitivo de la tropa lo comprende y desde ese momento muchos soldados graban en sus banderas la divisa "Five or None", (las cinco o ninguna) que interpreta el sentir filibustero.

Todavía Walker comete un tercer error. Permite que el Gobierno se traslade a León, con lo cual erigía una autoridad independiente de la suya. Su inmediata presencia sojuzgaba al Presidente y a su Gabinete. La distancia permitirá su libertad de acción. Desde ese momento empieza el desacuerdo.

Las consecuencias no se hicieron esperar; Walker suscribió su proclama el 10 de marzo y el 30 del mismo mes, Rivas emite la siguiente en tono contradictorio: "He venido a visitar el Departamento Occidental y a ponerme en más inmediato contacto con los Gobiernos de Honduras, El Salvador y Guatemala con quienes Nicaragua sólo desea buena inteligencia y una amistad leal y sincera... No quiero la guerra mucho menos entre pueblos hermanos".

Entre una y otra proclama existieron veinte días de diferencia. Mediando tanto tiempo, no es posible que su contradicción haya sido producto de falta de comunicación, previsión o cuidado. El gobierno demócrata ha expresado pues, sin duda, un punto de vista diferente al del filibustero. Ha ejecutado su primer acto de Gobierno independiente.

Después de sucesos tan importantes, Walker dedica su atención a proseguir la guerra. Armó de inmediato un batallón que puso bajo el mando de Schlesinger, el emisario de paz rechazado por Mora, y lo envió a encontrar el ejército invasor. El veinte por la noche, éste con sus hombres hambrientos y cansados por la larga jornada, llegaron a la hacienda Santa Rosa, situada no muy lejos de Liberia. En el día siguiente fueron allí sorprendidos por la vanguardia del ejército costarricense y derrotados por completo. Los prisioneros y heridos, con la sola excepción de un corresponsal de guerra que presentó sus credenciales, fueron pasados por las armas. Mora iniciaba de esa manera una guerra de exterminio, con objeto de infundir temor a los americanos.

Inmediatamente de enterarse de la derrota, Walker movilizó toda su fuerza a Rivas con el objeto aparente de defender el tránsito. Antes de movilizarse hizo que Rivas (don Patricio) proclamara la Ley Marcial en los departamentos de Oriente y Mediodía. También obtuvo que se nombrara a Fermín Ferrer, uno de los adictos a su persona, Comisionado del Gobierno para atender a las necesidades de la guerra.

Acuartelado en Rivas, recibió comunicación del Gobierno provisional de León, enterándole que los ejércitos centroamericanos se preparaban a invadir el norte de Nicaragua. Walker entonces juzgó prudente regresar a Granada a enfrentarse con esa nueva situación y desocupar la ciudad. Al hacerlo, efectúa un movimiento hacia San Carlos con el objeto de engañar a su enemigo.

El abandono de Rivas por Walker, dio la oportunidad a Mora de apoderarse de esta plaza y permitió al ejército situar fuerzas en La Virgen destruyendo la propiedad del Tránsito. Goicurria comprendiendo el error, pidió que se le dejase en la plaza al mando de un pequeño destacamento, para vigilar y obstaculizar al enemigo, a lo que Walker se negó.

Convencido Walker de que la amenaza de invasión por el norte no tenía fundamento, resolvió rectificar su error y regresar a Rivas a desalojar a Mora. Su plan tenía la mira principal, un ataque por sorpresa y coger a su adversario prisionero. En efecto logró acercarse sorpresivamente y atacó la ciudad temprano de la mañana por tres flancos. Consiguió apoderarse de la Iglesia y de los edificios principales de la plaza, en los que tuvo que refugiarse: debido al nutrido tiroteo de que fue objeto. Las fuerzas costarricenses para desalojarlo recurrieron al incendio. Un mozalbete heroico, Juan Santa María, se cubrió de gloria, muriendo al cumplir la misión incendiaria. Walker maltrecho y castigado, se retiró por la noche, abandonando sus heridos que fueron masacrados por Mora.

El ataque a Rivas sin artillería, revela la poca previsión militar, la poca habilidad bélica de Walker; no era posible con solo sus rifleros tomarse las posiciones bien defendidas de Mora. Si Mora hubiera perseguido a Walker es hasta probable que lo hubiera capturado. Sin embargo, Mora era peor soldado que Walker y desaprovechó su mejor oportunidad militar; al reportar a Costa Rica pérdidas insignificantes, explica que no persiguió a Walker porque sus hombres estaban exhaustos, y que le era necesario prestar su atención a los heridos.

Mora pues no aprovechó su victoria, y permitió que Walker se retirara con su tropa, sin molestia hasta Granada. Luego se estacionó en Rivas indefinidamente, sin osar seguirle a esa ciudad. La peste entonces, como aliada poderosa, llegó en ayuda de Walker. Se propagó por la falta de medidas sanitarias en el ejército, diezmando inexorablemente a sus soldados. Tal suceso y las noticias de algunos conatos revolucionarios en su contra, aconsejaron a Mora el regreso a su patria. Su cuñado, el general José María Cañas, asumió el mando y procedió a retirar el apestado ejército. Jamison, un cronista filibustero que sirvió en esta guerra, describe lo siguiente: "Más de quinientos cuerpos se enterraron en la plaza de San Juan del Sur, donde las olas y las mareas pronto descubrieron los horribles restos; y por muchos meses después los blanquecinos esqueletos estuvieron brillando bajo el sol". El ejército regó la peste en Costa Rica, y Belly estima que ella cegó la vida a más de diez mil personas. La prensa americana comentando esta señal benéfica de la Providencia hacia Walker, citó aquellas palabras bíblicas referente a la suerte de los Asirios que describen al ángel exterminador, "como un lobo en el rebaño", diezmando sus ejércitos.

Por otra parte, las fuerzas enviadas por el Río Sarapiquí, a su vez habían sido batidas y dispersas por defensores filibusteros. Así terminó en calamidad nacional, la empresa bélica de Costa Rica.

21. WILLIAM WALKER EN LA PRESIDENCIA DE NICARAGUA

Después de la partida de Cañas con los restos del ejército de Costa Rica, y normalizada la situación en Nicaragua, Walker, visita a las autoridades del Gobierno Provisorio de León. Sus ambiciones personales se encuentran profundamente conmovidas, con el fracaso de la expedición costarricense. Su principal y más poderoso enemigo en Centro América, Juan Rafael Mora, no ha podido vencerle. Según su propia evaluación, su personalidad de Comandante en Jefe del Ejército, ha adquirido prestigio suficiente para aspirar a la Presidencia de Nicaragua. Ha llegado el momento propicio de realizar sus ideales de sureño, si es que todavía los respalda, y de cumplir la misión evangélica que lo ha llevado a este país. En medio de tantos dirigentes políticos, no existe un solo hombre fuerte en Nicaragua que sea capaz de torcerle su destino. Su fuerza militar es la única para imponer la autoridad. Si de hecho él es el Jefe de Estado, ¿por qué no serlo legalmente?

Además los hombres del Gobierno han suscitado sus recelos. Su gran amigo, Edmund Randolph, que ha permanecido en León convaleciente, le ha confirmado sus sospechas. La seguridad exige diligencia. Para ahuyentar conspiraciones, necesita exhibir la fuerza de sus hombres en ostentoso aparato militar. Marcha pues a la capital con 300 soldados veteranos, y rodeado de sus más distinguidos oficiales. Entre ellos se encuentra Goicurría, un experto en ardides de política criolla.

Al llegar Walker a la capital, el 4 de Junio, es recibido con grandes festejos y demostraciones de consideración. Las autoridades civiles y eclesiásticas, acompañadas de una enorme muchedumbre, salieron a encontrarle. Rivas y Jerez, disimulando sus maquinaciones, le dieron muestras de su estimación y afecto.

22. INCIDENTES PREVIOS

Antes de trasladarse el Gobierno a León, había decretado la convocatoria a elecciones de Autoridades Supremas, con el objeto de poner fin a la interinidad existente, y así tener mejor posibilidad de obtener el reconocimiento centroamericano. Las elecciones se habían realizado de acuerdo con la Constitución de 1838, y Rivas, Jerez y Salazar habían sido candidatos. Sin embargo, la agitación de guerra con Costa Rica, había impedido que éstas se realizaran en varios pueblos comarcanos y en los departamentos de Chontales y Segovias.

El resultado había quedado en suspenso en espera de obtener los votos de los lugares que faltaban. Walker decidió aprovecharse de esa circunstancia para invalidar esa elección y convocar a una nueva. Esta vez para su conveniencia, la elección fue directa, y no por grados conforme la disposición constitucional.

"Parece que en esto no iba errado", escribe Montúfar, "porque si hubiera habido entonces en Nicaragua elecciones populares directas, Walker en ellas hubiera triunfado". Antes de abordar el filibustero este asunto sin embargo, surgieron algunos incidentes que le hicieron perder el tino diplomático que necesitaba para llevarlo a buen éxito. El primero fue suscitado por Rivas. Este revelando a medias sus negociaciones con El Salvador, manifestó al filibustero que ese Gobierno exigía la reducción de la fuerza americana en Nicaragua, para otorgar su reconocimiento. Walker comprendiendo que Rivas patrocinaba la reducción, contestó desabridamente que tal cosa solo podría considerarse, cuando el Gobierno se encontrase con fondos para pagar a los americanos que despidiese.

El segundo incidente se relacionó con Mariano Salazar; éste era uno de los dirigentes políticos importantes del partido demócrata y persona influyente y popular. Salazar era cuñado de Castellón y por consiguiente muy vinculado con la política del partido demócrata. Recientemente había efectuado una venta de maderas al Gobierno, y Walker tuvo conocimiento de que existió defraudación fiscal a favor del vendedor, al efectuarse la transacción. Para mostrarle su censura le tuvo prisionero por varias horas en su propia casa como cárcel. El hecho levantó los ánimos de los partidarios de Salazar en contra del filibustero.

Finalmente, Goicurría había convocado una reunión de notables de la ciudad, con el objeto de cambiar impresiones sobre la situación política del momento, y así desplegar su habilidad a favor de los propósitos de Walker. Inoportunamente, sin embargo, propuso entre varias sugerencias, que se laborase a fin de conseguir que el Obispado de León fuese independizado del metropolitano de Guatemala; tal sugerencia hizo correr la voz, propalada por sus enemigos, que Walker pretendía apartar Nicaragua de la jurisdicción de la Santa Sede, excitando así el ánimo católico de la ciudad.

Todos esos incidentes combinados, provocaron una atmósfera hostil que forzó a Walker a actuar sin la serenidad de ánimo que requerían las circunstancias. Además, la noticia que acababa de recibir de Washington que el Padre Vigil había obtenido reconocimiento, lo que presuponía el respaldo americano, le volvía más arrogante.

Su arrogancia dio resultado. El 10 de junio de 1856, es decir apenas seis días después de su llegada a León, el Gobierno emitió el decreto ordenando practicar de nuevo la elección por medio del sistema directo y no por grados.

El señor Jerónimo Pérez en carta dirigida a don José Dolores Gámez dice que si los demócratas "se revelaron en ese momento no fue contra el hombre que pensaba esclavizar a Nicaragua sino contra el que arrancaba de sus manos el Gobierno". En efecto, los demócratas habían tolerado a Walker su arrogancia e insolencia; sus abusos y desmanes; su tutela y dictadura; sus transgresiones a la ley, y hasta su conspiración para subvertir las instituciones de la Nación. No podían con todo perdonarle su ambición.

Por primera vez tuvieron ánimo de conspirar para matarle. Se sintieron Brutos y Casios contra César. El asesinato debían efectuarlo según Jerónimo Pérez, ciertos oficiales que se armaron de puñales para ello. El destino quiso sin embargo que Walker, menos desafortunado que César en esa ocasión, no asistiera al sitio donde se le esperaba para matarlo. A pesar de tal estado de exaltación, los conspiradores guardaron las apariencias. Rivas, Jerez y hasta el humillado Salazar, salieron a encaminar a Walker en su regreso hacia Granada.

23. FARSA ELECTORAL

Una vez que Walker volvió las espaldas, en León hubo acontecimientos. Un tal Bruno Natzmer, oficial prusiano incorporado a las huestes de Walker, vio el descontento de los leoneses por la actitud ambiciosa del filibustero, y para poner orden tomó los cuarteles y la catedral; Jerez lo requirió a devolverlos y el germano contestó que sólo atendería mandatos de Walker. En vista de lo cual, el Gobierno provisorio se trasladó a Chinandega, donde se dedicó a reunir y organizar un ejército para recuperar la capital y castigar a Natzmer. Walker sin embargo desde Masaya le ordenó al rebelde que abandonara su actitud, devolviera las armas y saliera para Granada. Volvió el Gobierno Provisorio a León, y el Presidente Rivas publicó un decreto en que declaraba traidor a Walker, a la Falange americana y a los nicaragüenses que le ayudaran en sus ambiciones. Firmado en León a 23 de junio de 1856.

Walker desde su llegada a Granada, había proclamado depuesto a Rivas en su carácter de Presidente Provisorio, y le había sustituido con don Fermín Ferrer, su amigo y colaborador sincero. Excitó a la vez la rivalidad granadina con León, dando a conocer que, con el triunfo de cualquiera de los tres candidatos del partido demócrata, la capital será trasladada definitivamente a León. Eso le ayuda a obtener el apoyo de Granada en su propósito presidencial. A continuación, procedió a efectuar sus propias elecciones que desde luego fueron llevadas a cabo, de la misma manera que las han practicado los hombres fuertes de Nicaragua.

Don Jerónimo Pérez da cuenta de la farsa electoral. El filibustero justificó la elección en el decreto de nulificación emitido por el Gobierno Provisorio de León, aunque éste había sido derogado. El 12 de julio de 1856, con gran desfile en la plaza de Granada, Walker prestó su juramento presidencial. En su discurso inaugural, sorpresivamente se pronuncia en contra del Tratado Clayton—Bulwer y celoso de la independencia y soberanía de Nicaragua. Por primera vez aflora públicamente su nicaragüenísimo, y un principio de desafecto hacia la anexión americana. "En nuestras relaciones con las naciones más poderosas de la tierra", dice "espero hacerles comprender que aunque Nicaragua sea débil comparativamente, es no obstante celosa de su honor, y que se encuentra decidida a mantener la dignidad de su soberanía independiente. "Su posición geográfica y sus ventajas comerciales", continuó, "pueda que atraiga la codicia de otros gobiernos, ya vecinos o distantes, pero confío todavía en que aprenderán que Nicaragua se propone controlar sus propios destinos, y no necesita que otras naciones hagan tratados que conciernen a su territorio, sin solicitarle su consejo y consentimiento".

El tono es el de un verdadero y sincero Presidente de Nicaragua y no solo el abanderado de los ideales del Sur. Walker con solo 58 hombres valientes iniciales, había conquistado Nicaragua. Únicamente Gil González antes que él, había realizado una proeza semejante, acompañado de 100 soldados castellanos. El Ministro americano John Wheeler, reconoció de inmediato en nombre de su Gobierno al nuevo Presidente. Acuerpando las declaraciones de Walker, manifestó en esa ocasión que "el Gobierno de los Estados Unidos deseaba unirse cordialmente con el Mandatario de Nicaragua en el propósito fijo de impedir a cualquier país extranjero el intento de oponerse al progreso de la Nación nicaragüense por cualquier interferencia". Walker pues habiendo recibido el espaldarazo de la Nación rectora del Continente americano, procedió a ejercer sus funciones de Presidente.

Pocos días después anunció su Gabinete integrado por los nicaragüenses Fermín Ferrer, Ministro de Relaciones Exteriores: Mateo Pineda, Ministro de la Guerra y Manuel Carrasco, Ministro de Hacienda. Después de organizar el funcionamiento del Gobierno, Walker dedicó su atención a procurarse fondos y a promover la inmigración. Se ordenó por decreto del 16 de julio la confiscación y venta de las propiedades de los que habían ayudado a los enemigos de la República, desde el tratado del 23 de octubre. Las propiedades que debían confiscarse se calcularon en 453,000 dólares. Se estableció el registro de la propiedad inmueble que el nicaragüense desconocía. Se legalizó el uso del idioma inglés.

El 20 de agosto de 1856, fue fecha de gran significación para la Administración y el porvenir de Walker. Ese día recibió la visita del Senador y dirigente sureño Pierre Soulé. Llegaba con el bolsillo abierto a conceder préstamos y ayuda, a la causa filibustera; indicó el procedimiento que debía seguirse para solicitar un empréstito de medio millón de dólares con la garantía de terrenos nacionales. Los bonos que se emitieran de acuerdo por el decreto sugerido por él, deberían ser vendidos en los Estados Unidos, principalmente entre el elemento adinerado del Sur. Su influencia evangelizadora de los ideales sureños, se manifiesta de inmediato en Walker. Durante su estadía en Nicaragua, los decretos del nuevo Presidente tienen un carácter alarmante.

Existe un cambio en su política que revela que se ha enfilado nuevamente a la causa del Sur. El 5 de septiembre emite un decreto contra la vagancia; en el día siguiente otro que concierne al de trabajo, y que estableció penas para el peón que abandonase sus tareas, durante el término de su contratación. El 22 de septiembre emitió su trascendental decreto, declarando nulos y sin vigencia, los actos y decretos del Gobierno de la Confederación Centro—americana, con lo cual legaliza nuevamente la esclavitud en Nicaragua que aquél había abolido.

Este decreto tenía otras finalidades, la de preparar el camino de la anexión americana, porque el Sur ya sin recelos de los propósitos de

Walker, la patrocinaría aclamatoriamente. En septiembre el nuevo Presidente cambió la bandera de la República. En lugar del antiguo emblema de cinco volcanes en erupción, puso una estrella roja rodeada de cinco puntos.

24. FUSILAMIENTO DE MARIANO SALAZAR Y OTROS ACONTECIMIENTOS

Poco después de la ruptura de Walker con los demócratas, había fondeado en San Juan del Sur la goleta San José, perteneciente a su Capitán Gilbert Morton, un americano, y a Mariano Salazar. Ambos se habían asociado para ejercer el comercio en los puertos de Centro América y se habían ingeniado para obtener del Vicecónsul de los Estados Unidos en el Realejo, un permiso de navegación bajo el pabellón americano, que éste no tenía facultad de conceder. Walker de inmediato confiscó la goleta bajo el cargo de navegar sin bandera ni documentos legales. Sometido el caso al Ministro americano Wheeler, este falló en contra de Morton. Walker le puso el nombre de Granada al bergantín confiscado, y lo armó en guerra bajo el mando del Teniente Collender Irvine Faissoux, veterano del Creole, el barco que condujo a Cuba la expedición de Narciso López, Teniendo ya un principio de marina, proclamó el bloqueo de todos los puertos de Centro América, con excepción de la ruta del tránsito. Con esa medida pretendía ahuyentar los barcos ingleses y franceses, a la coalición centroamericana que se había formado en contra suya.

El Granada capturó en el Golfo de Fonseca un bongo que se dirigía a El Salvador entre cuyos pasajeros se encontraba Mariano Salazar, quien fue hecho prisionero en posesión de correspondencia revolucionaria; ésta comprometía a Thomas Manning, el Vicecónsul británico en El Realejo, a quien Walker de inmediato revocó el exequátur por interferencias indebidas en los asuntos internos de la República.

Walker decidió fusilar a Salazar con el cargo de traidor para escarmiento de demócratas enemigos de su causa, y ordenó que lo ejecutasen en la plaza de Granada, el domingo 3 de agosto, ya bien entrada la tarde. Salazar marchó descalzo al patíbulo auxiliado espiritualmente por el Padre Vigil. El Nicaragüense, periódico de Walker, publicó el 9 de agosto la siguiente información: "Habiendo anunciado el prisionero que estaba pronto, fue escoltado hasta el lugar de la ejecución por una guardia de cuatro hombres y el venerable Padre Vigil, quien no cesó de dirigirle piadosas exhortaciones.

"Salazar vestido con una chaqueta de paño azul y pantalones ordinarios de lino color obscuro que le daban la apariencia de un marinero. Salió del cuartel con solo calcetines, llevando un crucifijo en que tenía fijas sus miradas, y al que dirigía sus plegarias.

"Habiendo tomado asiento, el padre rezó con él una corta oración, después de la cual les preguntó a las personas que lo rodeaban si lo perdonaban por los muchos perjuicios que había hecho a la ciudad, a su Gobierno; habiéndosele contestado que sí, se vendó él mismo los ojos, y mientras suplicaba a Jesús que lo perdonara, se hizo la señal; los soldados dispararon y el alma de Salazar voló al mundo de los espíritus".

La sangre de Salazar fue la primera sangre demócrata que Walker derramaba en esa plaza, y sirvió para enardecer a este partido contra el filibustero. Los amigos de Salazar en León al conocer su condena arrestaron al doctor J.W. Livingstone, un americano que tenía tiempo de vivir en Nicaragua, y pretendieron emplearlo como rehén para impedir la ejecución. El emisario no obstante llegó tarde. Walker con todo no le hubiese perdonado la vida a Salazar.

25. GUERRA CON CENTRO AMÉRICA. "AQUÍ FUE GRANADA"

El señor F. Ortega Arancibia —citado por el doctor Alejandro Hurtado Chamorro— se refiere a los errores y obstinaciones de legitimistas y demócratas ante el peligroso enemigo de ambos que tenían al frente en la persona de Walker, escribe estas palabras. "En presencia del común infortunio, se olvidan las rivalidades, porque la desgracia tiene la virtud de unir a los adversarios, haciendo acallar las pasiones; pero cuando éstas han llegado a un grado de vehemencia muy alta, la razón se turba y ciega tanto, que no ve el escollo aunque tenga a sus plantas el abismo".

La diligencia de los demócratas fue asombrosa; Walker salió el 11 de junio de León, y el 16 del mismo mes ya habían obtenido el reconocimiento salvadoreño, y suscrito un tratado secreto obligándose a reducir las fuerzas filibusteras de Nicaragua. Tanto El Salvador como Guatemala se habían alarmado grandemente con el imprudente reto de Walker y su guerra con Costa Rica. En vista de la nueva situación política de Nicaragua, resolvieron hacer causa común para combatirlo, y se pusieron en pie de guerra. Honduras se les incorporaría después.

El reconocimiento de Guatemala y Honduras no se hizo esperar. Con ello se desahuciaba la causa legitimista. Estos sucesos, sin embargo, permanecían ignorados todavía tanto por el Gobierno demócrata de León como por el Gobierno legitimista de Somotillo, adonde se había trasladado Estrada con todo su estado mayor, esperanzado con el apoyo de las otras repúblicas. Allí recibió este emisario de Rivas, proponiéndole la unificación contra el filibustero, pero nada práctico se logró por no ceder ninguno. El partidarismo y la ambición hacía de un lado al patriotismo.

La noticia del reconocimiento del Gobierno provisional por El Salvador, Guatemala y Honduras, y el asesinato acaecido en esos días, hicieron variar la actitud legitimista y aminoraron su intransigencia. En efecto, Antonio Chávez, uno de los libertados por Walker de la cárcel de Granada, partiendo de Somotillo al mando de un destacamento de tropa demócrata, perpetró el asesinato. Atacó por sorpresa el pueblo de Ocotal, donde se encontraba el presidente legitimista, quien apenas tuvo tiempo de emprender la fuga; alcanzándole no obstante con su gente, al cruzar el río, allí mismo le dio muerte.

Los dirigentes legitimistas, viendo su partido en acefalía y privada su causa de esperanza, acordaron enviar al general Martínez y a don Fernando Guzmán de León, a entrevistarse con los jefes demócratas. Tal decisión también fue impulsada por la correspondencia de los Generales centroamericanos en la que éstos insistieron con firmeza en provocar la unificación contra Walker; sin embargo sus instancias hubieran sido infructuosas, según lo revelan las contestaciones de Estrada, si no hubiera sido por las anteriores circunstancias.

Martínez y Guzmán llegaron a León con el conocimiento de que la mejor solución para la causa legitimista, era el arreglo con el Gobierno Provisorio y se encontraban dispuestos a pactar; no obstante, se encontraron con la intransigencia demócrata y esto debilitó su disposición. Según carta de la época de don Pedro Joaquín Chamorro, los destacados hechos de armas que las tropas legitimistas alcanzaron en esos días contra el filibustero, contribuyeron a bajar las pretensiones demócratas e hicieron factible el convenio de unificación, el cual se suscribió el 12 de septiembre.

El Salvador, Guatemala y Honduras firmaron un tratado de alianza para la defensa de su soberanía e invitaron a Costa Rica a que se les uniese. El Ministro de Relaciones de este país, Joaquín Fernando Calvo, le había manifestado en nota de junio al gobierno de El Salvador, que su Gobierno confiaba en que las fuerzas combinadas de El Salvador, Guatemala y Honduras, concluirían la obra que Costa Rica había ya iniciado. Inglaterra, Francia y España, instaban también a Mora a que renovase la guerra contra Walker. Una corbeta francesa protegió a las fuerzas salvadoreñas, cuando cruzaron el Golfo de Fonseca, de los ataques del Granada. Las fuerzas guatemaltecas llegaron por tierra, autorizadas por Honduras a atravesar su territorio. El contingente hondureño empezó a movilizarse desde el 20 de julio. El mismo día de la toma de posesión de Walker en Granada, llegó a León la primera tropa salvadoreña. Una semana después llegaba la guatemalteca. La hondureña llegó cuando los ejércitos aliados asediaban Granada.

El Presidente Rivas nombró al general Belloso, comandante salvadoreño, Jefe del Ejército Aliado, lo que ocasionó resentimiento en la oficialidad guatemalteca. Las rencillas y rivalidades criollas se hacían sentir desde el principio de la campaña. Estos desacuerdos y la falta de entusiasmo por la causa mantenían a las tropas aliadas acantonadas e inactivas en León. Walker mandó un destacamento filibustero de 100 hombres al mando del mayor Waters, a reconocer la ciudad y el que se introdujo por los arrabales a examinar las defensas y a observar al enemigo; regresó con la noticia de la incapacidad de los aliados para emprender la ofensiva. Entonces Walker pensó en atacarlos, pero su inquietud por la ruta del tránsito y la estación lluviosa que impedía el transporte de su artillería, le hicieron desistir.

Hubo además dos reveses de las fuerzas filibusteras. En la acción de San Benito, Hubaldo Herrera quien había llevado a cabo la ejecución de Mayorga en Granada y que recogía ganado en esa ocasión para el ejército filibustero, fue capturado y ejecutado por las fuerzas legitimistas. El triunfo de San Jacinto, del 14 de septiembre, también por fuerzas legitimistas al mando del general José Dolores Estrada, contra una partida de exploradores filibusteros al mando de Byron Cole, tuvo entonces enorme trascendencia.

El ejército aliado animado por la victoria de Estrada salió de León el 18 de septiembre. Al aproximarse a Managua, la guarnición filibustera de la ciudad, obedeciendo órdenes de Walker, la abandonó y se retiró a Masaya; como consecuencia el ejército aliado la ocupó sin disparar un tiro.

Walker resuelve también desocupar Masaya y reconcentrarse en Granada. Con ello cede a su enemigo una excelente plaza para acuartelarse y apoyarse en un asedio y ataque a dicha ciudad.

Ya la deserción más fatal que el cólera, como dice Walker, comenzaba a aparecer en las filas filibusteras y el esparcimiento de la tropa la facilitaba.

El ejército aliado también ocupó Masaya sin combate. Allí se dividió en dos partes con el objeto de asediar mejor a los americanos. Una permaneció en esta ciudad comandada por Belloso y Jerez, y la otra se dirigió a Diriomo al mando del guatemalteco José Víctor Zavala y del general Estrada, héroe de San Jacinto. De esa manera cortaron a Walker sus mejores fuentes de aprovisionamiento de víveres, y el alimento comenzó a escasear en Granada. Walker persiste en la idea de reconcentrar todas sus fuerzas y ordena que los soldados de Rivas también se le incorporen.

Teniendo abundancia de soldados y teniendo conciencia de sus errores tácticos, el 11 de octubre se moviliza con 800 hombres a reconquistar Masaya. Hasta ese momento su concepción militar es idéntica a la que adoptó anteriormente contra Mora en Rivas. Primero cedió la plaza al ejército costarricense, y luego, cuando éste se hallaba bien atrincherado, trata de desalojarlo sin gran fuerza de artillería. En esta ocasión su error es más grave todavía, porque deja a Granada expuesta al ataque de Zavala. Al llegar a Masaya su táctica como de costumbre, es atacar la plaza principal de la ciudad e irrumpe en ella por Monimbó, con gran clamor y gritería de su tropa. Los soldados desplegaron gran heroísmo y temeridad, pero el cansancio los dominó al fin y Walker optó por retirarse, dejando a los generales aliados tan desmoralizados, que como fue el caso de Mora no tienen ánimo de perseguirle. Su oportuno retiro salva a Granada que casi había sido capturada por Zavala.

Pocos días después del ataque a Masaya, el ejército filibustero recibió el valioso aporte del Coronel Charles Frederick Henngsen, quien además trajo con su persona un buen cargamento de pertrechos de guerra. Walker lo nombró de inmediato Brigadier General del Ejército.

Las fuerzas de Costa Rica mientras tanto, incorporándose a la coalición centroamericana, traspasaba la frontera sur de Nicaragua, al mando del general Cañas quien ocupó San Juan del Sur, interfiriendo el tránsito. Los aliados al tener conocimiento de este movimiento, enviaron a Jerez con 300 hombres al departamento de Rivas, para que protegiese sus avances hacia el interior. Al ocupar Cañas San Juan del Sur, demandó la rendición del Granada anclado en el puerto. Feyssoux ignoró su demanda, optó por sacar la embarcación de la bahía, y ponerla al pairo en la boca del puerto. Más tarde, pasado el peligro de su captura, ocupó su antigua posición.

Walker se da cuenta entonces que tendría que pelear una guerra en dos frentes, con escasez de soldados. Para tener éxito deberá desmoralizar a ambos enemigos antes que efectúen su reunión, en una serie de ataques rápidos y sorpresivos. El 11 de noviembre, junto con Henningsen desembarcó con 250 hombres en La Virgen; al día siguiente marchaba a San Juan del Sur, venciendo y esparciendo las fuerzas de Cañas que se le opusieron. A la mañana siguiente regresó a La Virgen y esa noche se encontraba otra vez en Granada, planeando su segundo ataque a Masaya.

A medio camino de esta ciudad, se informó de la marcha de Jerez hacia Rivas y decidió devolver 250 de los 550 que llevaba a tomar el vapor en Granada, a defender el Tránsito. Reducida su fuerza a solo 300 hombres, persiste en atacar Masaya defendida por una fuerza ocho veces más numerosa que la suya, y que además se encontraba protegida por las barricadas y las paredes de la ciudad. Cree suplir esa desventaja, con el heroísmo y eficiencia de sus soldados del que carecen los centro—americanos. Por tres días consecutivos atacó la ciudad sin poderla tomar, a pesar de la valentía desplegada. Habiendo perdido la tercera parte de su gente, regresó a Granada cansado y abatido. Ha castigado tan fuertemente al enemigo, que casi provoca un rompimiento de la alianza que le hostiliza.

Comprendiendo entonces Walker que no podrá sostener una guerra ofensiva en dos frentes, resuelve reconcentrarse en la ruta del Tránsito y evacuar Granada, para colocarse en mejor situación de defensa. El mismo asevera que una acción contra guerrilleros esparcidos, era más exhaustiva para los americanos que un encuentro con el enemigo reconcentrado en masas. "De hecho", agrega, "la mejor manera de tratar un movimiento revolucionario en Centro América, es como si fuese un divieso; dejarlo que madure para luego zanjarlo y que eche de una vez todo su mal humor". Ya no se preocupa más de la concentración de los aliados.

Tomada esa determinación, Walker parte para La Virgen con la mayoría de su ejército, dejando a Henningsen con 300 hombres en Granada, con instrucciones de evacuar y destruir la ciudad.

Decidido el incendio, Henningsen organizó sus hombres en unidades de demolición y sistemáticamente le prendió fuego a la ciudad. El saqueo de los establecimientos comerciales, proveyó a la tropa de abundancia de licores para emborracharse en aquella hora de desolación y destrucción. La soldadesca americana, embriagada, se desmandó con los indefensos habitantes y cometió atropellos. Por la noche la ciudad ardía como un infierno de fuego. Por dos días con sus noches continuó el incendio incontrolable.

Las tropas aliadas atacaron entonces la ciudad por tres sitios diferentes, y una columna se apoderó de las iglesias de Guadalupe y Esquipulas, situadas al final de la calle principal que conecta la plaza con el lago, cortando de esa manera la retirada a los americanos. Los guatemaltecos que atacaron por el lado de San Francisco fueron violentamente rechazados. O'Neall, un filibustero desalmado que ese día había perdido a su hermano gemelo en el combate, dirigió descalzo y en mangas de camisa un ataque heroico a caballo. Cuando al fin se retiró, la angosta calle que conecta la iglesia con la calle principal que conduce al lago, quedó virtualmente cubierta de cadáveres. La fuerza que atacaba por Jalteva se retiró también ante los cañonazos filibusteros. Con todo, el ejército aliado había estrechado el asedio y se había posesionado de algunos sectores de la ciudad. Paredes estableció su cuartel general en Las Pilitas en su extremidad sur—oriental. Los americanos con un pequeño destacamento retenían aún el Fuertecito en la ribera del lago, que se encontraba desconectado de Henningsen, por la captura de Guadalupe. Los aliados lograron también esa posición.

La situación de Henningsen se volvió desesperada. Reducido a la plaza con su tropa no le quedaba más oportunidad de salvarse que abriéndose camino a cañonazos hacia el lago y escapar en los vapores que lo esperaban. El 27 de noviembre hizo explotar una de las torres de la catedral, y le pegó fuego a las casas vecinas de la plaza, que había salvado hasta ese momento para alojarse. Terminada su labor destructora comenzó a abrirse el camino hacia la costa con su fuerza de artillería. Fue la suya una peregrinación sangrienta de iglesia en iglesia acosado por las tropas aliadas. Primero Catedral, luego Esquipulas y finalmente Guadalupe, de la cual se habían retirado los centroamericanos. Allí se fortifico y se preparó a sostener un largo sitio, mientras la ayuda de Walker llegaba a rescatarlo.

Walker mientras tanto permanecía en La Virgen sin poder dirigirse a Rivas, que había sido ocupado por las fuerzas de Cañas y Jerez. Su posición era difícil pero un grave error aliado viene a aliviarla. Cañas y Jerez se retiran de Rivas, permitiendo que Walker se apodere de la ciudad. El grave error militar que éste había cometido con Mora, se produce ahora a su favor. Adquiere con él una plaza donde estacionar un ejército y en donde apoyar sus operaciones posteriores.

El hambre y la peste hicieron su garra en la tropa filibustera asediada en la iglesia de Guadalupe, que resistió un sitio de dos semanas. Se hace difícil concebir cómo logró sostenerse por tanto tiempo ante terribles desventajas. Walker, embarcado en la playa, acechaba en la playa para desembarazar a su gente de tan precaria situación. Por fin una fuerza de ayuda, comandada por el Coronel John Watery, desembarcó en el mismo sitio usado por los filibusteros en su ataque sorpresivo a Granada. Este logró abrirse paso hasta Henningsen con la pérdida de solo la cuarta parte de la gente. La tropa hondureña que había llegado ese día al mando de Xatruch, fue la encargada de enfrentársele.

Narra don Jerónimo Pérez que los hondureños fueron deshechos, y que los que quedaron vagaban en grupos perdidos entre las ruinas de la ciudad. Como para aumentar el pavor de esos días de dolor, el cólera había arrebatado la vida del general Belloso, Jefe de los Ejércitos Aliados.

No pudiendo defender el Fuertecito, la tropa centroamericana lo desocupó. El contingente filibustero se retiró entonces de Guadalupe y se embarcó en el vapor que le esperaba en el muelle. Poco antes de partir el propio Henningsen clavó su asta en el Fuertecito que sostenía la siguiente inscripción: "AQUÍ FUE GRANADA".

Una acción naval acaecida en esos mismos días dio un nuevo triunfo a Walker y reanimó el espíritu decaído de su tropa. Su buque de guerra comandado por Feissoux, con un disparo certero voló la Santa Bárbara de la corbeta costarricense Once de Abril, que conducía a San Juan del Sur tropas y pertrechos de guerra para el general Cañas. Feissoux recogió a todos los náufragos y los condujo prisioneros al puerto. A pesar del sarcasmo de sus enemigos, el bloqueo de Walker a los puertos de Centro América producía algún efecto.

26. LA ÚLTIMA TRINCHERA

Dice el doctor Alejandro Hurtado Chamorro, a quien hemos seguido al pie de la letra porque no hay otro relator de los filibusteros que le iguale en penetración y exactitud, que Walker al evacuar Granada pudo haber reconcentrado toda su fuerza de filibusteros en la isla de Ometepe. Allí hubiera podido contar con el tiempo necesario para reponer su maltrecho ejército y con abundantes víveres. Situado siempre en la ruta del tránsito para recibir sus refuerzos por el lado del Atlántico, podía esperar a reunir un fuerte contingente de tropa para tomar la ofensiva, contando con todos los vapores del Tránsito.

En la isla hubiera sido prácticamente invulnerable al ataque aliado que carecía de barcos para efectuarlo. Según su propia expresión, para retener la posesión del país, bastaba con tener las comunicaciones del lago. Walker poseía esa ruta además de los vapores del lago, hechos que, según don Jerónimo Pérez, hicieron temblar a los aliados al imaginarlo instalado en Ometepe con 800 hombres, y todas las ventajas citadas de que carecían los libertadores centroamericanos.

El estado del ejército centroamericano era en esos momentos casi de anarquía. Sus generales habían entrado en desacuerdo y rivalidad, no logrando ponerse de acuerdo después de la muerte de Belloso, en la nominación de un jefe supremo que dirigiese la guerra. Esa discusión se manifiesta claramente en una reunión que sostuvieron en León, con asistencia de los funcionarios del Gobierno. Otra reunión que sostuvieron en Masaya en la que se hizo presente Cañas, también resultó infructuosa en la nominación del Jefe indispensable. Finalmente, en Nandaime, encaminándose la tropa hacia San Jorge, los generales aliados acordaron por sí mismos nominar al general Florencio Xatruch, Jefe Supremo del Ejército, y organizar el estado mayor. El acta que suscribieron dice así:

"En el pueblo de Nandaime a 23 de enero de 1856.

Reunidos los generales infrascritos y convencidos de la gran importancia de que haya uno que mande en jefe al ejército de operaciones, para lograr el más pronto éxito en la presente campaña; convencidos igualmente de las ventajas que resultan de dar al ejército la mejor organización, hemos acordado los puntos siguientes:

1º. Se da por General en Jefe del Ejército aliado al señor General Xatruch, dándole a reconocer por tal en las órdenes generales de las respectivas divisiones el día de hoy.

2º. De la misma manera dará a conocer al General Jerez como segundo jefe del mismo Ejército.

3º. El General Zavala será reconocido como Mayor General del Ejército.

4º. El General Chamorro fungirá como cuartel Maestro y será igualmente dado a reconocer como tal.

5º. El General Cañas será reconocido como Inspector General.

En fe de lo cual firmamos la presente, obligándonos a su más exacto cumplimiento.

F. Xatruch   J. Víctor Zavala   Fernando Chamorro
        José María Cañas   Máximo Jerez

El Gobierno Provisorio no reconoció tal nombramiento, pero el General Xatruch fungió interinamente hasta que fue sustituido por Mora en definitiva.

Así organizado el ejército aliado, se movilizó a San Jorge, cuya pequeña plaza ocupó sin estorbo.

27. VANDERBILT A LA VISTA.

En tales circunstancias el destino le prepara a Walker un golpe funesto que va a cambiar el curso de la guerra. Es consecuencia de su desatino en haber provocado al poderoso Vanderbilt. Convencido éste que ha llegado el momento de cumplir su amenaza, organiza en Nueva York una confabulación para despojar a Walker de sus líneas de abastecimiento. Vanderbilt ya tenía varios meses de estar urgiendo por correspondencia a los gobiernos de Centro América que se unieran contra Walker. Había seguido con gran interés las peripecias de la guerra en Nicaragua, y observando la situación del filibustero comprometida, juzgó que era el momento oportuno para intervenir. Su ardid era sencillo pero efectivo. Sabía que la fortaleza de Walker se basaba en el Tránsito, y que, si se le cortaba, su condición sería igual a la de Sansón trasquilado por Dalila. Costa Rica bien podía apoderarse con un golpe ingenioso, de los vapores del río y del lago, sin los cuales el filibustero no podría recibir reclutas ni vituallas, por el lado del Atlántico que lo ligaba con los puertos del Sur de los Estados Unidos. Bloqueada además la pasada del río, Garrison y Morgan, a quienes había amenazado con la ruina, tendrían que cerrar el negocio y quedarían liquidados. A su vez esperaba que, en reconocimiento a su servicio, el Gobierno de Nicaragua, le otorgaría de nuevo la concesión del Tránsito.

Bosquejado su designio, como primer paso el viejo comodoro, buscó al hombre apropiado para realizarlo. Lo encontró en Sylvanus H. Spencer quien poseía un fuerte estímulo para hacerse cargo de la empresa. Había heredado gran cantidad de acciones de la vieja compañía del Tránsito, las cuales perdieron su valor con la revocación de su contrato por Walker. Si lograba restablecer la concesión de la vieja compañía, recuperaría su fortuna; además había servido como ingeniero en uno de los vapores de la compañía; conocía a casi todos los tripulantes que éste tenía a su servicio, y estaba familiarizado con las riberas y caudales del río.

Finalmente era hombre audaz y temerario; no vaciló pues en aceptar la proposición del comodoro. Relatan algunos cronistas, que Vanderbilt obsequió un banquete a prominentes personas latinoamericanas, y que al calor de los tragos les manifestó sus propósitos de terminar con el filibusterismo en Centro América. Al ser preguntado, hizo llamar a Spencer y delante de todos le preguntó: "¿Cree usted que sería difícil capturar los barcos al servicio de Walker?". "No lo creo", contestó éste. "¿Puede y quiere Usted acometer esa empresa?". "Estoy a su servicio", fue la respuesta final. Entonces ante la admiración y silencio de los comensales, le extendió un cheque por veinte mil dólares, como contribución a la empresa de destruir a Walker.

Habiendo sido madurado el plan, Vanderbilt envió a un inglés de apellido Webster y a Spencer como agentes, a explicarlo al Gobierno de Costa Rica, ofreciendo además un cargamento de rifles y municiones. Mora desde luego quedó entusiasmado y ofreció toda su cooperación.

El Río San Juan tiene dos afluentes importantes por el Sur; el Sarapiquí que se le une por "Hipp's Point", a unas treinta y cinco millas de Greytown, y el San Carlos que se le vierte como a unas veintisiete millas de Sarapiquí por el lado oriental. La expedición se dio a conocer como si fuese dirigida por el Sarapiquí, y un contingente de 120 hombres fue movilizado en esa dirección; a medio camino varió su rumbo, siendo encaminada hacia el San Carlos, en donde todos los hombres fueron embarcados en botes y balsas que los condujeron hasta el San Juan. Uno de los vapores de la compañía, a su pasada por la desembocadura del San Carlos, observó las balsas que no despertaron sus sospechas.

La expedición continuó río abajo por el San Juan hasta situarse a dos millas de "Hipp's Point" en donde se encontraba una guarnición filibustera, la que fue fácilmente capturada por la noche. De allí Spencer, quien era el alma de la expedición, la condujo hasta Greytown en donde capturó cuatro vapores que se encontraban en el puerto. La escuadrilla inglesa que permanecía anclada en la bahía, no hizo más que pedir garantías para el agente de la Compañía del Tránsito, Mr. Scott, que lo había solicitado para sí y para su familia. Por la captura de los vapores no se opuso ninguna objeción. La escuadrilla se negó a pesar de haberlo solicitado el mismo Cónsul americano en San Juan del Norte, Mr. B.S. Cottrell.

Mientras tanto el general José Joaquín Mora, hermano del Presidente, se aparecía por el San Carlos con una fuerza de 800 hombres equipados con los rifles de Vanderbilt. Mora capturó en el Castillo dos vapores más. Procediendo río arriba encontró anclado el vapor La Virgen en el que escondió su tropa, engañando a la guarnición del fuerte de San Carlos, el que capturó. Poco tiempo después el vapor "San Carlos", uno de los más grandes de la compañía, se acercó al puerto llevando su carga ordinaria de pasajeros, y encontrándose inadvertido del cambio de situación, fue fácilmente capturado.

El plan de Vanderbilt había tenido éxito. El viejo comodoro no tendría ahora más tarea que gozarse contemplando la agonía de Walker y la destrucción de sus rivales comerciales. Mora, olvidando en su victoria al verdadero autor del éxito, declaró en tono triunfal: "La arteria principal del filibusterismo se encuentra dividida para siempre. La espada de Costa Rica la ha cortado".

El golpe de Spencer había sido asestado con gran maestría, y como consecuencia Harrison y Morgan suspendieron de inmediato sus operaciones con Greytown. Este golpe no sólo había privado a Waler de sus barcos y fortalezas fluviales, sino que también de algunos de sus más eficientes oficiales. Anderson, Hornsby, Rogers,

Doubleday, Lockridge y el propio hermano del filibustero Norvel Walker, quedaron en Greytown sin poder incorporársele.

28. EL GENERAL JOSÉ JOAQUÍN MORA ES NOMBRADO JEFE DE LOS EJÉRCITOS CENTROAMERICANOS.

El éxito de Costa Rica dio bríos a la causa centroamericana que se encontraba en completo desaliento, ante las graves pérdidas que había ocasionado a la compañía. El General José Joaquín Mora tomó una actitud arrogante y se creyó con derecho a dirigir la guerra. Se apareció embarcado en Granada y tuvo conferencias con Martínez, quien se encontraba al mando de la plaza. Discutió con él planes de campaña y se regresó a San Carlos donde había establecido su cuartel general. Allí le correspondió su visita Martínez, llevándole la nueva que el Gobierno Provisorio le había nombrado Jefe Supremo de los Ejércitos Aliados. Mora hecho cargo de su autoridad militar, comenzó entonces a organizar el traslado de su fuerza a San Jorge donde se le esperaba ansiosamente.

Walker comprendiendo esa ansiedad y con el objeto de impedir la incorporación de la fuerza costarricense ataca San Jorge en un intento de desalojar de esa plaza a los aliados. Su ataque fue sumamente vigoroso y estuvo a punto de lograr su objetivo. Las rivalidades de varios oficiales con Henningsen, hecho cargo del mando en esa ocasión, impidieron la coordinación que faltó para capturar la plaza. La pérdida entre muertos y heridos ascendió a 80 hombres.

Pocos días después el mismo Walker al mando de 200 hombres, ataca nuevamente San Jorge. Hizo esfuerzos desesperados pero infructuosos por tomar las barricadas de la plaza. O'Neal, uno de los bravos soldados cayó en la brega. Jerez recibió una herida en la cara que le dejó cicatriz visible. La pérdida filibustera fue de 25 hombres.

El plan de Walker hasta el momento es el de tomar la ofensiva y con ese propósito había tomado precauciones para que Rivas fuese defendido con una pequeña guarnición. Construyó parapetos y barricadas; limpió la maleza del contorno de la ciudad para que no sirviese de escondite al enemigo; destruyó chozas en los barrios y tomó otras medidas precautorias. De esa manera podría sin exponer la seguridad de la plaza, salir con la mayor fuerza y asestar golpes al enemigo. Estableció además un taller de fundición. Para surtirlo de metal ordenó que se condujeran a él todas las campanas de las iglesias circunvecinas.

La timidez del movimiento aliado se revela en la facilidad de movilizarse que tiene Walker; va y regresa a San Juan del Sur sin ser interceptado; envía una pequeña expedición hasta Nandaime a inquirir noticias del río; incursionaba las haciendas vecinas para proveerse de alimentos. Los reclutas le llegaban ahora solamente de California y giró instrucciones para que los del Atlántico, le fuesen enviados a Panamá, en un esfuerzo por burlar el plan de Vanderbilt. Su posición con todo es comprometida y comprende que debe intentar una acción violenta y destructora sobre San Jorge.

Sale a atacar la plaza nuevamente con 400 hombres y gran fuerza de artillería; su cañoneo comienza desde las dos de la mañana. La fuerza enemiga se le repliega en el camino de su retaguardia, interceptando su regreso a Rivas, y tiene que variar de frente para confrontar esa amenaza. Los aliados intentaron penetrar en Rivas pero fueron rechazados. Para impedir el regreso de la artillería de Walker, construyeron una trinchera en el camino, que tardó el filibustero 24 horas en destruir. A pesar de la pérdida de 76 hombres, el vigoroso intento de tomar San Jorge había fracasado.

Fue la última acción ofensiva de Walker. No podía seguir exponiéndose a tan severas pérdidas, que no podría reponer con la rapidez de los aliados. Desde ese momento se dedica a la defensiva, y a proteger su comunicación con la costa del Pacífico.

Mora desembarcó en San Jorge el 18 de marzo con 500 soldados costarricenses. Antes de llegar con el ejército, había visitado varias veces los puertos de San Jorge y La Virgen donde conferenciaba con los generales aliados. El 23 de marzo los centroamericanos atacan Rivas pero son rechazados con graves pérdidas entre ellas tres cañones que Walker ocupa como metal de fundición. Un reporte filibustero enviado a Randolph el siguiente día, revela que en esos momentos Walker aún contaba con 800 hombres, de los cuales 224 estaban heridos y fuera de servicio.

Walker sospechó que sería atacado el 11 de abril, aniversario de la segunda batalla de Rivas y se preparó para ello. Su previsión fue muy acertada. Los aliados lanzaron ese día su más formidable ofensiva, pero fueron rechazados de todos los puntos que atacaron. Su pérdida fue de 600 hombres. Fue ésta la última ofensiva fuerte de los aliados, pues por mucha gente que tuvieran, no podían soportar semejantes pérdidas sin desmoralizar al ejército. De allí en adelante la campaña se convierte en una serie de encuentros y escaramuzas, entre partidas filibusteras y destacamentos aliados.

La más importante de estas acciones es la llamada del Jocote. El general Fernando Chamorro fue comisionado para impedir la incorporación a las filas de Walker de una partida de reclutas recién desembarcada en San Juan del Sur. Chamorro estacionado en el camino con su gente no solo dispersó la partida que llegaba sino que puso en fuga a la tropa filibustera que la esperaba. La victoria de Chamorro tuvo como principal efecto producir desaliento en las filas de Walker. Este lo confirma revelando los propósitos de su arenga en Rivas, escribiendo lo siguiente: "Walker les arengó con el fin de levantarles el ánimo después de la depresión del Jocote".

El desaliento comenzaba a manifestarse entre los americanos y principiaron sus continuas deserciones. En esta ocasión el general costarricense con buen juicio, optó por una nueva táctica. El año anterior su hermano habla amenazado con la muerte a todo filibustero que se fue se capturando con las armas en la mano. Eso no había hecho más que fortalecer la resistencia filibustera. Ahora esparció proclamas impresas, prometiendo protección y facilidades de regreso a su patria a todos los que abandonaran las filas de Walker. Antes el grito de guerra había sido "Mueran los filibusteros"; ahora era: "Muera Walker", muchos americanos desde luego, viéndose en situación comprometida, aprovecharon esa coyuntura y la deserción amenazó despoblar el ejército filibustero.

Walker, para prevenirla, emitió a su vez una proclama declarando que todo aquel que desease partir, podría hacerlo solicitando pasaportes; que así al menos no serían señalados como desertores. Su gesto —dice el doctor Hurtado Chamorro— tiene una viva semejanza con el de Alejandro, en la arenga que pronunció cuando sus soldados le volvieron las espaldas en Babilonia: "Macedonios, podéis partir", dijo en esa ocasión. "No os detendré, No quiero que os tilden de haber abandonado a vuestro Rey, en medio de extranjeros sometidos". Solamente cinco de los hombres de Walker hicieron uso de ese privilegio y abandonaron la ciudad ante la rechifla de sus compañeros. Uno de ellos quiso regresar, pero el filibustero no se lo permitió. Walker podría desconocer el arte de la guerra, pero no desconocía el corazón de sus soldados, ni su sentido del honor.

La situación de la fuerza americana se hacía cada vez más difícil. El asedio aliado se había perfeccionado y ahora era casi imposible conseguir provisiones. El 27 de marzo se comenzó a destazar mulas y caballos, y a racionarse los alimentos. Walker propuso canjear sus prisioneros de guerra por ganado, pero los aliado a le rechazaron la oferta. La última partida de reclutas—había llegado el 7 de ese mismo mes. Sólo un esfuerzo desesperado podría, según las apariencias, salvar del fracaso definitivo la aventura filibustera en Nicaragua. El Sur americano se había decidido a intentarlo desde enero.

En Graytown, habían quedado separados de Walker algunos de sus oficiales. A ellos se reunió el general Robert Chatman Wheat, — prisionero de España por haber participado en la expedición de López en Cuba. A tanta oficialidad se agregaron tres contingentes de reclutas que permanecían ociosos, sin poder efectuar un traslado a reunirse con Walker. Habían éstos logrado desembarcar armas y municiones y se encontraban listos para entrar en acción. Como Lockridge era el oficial encargado del reclutamiento filibustero, se habían puesto todos bajo su autoridad. Establecido así el mando, el resto de oficiales convino en servir bajo las órdenes de éste.

Organizados de esa manera, comenzaron a urdir planes para recapturar la ruta. Adquirieron un viejo barco de la compañía, fuera de servicio, que Spencer había excluido en su captura, y comenzaron a repararlo para intentar el golpe que meditaban. Los dirigentes sureños mientras tanto les habían mandado aviso que pronto les llegarían refuerzos y armamentos.

El 4 de febrero llegó a Graytown el Coronel E.T. Titus, conocido militar sureño de Kansas, con un contingente de 200 hombres y buena provisión de pertrechos de guerra. Era la ayuda sureña prometida. A su llegada, el barco en reparación ya había sido puesto en estado de servicio, y se procedió de inmediato a poner en acción la recaptura ya acordada.

La nominación de Lockridge para el mando de la empresa, fue desacertada. No poseía dones militares y no logró captarse la confianza de su gente ni imponer su autoridad. Organizó sus fuerzas en dos grupos, uno de los cuales lo constituían los sureños al mando de Titus. Embarcados todos los expedicionarios en el destartalado vaporzuelo, ascendieron el río, hasta "Hipp's Point" que lograron recapturar con graves pérdidas para los costarricenses. Titus con su grupo de sureños, fue comisionado entonces para rendir el Castillo.

Cuando llegó allí todavía tuvo tiempo de capturar, y de apagar uno de los cuatro barcos que l guarnición transportaba en esos momentos por los raudales y que en vista de la cercanía filibustera habían incendiado.

Demandó la rendición del fuerte, pero cometió la simpleza de conceder 24 horas para que se efectuase. Los refuerzos que ya estaban en camino, tuvieron tiempo de aparecer y decidir la acción a favor de los costarricenses. Lockridge, posteriormente efectuó todavía un segundo intento de tomar el castillo, pero en vista de las barricadas que lo defendían desistió de su ataque. No le quedó más remedio que regresar a la costa. Para colmo de sus males, el Scott, el vaporcito capturado por Titus, estalló ocasionando muertes y daños entre los expedicionarios. La expedición se desbandó después de sufrir graves penalidades.

Walker comentando el suceso manifiesta: "Los Estados sureños, satisfechos de su inhabilidad de establecer la esclavitud en Kansas, se encontraban dispuestos a concentrar sus esfuerzos en Centro América; y no solo eran los hombres que fueron a San Juan de buena calidad, sino que se encontraban equipados con excelentes pertrechos y provisiones. Si el mismo esfuerzo y gasto se hubiesen efectuado tres meses más temprano, el establecimiento de los americanos en Nicaragua, se hubiese asegurado sin la menor sombra de duda" (Confesión explícita de la ayuda sureña). Así fracasó el último esfuerzo del Sur por salvar a Walker.

Walker tenía puesta su esperanza en el éxito de la empresa de Lockridge, a quien había remitido instrucciones por Panamá. Su inquietud por recuperar la ruta se manifiesta en una consulta que hace a Feyssoux, sobre la posibilidad de ocupar una pequeña embarcación que se encontraba reparándose en La Virgen, en un intento de recuperar los vapores anclados en Ometepe. Feyssoux como buen capitán desahució la posibilidad. También se posesionó de los botes del Narranguensett, un barco americano fondeado en San Juan del Sur y los hizo trasladar al lago con el mismo propósito. Su situación le hacía concebir planes temerarios. Como prudente precaución, sin embargo, el Granada permanecía sin moverse del puerto, con la tripulación a bordo y listo para efectuar su salida en momento extremoso. Esa posibilidad de escape mantenía además la moral de los oficiales. Ya estos estaban diestros en romper cercos cuando el peligro lo demandaba. Salir de Rivas no tendría dificultades. Mientras tuvieran municiones no deberían rendirse.

Ya desde el mes de febrero un importante actor nuevo había aparecido en escena. Era éste el Comandante Charles H. Davis, de la corbeta de guerra americana Saint Mary, que había aparecido en San Juan del Sur inesperadamente. Davis llegaba bajo instrucciones de su superior a Nicaragua con el objeto de proteger la vida y la propiedad de los ciudadanos americanos que se consideraban amenazadas. La intervención de Davis en el cumplimiento de su misión se tradujo en varios hechos: Intervino para que Walker devolviera los botes del Narranguensett; consiguió la libertad de un marinero americano que los costarricenses retenían prisionero; finalmente el 24 de abril, consiguió con el consentimiento de ambos beligerantes, sacar a las mujeres y los niños americanos de Rivas y trasladarlos al puerto.

Pocos días antes había estado a visitar a Walker a quien trató respetuosamente con su título de Presidente. De Rivas partió para San Jorge a entrevistarse con los aliados. Estos pocos días después le dirigieron una nota en la que le pedían que impidiese el desembarco de reclutas. A esto respondió que solamente en jurisdicción de su país podría hacer cumplir las Leyes de Neutralidad americana; que encontrándose en territorio extranjero, carecía de autoridad para ello. Que además su Gobierno reconocía en Nicaragua un estado de contienda civil entre dos partidos y que la neutralidad le impedía intervenir.

Titus, el sureño que había fallado en tomar el Castillo, en la expedición de Lockridge, se había unido a las fuerzas filibusteras, vía Panamá; por él se conocieron los detalles del fracaso, pero aún se conservaban las esperanzas de que dicha campaña pudiera tener éxito. Los aliados en vista de las grandes pérdidas que habían sufrido en sus asaltos a Rivas, habían decidido rendir a Walker por hambre. Tal era la situación cuando el 30 de abril, Davis resolvió mediar en la contienda. Propuso a los aliados obtener la rendición de Walker, a cambio de las vidas de todos los americanos y de todos sus pertrechos de guerra. A continuación de obtener su asentimiento, inició comunicación con Walker para que éste aceptase dichos términos. Temprano por la noche Heningsen y Waters, enviados como emisarios, conferenciaron con él. A éstos les hizo observar la extremosa situación en que se encontraban; que solamente pocos días más podían mantenerse; que Lockridge había abandonado por completo la campaña del río; y que lo más sensato era aprovechar la oportunidad de salvarse que les ofrecía. A esto contestaron los emisarios, que aun cuando se encontrasen en situación difícil, no era tan extremosa que no pudiesen efectuar su salida de Rivas y escapar en el Granada. A lo cual Davis replicó que no permitiría que el bergantín saliese del puerto, y que ya tenía decidido posesionarse de él. Esta última declaración de Davis revela su decidido propósito de obtener de los filibusteros el cese de hostilidades que de esa manera impuso. Sin embargo, no fue la de Walker una capitulación, sino un convenio para terminar la guerra. Eso se deja ver en el siguiente documento.

29. CONVENIO WALKER—DAVIS PARA TERMINAR LA GUERRA

Cuartel Principal. Oficina del Ayudante General. Rivas, mayo 1 de 1857.

El General en Jefe al comunicar el tratado siguiente al ejército, le parece conveniente informarle que ha convenido en él, en razón de aseguranzas solemnes del Capitán Davis, de que el Coronel Lockridge, con su ejército entero ha salido del Río San Juan para los Estados Unidos.

El Comandante en Jefe separándose por ahora de los compañeros valientes que han sostenido nuestra causa en tiempos malos y buenos, desea darles a los oficiales y soldados de su mando las más profundas y verdaderas gracias.

Reducidos a nuestra situación presente por la cobardía de algunos, la incapacidad de otros y la traición de muchos, el ejército aun ha escrito una página de gloria en la historia americana, la cual será casi imposible que se olvide o que se borre. Del futuro ya que no del presente podemos esperar un juicio justo.

El convenio entre el General William Walker por una parte, y el Comandante Charles H. Davis, de la Marina de los Estados Unidos por otra, contiene las siguientes estipulaciones:

1º.) El General Walker con 16 oficiales de su Estado Mayor, marcharán de Rivas con sus espadas, pistolas, caballos y su equipo general, bajo la garantía del Capitán Davis, de la Marina de los Estados Unidos, de que no serán molestados por el enemigo y que les será permitido embarcarse a bordo del buque de guerra de los Estados

Unidos, Santa María en el puerto de San Juan del Sur, obligándose el referido Capitán a transportarlos con seguridad de sus personas en el Santa María a Panamá.

2°.) Los Oficiales del Ejército del General Walker, marcharán de Rivas, con sus espadas bajo la garantía y protección del Capitán Davis, quien se obliga a transportarlos con seguridad de sus personas a Panamá, bajo cargo de un oficial de los Estados Unidos.

3°.) Los soldados oficiales subalternos, ciudadanos y empleados de los departamentos, heridos y sanos, rendirán sus armas a Capitán Davis o a uno de sus oficiales en embarcación separada de los desertores de las filas, de modo que no hagan contacto unos con otros.

4°.) El Capitán Davis obtendrá garantía y con ella garantiza a todos los naturales de Nicaragua o de la América Central ahora en Rivas y entregados a la protección del Capitán Davis, de que se les permitirá vivir en Nicaragua y de que serán protegidos en sus vidas y propiedades.

5°.) Se ha convenido que los oficiales que permanezcan en San Juan del Sur por tener esposas y familias en el puerto, quedarán bajo la protección del Cónsul de los Estados Unidos hasta que se presente una oportunidad de embarcarse a Panamá o a San Francisco.

W. Walker   Charles H. Rivas   Otras firmas

Acompaña al convenio la siguiente carta:

Señor General en Jefe del Ejército de Centro América. Rivas, mayo 1,1857. Señor: El Capitán Carlos H. Davis, comandante de la corbeta de guerra norteamericana Santa María a nombre del Gobierno de los Estados Unidos y por autoridad propia, pone a disposición del señor General Don José Joaquín Mora la plaza de Rivas con todos sus elementos de guerra. "Lo que comunico a Usted para que se sirva impartir sus órdenes para la ocupación de dicha plaza". (No hay firma).

**

El doctor Hurtado Chamorro exalta demasiado el orgullo que demostró Walker en aquellos momentos en que convenía con un marino de los Estados Unidos y no con los generales centroamericanos y el desdén con que vio a los defensores de la patria centroamericana, pues ni siquiera volvió a ver al general Víctor Zavala quien lo acompañó en el trayecto.

Sea como sea, el General Walker estaba frito. Era cosa de tiempo para que muriera de hambre como perro con todos los suyos. La rendición o la muerte era la alternativa. Vanderbilt, por negocios, había trazado la estrategia que redujo a cero al esclavista sureño, y el Capitán Davis fue mandado especialmente a salvarlo. Así es que la rendición, aunque de manera indirecta, y con omisiones, fue ante el alto mando centroamericano.

Justamente, cuando Walker y Davis firmaban su convenio, el General Gerardo Barrios llegaba con un nuevo ejército salvadoreño, lo que viene a conformar la mala suerte de Walker.

Como liberales y conservadores centroamericanos se habían hermanado ante el peligro que representaban los filibusteros, Barrios le escribió a Rafael Carrera Presidente de Guatemala:

"Nada quiero decir de la capitulación de Walker, pero si manifestaré que yo en lugar del señor Mora hubiera sacado más garantías para que Centro América en lo de adelante no fuera inquietada por este aventurero; más el señor Mora se conoce que quería concluir pronto y solo, sin la cooperación nuestra".

El General Barrios —pensamos nosotros— traía a Nicaragua las más vivas ganas de ser él con su poderoso ejército el vencedor de Walker y el que le impusiera los puntos de su rendición.

Barrios acariciaba la idea de fusilarlo.

30. RESULTADOS DE LA GUERRA

La expedición filibustera en Nicaragua, en opinión de Scroggs, no fue un paseo deportivo; ocasionó la pérdida de varios miles de vidas y la destrucción de valiosa propiedad. Henningsen estima que por lo menos mil americanos perecieron en ella. La pérdida centroamericana la calcula en seis mil hombres. Si a tales cifras se agregan las bajas ocasionadas por el cólera, los resultados causarían espanto. Managua, Masaya, Granada y Rivas presentaban cuadras enteras de desolación y ruina. Pocas veces, si no es en ninguna, ha existido semejante destrucción en Nicaragua.

ÚLTIMAS AVENTURAS DE WILLIAM WALKER. EL FILIBUSTERO CAE FUSILADO EN TRUJILLO

(Nos auxilia en el presente capítulo don José Dolores Gámez, historiador nicaragüense).

WALKER SE TRASLADÓ A NUEVA ORLEANS Y PREPARÓ EN SECRETO OTRA NUEVA EXPEDICIÓN CONTRA NICARAGUA

En el mismo día que se firmó la capitulación de Rivas, el 1º. de mayo de 1857 a las cinco de la tarde, pasaron al alojamiento de Walker los señores General don José Víctor Zavala, primer jefe del ejército de Guatemala, y el Capitán Davis, Comandante de la Saint Mary's con objeto de invitarlo a ponerse en camino para San Juan del Sur, adonde iban ambos a dejarlo, en cumplimiento de lo que se había estipulado. El jefe filibustero, seguido de dieciséis oficiales de los suyos, armados todos de sables y revólveres, montó, algunos momentos después, y salió de Rivas con todos los honores de la guerra. Por la noche se hallaban a bordo de la Saint Mary's.

Al llegar a Panamá, el Comodoro americano, Mr. Marvine prohibió a Walker y a sus oficiales que saltaran a tierra y tuviesen comunicación con los de la ciudad. Fue tan rígida esta última orden, que aun las cartas que le llegaron por el vapor California fueron devueltas. Walker protestó que no había ido en la Saint Mary's como prisionero; pero el Comodoro manifestó que el Gobierno de la Nueva Granada había publicado un decreto, en que prohibía desembarcar en Panamá a todos los que últimamente habían estado en la guerra de Centro América.

El 17 de mayo fue conducido Walker a Colón y reembarcado en el Granada con dirección a Nueva Orleans, adonde llegó el 27 y fue recibido con loco entusiasmo por sus amigos. Se hospedó en el "San Carlos Hotel", e invitó por medio de los diarios, para un meeting en la calle del Canal, ofreciendo hablar extensamente sobre sus aventuras en Nicaragua.

El 29 del mismo mes, se colocó en la calle citada una improvisada plataforma, adornada con emblemas alegóricos y se prepararon bandas de música y juegos pirotécnicos por los amigos de Walker. Este compareció rodeado de muchos de sus camaradas y fue saludado frenéticamente por la muchedumbre compacta que llenaba la calle. Walker habló durante dos horas, procurando vindicar sus correrías filibusteras en Centro América, con el deseo de extender la civilización y la influencia americana.

El discurso fue ruidosamente aplaudido, aunque casi no se entendió al orador por ser muy débil su voz, pero la muchedumbre se hallaba aleccionada, y así que terminó el meeting llevó en triunfo a Walker hasta su alojamiento.

Los triunfos de Nueva Orleans alentaron al jefe filibustero, que se decidió a recorrer el territorio americano, levantando el espíritu público en su favor y buscando nuevos prosélitos. Dirigióse, pues, a Washington, y con su audacia acostumbrada, escribió una larga carta al Presidente Buchanan, en la que le hizo una relación de sus campañas en Nicaragua y los medios que sus enemigos emplearon para combatirlo; y terminó por acusar al Capitán Davis por la intervención que tomó en la capitulación de Rivas. La carta fue publicado en El Herald el 18 de junio; pero el Presidente la miró con absoluto desprecio.

La actitud pasiva del Presidente americano dio nuevo aliento a Walker. Recorrió activamente Nueva York y después las principales ciudades del Sur, promoviendo reuniones en todas partes, titulándose Presidente legítimo de Nicaragua y pronunciando largos discursos. El improvisado orador tenía oro, que repartió con profusión y halagaba, prometiendo riquezas fabulosas y feracísimos terrenos en Centro América.

Henningsen, fiel a su bandera, acompañó a su jefe y le ayudó en todas partes, prestando a la causa filibustera el prestigio de su nombre como buen escritor y también como aventurero audaz y de valor.

El 2 de septiembre Walker hizo alarde de sus ideas esclavistas, sosteniéndolas en una carta a Mr. Jenkis, que reprodujeron varios periódicos; y pocos días después en unión de Henningsen, Lockridge y Waters hacía públicos aprestos y reclutamientos para una nueva expedición, en Nashville, Savannah, Tejas y Mississippi, respectivamente, y mandaba circular por todas partes de los Estados Unidos grandes cartelones, en que invitaba a enrolarse en la misma expedición, con ofrecimiento a cada expedicionario de veinticinco pesos mensuales y doscientos cincuenta acres de tierra.

El Trait d'Union de Nueva Orleans, anunciaba la expedición de los filibusteros en estos términos: "Si hemos de dar créditos, decía, a los rumores que corren con todas las garantías de la certeza, el ejército del General Walker se compone de unos tres mil hombres, y su caja militar, sin incluir las sumas votadas y que se le deben enviar posteriormente contiene en este momento más de doscientos mil pesos. Digan lo que quieran los tímidos, la administración cerrará los ojos sobre la expedición y estará pronta a reconocer o rechazar la responsabilidad de la empresa, según los resultados".

El Cuerpo Diplomático sacó de su criminal apatía al Presidente Buchanan. Las protestas llegaban de hora en hora, y fue preciso hacer una declaración oficial en que se reprobaba la expedición, y dar órdenes muy terminantes, que se publicaron en los diarios, en que se prevenía la persecución de todos aquellos que favorecieran las expediciones militares en Nicaragua.

Las imprudencias de Walker, lo perjudicaron una vez más. Sus esfuerzos se malograron por la situación difícil que él mismo se creó; y para mayor abundamiento fue reducido a prisión, de la cual salió poco después bajo fianza de dos mil pesos.

Las exigencias del Cuerpo Diplomático obligaron también al Gobierno americano a mandar algunos buques de guerra a las costas de Centro América, con orden de vigilar e impedir el desembarco de expediciones de filibusteros. (Hay una nota de pie de página que dice: "El Gobierno Británico obligó diplomáticamente al Gobierno Americano —eso se desprende de las notas cruzadas entre el Foreign Office y el Departamento de Estado—, a que limpiara de filibusteros las costas del Caribe, advirtiendo a los americanos que, si no procedían a ello, lo haría la escuadra inglesa. La actitud de la Gran Bretaña fue apoyada por el Imperio francés.

Walker se trasladó a Nueva Orleans, y aleccionado por la experiencia, preparó en secreto otra nueva expedición. En seguida se embarcó en el vapor California, el 12 de noviembre de 1857, de donde trasbordó a otro buque que lo aguardaba a la entrada de la bahía, y de este al Fashion, a cuyo bordo estaba el resto de los expedicionarios, las armas y municiones y en el cual se dirigieron todos sobre Nicaragua.

Apenas se supo en Washington la salida de la expedición, los representantes de los Gobiernos centroamericanos se dirigieron a Mr. Cass, Ministro de Relaciones Exteriores de los Estados Unidos, haciéndole enérgicas protestas. El Ministro mostró desagrado por la conducta que habían observado Walker y sus aventureros y dispuso que la fragata de guerra Susquehanna saliera inmediatamente para la costa de Nicaragua, con órdenes muy terminantes sobre el particular.

Mientras tales acontecimientos se verificaban en los Estados Unidos, Nicaragua hacía esfuerzos por convalecer de su postración, apelando al patriotismo de todos sus hijos. Los sucesos, sin embargo, fueron complicándose, y hubo necesidad de ponerse en armas y levantar ejércitos, en los momentos precisos en que Walker se acercaba a nuestras playas".

LEVÓ ANCLAS EL "SUSQUEHANNA", LLEVÁNDOSE LOS RESTOS DE LOS ÚLTIMOS FILIBUSTEROS

"...El peligro común terminó con todas las cuestiones pendientes entre Costa Rica y Nicaragua.

El Presidente Martínez llamó de Granada al General Cañas para que le ayudara a la defensa, y la Asamblea expidió un decreto con fecha 5 de diciembre de 1857, en que facultaba al Poder Ejecutivo para el arreglo de las cuestiones pendientes con Costa Rica y para la celebración de un tratado de alianza con la misma República.

A continuación, tomó uno de los vapores del lago el General Jerez y con la columna que tenía en Rivas, se dirigió a San Carlos, cuya fortaleza ocupó el 13 del mismo diciembre. De allí hizo salir una lancha en descubierta a explorar el río, la que regresó al día siguiente, dando cuenta de que los filibusteros se habían adueñado del Castillo Viejo y del vapor La Virgen.

Walker había llegado a San Juan del Norte el 23 de noviembre, pero viendo que estaba anclada en el puerto la corbeta americana de guerra Saratoga, tuvo miedo de desembarcar, y virando con dirección a la boca del Río Colorado, en cuyas aguas se internó, desembarcó cuarenta y cinco hombres a las órdenes de Anderson, con instrucciones de situarse en la confluencia del San Juan para cortar las comunicaciones del interior.

En la noche de aquel mismo día, la artillería del Saratoga estuvo haciendo disparos para anunciar que se oponía al desembarco.

Walker bastante alarmado se acercó al Saratoga para cerciorarse de su actitud hostil, pero encontrándolo indiferente a su presencia, se llenó de valor y desembarcó atrevidamente en Punta de Castilla con todos sus hombres y elementos.

Anderson, que permanecía en la confluencia de los ríos San Juan y Colorado, no tardó en saber que el Castillo Viejo estaba mal custodiado por los costarricenses y resolvió tomarlo sin esperar orden de Walker. Se dirigió, pues, sobre aquella fortaleza, y encontró tan descuidado a su enemigo, que pudo rendirlo sin hacer un disparo.

En cumplimiento de las órdenes dadas anteriormente por el Gobierno de los Estados Unidos para perseguir a Walker, el Comodoro Paulding, que se hallaba a bordo de la fragata de guerra Wabash, entonces estacionada en Colón, se dirigió precipitadamente a San Juan del Norte.

Inmediatamente después de su llegada, el Comodoro intimó rendición a Walker, y como éste se negara, destacó 350 hombres, en cuatro lanchas cañoneras, con las cuales circuló en actitud hostil a Punta de Castilla, campamento de los filibusteros. Walker se rindió entonces a discreción y fue conducido a bordo de uno de los buques americanos con 139 de sus compañeros, el 12 de diciembre.

En los momentos en que Walker se rendía, llegó a Punta de Castilla el vapor Morgan, conduciendo a los prisioneros costarricenses hechos por Anderson. El Comodoro los puso en libertad y mandó a custodiar el vapor.

El 13 del mismo mes llegó a San Juan del Norte la fragata Susquehanna, enviada a última hora de los Estados Unidos, en virtud de las reclamaciones del Cuerpo Diplomático. Momentos después apareció el Fulton, enviado con el mismo objeto. El Comodoro dio orden a los capitanes de estos buques que persiguieran a los filibusteros que se habían internado, mientras él regresaba a los Estados Unidos el día 15, llevándose a Walker en calidad de prisionero.

El Capitán Sands del Susquehanna armó en guerra el Morgan avanzó sobre el castillo, donde se encontraba Anderson, que había anticipado una súplica de amparo. A media milla del puerto se encontró con el Ogden que conducía a Anderson y su gente. Estos rindieron las armas y fueron llevados a San Juan.

Los vapores Morgan y Ogden fueron entregados por el Capitán Sands al Cónsul americano en San Juan del Norte en calidad de

225

depósito, para que los devolviera a sus dueños. Poco después levó anclas el Susquehanna llevándose los últimos restos de los filibusteros.

Walker publicó en 1860 un libro titulado La Guerra en Nicaragua, en el cual reseñaba a su manera los acontecimientos, presentándose él mismo como un experto guerrero y hábil estadista, y haciendo aparecer el país algo más atrasado que en sus tiempos primitivos y a sus filibusteros como heroicos y civilizados conquistadores.

En el mes de junio del mismo año, aprovechando la primera impresión causada por su libro, organizó una nueva expedición para la isla de Roatán, adonde llegó el 25 a bordo de la goleta norteamericana John Taylor.

La isla de Roatán estaba para entregarse a Honduras y no podía ser ocupada ni defendida por la Gran Bretaña, según el tratado Clayton—Bulwer y su aclarativo Dallas—Clarendon; desde antes del arribo de Walker, estuvieron llegando a Roatán varias pequeñas partidas de filibusteros, que salieron en distintas fechas para no llamar la atención del Gobierno Americano, formando todos ellos una columna organizada de cien hombres escogidos. El vapor Dew Drop, llevó después cincuenta más; y el resto de la expedición permaneció a bordo de este vapor a la vista de la isla.

Hechos todos los preparativos que creyó necesario, Walker salió de Roatán con todos sus aventureros a bordo de la misma goleta John Taylor con rumbo a la costa de Honduras.

En la madrugada del 6 de agosto sorprendió la plaza de Trujillo y se posesionó de ella. Enarboló el pabellón nacional de Centro América, y titulándose demócrata centroamericano y Presidente de Nicaragua, cometió con su gente los excesos y robos consiguientes a hombres que se proponían vivir en el país.

Todos los Gobiernos de Centro América se pusieron en comunicación, levantando ejércitos; especialmente los de Honduras y Guatemala, que, por estar más cerca del teatro de acontecimientos, hicieron marchar rápidamente dos grandes divisiones mandadas respectivamente por los generales Álvarez y Godoy.

El Gobierno de Guatemala, además, tan luego como tuvo noticia del reaparecimiento de Walker, envió un comisionado especial al Superintendente inglés de Belice, en solicitud de su cooperación para rechazarlo del territorio centroamericano, o cuando menos el bloqueo del puerto de Trujillo con buques británicos, para impedir que recibiera refuerzos de los Estados Unidos.

El 21 de agosto del mismo año, Mr. Nowell Salmon, Comandante de la fragata de guerra inglesa Icarus, de acuerdo con el comandante hondureño don Humberto Martínez, dirigió una comunicación a Walker, haciéndole saber que los ingresos de la aduana del puerto de Trujillo estaban hipotecados al Gobierno inglés, que servían perjuicio con la ocupación ilegítima del puerto, y que por lo mismo le ordenaba la devolución de los fondos de la aduana, la deposición de las armas y el reembarco inmediato de su gente, bajo pena de compelerlo con la fuerza.

Walker contestó que no había tomado fondos de la aduana, procuró justificar su invasión y se mostró deferente a deponer las armas; pero por la noche se escapó con dirección a Nicaragua.

A las once de la mañana del día siguiente, recuperó la plaza el comandante Martínez y destacó ochenta hombres con persecución de los fugitivos.

Poco después llegaron a Trujillo las fuerzas del general Álvarez. Este tuvo una entrevista con el Comandante Salmon, y puestos de acuerdo sobre la manera de perseguir y capturar a Walker, adelantaron el Icarus a la barra del Río Tinto, a observar los movimientos de los filibusteros en aquel puerto, en que forzosamente deberían verse cortados por falta de medios cómo atravesarla.

El 31 de agosto se embarcó Álvarez con la fuerza necesaria, en la goleta hondureña Correo de Trujillo, el día 3 del inmediato septiembre echaba anclas en el punto convenido, donde lo aguardaba el Icarus.

Mr. Nowell Salmon informó al jefe hondureño que los filibusteros se encontraban en las inmediaciones, que abrigaba el convencimiento de que se rendirían, si ambos desembarcaban con fuerzas del buque y hacían la intimación; pero que ofrecía su ayuda, solamente en el caso de que se diera garantía a todos los expedicionarios que jurasen no volver a tomar armas contra Honduras, con excepción de Walker y Rudler, primero y segundos jefas de los filibusteros, a quienes entregaría sin condición alguna.

Aceptada la propuesta, se dirigieron ambos jefes a la costa e intimaron la rendición incondicional. Walker y sus hombres contestaron que se rendían al representante de Su Majestad Británica y entregaron sus armas. En seguida, por razones de comodidad fueron llevados los prisioneros a bordo del Icarus.

El 5 de septiembre regresó la expedición a Trujillo.

Un corresponsal del Herald de Nueva York, que seguía los pasos de Walker, fue inmediatamente a bordo y se vio con éste.

Todos los filibusteros se hallaban enfermos y mal vestidos. Walker era el único que no daba muestras de abatimiento, y al ver al corresponsal del Herald, se le animó el semblante.

Conversó con él un rato, refiriéndole tranquilamente los últimos sucesos, le hizo entrega de la correspondencia oficial que había mediado entre él y el Comandante británico, le manifestó deseos de que fuera publicada, y después le redactó con voz pausada la siguiente protesta:

"Por la presente: Protesto ante el mundo civilizado que cuando me rendí al Capitán del vapor Icarus de Su Majestad Británica, este oficial manifestó que recibía mi espada y mi pistola, lo mismo que las armas del Coronel Rudler, y que la rendición fue hecha expresamente y con muchas palabras a él, como representante de Su Majestad Británica. William Walker.

A bordo del vapor Icarus, 5 de septiembre de 1860".

El 6 a las cuatro de la tarde fueron enviados al costado del vapor, tres grandes lanchas encargadas de recibir a los prisioneros, que salieron custodiados por tropas inglesas.

Al desembarcar, la tropa del Icarus formó en primera línea, y la de Honduras, que aguardaba en la costa, se abrió en dos grandes hileras para colocar en el centro a los prisioneros, volviéndose a cerrar en seguida.

La marcha de entrada fue lenta y grave. Walker a la cabeza de su gente que presentaba con pocas excepciones, un aspecto cadavérico, iba vestido con mucha sencillez y caminaba con fría indiferencia al compás del tambor.

Llegados a la prisión, Walker pidió un capellán e hizo alarde de mucho catolicismo, pensando, sin duda, que de esta manera despertaría el sentimiento público en su favor.

El 11 de septiembre, a las siete de la noche, se le notificó su sentencia de muerte, que oyó leer sin dar muestra; contentándose solamente con preguntar a qué horas tendría que verificase y si se le permitiría escribir.

El 12 a las 8 de la mañana, el reo marchó con paso seguro al lugar de su ejecución. Iba con un crucifijo en la mano sin ver a nadie, oyendo los salmos penitenciales que con voz lúgubre recitaba un sacerdote que lo acompañaba.

Al sentarse en el terrible banquillo, levantó la vista sobre la concurrencia y con voz clara y pausada, se dirigió al pueblo en los términos siguientes: Soy católico romano. Es injusta la guerra que he hecho a Honduras por gestiones de algunos roataneños. Los que me han acompañado no tienen culpa, si no yo. Pido perdón al pueblo y recibo con resignación la muerte, si ella fuere un bien para la sociedad.

Momentos después, caía atravesado por diez balas, y sus últimos despojos, encerrados en un modesto ataúd, recibían sepultura en el cementerio de Trujillo.

Así termina la crónica del fin de Walker escrita por el historiador nicaragüense don José Dolores Gámez.

Don Salvador Calderón Ramírez, también nicaragüense, en su libro de Relatos históricos, afirma que el Sargento Cirilo Mendoza, de San Francisco de Sapota, Olancho, le dio el tiro de gracia a Walker.

LA CONFEDERACIÓN DEL SUR

Para que los lectores tengan un conocimiento rápido, la Confederación del Sur estaba compuesta por los siguientes Estados:

Alabama, Georgia, Florida, Carolina del Norte, Virginia, Tennessee, Mississippi, Luisiana, Tejas y Arkansas.

Estos diez Estados se unieron para fundar un Estado que se basaba en la esclavitud de la población negra.

Su primer Presidente fue Jefferson Davis.

La elección presidencial del abolicionista Abraham Lincoln, en 1860, fue la señal de la guerra de secesión o separación de los Estados esclavistas del Sur. Esta guerra civil estalló en 1861 para oponerse a la supresión de la esclavitud y duró hasta 1865.

Los Estados abolicionistas después de cuatro años de lucha, acabaron por triunfar.

Los partidarios de la esclavitud (o del Sur) recibieron el nombre de sudistas o confederados, y los defensores del abolicionismo (Estados del Norte), el de nordistas o federados.

Las aspiraciones de los sudistas eran muy grandes; querían extender su sistema a los demás Estados de los Estados Unidos y dominar México, Centro América y las islas del Mar Caribe, en especial Cuba.

William Walker, antes de venir a Nicaragua, había luchado por arrancar de México el vasto Estado de Sonora para incorporarlo a la Confederación del Sur.

De modo que su presencia en Nicaragua y su obstinación en volver a ella, no era una simple ambición individual. Era un objetivo político de los fundadores de una nueva nación, la Confederación del Sur, entre cuyos fundadores se contaba él, William Walker.

Si nos hemos extendido hasta aquí, ha sido en obsequio a la claridad del tema filibustero, una explosión antihistórica en favor de la esclavitud que antes de haber ocasionado destrozos en los Estados Unidos en la década sesenta, ya los había causado en Centro América por medio de William Walker en la década cincuenta.

Por eso, no está del todo mal la observación del geógrafo francés Eliseo Reclus, que "en el incendio de Granada empezaron a quemarse las ambiciones esclavistas de la poderosa Confederación del Sur".

De la participación del pueblo hondureño en la lucha contra el filibusterismo, no haremos discursos, lo dice la historia.

Walker está en el cementerio de Trujillo.

BIBLIOGRAFÍA

Cuantos autores, nacionales y extranjeros, han construido esta Historia con sus obras, han sido puntualmente citados, hasta con insistencia para que no haya ninguna duda. A todos les estamos vivamente agradecidos por su cooperación en la factura de este trabajo. Si desgraciadamente, hubiera uno, dos, o tres que fueran omitidos, les rogamos culpar a nuestra memoria y no atribuirnos mala intención, que nunca le hemos abrigado.

Respetamos lo ajeno intelectual, y nos repugna el bizantinismo de muchos, que a fuerza de respeto y por ostentar erudición, llenan páginas y páginas con citas de autores y obras, y muchas veces por haber tomado una simple palabra, lo que es el colmo.

A todos, muchas gracias.

GOBIERNO DEL GENERAL SANTOS GUARDIOLA

1. Después de Cabañas y antes de Guardiola.

Vencido el general Cabañas en el combate de Masaguara por haberle faltado las reservas que acudirían a ese punto al mando del general Eusebio Toro, el vencedor Juan López a la cabeza del grueso ejército que le había proporcionado el dictador Rafael Carrera entró marchando a la plaza de Comayagua y desde allí aseguró el poder que pasó a los conservadores.

Dígase de paso que el citado general Juan López fue un personaje de segunda clase que tuvo renombre en los años finales de la década cincuenta y en toda la década sesenta del siglo pasado. En efecto, vino al país con tropas guatemaltecas a derribar el gobierno constitucional de Cabañas. Fue y vino cubriendo caminos fronterizos para que no entraran al territorio los enemigos del gobierno conservador. Con el cuento de la obediencia militar, fue de los generales que impusieron el terror en el departamento de Olancho en 1865. Por añadidura, cuando se acabó la gente de ahorcar, de allá trajo en calidad de botín de guerra una numerosa recua cargada de quesos y vejigas de mantequilla. Como su acción estuvo lejos de ser lucida en los valles de Olancho, donde lo derrotaron varias veces con las sorpresas de las guerrillas, las comadres le pusieron el apodo de "La cagona".

Pero finalmente, como no todo debía ser baldón, se portó bien en el encuentro con las tropas regulares de El Salvador, a las que derrotó en el cementerio de Santa Ana, acción que determinó la caída del Presidente salvadoreño, Doctor Francisco Dueñas[3]. Y algo más, tuvo dos hijos sobresalientes: el General Rafael López Gutiérrez, quien fue Presidente de Honduras de 1920 a 1924, y el señor José Antonio López Gutiérrez, distinguido ciudadano y brillante escritor. En el orden civil y político, el general Juan López no pasó de ser un suplefaltas. Así fue que en una de las tantas escapadas del poder que hacía el inestable José María Medina, López quedó de Presidente Provisional desde el 27 de abril al 21 de noviembre de 1867.

---

[3] El segundo jefe del ejército hondureño fue el General Andrés Van Severén, liberal arista y alma del triunfo.

2. Mientras llegaba Guardiola.

López, con un gran ejército en Comayagua, pudo adueñarse del poder y mandar con la fuerza de las armas, con el poder desnudo a los Agatocles. Además, contaba con el apoyo de Carrera, quien lo había mandado a derribar al general Cabañas. No lo hizo; le faltó ánimo. O, contrariamente, había tal respeto de la ley, tal deseo de construir y no de deshacer, tal ansia de purificar y no de corromper, que llamó a don José Santiago Bueso, Vicepresidente de la República, para que se hiciera cargo de la Presidencia en propiedad, en la que estuvo del 18 de octubre al 8 de noviembre de 1855, y éste, siempre llenando requisitos legales, depositó el alto cargo en don Francisco Aguilar, quien lo desempeñó desde el 8 de noviembre del 55 hasta el 17 de febrero de 1856.

Aguilar convocó a los ciudadanos para que asistiesen a las elecciones de Presidente de la República para el período de 1856 a 1860. La Asamblea tuvo a su cargo la práctica del escrutinio el 14 de febrero. Como no hubo mayoría absoluta a favor de ningún candidato, en cumplimiento del artículo 38 de la Constitución del 4 de febrero de 1848, la Asamblea, tomando en cuenta los votos mayoritarios, decidió el caso, dando la Presidencia al general Santos Guardiola y la Vicepresidencia a don José María Lazo. El nuevo gobierno empezó a funcionar el 17 de febrero de 1856.

En subcapítulos puntualizaremos las principales actividades del Presidente Guardiola en sus dos administraciones hasta su muerte.

TRASPASO DE LA CONTRATA FERROCARRILERA DE UNA COMPAÑIA AMERICANA A UNA COMPAÑIA INGLESA

El señor Enrique Gutiérrez, Ministro Plenipotenciario de Honduras en la Gran Bretaña, escribió un folleto titulado "Relación histórica" en la década 70 para explicar los empréstitos ferrocarrileros en Londres de la época medinista, y en ese folleto se refiere a la contrata Squier—Cabañas para trazar el ferrocarril de Puerto Cortés al Golfo de Fonseca.

Dice Gutiérrez:

"En los años de 1850 a 1852 el representante de los Estados Unidos en Centro América, Mr. E.G. Squier, concibió la idea de que podía ser practicable un camino de fierro a través de la República de Honduras desde Puerto Caballos a la Bahía de Fonseca. Firme en esa idea, consiguió en los Estados Unidos que se organizase un cuerpo científico para reconocer la practicabilidad de esa línea, el cual partió de los Estados Unidos en febrero de 1853, y retornó en diciembre del mismo año. El informe fue muy favorable, y en consecuencia Mr. Squier pidió al gobierno de Honduras la concesión para construir el camino, a favor de los señores Robert J. Walker, Amery Edwards, A. Miltenberger, James S. Thayer, Henry Stanton, Fletcher Westray y el propio E.G. Squier, siendo entonces Presidente de aquella República, el General don José Trinidad Cabañas, y comisionados de dicho gobierno don León Alvarado y don Justo F. Rodas.

Obtenida la concesión del gobierno de Honduras para construir este ferrocarril, el 28 de julio de 1853, Mr. Squier organizó en Nueva York una compañía, que fracasó poco después a causa de la oposición que se le hizo por los interesados y partidarios de la línea de Panamá, y por el desdén y frialdad con que fue recibida por el público especulador de los Estados Unidos.

Los promovedores de esta empresa determinaron recurrir a los mercados de Europa a fin de buscar capitales para llevarla a cabo, con cuyo objeto comisionaron a su iniciador Mr. Squier para que se trasladase a Londres o París, y la presentase al público en una de sus capitales.

Después de dos años de luchas y de esfuerzos, venciendo dificultades y oposiciones, consiguió organizar una compañía mixta, esto es, inglesa, francesa y norteamericana, con su residencia en Londres y bajo la sanción directa del Gobierno inglés. Figuraban en aquella compañía Sir William Brown como Presidente, y Robert Wigram Crawford, Esp., como Vicepresidente, además de otros muchos hombres notables y de alta posición social, como no ha tenido mejores ninguna otra compañía semejante.

He aquí la lista completa de los señores que formaban esa compañía, los cuales, por su posición social, influjo y riqueza, forman un conjunto tan respetable y poderoso, que no podrá reunirse mejor en ninguna plaza del mundo comercial:

R.W. Crawford, Esp., M.P. Londres.

Abraham Darby, Esp., Stoke Court. Slough Kennards y Ca., Lombard Street.

John Pemberton Heywood, Esp., (Heywood).

Charles Holland, Esp., Presidente de la Cámara de Comercio de Liverpool.

Thomas Sanden Kirkpatrick, Esp., Londres.

M.T. Weguelin, Esp.,Londres.

Charles F. Meulton,Esp., París.

John Lewis Ricardo, Esp., Londres.

Major—General Themenhere, Londres.

William Wheelwright, Esp., Londres.

Joseph Robinson, Esp., Ebbw Vale Company.

El mismo Lord Clarendon, entonces Ministro de Relaciones Exteriores de la Gran Bretaña, fue el que indujo a Sir William Brorvn a que se encargase de la presidencia de la compañía, dando de su parte todas las facilidades que estaban en su poder, a fin de que se pudiese llevar adelante la construcción. (Ya en tiempos del Presidente Guardiola).

El 20 de agosto de 1856, se concluyó un tratado de amistad, comercio y navegación entre Gran Bretaña de una parte, y en su representación el Ministro de Honduras en Londres. Por ese tratado se establece la neutralidad del ferrocarril a través de Honduras, bajo la protección de la Gran Bretaña, y otra porción de condiciones favorables al desarrollo del comercio y libre tráfico por dicha línea. Los Estados Unidos y Francia hicieron poco después tratados semejantes.

Por otro tratado de 28 de noviembre de 1859, tomando en consideración la peculiar posición geográfica de Honduras, y para asegurar la neutralidad de las islas adyacentes con referencia a cualquier ferrocarril o línea interoceánica de comunicación que se pudiese construir a través de Honduras, el Gobierno de Su Majestad Británica convino en reconocer las islas de Roatán, Helena, Barbareta, Guanaja, Utila y Morat, conocidas con el nombre de Islas de la Bahía, y situadas en el Golfo de Honduras, como parte integrante de dicha República.

Por otro artículo del mismo tratado reconoció el gobierno inglés la soberanía de la República de Honduras sobre el territorio habitado por los indios mosquitos comprendido dentro de los límites de la frontera de dicha República, cualesquiera que ellos fuesen.

De esta manera se zanjaron las dificultades que existían respecto a esos territorios entre la Gran Bretaña, Centro América y los Estados Unidos.

Esta restitución a la República de Honduras de las islas de la Bahía y del territorio de los Mosquitos, de parte de la Inglaterra fue la primera ventaja que obtuvo Honduras del proyecto de abrir un ferrocarril interoceánico a través de su territorio.

Formada en Londres la compañía, y a expensas personales de sus directores, que gastaron en esto unas L.80.000, se hizo un completo estudio de la línea en los años de 1857 y 1858, bajo la dirección del General William W. Wrigth, y los puertos y ríos fueron estudiados cuidadosamente por el capitán de la marina de los Estados Unidos W. N. Jeffers.

Estos trabajos fueron comprobados luego por el teniente coronel Edward Stanton, ingeniero real, el cual, llevando a sus órdenes un cuerpo de ingenieros, fue despachado a Honduras en servicio del Gobierno de Su Majestad Británica.

El estudio de toda la línea del ferrocarril estaba minuciosamente expuesto en la siguiente colección de documentos:

1. Mapa general de toda la línea del propuesto ferrocarril desde Puerto Caballos (o Cortés) hasta la Bahía de Fonseca, en escala de una milla en pulgada.

II. Mapas topográficos detallados del campo de trabajo (24 mapas), con escala de 500 pies en pulgadas.

III. Perfil o sección vertical de toda la línea, en escala de 400 pies en pulgada horizontal, y 40 pies en escala vertical.

IV. Carta detallada de la parte de la Bahía de Fonseca en la cual debe terminar el ferrocarril, por triangulaciones del Teniente Jeffers, ingeniero hidrográfico.

V. Carta detallada de Puerto Caballos y Alvarado Lagoon.

VI. Extractos de la Memoria de J.C. Trautwine, Esq., ingeniero en jefe.

VII. Memoria de W.W.I Wrigth, Esq., primer asistente ingeniero, la cual contiene tablas y detalles de los desmontes, terraplenes, túneles, puentes, c., con los presupuestos.

VIII. Memoria del Teniente W.N. Jeffers, de la marina de los Estados Unidos, ingeniero hidrográfico, respecto a la Bahía de Fonseca.

IX. Memoranda y observaciones presentadas por el Teniente W.N. Jeffers, actuando como agente diputado.

X. Extracto de la Memoria del Teniente Coronel Edward Stanton al General Sir J.F. Burgoyne, K.C.B., respecto a la Bahía de Fonseca.

XI. Memoria del Dr. J.L. Le Conte respecto a los recursos agrícolas y minerales del país, en las inmediaciones de la línea del ferrocarril.

XII. Memoria de Gustavus Holland, M.D. Cirujano de la expedición.

XIII. Extracto de una memoria al gobierno francés respecto a la Bahía de Fonseca, por el Capitán M.T. de Lapelin, de la fragata La Brillante.

Pero antes que se pudiesen recoger los frutos de estos trabajos preparatorios, estalló la guerra de Italia, y todas las operaciones para llevar adelante la empresa se suspendieron.

También empezó entonces la guerra en los Estados Unidos, y muy pronto la invasión de los franceses en México. En estas circunstancias los directores de la compañía de Londres, que a mayor abundamiento habían recibido de uno de sus ingenieros un informe desfavorable respecto a la practicabilidad de la línea, se acobardaron y suspendieron toda acción encaminada a llevar adelante la empresa.

En medio de tantas circunstancias desfavorables, la concesión del referido ferrocarril caducó, en virtud de uno de los artículos de dicha concesión, desapareciendo por entonces de la escena pública el proyectado ferrocarril".

Hasta aquí la relación histórica del señor Gutiérrez.

***

Caben al respecto algunas consideraciones:

La Gran Bretaña, sabia en operaciones empresarias, podía cumplir el Tratado Clayton—Bulwer tal como estaba concebido en el documento, y no perdía en Centro América si orientaba su decisión hacia las empresas ferrocarrileras.

Si los Estados Unidos se hallaban más inclinados al ferrocarril por Panamá, ella, la Gran Bretaña, podía disponer de otro ferrocarril en Honduras.

Una potencia deseaba un rápido medio de comunicación para ir a California, desde el Atlántico; y a Nueva York, desde el Pacífico.

La otra potencia anhelaba renunciar al lejano Cabo de Hornos para visitar sus posesiones insulares y continentales de Oceanía y el Indico.

De allí el poder de la compañía de Londres.

Por eso la Gran Bretaña acortó el período presidencial del General Cabañas en Honduras, haciéndolo por medio de Rafael Carrera, dictador de Guatemala.

De su parte Carrera, con criterio de Capitán General de Centro América, estaba molesto porque Honduras se iba a adelantar a Guatemala con el beneficio de un ferrocarril. Eso no debía suceder bajo ningún concepto.

Así fue que por medio de Juan López quitó a Cabañas para poner a Guardiola.

Pero Gran Bretaña veía en Guardiola al hombre que le garantizaría el ferrocarril de Puerto Caballos a la Bahía de Fonseca, y lo impuso.

Carrera al ver los resultados se llenó de indignación, y mandó matar a Guardiola.

Al menos, esa fue la opinión del General Carlos F. Alvarado, personaje muy bien informado del trasfondo de la política nacional de su tiempo.

EL GOBIERNO DE GUARDIOLA PARTICIPA EN LA GUERRA DE LIBERACIÓN DE NICARAGUA

El General Santos Guardiola recibió en la capital de Comayagua la Presidencia de Honduras, cuando sus amigos los legitimistas (conservadores) de Nicaragua sufrían las duras consecuencias de su derrota más que por sus adversarios políticos nacionales los demócratas (liberales) por los filibusteros que comandaba William Walker.

Los emigrados nicaragüenses residentes en Honduras vieron con entusiasmo el triunfo de Guardiola y esperaron de éste una ayuda completa para vencer al invasor de Nicaragua. No hubo nada parecido al respecto. Guardiola no quiso repetir por su lado lo que Cabañas hizo en su tiempo con los demócratas, hecho que redujo su arsenal de guerra y que dio la oportunidad de que lo atacara Carrera por medio de Juan López con éxito. Si Guardiola habilitaba con armas a los emigrados legitimistas, entonces provocaría a Walker para que declarara una guerra en regla contra Honduras. De otra parte, la invasión de Walker estaba adquiriendo un prestigio enorme entre los expansionistas de la Confederación del Sur, quienes esperaban con impaciencia la pacificación del país para hacer en él cuantiosas inversiones. Si Nicaragua y las otras naciones de Centro América no pasaban a ser Estados miembros de la Confederación del Sur, al menos sería una zona de influencia de los sudistas. Guardiola, contra el deseo de los emigrados nicaragüenses, quería establecer relaciones cordiales con el gobierno de Walker.

Pero al fin, el 18 de julio de 1856, se firmó en la ciudad de Guatemala una alianza entre las Repúblicas de Honduras, El Salvador y Guatemala, para unir sus fuerzas militares y enviarlas a Nicaragua a arrojar a los filibusteros del país. En cumplimiento de dicha alianza, el Gobierno de Honduras mandó a Nacaome al general Juan López con 600 hombres, y de estos pasaron 300 a Nicaragua al mando del general Florencio Xatruch en noviembre.

De la conducta del ejército hondureño en Nicaragua ya hemos hablado. Asimismo, hemos visto la designación del general Xatruch como jefe supremo de los ejércitos aliados hasta que se incorporó el de Costa Rica con hechos decisivos bajo el mando del general José Joaquín Mora.

Nadie en aquel tiempo ni después hizo un estudio comparativo de los ejércitos y las armas en contienda. Walker, Henningsen, Waters con sus famosos rifleros, tiradores que "donde ponían el ojo ponían la bala", produjeron desastres en sus adversarios; en tanto que las fuerzas de Zavala, Belloso y Xatruch, si es verdad que no les faltaba patriotismo, en cambio sufrían la impericia del recluta: no sabían tirar, y siempre comparados los heridos y muertos de ambos bandos, los de los aliados llegaban al doble, y muchas veces más.

Todos los centroamericanos, como soldados, hicieron esfuerzos extraordinarios. Nadie se quedó atrás. Les faltó sí llevar a la cabeza un líder que popularizara el combate, que popularizara la guerra, que popularizara el ideal de arrojar del suelo patrio al invasor para luego reconstruir la República Federal de Centro América. En aquella epopeya faltó un Francisco Morazán. No negamos que los jefes fueran valientes, pero los más de ellos tenían una inteligencia mediocre. Todos vivían aferrados a sus provincialismos, con raras excepciones. Zavala, de Guatemala, vivía inventándose apodos para zaherir al general Belloso, jefe de los ejércitos aliados, y a Belloso le faltó coraje para desenfundar su arma y acribillarlo a tiros por abusivo. El cuartel general vivía lleno de chismes y murmuraciones, que impedían la compactación de las fuerzas y relajaban la moral de los combatientes.

Xatruch llevó a Nicaragua las fuerzas especiales del general Guardiola, los famosos pericos, que se distinguieron en el asalto de León en enero de 1845, y de los que el general Francisco Ferrera, escribió en verso:

Y los famosos pericos
que grabaron con sus picos
páginas de oro en la historia.

Pues estos pericos casi fueron arrasados por los rifleros del general Henningsen en el asalto de Granada. Pero su fama llegó a tanto que en aquella guerra se les conoció con el nombre de los xatruches por el nombre de su jefe el general Xatruch, nombre que después se volvió catrachos.

Ya dijimos también que la plaza de Rivas, sitiada 40 días, cayó en poder de los aliados el 1º. de mayo de 1857. Por el momento Nicaragua y el resto de Centro América quedaron libres. La división hondureña que hizo la campaña contra Walker, regresó a Honduras con su jefe el general Xatruch, haciendo su entrada en Comayagua a las doce horas del día 12 de junio de 1857. El Presidente Guardiola ordenó la celebración de grandes fiestas en honor del ejército y de su comandante.

INGLATERRA DEVUELVE LOS TERRITORIOS USURPADOS DE LAS ISLAS DE LA BAHIA Y LA COSTA DE LOS MOSQUITOS

El día 27 de noviembre de 1859, entró en la ciudad de Comayagua, capital de la república, a trote de mula briosa, el señor Charles Lennox Wike, seguido de varios asistentes y numerosos criados, que en sus movimientos demostraban no ser muy buenos jinetes en unas cabalgaduras poco lucidas. Con anticipación, el cónsul inglés, señor Edward Hall, había adornado la casa en que posaría el señor Lennox Wyke, enviado Extraordinario y Ministro Plenipotenciario del Reino Unido de la Gran Bretaña e Irlanda ante el Gobierno de la República de Honduras. A decir verdad, hasta ese momento del siglo XIX, la figura más notable que había visitado a

Honduras era aquel inglés que llegaba a devolver territorios nacionales largamente retenidos por la potencia más respetable de la tierra. El pueblo se agolpaba en las puertas, se detenía en las calles y se amontonaba en las plazas para ver a aquel personaje blanco, rubio, ojos azules que procedía de un paso lejano, y en los círculos oficiales también había nerviosa curiosidad por saber las últimas decisiones de la Corte londinense.

El compatriota Francisco Cruz en su estudio "El Departamento de las Islas de la Bahía" detalla el gran acontecimiento de aquellos días:

"El Gobierno británico comisionó al Honorable Carlos Lennox Wyke en calidad de enviado Extraordinario y Ministro Plenipotenciario para arreglar con el gobierno hondureño el embarazoso asunto de las Islas de la Bahía y La Mosquitia. El Plenipotenciario Wyke ingresó con ese fin a Comayagua, y presentó sus credenciales al Gobierno. Verificada la recepción oficial del Plenipotenciario Wyke, el Presidente hondureño nombró por su parte para firmar el convenio al Canónigo don Florencio Estrada; pero aquel dignatario, en su condición de sacerdote del culto romano, encontrando inaceptable la libertad de cultos en las Islas, dimitió su nombramiento, el cual fue conferido a don Francisco Cruz, quien con plenas instrucciones concluyó con el representante británico el tratado de 29 de noviembre de 1859, cuyo primer artículo dice así:

"Considerando la posición peculiar geográfica de Honduras y en orden a asegurar la neutralidad de las islas adyacentes, con referencia al ferrocarril u otra línea de comunicación que pueda construirse a través del territorio de Honduras en la tierra firme, S.M.B. conviene en reconocer las islas de Roatán, Guanaja, Elena, Utila, Barbareta y Morat, conocidas por las Islas de la Bahía y situadas en la Bahía de Honduras, como una parte de la República de Honduras".

En observancia del tratado —sigue diciendo don Francisco Cruz—, las islas fueron entregadas al comisionado hondureño, licenciado R. Padilla Durán, en 22 de abril de 1861, quedando desde entonces reconocida y practicada la plena soberanía de Honduras, sin ninguna reserva en las Islas de la Bahía.

Por el mismo tratado se reconoció a los habitantes de las Islas el uso de la lengua inglesa y el ejercicio de la religión protestante.

El tratado finalmente reconoció la soberanía de Honduras en el territorio Mosquito ocupado o poseído por los indios mosquitos, dentro de la frontera de la República, cualquiera que sea ésta.

SEGUNDO PERIODO PRESIDENCIAL DEL GENERAL SANTOS GUARDIOLA

En Vida y hechos del General Santos Guardiola, obra escrita por el licenciado Guardiola, se hace referencia de la reelección del gobernante en los siguientes términos:

Estando para terminar el período presidencial de 1856 a 1859 para que fue electo el general Santos Guardiola, la Cámara legislativa, convocando al pueblo hondureño para que eligiera el mandatario que debía gobernar en el nuevo período que terminaría en 1863. Este hecho se realizó en la fecha indicada, saliendo reelecto el general Guardiola por abrumadora mayoría.

Las elecciones presidenciales de 1859 tenían escasos precedentes en la historia de Honduras. El pueblo gozó en ellas de una libertad completa, especialmente en la expresión del pensamiento por medio de la prensa que, desbordada en algunos casos, prorrumpió en insultos para el candidato Guardiola. Cuando algunos de sus partidarios le aconsejaron dar disposiciones drásticas contra sus enemigos, Guardiola les manifestó que se hallaba sin cuidado por las injurias que le arrojaban, y que los daños que causaba la palabra impresa se debían curar con la misma palabra y en la misma forma.

En tales elecciones sucedió lo contrario de lo que generalmente ocurre, que la imposición no partió de arriba sino de abajo, pues el pueblo se impuso en ocasiones propicias a las autoridades partidarias de don José María Lazo. Los seguidores de este último fundaron para su propaganda el periódico titulado "El Elector", dirigido por el Licenciado Adolfo Zúñiga que atacaba con mucha dureza al gobierno de Guardiola, mientras que los guardiolistas publicaron "El Vigilante", que respondía enérgicamente a las acusaciones que hacían sus contrarios.

Estas elecciones se realizaron en paz y a satisfacción de casi todos los pueblos, que después felicitaron espontáneamente al candidato triunfante.

En vista del resultado electoral, la Asamblea decretó lo siguiente:

La Asamblea General del Estado de Honduras, considerando: que del escrutinio de la votación general en la elección de Presidente del Estado ha resultado el Benemérito General D. Santos Guardiola con 20.530 sufragios, siendo la base 22.873. Y que practicada la elección de vicepresidente, resultó por mayoría de votos el señor D. Victoriano Castellanos.

Decreta:

Artículo 1º. Se declara popular y constitucionalmente reelecto Presidente del Estado en el período de 1860, 61, 62 y 63 al Benemérito General D. Santos Guardiola. Art. 2º. Asimismo se declara vicepresidente en el propio período al señor don Victoriano Castellanos. Pase al S.P.E. Dado en el Salón de sesiones a 3 de febrero de 1860. Norberto Martínez R.P. Manuel Fernández R.S. Rafael Tijerino R.S. Por tanto: Ejecútese. Lo tendrá entendido el Ministro del despacho y dispondrá se imprima, publique y circule. Dado en Comayagua en la Casa de Gobierno a 4 de febrero de 1860. Francisco Montes. Al Señor Ministro General y lo transcribe a V.E. para que con la solemnidad posible lo haga publicar y circular en los pueblos de su mando, esperando me dé aviso de su recibo y que admita mi aprecio.

Y lo comunico a V.E. para inteligencia de esa Honorable Corporación, esperando me conteste el recibo y que me tenga por su atento servidor.

Pedro Xatruch

En vista del anterior decreto, el General Guardiola tomó posesión de la Presidencia, en la fecha iniciada, con las formalidades legales.

***

Así termina lo dicho por el licenciado Esteban Guardiola Cubas, descendiente de los viejos Guardiola, y por tanto, pariente consanguíneo del que fue Presidente.

Como el licenciado Guardiola publicó su libro para vindicar el nombre del general Guardiola, se olvidó hasta de la lógica.

Según el biógrafo, el general Guardiola era tan querido en el país que, en las elecciones presidenciales, con una base de 22.873 votos, obtuvo la mayoría absoluta de 20.530 sufragios.

Don José María Lazo alcanzó a duras penas 2.343 votos en la República.

Guardiolita (como le decían en el aula los estudiantes de Derecho, no por pequeño, que no lo era, sino por así llamarlo, y él aceptaba contento) no comprendió que hay ciertas unanimidades electorales que, en lugar de hacer bien, perjudican, como la que está a la vista.

Veamos:

Primero, no fueron todos los electores a las urnas.

Segundo, cuantos concurrieron, unos fueron partidarios de Guardiola, y otros, obligados por el voto público, no tuvieron valor de disentir y se pronunciaron en favor de Guardiola.

Tercero, los votantes en contra lo hicieron en Comayagua, Tegucigalpa y alguna población más.

Cuarto, en los demás centros electorales de la República, favoreció a Guardiola el simple clima de terror que imponía su nombre.

Recuérdese que el Poder popular desapareció con la República Federal de Centro América. En las elecciones posteriores (si alguna vez las hubo) se hizo presente un simple remedo democrático.

Los terratenientes feudales tomaron como propio lo que fue derecho del pueblo. Llevaron a sus mozos a los centros electorales, y allí gritaron éstos los nombres de unos candidatos que desconocían personalmente o de referencia, pero que interesaban políticamente a los grandes hacendados, y así con la mayoría aplastante de unos electores ignaros y llenos de miedo fueron designados los más altos representantes del pueblo, en realidad representantes de los terratenientes feudales.

En el momento que se estaba triturando la incipiente democracia de la República Federal se hacían indispensables los dictadores feudales férreos, como Carrera en Guatemala, Malespín en El Salvador, Ferrera en Honduras, Chamorro en Nicaragua y Carrillo en Costa Rica.

En Honduras, los dictadores feudales habían impuesto la política de la fuerza. Ferrera surgió con tal inclinación de la naturaleza. Guardiola, discípulo de Ferrera, por sus hechos en el sitio de León, se ganó el apodo de "el carnicero" y por la forma con que aniquiló la insurrección de Texíguat, se le llamó "El Incendiario". Guardiolita carece de pruebas para desmentir al doctor Antonio Grimaldi sobre la muerte del viejo Juan Ángel Arias, capturado en Goascorán, amarrado de las dos manos a la cola de una mula y llevado así, sin sombrero y a pie, a paso trote de la mula casi una jornada, hasta que pidió Arias que mejor le dieran la muerte, y atendiendo al pedido, fue amarrado al tronco de un tempisque y después acribillado a balazos.

"Los pericos", una guardia escogida de 150 hombres, corría detrás de Guardiola montado en una mula veloz; y una vez se le ocurrió detenerse para formar a su hueste y mandar que dieran un paso al frente los soldados que estuvieran cansados; dieron el paso al frente diez, que inmediatamente fueron fusilados. En Danlí, pueblo próspero, del siglo pasado, se supo que los demócratas y los legitimistas de Nicaragua habían librado un combate en el lugar de El Sauce; que habían triunfado los demócratas y había muerto Guardiola; los danlidenses, enemigos de Guardiola, pusieron baile y bailando estaban cuando se supo que efectivamente los demócratas habían ganado el combate, pero que su jefe el general Trinidad Muñoz había muerto, y que Guardiola estaba vivo y derrotado acababa de llegar al pueblo.

El espanto fue tan grande, que la música y las parejas danzantes se volvieron sombras entre las sombras de la noche. En fin, las mismas anécdotas recogidas por Guardiolita para probar la falsedad de ellas, prueban lo contrario, que las mujeres al ver un hombre de bigotes sujetos en las orejas y saber que era Guardiola, se orinaban; las viejas que conocían su historia, caían sin sentido; y los niños escapaban dando gritos. Guardiola fue feroz en la guerra. Después atenuó sus ímpetus, pero quedó su fama y el temor.

Mas, no hay de qué afligirse. Si Guardiola fue así, tal como fue hay que dejarlo, sin ninguna protesta. Domingo Faustino Sarmiento, autor de "Civilización y Barbarie", no afeitó ni perfumó a la fiera de Facundo Quiroga, respetando la íntima grandeza de los hechos. Tal es lo que corresponde hacer con Guardiola. Pintarlo de otro modo sería desfigurarlo, disminuirlo y mediocrizarlo.

Como decíamos, el 3 de febrero de 1860 fue declarada la elección por la Asamblea General del Estado y el 7 de dicho mes, a las dos de la tarde, ante el Cuerpo Legislativo, el general Guardiola prestó el juramento de ley para entrar en posesión de la Presidencia de la República, por segunda vez, en cuyo acto leyó un breve discurso, y en el que entre otras cosas dijo:

"La Carta (constitucional), es la regla que marcará la línea de acción de mi Gobierno. Escucharé y acogeré el pensamiento de los ciudadanos, entre quienes no reconozco diferencias de partido, ni opiniones en la discusión legítima y pacífica. Nadie debe temer por violación de sus derechos; sólo el criminal dejará de estar bajo la protección de la ley y de mi autoridad".

Un tigre que había subido a la tribuna hablaba mansamente, y en verdad que mansamente se condujo hasta su muerte, que fue sangrienta.

EL FILIBUSTERO WILLIAM WALKER ES FUSILADO EN TRUJILLO

Dice el historiador nacional don Félix Salgado en su "Historia de Honduras" lo que sigue:

Cuando el Presidente General Guardiola dictaba las últimas providencias que conducían a la toma de posesión de las Islas de la Bahía, devueltas a Honduras por el mencionado tratado, supo que los filibusteros acaudillados por William Walker, no escarmentados con el fracaso de Nicaragua, habían concebido el designio de apoderarse de dichas islas, para establecer allí el centro de sus expediciones sobre las demás repúblicas de la América Central. En presencia de tal noticia, el general Guardiola, ordenó la vigilancia de la costa atlántica y el aumento de las guarniciones de los puertos de Omoa y de Trujillo. Walker no se hizo esperar mucho tiempo y a mediados de junio de 1860 llegó de incógnito a la isla de Roatán en donde ya tenía considerable número de aventureros, que desde el mes de abril anterior habían empezado a reunirse allí.

El 21 de junio de dicho año, los filibusteros capitaneados por William Walker, abandonaron dicha isla y vagando en el mar, tocaron en algunas de las pequeñas Antillas; y cuando se convencieron que el Gobierno de Honduras de acuerdo con las autoridades inglesas, había retardado el recibo de dichas islas, resolvieron entonces atacar el puerto de Trujillo; lo cual realizaron con noventa y dos hombres poniendo pie en tierra a las tres de la mañana del día 6 de agosto de 1860, apoderándose de aquél, a pesar de la defensa vigorosa que hizo la guarnición militar, al mando del comandante Norberto Martínez, quien retrocedió con sus soldados al punto llamado Buena Vista; entregándose los hombres de Walker al saqueo de la plaza y a otros excesos. El 13 de agosto tuvo noticias en Comayagua el Presidente Guardiola, de lo ocurrido en la costa y en esa misma fecha expidió un decreto y una proclama en la que llamaba a los hondureños a las armas para rechazar al invasor; decretó una contribución de 9.000 pesos, repartiéndola proporcionalmente en los siete departamentos; y cuando con suma actividad, movilizó con rapidez tropas suficientes, para impedir el intento de los invasores.

El superintendente de Belice y el comandante Nowell Salmon, de la marina inglesa, prestaron en esta ocasión tan crítica a la República y demás de Centro América oficios amistosos; por otra parte hubo la espontaneidad de los habitantes del país, que corrieron a la defensa con una decisión que siempre será hermosa; y la buena disposición de los gobiernos vecinos y hermanos para no abandonar a Honduras en la lucha en que iban a disputarse intereses comunes, hacían comprender el próximo triunfo de la causa justa y patriótica, que defendía el Gobierno hondureño, quien fue auxiliado prontamente por Guatemala, enviando una fuerza de cincuenta hombres, que destinó a los puertos del Atlántico, para obrar en conexión con la goleta armada en guerra que puso para cruzar las aguas del Golfo de Honduras.

Mientras tanto, el general Mariano Álvarez, marchó con rapidez de Yoro sobre Trujillo al mando de 400 hombres, y al saberlo Walker desocupó con los suyos el puerto en la madrugada del 21 del mismo agosto, yéndose hacia la laguna de Guaymoreto y después por el litoral de la costa, para pasar a Nicaragua, objeto de esta nueva expedición.

El mismo 22 de agosto a las once de la mañana, el comandante Martínez ocupó el puerto de Trujillo y en el acto destacó ochenta hombres que persiguieron a Walker y compañeros muy de cerca. El General Álvarez que había llegado después a dicho puerto con sus tropas, dispuso la persecución por mar, y el 31 de dicho mes se embarcó con 200 hombres en la goleta nacional "Correo de Trujillo", protegida por el buque de guerra "Icaros" de la armada británica. Álvarez con el Comandante Salmon consiguieron al fin rodear a Walker y compañeros frente a la barra del Río Tinto, en donde se rindió con los suyos, el 3 de septiembre sin disparar un tiro, entregando las armas y municiones.

En seguida y por no tener capacidad la goleta para el recargo, los prisioneros y elementos de guerra fueron trasladados al "Icarus", que el expresado Comandante Salmon llevó a Trujillo, en donde los entregó, a aquel jefe el día 5 de septiembre mencionado. Al día siguiente 6 de dicho mes, se inició el proceso por el jefe del puerto Comandante Norberto Martínez, quien concluyó el sumario, pasó los antecedentes al Comandante departamental General Álvarez; y éste con fecha 12 de dicho mes, pronunció sentencia, condenando a William Walker a ser pasado por las armas ejecutivamente. Las demás personas del proceso fueron condenadas a varios años de prisión en las cárceles de la República. A la gente de tropa, se le puso en libertad completa para que regresara a sus lugares de origen.

Se acompañan copias del proceso de William Walker, la partida de defunción del ajusticiado, el proceso de los isleños que ayudaron a Walker, las proclamas del Presidente Guardiola y los comentarios de la prensa extranjera sobre la muerte de Walker.

PROCESO CONTRA EL FILIBUSTERO WILLIAM WALKER TRUJILLO 1860

Es copia fiel

Hay un sello que dice: "Comandancia Principal de Trujillo. República de Honduras".

Trujillo, 1860

Comandancia Principal del puerto de Trujillo. Septiembre seis de mil ochocientos sesenta.

Por cuanto el Jefe de los filibusteros, William Walker, atacó esta plaza el día 6 del mes próximo pasado, a las cuatro y media de la mañana, con más de noventa forajidos que le acompañaban; matando dos individuos de la guarnición, hiriendo cuatro más, apoderándose de los productos de la Aduana y elementos de guerra en la fortaleza; cometiendo, al mismo tiempo, el atentado de enarbolar la bandera de la República, para cometer, a favor de ella, robos y desórdenes. Atendiendo a que el mismo Walker, desde que acaudilló en Nicaragua la horda de filibusteros con que intentaba apoderarse del Poder Supremo en la América Central, no ha cesado de armar expediciones con el mismo objeto; y últimamente se ha presentado en este puerto con un carácter trastornador de las instituciones y supremas autoridades de la República; habiéndose logrado la captura de un malhechor tan conocido, en obsequio de la paz general de Centro América y de la seguridad de los hondureños, debía mandar y mando formular este auto cabeza de proceso para proseguir la causa con arreglo a derecho. Así lo mando por ante el Escribano don José María

Sevilla, quien, nombrado y juramentado, ha ofrecido cumplir con fidelidad su oficio y firma,

Ante mí,

NORBERTO MARTÍNEZ,

JOSÉ MARÍA SEVILLA

En el puerto de Trujillo, a los seis días del mes de septiembre de mil ochocientos sesenta, yo el Comandante de la plaza, con asistencia del Escribano, pasé a la cárcel a efecto de interrogar los reos de esta causa; y teniendo a mi presencia a uno de ellos, fue.

Preguntando por su nombre, edad, estado, patria y religión. Dijo: que se llama William Walker, de treinta y seis años de edad, soltero, natural en Nashville, Estado de Tennesse, República de los EE.UU. y que es católico, apostólico y romano.

Preguntado si sabe por qué se halla preso. Dijo: que por el Comandante que lo interroga ha sabido que es reo de infracción contra las leyes de Honduras.

Preguntado si es el mismo que comandaba la falange que atacó a esta plaza la madrugada de1 seis de agosto. Dijo: que es el mismo que atacó esta plaza el día y hora que se le refiere, con título de General, el cual adquirió en Nicaragua, República de la América Central.

Preguntado si tiene conciencia de haber ocasionado algunas desgracias con el ataque que dice mandó hacer a esta plaza, y de saber cuáles sean, que las refiera. Dijo: que le consta de su propia vista, que un soldado de la fuerza de la plaza salió herido mortalmente el día de su ataque, y que murió en seguida en el hospital de su tropa; pero que él personalmente no tiró ese día con arma alguna.

Preguntado por qué motivo y con qué títulos agredió la plaza. Dijo: que, como ciudadano y General de Nicaragua, cree tener derechos para pasar a aquella República a gozar de ciertos privilegios e intereses que tiene allí: que, por tal motivo, para proporcionarse vía de comunicación por Honduras, ocupó esta plaza, en represalia de haber sido atacado él por fuerzas de esta República, que comandaba el General Florencio Xatruch allá; y que también para poder recibir aquí los demás refuerzos, con los que completaría su expedición a Nicaragua.

Preguntado quién le ha auxiliado para esta expedición. Dijo: que varias personas en los EE.UU., que corresponden a un partido político increado en los EE. del Sur, lo han auxiliado: que este partido lleva el nombre "Derechos de los EE. del Sur", y que a él pertenecen cientos de miles de personas.

Preguntado si el partido a que se refiere tiene el fin que dicta la Constitución de la Gran Logia titulada "Red Star" (Estrella Roja), cuya le presenté impresa tal como fue encontrada en los papeles que dejó en su salida. Dijo: que, generalmente hablando, el partido referido tiene los mismos fines que la Constitución que ha visto.

En esto suspendí esta declaración, y leída que le fue al interrogado, la aprobó y firmó.

MARTÍNEZ   Wm. WALKER

Ante mí,

JOSÉ MARÍA SEVILLA.

En siete de dicho mes pasé a interrogar a otro de los reos que se halla en la cárcel; y como no poseyese el idioma castellano, para recibir su declaración nombré intérprete al ciudadano inglés don Mauricio White, el que, habiendo aceptado, juró que cumpliría con su encargo, traduciendo íntegramente lo que algún reo declarase en el idioma inglés, en fe de lo cual, firma conmigo la presente por ante Escribano.

MARTÍNEZ   JOSE M.WHITE

Ante mí,

JOSE MARIA SEVILLA

Seguidamente, por medio de intérprete dicho, pregunté al reo que tengo en mi presencia, por su nombre; edad, estado, patria, profesión y religión. Dijo, traducido por el intérprete: que se llama Antonio Francisco Rudler, que tiene treinta y ocho años de edad, soltero, que es americano de Georgia, que ha profesado el comercio, y que en la guerra de los EE.UU. con México obtuvo el grado de Capitán en el ejército de su bandera, y que su religión es la católica, apostólica romana.

Preguntado si es el segundo Jefe de la falange que atacó a este puerto el seis del próximo pasado, bajo el primer mando del reo Wm. Walker.

Dijo: que no.

Preguntado si él acompañó al reo Walker para la agresión del día referido. Dijo: que sí.

Preguntado cuál era su grado en las tropas que atacaron el puerto. Dijo: que su grado era Ayudante General.

Preguntado diga cuál es el motivo que le movió para atacar esta plaza como Ayudante General. Dijo: que por su parte no ha tenido ningún motivo ostensible, pues si atacó, fue porque ordenó así el invitado de algunos vecinos de Roatán para ayudar a sus garantías; pero que no puede señalar estas personas por sus nombres, por no comprometerlas.

Preguntado diga quiénes de su fuerza militar obraban de acuerdo con sus ideas. Dijo: que su fuerza militar le era enteramente obediente, y que por esto ni sus jefes sabían sus intenciones, salvo la determinación general de ir a Nicaragua, que el movimiento sobre Trujillo lo proyectó el declarante un día antes de llegar aquí.

Preguntado qué buque lo condujo a este puerto. Dijo: que la goleta americana "Taylor".

Preguntado si la goleta referida pertenece al equipo de su expedición. Dijo: que no, pues solamente se fletó en New Orleans para traerlo.

Preguntado quiénes fueron los prácticos que lo condujeron a esta costa. Dijo: que el Capitán de la goleta y un piloto de Roatán, y que sus nombres no los señala por las razones que antes deja dicha.

Preguntado diga quiénes son sus cómplices en Nicaragua para el fin de sus determinaciones. Dijo: que tiene amigos en Nicaragua, principalmente cerca de León y Chinandega, pero que éstos no sabían que él marchaba por este Estado.

Preguntado diga si aguardaba aquí más auxilios para su expedición, exprese cuál, la naturaleza de ellos y en qué tiempo le deberían llegar. Dijo: que dentro tres o cuatro semanas aguardaba hombres, armas y víveres; dependiendo todo de su agente en New Orleans, llamado Faissoux.

Preguntado quién de los de su fuerza es su segundo jefe, Dijo: que el Coronel A.F. Rudler.

Preguntado quién era su Secretario. Dijo: que Charles Allem.

Preguntado diga dónde está su caja militar. Dijo: que no tiene.

Preguntado diga de qué suerte pagaba su tropa. Dijo: que les daba los víveres para su rancho, y que por lo demás, ella era conforme con adquirir y readquirir terrenos en Nicaragua. En esto suspendí esta declaración para proseguirla después, y leída que le fue al interrogado, la aprobó y firmó conmigo por ante el Escribano.

MARTINEZ   Wm.WALKER

Ante mí.

JOSÉ MARIA SEVILLA.

Comandancia Principal del Puerto de Trujillo. Septiembre siete de mil ochocientos sesenta.

Siendo informado que el señor Agente Consular de los EE. UU. don Eduardo Prudot, y el Agente Consular inglés, han presenciado los hechos cometidos por el reo William Walker; por el presente mando que se les tomen sus declaraciones juradas para los efectos que haya lugar. Es proveído por ante el Escribano nombrado.

NORBERTO MARTÍNEZ

Ante mí.

JOSÉ MARÍA SEVILLA

En seguida hice comparecer al señor don Eduardo Prudot, y juramentado que fue en la forma legal, le interrogué sobre lo que supiese en cuanto al mérito de este proceso. Entendido, dijo: que le consta de ciencia cierta, que el seis del próximo pasado agosto fue atacada esta plaza por Mr. William Walker y su comparsa, que ascendía a unos noventa y tantos hombres: que después de un rato de fuego, el Comandante de la plaza, don Norberto Martínez, fue desalojado sin tener lugar siquiera para sacar sus pertrechos de guerra, y dejando en el campo de los filibusteros, dos muertos, llevándose tres heridos: que Walker, después del triunfo y de los últimos tiros se posesionó del fuerte, ocupó la Comandancia, el Ministerio y la Sala Consistorial, todo con sus archivos: que alguno de su tropa le arrancó al que habla la bandera de los EE.UU., que flameaba en el asta del consulado que es a su cargo: que este mismo día, y en los siguientes, la tropa del dicho Walker cometió varios hurtos en las casas principales, y del pueblo: que durante los doce días que permaneció aquí el declarante, Walker desde su entrada ejerció aquí la jurisdicción civil y militar: que el Comandante que lo interroga, después del suceso memorado, se acampó en el paraje llamado Buenavista; y que hace recuerdo en estos momentos que a la media hora de haberle quitado la bandera que antes dijo, un oficial de Walker se la llevó al que habla, dándole una satisfacción verbal.

Que es cuando por ahora recuerda decir; añadiendo que es mayor de edad, y Agente Consular de los EE. UU. Aprobó esta su declaración y la firmó.

MARTINEZ   E.PRUDOT
U.S.C.A

Ante mí,

JOSÉ MARÍA SEVILLA

Comandancia Pral, del pto.

Resultando de lo actuado que los reos Walker y Rudler han cometido contra Honduras un acto de piratería, delito grave que los hace merecedores de una pena mayor que correccional; y resultando por esto mérito bastante para la prisión, decrétase contra los susodichos reos, conforme ha lugar en derecho, dándose copia de este auto al Comandante del presidio, para los fines consiguientes. Es proveído por ante el Escribano nombrado.

NORBERTO MARTÍNEZ

Ante mí,
JOSÉ MARÍA SEVILLA

En seguida se notificó al reo Wm. Walker el auto anterior, y entendido, dijo: que ha oído el auto y que no sabe del acto de piratería que se dice; y firmó.

MARTÍNEZ   Wm.WALKER

A continuación, se notificó el auto anterior al reo A.F. Rudler, por medio del intérprete, y entendido, firmó.

MARTINEZ   A.F. RUDLER

En la propia fecha se continuó la declaración del reo A. F. Rudler; y así, por medio del intérprete, fue.

Preguntado si para venir a cumplir sus determinaciones en la isla de Roatán fueron invitados por algunos vecinos de allí. Dijo: que estando el declarante en Mobila, llegó allí un vecino de Roatán, llamado Mr. Elbin, y manifestó a un conocido de él, que los vecinos de Roatán estaban deseosos de que viniesen americanos a la isla: que por tal motivo, ese conocido le dio cartas de recomendación al que declara, para un otro vecino de Roatán, llamado Thomas Adrian, quien le habló a su llegada de que Walker estaba en la costa; pero que sobre asuntos políticos nada le dijo: que el declarante juzga que el dicho Adrian hablaría sobre estos particulares con Walker, pero que no lo presenció.

Preguntado diga, si lo sabe, si estando apoderados de este puerto, como lo estaban, aguardaban más auxilios; lo que sea, explíquelo menudamente. Dijo: que a su juicio, no había certeza en los auxilios que le podían venir, y que, por lo mismo en un consejo de oficiales que tuvieron aquí, opinó el declarante que evacuaran la plaza: que esta opinión le fue combatida por la mayoría, lo cual le fue desagradable, porque él no había venido con su propia voluntad.

Preguntado diga, quiénes le sirvieron de prácticos para venir a aquí. Dijo: que tenían a bordo un práctico de Roatán, llamado Thomson, y que para irse de aquí tuvieron otro del mismo Roatán, llamado Mackenzie.

Preguntado, si han recibido auxilio de algún hondureño para el objeto de sus miras políticas. Dijo: que no.

Preguntado diga dónde está la Caja Militar que andaban llevando. Dijo: que no tenían Caja Militar, excepto ($ 2 o 300) dos o trescientos pesos, que fueron consumidos, y que la fuerza se mantenía de rancho.

Preguntado si fue entendido de los robos que se cometían en la población por su fuerza. Dijo: que supo que dos soldados, habían robado a don Eduardo Prudot, y que, aunque entendió de la fractura de otras casas, él ordenó que se mandasen cerrar y se prohibió la repetición de estos hechos.

Preguntado, dijo que el principal plan de Mr. Walker era destituir de la Presidencia al General Guardiola y poner en su lugar al General Cabañas, procurando así, leyes más liberales para el pueblo; pero que el declarante no hacía parte en este plan, pues su objeto era establecerse en Roatán, para poner una agencia de comercio de frutas. En esto suspendí esta declaración, que aprobó y firmó el reo.

MARTÍNEZ   A.F. RUDLER

Ante mí,

JOSÉ MARÍA SEVILLA   J.M. WHITE

Acto continuo, presente el Señor Agente Consular inglés, don Guillermo Melhado, le recibí el juramento conforme a derecho; y habiendo ofrecido, por su gravedad, declarar en todo lo que se le pregunte, fue interrogado sobre lo que sepa, en cuanto al mérito de este proceso, y dijo: que le consta que el seis del próximo pasado agosto, William Walker, con unos noventa individuos que acaudillaba, atacó esta plaza: que después de un rato de fuego, el Comandante de aquella fue desalojado, sin tener lugar para sacar sus pertrechos de guerra; habiendo muerto en el combate dos soldados hondureños y resultado tres heridos, que se llevó en su retirada el mismo Comandante: que los invasores ocuparon acto continuo el fuerte, la Comandancia, el Ministerio, y la Casa Consistorial, con todo lo que dichos edificios contenían: que en aquel día y en los más que permaneció en la plaza, bajo las armas del invasor, sus tropas cometieron varios hurtos en las casas de la población: que en ese mismo tiempo, Walker ejerció en esta plaza la jurisdicción civil y militar: y que el Comandante que lo interroga, se acampó en el paraje que le llaman Buenavista, en donde organizó la fuerza con que sostuvo su permanencia en Casa Blanca. Lo dicho, dijo ser la verdad, y en ello se afirmó y ratificó, leída que le fue esta su declaración, firmando para constancia conmigo y el de asistencia.

MARTíNEZ
Wm. MELHADO
Acting Consular Agent.
H.B.M.

En ocho del corriente, hice venir a mis oficios, a uno de los individuos de la tropa de Walker, con el fin de interrogarle indagatoriamente, y preguntado por su nombre, edad, estado, patria y religión, dijo: que J.S. West, de treinta y cuatro años de edad, soltero, vecino de Nueva Orleans y protestante.

Preguntado si sabe por qué se halla preso, dijo: que supone sea por haber venido en la expedición de Wm. Walker, sobre este puerto; pero que él no concurrió al ataque, sino que quedó a bordo de la goleta que conducía a los invasores.

Preguntado si después de la toma de la plaza tuvo colocación en la fuerza de Walker el que declara, dijo: que fue colocado como comisario proveedor.

Preguntado sobre los motivos que tuvo para alistarse en una fuerza como la de Walker, cuyos principios y hechos han sido en estos países, absolutamente filibusteros, dijo: que él se alistó para una expedición a veintinueve años de edad, soltero, que es de oficio Ingeniero y de profesión agricultor, natural de Charlestown, en el Estado de Virginia y de religión protestante.

Preguntado si ha venido a este puerto en la falange que comandaba el reo William Walker; y en su caso, exprese cuál su colocación. Dijo: que entró a este puerto con la tropa de Walker, fungiendo de Mayor de la fuerza.

Preguntado si al apoderarse de la plaza ocuparon los edificios públicos con sus archivos y la fortaleza. Dijo: que al apoderarse de la plaza ocuparon los edificios públicos y el fuerte; pero que él particularmente no ha visto los archivos, sino es unos papeles que no registró.

Preguntado diga cuál fue su objeto al agredir el puerto haciendo fuego, en su calidad de Mayor, con tropa armada. Dijo: que él no tuvo ningún objeto al venir a este puerto, pues si lo hizo fue obedeciendo una orden de Walker, con quien estaba comprometido para ir a Nicaragua, después que se hubiese reunido toda la expedición en Roatán: que su viaje a Nicaragua tenía por objeto hacerse vecino de allí y plantear algún trabajo.

Preguntado diga cuáles eran los planes de Walker después de haberse posesionado de la plaza. Dijo: que nunca supo los planes de Walker aquí, porque siempre era reservado para con sus oficiales, al extremo que para su venida a aquí nunca les dijo nada: que, sin embargo, el declarante presume que pensaría tal vez Walker internarse a esta República para pasar a Nicaragua.

Preguntado si estando aquí aguardaban auxilios de alguna parte. Dijo: que de los EE. UU. aguardaban auxilio de hombres, armas y pertrechos, en la goleta americana "Taylor", que fue la que los trajo aquí.

Preguntado, explique la circunstancia de haber evacuado esta plaza sin aguardar sus refuerzos, Dijo: que lo hicieron por disposición del mismo Walker, quien le manifestó a última hora que el Comandante del vapor "Icarus" le había hecho una intimación de desocupar la plaza. En esto suspendí esta declaración para proseguirla después: e impuesto que fue el interrogado por el intérprete, la aprobó y firmó.

MARTÍNEZ

JOHN V. HOOFF.   J.M.WHITE

Comandancia Principal del Puerto, fecha ut—retro
Tómese confesión con cargos al reo.

NORBERTO MARTÍNEZ

Ante mí,
JOSÉ MARÍA SEVILLA

En la misma fecha pasé a la cárcel donde se halla preso William Walker, y habiéndolo amonestado que iba a recibir su confesión con cargos, en la cual debe decir verdad, respondió que así lo haría.

En consecuencia, le di traslado de lo actuado, y luego de haberse impuesto de todo, le pregunté si se conforma con la sumaria.

Responde que no se conforma con el mérito de la sumaria, porque en ella no se dice verdad, sino es en sus declaraciones, en que se afirma y ratifica: que no se ha apoderado de los productos de la Aduana: que no ha enarbolado el pabellón de la República para cometer a favor de él robos y desórdenes: que ignora que hubiese dos hombres muertos y tres heridos de la guarnición de la plaza en el ataque de su entrada: que no se ha presentado a este puerto como trastornador de las instituciones y supremas autoridades de la República, pues su objeto era pasar a Nicaragua, donde tiene derechos; y que no ha tenido objeto de apoderarse del Poder Supremo de la América Central.

Preguntado cuál es el Gobierno que le ha autorizado para establecer la reforma del de Honduras. Estado Soberano e Independiente. Dijo: que ningún Gobierno.

Preguntado si el día de su llegada a este puerto expidió una proclama manuscrita de su propio puño; refiera los conceptos. Dijo: que efectivamente, el día de su llegada aquí expidió una proclama, cuyo contenido sustancial era: que tenía derechos en Nicaragua, con cuyo fin deducía el de pasar por esta República a aquella, en concepto de que ésta. le hizo la guerra en Nicaragua: que los moradores de las Islas de la Bahía requerían garantías para soportar el Gobierno de Honduras, y que para obtener éstas lo llamaron con americanos: que, si el Gobierno Guardiola no prestaba estas garantías, era necesario cambiarlo; y que todos los derechos y propiedades hondureños serían respetados, ofreciéndose el declarante ser el caudillo de este movimiento. En esto suspendí esta confesión para continuarla después y leída que le fue, la aprobó y firmó.

MARTÍNEZ   Wm. WALKER

Ante mí,

JOSÉ MARÍA SEVILLA

Seguidamente pasé a la cárcel donde se halla detenido el reo William Walker, a efecto de continuar su confesión. En consecuencia:

Le hice cargo, que habiendo armado una porción de hombres, y atacado con ellos a esta plaza sin un título legal y sin preceder declaratoria de guerra, ha cometido un acto de piratería o filibusterismo; delito grave que por todas las Naciones se castiga con la pena mayor. Dijo: que no ha cometido delito de piratería, porque este se llama el que se comete en el mar; y menos de filibusterismo, porque esta palabra no tiene significación legal: que él estaba en guerra con Honduras porque el Estado se la había declarado y hecho en Nicaragua en los años de 1856 y 57.

Reconvenido, que no es disculpa la que ha dado, porque los títulos que ostenta refiriéndose a Nicaragua recuerdan la circunstancia de haber sido lanzado de allí por todas las Repúblicas de la América Central, en concepto de haber usurpado el poder sin título legal, de haber decretado la esclavitud, el asesinato de muchos hombres notables y autorizado toda clase de desórdenes que yacen justificados: que por tales motivos y el que acaba de pasar en esta plaza, todos los gobiernos de Centro América se han movido y mueven para su persecución y castigo, tomando parte a la sazón la fuerza británica del del vapor de guerra "Icarus". Respondió: que no es verdad el contenido de la reconvención, pues ya tiene dicho que sus actos en Nicaragua los estima por legales.

Preguntado diga cómo explica en el sentido legal el hecho de constituirse protector o defensor de las garantías de los moradores de las Islas de la Bahía, y el de haber atacado esta plaza. Responde: que por derecho natural se cree habilitado para proteger y auxiliar al débil; y que por el derecho de gentes, deducía el de poder hacer la guerra a Honduras, supuesto que esta República se la hizo en Nicaragua en los años que deja dichos; y por último manifestó que se defenderá por sí ante el Consejo de Guerra. En esto suspendí esta confesión, y leída que le fue, la aprobó y firmó.

MARTINEZ   Wm. WALKER

Ante mí,

JOSE MARIA SEVILLA

El nueve del dicho mes pasé al calabozo, donde se halla el reo A.F. Rudler, a efecto de recibir su confesión con cargos; y amonestado para que dijese la verdad, fue interrogado sobre de si se afirma y ratifica en sus declaraciones de fojas 2 vuelta y 5 vuelta. Entendido dijo, por medio de su intérprete: que se afirma y ratifica en sus declaraciones.

Se le hace cargo que por el mérito de ellas resulta ser cómplice del reo William Walker en el delito de haber atacado esta plaza comandando una horda de filibusteros, de la cual él era segundo jefe, y sin misión legal: que, por tal motivo, se ha hecho merecedor de pena grave. Dijo: que, al hacer su entrada a este puerto, lo hizo en fuerza de obedecimiento, sin haber mandado él que se hiciese fuego, ni haber tirado con sus manos; que también niega haber sido el segundo jefe de la fuerza, pues lo era el Coronel Henry.

Reconvenido cómo niega que era el segundo jefe de la fuerza, cuando el principal, Walker, en su declaratoria de fojas 4 así lo afirma, de la cual se le impuso. Dijo: que Walker lo habrá considerado así, pero que él nunca tuvo mando. Se le trasladó la sumaria, y entendido de ella, dijo: que procuraría hacer su defensa por escrito mañana. En esto suspendí esta confesión para continuarla si fuere necesario; y el reo la aprobó y firmó.

MARTÍNEZ   A.F. RUDLER

JOSE M. WHITE,
Intérprete

Ante mí,
JOSÉ MARÍA SEVILLA

Comandancia Principal del Puerto. Fecha ut—supra
Estando concluida esta sumaria, diríjase, para los efectos de ordenanza, al Señor Comandante Departamental, General en Jefe de la Fuerza de operaciones residente en esta plaza, señor don Mariano Álvarez. Hágase saber.

NORBERTO MARTINEZ

Ante mí,

JOSÉ MARÍA SEVILLA

En seguida se notificó el auto anterior al reo Wm. Walker, quien dijo: que quedaba entendido, y firmó.

Wm. WALKER

Ante mí,

JOSE MARIA SEVILLA

En seguida se notificó el auto anterior al reo A. F. Rudler por medio del intérprete, quien manifestó quedar entendido, y firmó.

JOSÉ M. WHITE,
Intérprete

A.F. RUDLER

Ante mí,

JOSÉ MARÍA SEVILLA

Se remitieron. Conste.

MARTÍNEZ
Trujillo, septiembre 9 de 1860

Señor General don Mariano Álvarez, Comandante Principal de este departamento.

Hay un sello que dice: "Comandancia Principal de Trujillo, República de Honduras".

Señor:
Me hago el honor de remitir a U. S. la sumaria que he instruido a los reos William Walker y A. F. Rudler para los efectos consiguientes en nuestro derecho. El reo William Walker es el que aparece jefe de la expedición que el 6 del pasado me atacó en esta plaza con 92 hombres, causándome dos muertos y tres heridos: es el mismo que autorizó el saqueo de la población, así como toda clase de desórdenes de que es víctima aún todo este vecindario. Como verá U. S., pretende eludir los cargos con el sofisma de que no es pirata porque no ha robado en el mar, y de que no es filibustero porque esta voz no tiene valor legal; más él no ha podido disipar legalmente sus hechos, hechos vandálicos que lo hacen merecedor de la pena capital; porque si

260

Walker es Abogado, debió saber, señor, que por derecho natural y de gentes a ningún particular le es admitido hacer la guerra a un gobierno. Queda evidenciado en la causa que él es convicto de delito grave; y que en lugar de disculparse, se contradice, porque los cargos le atacan de un modo que no le es posible evadirse. Prueba más clara no puede encontrarse: pertenece, dice, al partido de la Estrella Roja, sociedad secreta que se ha ligado para esclavizar al mundo entero; y luego se da el nombre de General de Nicaragua y protector de las instituciones del país: en fin, su disculpa es galimática, y de ningún momento para un recto tribunal; es Walker, como se le llama en todas las naciones cultas, filibustero, pirata o bandido, que quiere decir lo mismo, según la acepción más moderna del Diccionario enciclopédico.

Su segundo, Rudler, verdaderamente es menos culpable, porque ya se ve, es de aquellos hombres que en un país grande creen ciegamente a la voz de un maniático, que se imagina tener derechos y posesiones en C.A. Con todo, la sociedad debe exigir para este segundo reo, una pena seria de prisión, para que se escarmiente y sirva de ejemplo.

Con lo dicho, concluyo, Señor General, y entre tanto, me repito su obsecuente y S.S.

NORBERTO MARTÍNEZ

Comandancia Departamental. Trujillo, septiembre diez de mil ochocientos sesenta.

Por recibido este proceso, acúsese el que corresponde al señor Comandante de esta plaza; y para su secuela, nómbrese escribano al señor Capitán don Francisco Cruz, quien entendido de su nombramiento juró cumplir con él fielmente, y firmó.

M. ÁLVAREZ   FRANCISCO CRUZ

Comandancia Departamental, tha ut.—retro

El Escribano nombrado pasará al edificio en que se halla el reo William Walker y A.F. Rudler, a quienes les leerá su confesión con cargos, para que expresen si es la misma, y en ella se ratifican. Así lo proveo por ante el Escribano que da fe.

M. ÁLVAREZ   FRANCISCO CRUZ
Escribano.

En diez de septiembre de mil ochocientos sesenta, yo el Escribano de esta causa, pasé a la cárcel en donde se halla el reo William Walker, con el objeto de cumplir el auto que antecede; y habiéndole leído punto a punto la confesión con cargos que se le recibió en este proceso, se ratificó en ella y firmó para constancia.

Wm. WALKER   FRANCISCO CRUZ

Acto continuo, el infrascrito Escribano pasó al edificio en que se halla reo A. F. Rudler; y habiéndole leído por medio del intérprete nombrado en esta causa, la confesión con cargos que en la misma se le ha recibido, dijo que está conforme, y se ratifica en ella, firmando con el intérprete para constancia.

FRANCISCO CRUZ   A.F. RUDLER

J.M. WHITE,
Intérprete

Comandancia Departamental. Trujillo, septiembre diez de mil ochocientos sesenta.
Concédese a cada uno de los reos William Walker y A. F. Rudler doce horas perentorias, desde la en que se les notifique el presente, para que se defiendan por escrito en este proceso, por sí o por otro, con arreglo a derecho. Así lo proveo por ante el Escribano.

M. ÁLVAREZ   FRANCISCO CRUZ

Yo el infrascrito, Escribano, pongo razón de haber entregado este proceso al reo William Walker, con diez y seis fojas útiles, ahora que son las once horas de la mañana del día diez de septiembre de mil ochocientos sesenta.

FRANCISCO CRUZ

To the Commander of this Department and the General in chief of the forces occupying the Port of Trujillo.

Señor don Mariano Álvarez

Sir:

In the process instituted against me by the Comandante of this Port, don Norberto Martínez, I am charged with having commited "Piracy" and "Filibusterism". Piracy is an offence well defind by law and consists in robbery on the high seas. The crime cannot be commited on the land, and therefore it was impossible for me to have been guilty of it when attacking the garrison of Trujillo on the morning of the 6th of August last. Besides, the idea of robbery or intent to rob is inseparable from that of piracy. Now all persons in Trujillo durig the time I occupied the place can bear witness that for robbing or permitting others to rob I did all I could to maintain orden and make property and person safe and secure.

As to "Filibusterism" the word has no legal signifcation, and it is therefore impossible for me to know with what I am charged when accused of "Filibusterism".

It is stated in the declarations of Mr. Prudot and of Mr. Melhado that during the time I occupied the place the troops under my command committed various thefts in the town; but these same gentlemen might also testify that whenever such facts were brougth to my knowledge I did all I could to find out the offenders and bring them to punishment.

It is also charge in the summary of the Comandante that I took possession of the receipts of the Custom House; but in the declarations of the witnesses there is no evidence whatever that I obtained or took possession of any fund or other valuable property belonging to the Custom House.

It is also charged in the same summary that I raised the flag of the Republic in order to commit all manner of robberies and disorders. Had I desired to commit such offences or to permit them in others these was no need for me to raise the flag of the Republic; it could neither aid nor protect me in such acts. If I had come to Trujillo with such intent as is charged it would have been easy for me to accomplish my objects and leave the place. All the property of the town was in my power; and had I desired to rob nothing more was necessary than to issue the order to take possession of all the valuables in the place. Far from this I paid for what I got and sought to suppress every attempt at crime or wrong doing.

If I am guilty of any offence, it is that of having made war against the State of Honduras. For this I am willing to be judged. Muy offence, if any, has been political; and I protest against having it obscured with such vague and meaningless charges as "piratería" and "filibusterismo". Let me be tried and judged for an offence known to the law. Carrying on war against the State and under its flag is a well defined offence, and I can answer "guilty" or "not guilty" to the charge. But how can I plead to the charge of "filibusterismo" when I do not know, nor can I know under the law, what the word signifies?

I am ready to abide the consequences of my political acts; but it is a legal absurdity to judge me for alledged offences either not known to the law or so defined that it was impossible for me to commit them within the limite of the State of Honduras.

Respectfully submitted:

Wm. WALKER

Trujillo, sep.10 th.1860

(TRADUCCIÓN)

Al Comandante de este departamento y General en Jefe de las fuerzas que ocupan el Puerto de Trujillo.
Señor Don Mariano Álvarez.

Señor:
En la causa instruida contra mí por el Comandante de este puerto, don Norberto Martínez, se me acusa de haber cometido "Piratería" y "Filibusterismo". La piratería es un delito bien definido por las leyes, y consiste en robar en alta mar. Este crimen no puede cometerse en tierra, y, por consiguiente, me era imposible haberlo cometido al atacar la guarnición de este puerto en la madrugada del 6 de agosto último.

Además, la idea del robo o del propósito de robar es inseparable de la de piratería.

Ahora bien; todas las personas de Trujillo, durante el tiempo que ocupé la plaza, pueden dar fe de que, lejos de robar o permitir que otros robasen, hice todo lo posible para mantener el orden y dar garantías y seguridad a las personas y propiedades. En cuanto al "Filibusterismo", esta palabra no tiene significación legal, y, por consiguiente, no me es posible saber de lo que se me acusa al decir "Filibusterismo".

Se afirma en las declaraciones de los señores Prudot y Melhado que durante el tiempo que ocupé la plaza, las tropas de mi mando cometieron varios robos en la población; pero estos mismos señores pudieran dar fe, también, de que siempre que estos hechos venían a mi conocimiento, hacía yo todo lo posible para descubrir y castigar a los delincuentes.

Se me acusa también en el sumario del Comandante de haber tomado posesión de los fondos de la Aduana; pero en las declaraciones de los testigos no hay prueba alguna de que yo haya tomado dinero u otras especies de valor, pertenecientes a la Aduana.

Se me acusa también en el mismo sumario de haber levantado la bandera de la República para cometer toda clase de robos y desórdenes. Si yo hubiera deseado cometer esos delitos, o permitir que otros lo cometiesen, no necesitaba de levantar para ello la bandera de la República; esto no podía servirme de auxilio o de protección en semejantes actos. Si yo hubiese venido a Trujillo, con tal propósito, como se me acusa, me hubiera sido fácil consumarlo y abandonar la plaza. Todas las propiedades de la población estaban en mi poder, y si hubiera querido robar, no necesitaba otra cosa que dar orden para tomar posesión de todas las especies de valor que en ella había. Lejos de esto, yo pagaba lo que tomaba, y procuraba reprimir toda tentativa de crimen o desorden.

Si soy culpable de algún delito, este es el de haber hecho la guerra al Estado de Honduras. Por éste quiero ser juzgado. Mi delito, si lo hay, ha sido político; y protesto contra todo propósito de oscurecerlo con tan vagas e insignificantes acusaciones como "piratería" y "filibusterismo". Júzgueseme por un delito definido por la ley, a saber, el de hacer la guerra al Estado bajo su bandera, y entonces me defenderé contra la acusación. ¿Pero cómo podré hacerlo contra el cargo de "filibusterismo", cuando no sé, ni puedo saber, según la ley, lo que significa esa palabra?

Estoy pronto a sujetarme a las consecuencias de mis actos políticos; pero es un absurdo legal juzgarme por pretendidos delitos, que, o no son conocidos en derecho, o están definidos de manera que me era imposible cometerlos dentro de los límites del Estado de Honduras.

Respetuosamente sumiso.

Wm. WALKER
Trujillo, septiembre 10 de 1860

Yo el Infrascrito, Escribano, pongo razón: que ahora que son las once de la noche del día diez de septiembre de ochocientos sesenta, he puesto en manos del reo A. F. Rudler este proceso, compuesto de diez y siete fojas útiles. Conste.

FRANCISCO CRUZ

To. Genl. Alvarez.
President Court Martial.
Having been informed that I have the privilege of making a defence in writing before your Hon. Court in my behalf, I now avail myself of the opportunity, to more fully explain the answers made by me in my general statement.

The Court will readilly see without further commend, that I have to every question propounded given a clear and truthfull answer for evidence of wich I have only to refer you to the testimony of Maj. Hoof and Capt. West.

The letter written by Genl. Walker to Capt. West will also plainly shown you that the ostensible objet was to settle on the Island of Ruatan, and that as far as I knew there was no plan to attack this place. With that view I provided myself with a letter of introduction, so that I might become favourably known to the residents of the Island with the object of establishing myself in the fruit business. Genl. Walker never communicated to me that he had any design of attacking the Port of Trujillo or any other portion of Honduras; my being with the attacking parti was one of those unacountable as well as unavoidable circumstances which was utterly beyond my control, and the result of deception. This you will plainly see to be the care from the testimony of Genl. Walker.

You will perceive in my statement that when a consultation was held that I counciled an immediate withdrawal being conscious of having inflicted a wrong on the Government and people of Honduras, but that my wishes were overruled.

There is a descrepency in my and Genl. Walker statements respecting the office of Jefe Secondo, which requires an explenation from me lest you may judge me having made a false statement. I again state that I did not command any portion of the force that attacked this place and that I only acted in the capacity of adjudent. That Col. Henry commanded and considered him as second in Command, that he would not have obeyed any orders of mine and only those of Genl. Walker. I do not make this statement for the purpose of shuning any responsibility, but an unwilling to have a part assigned me which I did not fill. For the substanciation of this fact I can furnish the curt with ample evidence should it be required.

I need hardly consume the time of the Court in further explanations. The statement made and answers to questions given by me I assure your Hon. Cour are strictly true; for truth though it be as red as scarlet will have more weight with you the would lies as white as snow.

Having been made to do wrong by the will of one man and made an unwilling, instrument to commit that wrong, I have full confidence in your, judging me with such clemency as this my case seems to demand. Hoping that this short explanation will enable you to more clearly arrive at the truth of case before you,

I am most Respectfully,

Your obt.servant.

A.F.RUDLER

Truxillio, sept.11 th 1860.

Al General Álvarez, Presidente del Consejo de Guerra.

Habiéndoseme informado que me es permitido defenderme por escrito ante Vos, Honorable Consejo, aprovecho esta oportunidad para explicar con más extensión las contestaciones que di en mi declaración general.

El Consejo percibirá fácilmente, sin que me sea necesario insistir en ello, que a todas las preguntas he dado una contestación clara y verdadera, en prueba de lo cual me refiero al testimonio del Mayor Hooff y del Capitán West.

La carta escrita por el General Walker al Capitán West, demostrará también, plenamente, que el objeto ostensible, era establecerse en la isla de Roatán, y que yo no sabía que hubiese plan alguno de atacar esta plaza. Con aquella mira me procuré una carta de introducción, con el fin de que los residentes en la isla me conociesen favorablemente, de manera que yo pudiera establecerme para negociar con las frutas.

El General Walker nunca me comunicó que tuviese el designio de atacar el Puerto de Trujillo u otra parte de Honduras, y la circunstancia de hallarme con la partida invasora, es una de esas ocurrencias inevitables, independientes de mi voluntad y resultado del engaño. Esta verdad la percibiréis claramente por la declaración del General Walker.

Veréis en mi declaración que cuando se deliberó en Consejo, mi parecer fue la desocupación inmediata, por la conciencia que tenía de haberse hecho una ofensa al Gobierno y al pueblo de Honduras; pero que mis deseos fueron desatendidos.

Hay una discrepancia entre mi declaración y la del General Walker, con respecto al destino de Segundo Jefe, que requiere una explicación de mi parte, para que no se piense que he declarado una falsedad. Afirmo de nuevo, que yo no mandaba parte alguna de la fuerza que atacó esta plaza, y que yo sólo obraba en calidad de ayudante; que el Coronel Henry mandaba y le consideraba como segundo; que éste no hubiera obedecido ninguna orden mía, y sí, solamente, las del General Walker. No declaro esto para evitar o esquivar ninguna responsabilidad, sino porque no quiero que se me dé una parte que no tenía. Para la sustanciación de este hecho puedo suministrar al Consejo plenas pruebas, si se requiere.

No creo necesario quitar el tiempo al Consejo, dando más explicaciones. La relación que he hecho, y las contestaciones que he dado en el interrogatorio, os aseguro, Honorable Consejo, que son de estricta verdad: porque la verdad, aunque sea tan roja como la escarlata, tendrá más peso con vosotros, que mentiras tan blancas como la nieve.

Habiendo sido inducido a obrar mal por la voluntad de un hombre y hecho instrumento involuntario de ese mal, tengo plena confianza de que me juzgaréis con la clemencia que mi caso parece demandar, esperando que esta corta explicación os pondrá en capacidad de esclarecer la verdad del caso que se os presenta.

Soy, con el mayor respeto, vuestro obediente servidor.

A.F. RUDLER
Trujillo, septiembre 11 de 1860

Comandancia Departamental. Trujillo, septiembre once de mil ochocientos sesenta.

Para fallar definitivamente, pase esta causa al estudio del Licenciado don Francisco Barahona, quien se servirá devolverla dentro del menor término posible. Así lo proveo por ante el Notario que da fe.

M.ÁLVAREZ   FRANCISCO CRUZ

En la misma fecha se notificó el auto anterior a los reos William Walker y Rudler, y entendidos que fueron, firmaron.

WILLIAM WALKER   A.F. RUDLER
FRANCISCO CRUZ

Yo, el Escribano, pongo razón de que ahora, que serán las ocho de la mañana del día once de septiembre, paso este proceso al estudio del Asesor nombrado, con veinte fojas útiles. Conste.

FRANCISCO CRUZ
Señor Comandante Departamental.

Por haber externado desde antes mi opinión acerca de la pena que debiera aplicárseles a los reos Walker y Rudler, no me es permitido abrir dictamen, y le devuelvo la causa con el mismo número de fojas útiles.

Trujillo, septiembre 11 de 1860

LICDO. FRANCISCO BARAHONA

Comandancia Departamental. Trujillo, septiembre once de mil ochocientos sesenta.

Autos con citación para sentencia
Lo proveo con el Escribano

M. ÁLVAREZ   FRANCISCO CRUZ

En la misma fecha se notificó a los reos Walker y Rudler el auto anterior, y entendidos, firmaron.

WILLIAM WALKER   A.F. RUDLER

FRANCISCO CRUZ

Comandancia Departamental. Trujillo, septiembre once de mil ochocientos sesenta.

Vistos, resulta: que William Walker, al mando de más de noventa malhechores extranjeros, atacó con ellos la guarnición de esta plaza, en la madrugada del seis de agosto último, causando en la entrada dos muertos y cuatro heridos: que en seguida se apoderó de los edificios públicos y lo que ellos contenían fortificándose en los mismos, y enarbolando la bandera de la nación para llevar a efecto su plan de esclavitud, exterminio y usurpación del Poder Supremo; y que públicamente cometió robos y desórdenes la gavilla de aventureros que acaudillaba.

Considerando: que en el proceso hay una prueba perfecta de estos hechos, según lo requiere la ley 32, título 16, partida 3ª. Que sobre los crímenes de sangre y devastación con que el reo Walker aparece manchado por la historia en su fatal campaña contra el Gobierno legítimo de Nicaragua, no ha cesado de promover expediciones para establecer una dominación en la América Central, haciéndose últimamente en este puerto, reo de delitos que, por su trascendencia y gravedad, merecen una pena ejemplar. Atendiendo a que un caudillo como Walker, sin bandera, título ni causa, acaudillando gentes malhechoras, ha obrado en todo como un bandido notoriamente calificado por la opinión de todo el país, y terminantemente por el artículo 1º. del Decreto Supremo de 19 de agosto último, puesto al efecto fuera de la protección de la ley, y sin condición para que cualquiera pueda matarle, según la ley I, título 17, libro 12, N.R.

Que, además, por los homicidios perpetrados por la fuerza de Walker, su autor se halla incurso en la pena del artículo 70 de la Carta de la República. Bien considerada la audacia y tenacidad del jefe de los bandidos para armar filibusteros y mantener en inquietud a todo Centro América. Atendiendo al carácter sanguinario e incorregible de William Walker, a la condición de las Repúblicas, familias y personas ofendidas, al lugar y modo con que el reo ha delinquido en este puerto, dando motivo, además, para todos los inexplicables sacrificios del pueblo, al emigrar tumultuariamente, con pérdida de intereses y personas.

Considerando, por último, que el segundo, o sea ayudante de Walker, A.F. Rudler, aunque cómplice de aquél, sus antecedentes e intenciones aparecen menos depravadas, habiendo en el proceso otras circunstancias atenuantes.

Por lo expuesto y lo más que resulta de autos, yo, el Comandante de este departamento, y General en Jefe Expedicionario, a nombre del Soberano Estado de Honduras, y de conformidad con el Decreto Supremo de 19 de agosto último ya citado, condeno a William Walker a ser pasado por las armas ejecutivamente; y a A.F. Rudler, a cuatro años de presidio, en la capital de la República. Así lo pronuncio, mando y firmo, con el Escribano de la causa. Notifíquese y cúmplase.

M. ÁLVAREZ   FRANCISCO CRUZ,
Escribano

Yo el Escribano de la causa notifiqué la sentencia anterior al reo William Walker, y entendido, dijo: que no le parece justa, y firmó.

FRANCISCO CRUZ   WILLIAM WALKER

Yo el Escribano de la causa, notifiqué la sentencia anterior al reo A. F. Rudler, y entendido, quedó conforme, ofreciendo dar al Supremo Gobierno de la República, pruebas de su arrepentimiento y gratitud.

FRANCISCO CRUZ   A.F. RUDLER

De orden del señor Comandante, Juez de la causa, yo el Escribano me constituí al lugar en que ha sido ejecutado el reo William Walker, y asociado de los prácticos que suscriben, pongo razón de haber muerto dicho reo a consecuencia de la ejecución; y que ha sido conducido al panteón de este puerto.

FRANCISCO CRUZ   D. BOULOV,
Escribano   Dr.

En calidad de práctico,

J. VARGAS

Comandancia Departamental. Trujillo, septiembre doce de mil ochocientos sesenta.

Habiendo sido cumplida y ejecutada la sentencia anterior, a las ocho de la mañana de hoy, diríjase esta causa la Comandancia General del Estado, junto con el reo A. F. Rudler, compuesta de veinte y dos fojas útiles, para lo que estime conveniente. Es proveído por ante el Escribano que da fe.

M. ÁLVAREZ   FRANCISCO CRUZ
Escribano

de la Gran Logia Suprema de la "Liga de la Estrella Roja" de los Estados Unidos

***

Nueva Orleans, abril de 1860

EMPLEADOS

D.C. Jenkins	Gran Comandante Supremo
John A. Jaques	Gran Vicecomandante Supremo
Thos S. Mc. Bay	Gran Orador Supremo
Thomas F. Fisher	Gran Secretario Supremo
Mason Pilcher	Gran Tesorero Supremo
Flavel Belcher	Gran Conductor Supremo
Andrew Brady	Gran Centinela Supremo interno
Edw. F. Conway	Gran Centinela Supremo externo

PREÁMBULO

Para defender los Estados de la Unión donde existe la esclavitud contra las varias formas de hostilidad con que se les ataca.

Para conservar, perpetuar y extender la institución de la esclavitud de los negros como la base del sistema social e industrial más sólido, durable y benéfico que existe en el mundo;

Para organizar la opinión en favor de aquella institución y para dar eficacia a esta opinión como potencia moral y política, y si se requiere, también como potencia física;

Finalmente, para proveer de todos los elementos de fuerza a una causa justa y mantener el derecho contra todas las eventualidades posibles como la mejor prueba que pueden dar los hombres de que son dignos de disfrutar de sus beneficios;

Los amigos del Sur y de sus instituciones se han organizado en una liga y han adoptado la siguiente.

CONSTITUCIÓN
DE LA GRAN LOGIA SUPREMA DE LA "LIGA DE LA ESTRELLA ROJA" DE LOS ESTADOS UNIDOS

ARTÍCULO I.

Esta Logia se denominará Gran Logia Suprema de la "Liga de la Estrella Roja", y tendrá sus sesiones en la ciudad de Nueva Orleans en el tiempo que se fije en la primera sesión ordinaria de los representantes de las Grandes Logias de los Estados, que se reunirán el primer lunes de diciembre de 1860.

ARTÍCULO II

Sección 1era. El Presidente se denominará Gran Comandante Supremo y será electo en unión de los otros funcionarios en las sesiones anuales de la Gran Logia Suprema, y ejercerán sus funciones por el término de doce meses o hasta que sus sucesores sean electos y posesionados.

Sección 2da. El Gran Comandante Supremo en unión de su Consejo tendrá una completa inspección de la Orden en todos los Estados Unidos.

Sección 3era. El Gran Vicecomandante Supremo presidirá y ejercerá las otras funciones del Gran Comandante Supremo en su ausencia.

Sección 4ta. El Gran Orador Supremo representará al Gran Comandante Supremo y el Gran Vicecomandante Supremo en ausencia de ellos, y llenará los otros deberes que el Consejo le imponga.

Sección 5ta. El Gran Secretario Supremo recordará o registrará las actas, condición y progreso de la Liga en todos los Estados Unidos, y firmará y sellará todos los documentos oficiales que emanen de la Gran Logia Suprema o del Consejo.

Sección 6ta. El Gran Secretario Supremo tendrá derecho al salario que sus servicios y la condición de la Liga permitan según el juicio del Consejo.

Sección 7a. El Gran Tesorero Supremo tendrá los caudales pertenecientes a la Gran Logia Suprema y pagará de ellos (cuando se lo mande la Gran Logia Suprema o el Consejo) con orden escrita del Gran Comandante Supremo, autorizada en debida forma por el Gran

Secretario Supremo; y prestará fianza de cumplir fielmente sus deberes en la cantidad que el Consejo determine.

Sección 8tva. El Gran Conductor Supremo y los Grandes Centinelas Supremos, serán nombrados por el Gran Comandante Supremo y cumplirán con los deberes y obligaciones que les imponga la Gran Logia Suprema.

ARTÍCULO III
DEL CONSEJO

Sección 1era. Los funcionarios de la Gran Logia Suprema formarán un Consejo para la Dirección de la Orden, durante el receso de la Gran Logia Suprema, y sólo responderán de sus actos ante la Gran Logia Suprema.

Sección 2da. El Consejo tendrá facultad para proveer las plazas vacantes que en él ocurran por muerte o renuncia.

Sección 3era. El Consejo puede ser convocado por el Gran Comandante Supremo cuando lo pida por escrito uno de sus miembros, a condición de que no se haga cosa alguna si la mayoría de sus miembros no está presente, y de que ningún acto del Consejo sea obligatorio si no ha sido aprobado por la mayoría de la totalidad del Consejo.

ARTÍCULO IV

Sección 1era. Siempre que se organice una Logia Subordinada procederá inmediatamente a la elección de sus funcionarios a saber: Presidente, Vicepresidente, Orador, Secretario, Tesorero, Conductor, Centinelas, externo e interno que servirán hasta la siguiente elección ordinaria.

Sección 2da. Las Logias Subordinadas elegirán sus funcionarios en las últimas sesiones ordinarias en junio y diciembre, los cuales serán posesionados en la primera sesión siguiente, y servirán durante seis meses, o hasta que sus sucesores sean electos y posesionados.

ARTÍCULO V

Sección 1era. Siempre que en un Estado haya cinco logias subordinadas, se reunirán por medio de representantes dentro de un mes después de la organización de la quinta Logia y formarán una Gran Logia del Estado que deberá tener los mismos funcionarios, y será regida de la misma manera que la Gran Logia Suprema.

Sección 2da. La Gran Logia del Estado se compondrá de los Presidentes de las Logias Subordinadas y de un delegado por cada veinticinco miembros inscriptos en las listas de la Logia.

Sección 3era. Las Logias Subordinadas pagarán para el sostén de la Liga y para llevar a efecto los objetos de su organización, lo siguiente:

Por cada Logia de Estado. Por la Carta	$	10.00
Por cada iniciación	$	50
Por cada miembro inscripto en las listas por trimestre.	$	25
A la Gran Logia Suprema:		
Por cada iniciación	$	2.00
Por cada miembro inscripto en las listas por trimestre.	$	1.00

ARTÍCULO VI

Las Grandes Logia de Estado tendrán derecho a ser representadas en la Gran Logia Suprema en proporción al número de Logias Subordinadas que tengan bajo su jurisdicción, a saber:

Menos de 10 Logias	1	representantes
10 y menos de 20	2	"
20 y menos de 30	3	"
30 y menos de 40	4	"
más de 40	5	"

ARTÍCULO VII

Los Tesoreros de las Logias Subordinadas dirigirán al Gran Secretario Supremo residente en Nueva Orleans el 1º. de enero, abril, julio y octubre de cada año, la suma debida por sus respectivas Logias a la Gran Logia Suprema.

ARTÍCULO VIII

Los Grandes Secretarios de Estado dirigirán el 19 de julio y el 1º. de enero de cada año, al Gran Secretario Supremo, una lista completa del número de Logias sujetas a la jurisdicción de sus respectivas Grandes Logias, juntamente con el número de miembros de cada Logia Subordinada, su condición y progreso, etc.

ARTÍCULO IX

Sección 1era. Ninguna persona será admitida como miembro de la Liga si no es ciudadano de una República Americana, mayor de veintiún años, creyente en el derecho divino y político de tener esclavos negros, y deseoso de prestar su influencia para perpetuar la institución de la esclavitud de los negros, en los Estados y territorios donde ahora existe, y de llevarla a otros países donde el clima y terreno indiquen la utilidad que de ella puede sacarse.

Sección 2da. Todo individuo que quiera ser miembro de la Liga deberá ser recomendado a los menos por un miembro que goce de buen concepto.

Sección 3era. Las solicitudes para admisión en la Liga serán recibidas y resueltas en la misma noche, y el candidato será admitido inmediatamente. Todas las elecciones de miembros se harán por balota, y tres bolas negras bastarán para rechazar el candidato.

Sección 4ta. El impuesto de iniciación y el del primer trimestre deberán acompañar cada solicitud.

ARTÍCULO X
IMPUESTOS Y CONTRIBUCIONES

Sección 1era. Cada Logia Subordinada fijará la suma de derechos y contribuciones que deben pagar sus miembros, a condición, sin embargo, que no bajen de tres pesos por la iniciación y de doce reales fuertes por trimestre de contribución pagaderos adelantados. Ningún miembro puede ser funcionario de una Logia o votar en ninguna cuestión si no ha pagado los impuestos establecidos en ella.

Sección 2da. Ningún miembro será posesionado como funcionario si no ha pagado con anticipación lo que le toca en todo el término del empleo para qué ha sido electo.

Sección 3era. Los caudales que se hallen en manos de las Logias Subordinadas pertenecientes a la Gran Logia Suprema, no se emplearán en otro objeto que el que establece el artículo 5, sección 3, de esta Constitución, y el tesorero que permita que los fondos de la Gran Logia Suprema confiados a él se usen para otro fin, se considerará culpable de mala conducta y será castigado expulsándolo de la Liga.

ARTÍCULO XI

Sección 1era. Las Grandes Logias de Estado podrán formar un Código de leyes orgánicas para gobernarse, sujetándolas (antes. de ponerlas en práctica) a la aprobación del Gran Comandante Supremo.

Sección 2da. Las Logias Subordinadas pueden también formar su Código de leyes orgánicas sujetas a la aprobación del Gran Consejo de sus respectivas Grandes Logias de Estado.

ARTÍCULO XII

Inmediatamente después de la adopción de esta Constitución, los miembros de la Logia de Luisiana número 1, (poder originario y constitutivo), procederán a la elección de funcionarios para la Gran Logia Suprema, los cuales servirán hasta la sesión de diciembre de 1860.

ARTÍCULO XIII

Esta Constitución no será anulada, alterada o reformada antes de la sesión de la Gran Logia Suprema.

NÚMERO 1º.

Nueva Orleans, junio 2 1860

Muy señor mío:

El "Abbott" llegó el sábado último, el "Joncey" el miércoles y el "Taylor" ayer por la mañana. Las cartas traídas por estos buques han sido recibidas, y sus conceptos tomados en cuenta. Las noticias traídas por el "Taylor" son importantes, y me alegro de ver que los isleños han pedido garantías contra Honduras.

Espero que el "Clifton" llegará antes que ésta, con sus pasajeros y carga. Los vientos, sin embargo, son poco fuertes en esta época del año, y puede suceder que tarde mucho en el pasaje. Hoy hace cuatro días que levó ancla.

El "Joncey" se hace a la vela esta noche. Llevará casi veinte pasajeros y algunos implementos y otros artículos que Ud. necesita en la isla. El pasaporte será remitido a Ud. por el Capitán Faissoux.

No debe Ud. temer fuerza alguna de Honduras después de la llegada del "Joncey". Guardiola no puede mandar a Roatán gente suficiente para frustrar el fin de los pasajeros que han ido y están próximos a ir de aquí.

Procuraré mandar algunas provisiones por el "Taylor". Según dice el consignatario, saldrá de aquí el martes o miércoles próximo.

Quedo entendido que, si los habitantes de Roatán entran en dificultades con el Estado de Honduras, Ud. hará cuanto pueda para auxiliarlos en sus tribulaciones. Yo sé que Ud. no perdonará medio para ganarse la voluntad de los isleños; y nada asegurará tanto su buena opinión como facilitarles el auxilio que requieren.

Debe usted descansar en que le mandaré con el "Taylor" los artículos que más necesita usted ahora.

De usted afectísimo.   Wm. WALKER
Al Capitán J. S. West.

PARTIDA DE DEFUNCIÓN DEL GENERAL WILLIAM WALKER

En la presente fecha (12 de septiembre de 1860) fue sepultado el finado William Waller oriundo de los Estados Unidos de América: fue ejecutado en este día por sentencia legal, como invasor filibustero. Recibió los Santos Sacramentos de la Santa Iglesia Católica A. R. y para constancia firma el Capellán Castrense.

PEDRO RAMÍREZ

(Libro de entierros. Año 1860 part.1124)

Archivo Parroquial de la Parroquia de San Juan Bautista.
Trujillo Honduras, C.A.

MANUEL NADAL

Trujillo, 27 de julio de 1920

APÉNDICE AL PROCESO DE WALKER

Causa contra Elliot Thomson y Robert Jones

(De La Nueva Época de Comayagua)

Comandancia principal de la plaza. Trujillo, septiembre nueve de mil ochocientos sesenta.

Por cuanto, habérseme pasado los reos Robert Jones y E. Thomson, en virtud de mi solicitud fecha 6 del corriente, y siendo éstos reos de ayuda al bandido Walker, según la declaración que me acompaña el Señor Agente Consular Inglés, para justificación del hecho y su castigo, debía mandar y mando se siga la información del caso y con lo que resulte, autos. Lo mando por ante el Secretario de la Comandancia. Norberto Martínez. Ante mí, José María Sevilla.

"Comandancia Principal del Puerto. (Traducción)

El suscrito traduce:

Agencia Consular Británica. Trujillo, septiembre 9 de 1860.

Declaración de James Small, uno de los filibusteros perteneciente a la expedición del General Walker, capturado por el vapor de la S. M. B. "Icarus, Comandante Salmon".

"Cuando llegué al Limón fui mandado en una canoa a Roatán, por orden del General Walker para conseguir plátanos; llegado que fui a la Isla, encontré a Mr. Johns, uno de los habitantes de ella y, este me vendió 4.000 plátanos que él mismo entregaría en Limón al General Waller. Fui juntamente con Mr. Johns al Limón, y cuando llegamos allí, unos caribes nos informaron que el General Walker y su gente habían salido para Río Tinto, y yendo nosotros para allá fuimos apresados por el vapor "Icarus".

Thomson estaba empleado por Johns, para trabajar a bordo de su balandra. Firmado "James Small".

Declaro que todo lo expresado arriba es una verdadera copia de la de la declaración tomada por mí en mi oficina, como también ser verdadera y original la firma que aparece autorizándola, y cuyo original queda archivado en el Consulado de este puerto. Willm. Melhado. Agente Consular de Su M. B. Francisco Bernárdez.

Trujillo, fecha ut—retro.

Yo, el Comandante de la plaza, hice traer a mi presencia a uno de los reos que se hallan detenidos en el puerto; y preguntado por su nombre, edad, estado y profesión, dijo, por medio del intérprete, que se llama Elliott Thomson, de treinta y siete años de edad, casado y de profesión marinero y carpintero.

Preguntado, dijo: que es vecino de la Isla de Roatán, inmediato al Puerto Real.

Preguntado, dijo: que vino a este puerto con la expedición de Mr. William Walker, sirviendo de práctico, a bordo de la goleta "John A. Taylor", pero que fue forzado por el dicho Walker, porque él, su concierto, lo hizo para ir a Bluefields.

Preguntado, dijo: que cuando ha sido tomado prisionero por el Comandante del "Icarus", él iba sirviendo de práctico a la balandra en que lo tomaron; que en ella iba Mr. Johns, quien lo concertó para que lo llevase a Río Tinto, y que también iba James Small, según ha sabido ahora, porque a bordo tenía otro nombre: que la balandra es de Mr. Johns, y que llevaba plátanos para ver si podía venderlos a alguna persona en su tránsito para Río Tinto, a cuyo lugar iba, según le dijo Johns, a buscar ganado para comprar.

Preguntado, dijo: que quien le habló para ir de práctico a Río Tinto, fue el mismo Johns, sin intervención de otra persona.

Hallándose presente el señor Joseph Edward Saint Martín.

Preguntado, dijo: que antes de ir al viaje de Río Tinto, oyó el rumor, por unos ladinos, de que Walker había evacuado a Trujillo por intimidaciones del vapor "Icarus", pero que él no lo había querido creer. En esto suspendí esta declaración y leída que le fue al interrogado por medio del intérprete, la aprobó, siendo presente el Agente Consular. Martínez. Elliot Thomson. José—M. White. Intérprete. Willm. Melhado, Consular Agent. A.B.M.

A continuación, compareció ante mí el otro de los reos detenidos, y preguntado por su nombre, edad, estado, profesión, por medio del intérprete, dijo: que se llama Roberto Jones, de treinta y un años de edad, casado y agricultor.

Preguntado, dijo: que conoce a James Small, quien le había dicho antes que se llamaba Joseph Schafer.

Preguntado, dijo: que, hallándose James Small en su casa, viviendo un poco enfermo, cuando el declarante hizo un viaje a Río Tinto, lo llevó en su embarcación sin más objeto que el de mudar de aires, y con la idea de regresarlo a s casa otra vez; que quien le dejó en su casa al referido Small, fue Mr. Mackenzie, un tuerto, vecino de Roatán; el mismo de quien oyó decir que había hecho viajes aquí cuando estaba Walker, en un bote de Mr. Elwin.

Preguntado, dijo: que el Comandante del vapor "Icarus" lo tomó prisionero frente a la barra del Río Tinto, sin haberle explicado el motivo, creyendo el que declara, que sería porque no llevaba pase para su balandra del Gobernador de Roatán: que cuando cayó prisionero, le acompañaban, a bordo, un muchacho llamado Joseph Norman, James Small y Elliott Thomson, quien a la sazón se hallaba en tierra trayendo agua.

Preguntado, dijo: que cuando salió de su casa (en Roatán), fue con el designio de ir a Río Tinto en busca de ganado, y que no hizo ninguna escala más que en la Guanaja, en la casa de su madre.

Preguntado, dijo: que la carga que llevaba en su balandra, eran plátanos, cuyos no contó, pues no hizo más que cortarlos y Thomson los recibió a bordo.

Preguntado, dijo: que él concertó a Thomson para que le sirviera de práctico a Río Tinto: que los plátanos los llevaba para ver si hallaba a quién venderlos, porque tenía muchos que se le perdían en su casa; que el contrato con Thomson no tenía precio, porque el trabajo iba a ser remunerado personalmente con otro que tuviese Thomson.

Preguntado, dijo: que antes de emprender su viaje a Río Tinto, supo por su hermano, que Walker había evacuado este lugar y que se hallaba muy arruinado. En esto suspendí esta declaración, aprobada por el exponente, la firmó. Martínez, Robert Jones. José M. White. Ante mí, José María Sevilla.

En veinticinco de dicho mes, pareció ante mí el testigo don Eduardo San Martín, mayor de edad, casado, natural de Baltimore, de origen francés y ahora vecino de Roatán.

Preguntado si conoce a Elliott Thomson y Robert Jones, y si con ellos le tocan las generales de la ley, dijo: que conoce a los sujetos antes referidos, y que no tiene impedimento para declarar en causa de ellos.

Preguntado, dijo: que no ha presenciado ningún contrato entre Jones y Thomson, en que este último se concertase con aquél para práctico de su balandra en algún viaje.

Preguntado, dijo: que ignora del viaje hecho por Thomson, Jones y James Small a esta costa; pero que si ha oído hablar de él ahora después que él ha vuelto de Izabal.

Preguntado, dijo: que el objeto de su venida a este puerto ha sido para atestar de que mucho antes de los acontecimientos de Walker, Jones tenía viaje preparado para ir a Río Tinto, en busca de ganado;

sabiendo, también de ciencia cierta, que el dicho Jones no tenía opinión favorable por Walker, pues lo conoce muy bien, así como la familia. Que es la verdad en la que se afirma y ratifica, bajo la gravedad del juramento que ha prestado como católico. Leída que le fue su declaración, la aprobó y firmó. Martínez. E. S. Martín. José Mauricio White, intérprete. Ante mí, Estanislao Majano, Secretario.

En seguida hice comparecer de nuevo al reo Elliot Thompson, y por medio del intérprete fue preguntado, para que dijere en dónde había tocado la balandra después que salieron de Roatán; entendido, dijo: que desde que salieron de Roatán no tocaron en ninguna parte, pues se fueron directamente a Río Tinto, en cuyo tránsito los capturó el Comandante del "Icarus". En esto suspendí esta declaración, y aprobada por el interrogado, la firma el intérprete conmigo. Martínez. Joseph M. White, intérprete. Ante mí, Estanislao Majano, Secretario.

Comandancia Principal de este puerto. Trujillo, septiembre veintisiete de mil ochocientos sesenta.

Tómese confesión con cargos a los reos. Norberto Martínez. Ante mí, Estanislao Majano, Secretario.

En Trujillo, a los cuatro días del mes de octubre del corriente año. Ante mí, el Comandante, Juez de esta causa, hice comparecerá el reo Elliot Thomson, y prevenido para que dijese la verdad en la confesión con cargos que le voy a recibir, dijo, por medio del intérprete, que así lo haría.

Preguntado, le hice cargo de que, por el mérito de la causa de la cual le impuse, resulta: que él sirvió de práctico al bandido Walker para venir a este puerto en la goleta "Joneet Tailor", y atacarlo con fuerza armada, y que, reincidiendo, se prestó a servir de lo mismo en la balandra de Jones, para llevar víveres al mismo Walker, quien andaba fugo de la plaza en la costa de mosquitos; por estos hechos cometidos en ayuda del bandido Walker, se halla merecedor de pena porque la ley castiga al cómplice, contestó: que para venir aquí de práctico en la goleta "Taylor", fue forzado, pues él se concertó con el Capitán de ella para ir a Bluefields, yendo cargada de mercaderías, y en la mar se encontró con otra goleta que llevaba la gente, que la trasbordó y, que entonces, ya no le fue posible evadirse; que al concertarse con Jones, no tuvo intenciones más que de acompañarlo, para lo que tiene dicho.

Preguntado, fue reconvenido: que los hechos por los que se le hace cargo están evidenciados, y que él, para su defensa, no ha rendido ninguna prueba: que, antes bien tiene sobre sí, la de haber sido capturado por el Comandante del "Icarus", su connacional, y entregado a una autoridad, sin duda porque le encontró alguna criminalidad, ya por informes ciertos, o por la actitud en que fue encontrado, dijo: que en poder del agente Consular, Mr. Melhado, hay una declaración tomada en Roatán a un oficial de los de Walker, quien asegura, que él fue forzado para venir aquí, y que por lo demás, se refiere a lo que tiene dicho.

Reconvenido, que en la sumaria hay la declaración de Jones Small, quien asegura que la expedición en la balandra fue hecha para auxiliar a Walker con los plátanos, y que al efecto vinieron a éste en el "Luirson", y que, no habiéndolo encontrado, se fueron, procurándolo a Río Tinto. Que también en su declaración hay una variedad que le hace sospechoso, y es la de que tiene afirmado que la balandra no hizo ninguna escala, cuando su correspondencia de Jones dice que estuvieron en la Guanaja después que salieron de Roatán, dijo: que Small no dice verdad, y que, en efecto, la balandra hizo escala en la Guanaja por causa del mal tiempo y no por otra cosa. En esto suspendí esta confesión para proseguir después, si fuere necesario, y entendido que fue de ella por medio del intérprete, dijo que era la misma que había hecho, no firmándola por no saber. Martínez. José M. White, intérprete. Ante mí, Estanislado Majano, Secretario. En seguida hice traer a mi presencia al reo Roberto Jones, y prevenido para que dijese verdad en la confesión que le voy a tomar, contestó, por medio del intérprete, que así lo haría.

Preguntado, le hice cargo, que, por el mérito de la sumaria, de la cual le impuse, resulta: que él prestaba auxilios al bandido Walker, llevándole víveres para mantenerse en su derrota: que en tal supuesto está responsable de pena mayor que correccional, como cómplice o como ayudante del principal. Responde: que ignora de todo punto la razón de su responsabilidad, porque nunca se ha propuesto auxiliar a Walker; que en este supuesto afirma que la declaración de James Small, es falsa.

Reconvenido, cómo arguye que la declaración de Small es falsa, cuando por el hecho de ser capturado por su connacional el Comandante del "Icarus" se deduce claramente que al proceder aquél, fue sin duda por la actitud en que lo encontró o por otras vehementes razones que le cupieron, dijo: que el Comandante del "Icarus" aunque su connacional, lo aprehendió sin duda porque no llevaba pase del

Gobernador de la isla y no por cooperante de Walker, pues él no sabía que tal persona estuviese por allí.

Preguntado, dijo: que la balandra tiene cuatro toneladas; y que no sacó pase del Gobernador de la Isla, porque vive muy lejos y nunca lo ha sacado cuando se le han ofrecido viajes; esto es, porque el Gobernador le ha dicho que no es necesario, para embarcaciones tan pequeñas como su balandra, pues es tenida como canoa. Reconvenido que la excusa que pone de no andar auxiliando a Walker no satisface, porque siendo la balandra tan pequeña no podía embarcarse ganado en ella y que, por otra parte, la circunstancia de andar sin pase, le hace desde luego sospechoso, dijo: que él fue en su balandra solamente para ver si hallaba el ganado, para después fletar una goleta en que podía conducirlo; y que por lo que hace a la falta del pase, no puede decir más que ha sido una ignorancia; pero sin malicia.

En esto suspendí esta declaración para continuarla después si fuere necesario; leída que le fue al interrogado por medio del intérprete, la aprobó y firmó. Martínez. Robert Jones. José M. White, intérprete. Ante mí, Estanislao Majano, Secretario.

Comandancia Principal del Puerto. Octubre nueve de mil ochocientos sesenta.

Notifíquese a los reos que hallándose esta causa en estado de defensa nombren personas que los defiendan, si no lo quieren hacer por sí. Proveído por ante el Secretario. Norberto Martínez.

En la propia fecha se notificó el auto anterior a los reos, y entendidos, dijeron: que nombran por su defensor a don Nicolás Bustillo: firmó el que supo. Martínez. Robert Jones.

A continuación, se notificó a don Nicolás Bustillo, el nombramiento y habiéndolo admitido, juró que cumpliría con su encargo conforme le fuese dado a su escaso entendimiento: en vista de lo cual yo le discerní el encargo, interponiendo la autoridad de la Comandancia para que en pro de su recomendado haga cuanto el derecho le permita. Firmó con él por ante el Señor Secretario que da fe. Martínez. Nicolás Bustillo.

Comandancia Principal del Puerto. Octubre once de mil ochocientos sesenta.

Traslado al defensor y reo por el término de tres días; y contándose con éstos, ábrase la causa a pruebas con calidad de todos cargos por el término de cinco días. Norberto Martínez.

C. P. de la P. Nicolás Bustillo, defensor de los reos Elliot Thomson y Robert Jones, ante Ud., como mejor proceda, paso a informar en derecho en defensa de mis recomendados, y en vista de la causa que se les ha seguido como coadyuvantes del bandido Walker.

Se hace cargo a los reos de un delito merecedor de pena mayor que correccional, porque Thomson primera vez sirvió de práctico a Walker para agredir a esta plaza: y por segunda a Jones y James Small para ir a la costa oriental en busca del mismo Walker, a fin de socorrerlo con víveres en su fuga; y porque Roberto Jones en su propio bote y como dueño de los víveres que llevaba; se dirigió al socorro del referido Walker coadyuvando así a las ideas de éste por lo que concierne a la agresión de Trujillo. La prueba de todo ello se hace consistir en la declaración del filibustero Small, y en la captura hecha por el Comandante del "Icarus", quien entregó los reos por medio del Cónsul inglés, a Uds.

Verdaderamente, los hechos tal como se presentan y en las circunstancias en que nos vinieron, arrojan sobre los reos una aparente culpabilidad, que al parecer no tendrían defensa; pero mirándose ellos, en la actualidad y con las pruebas que debidamente acompaño, se desprende, no sólo una conjetura favorable para los acusados, sino la evidencia por lo cual ellos vienen a ser acreedores, a toda su consideración. Daré mis razones.

Elliot Thomson, rinde la prueba (documento núm. 1o.) de que fue forzado para venir aquí de práctico, por el bandolero Walker, y además, en la causa no hay una prueba clara que con dolo, haya acompañado a Jones para ir a Río Tinto, luego la responsabilidad que le hayan acarreado las conjeturas queda de hecho purgada, porque como dice una regla de nuestro derecho: En caso de duda, es mejor la condición del reo.

Roberto Jones, en el documento Núm. 2°. hace la prueba de que para navegar en su bote no necesitaba de pase; y en el núm. 3°. de que nunca estuvo aquí cuando Walker ocupaba la plaza, asegurándose más bien, tanto por este documento, como por la declaración del Señor San Martín, que es hombre honrado y de rectas intenciones, luego es visto, que, por la regla antes citada, es, asimismo... la absolución. La declaración de Small, es la que funda todo... admitiéndola como la admito, por un momento. ¿Quién ha dicho que la inculpación del cómplice hace plena prueba? Los reos se están juzgando por las leyes liberales de Honduras, y según estas, el compañero en el delito no puede ser testigo contra su compañero, porque a ello daría lugar la condena de muchos inocentes que a placer de un reo malvado se viesen complicados para que le ayudasen a padecer. Aquí la ley 21, título 16, partida 3ª.

Por otra parte, señor, se trata de reos políticos, ya que no se les acusa ninguno de los delitos comunes; y sobre esto tengo algo más que decir.

Como buen hondureño estoy lleno de rabia por la injusta agresión que nos hiciera Walker y su gavilla, ocasionando muertos, heridos y robos de toda especie; pero como defensor de Thomson y Jones, no puedo menos que ver por ellos en cuanto se pueda, porque he jurado hacerlo así: al hacerlo, haré una reminiscencia. Capturado Walker y su fuerza por el Comandante Salmon, éste celebró con la autoridad de aquí el convenio de que serían juzgados Walker y su segundo, y que el resto de la fuerza fuese perdonada. Demos por caso, pues, que Thomson y Jones, como coadyuvantes de aquél, perteneciesen a sus fuerzas subalternas; si a aquellas se les perdonó y se les permitió que fuesen a sus casas, ¿por qué no se les perdona a éstos habiendo identidad de razón? Aquel comercio para el movimiento de Walker de que son parte mis defendidos, fue una ley, porque se cumplió; y siendo así, nada más aplicable que lo que aconseja el Jurisconsulto Escriche en la palabra arbitrio de Juez.

Analogía dice: las leyes que se han establecido por una necesidad de circunstancias pueden aplicarse a circunstancias y casos semejantes, si concurriere la misma utilidad y la misma razón.

Por tanto, señor a Ud. pido y suplico: que teniendo en consideración de hallarse Thomson muy enfermo: que Jones es hombre de bien, de una casa notable de la isla; y que uno y otro están lejos de sus familias, quienes los podían auxiliar en algo, sea muy servido poner fuera de toda responsabilidad a los dichos, decretando su libertad. Así es de justicia que pido, y juro no hacerlo de malicia.

Trujillo, octubre 15 de 1860. Nicolás Bustillo. Agréguese. Martínez.

Comandancia principal de Trujillo. Octubre diez y seis de mil ochocientos sesenta.

Autos y vistos, resulta: que el reo Elliott Thomson sirvió de práctico al caudillo de los filibusteros William Walker, para venir y desembarcar aquí con su fuerza, la mañana del 6 de agosto pasado, día en que atacó la plaza: que posteriormente, con el mismo oficio de práctico sirvió a Robert Jones y a James Small, para llevar a Walker, que estaba ya en Río Tinto, plátanos en la balandra de dicho Jones: que Roberto Jones, de acuerdo con el encargado de Walker, James Small, en su. balandra llevaba para aquél los víveres dichos, y que, por tal motivo, los aprehendió el Comandante del vapor inglés "Icarus", trayéndolos y poniéndolos a mi disposición.

Considerando: que, si los reos han formado sus disculpas, éstas no han llegado a lo suficiente para ser absoluta, según el tenor de la ley 7, título 14, pa. 3ª. que, aunque no pertenecen a la fuerza subalterna de Walker que fue perdonada, merecen la consideración del Estado por las circunstancias atenuantes de que hace mérito el defensor, y que también debe tomárseles en cuenta el tiempo que han estado detenidos.

Por tanto: el Comandante de la plaza, haciendo uso de la ley 8, título 31, página 7ª., a nombre del S.E. de Honduras, sentencia a Elliott Thomson, por el tiempo que ha estado detenido, a un mes de trabajo en obras públicas en esta ciudad, si no paga una multa de treinta pesos, a beneficio de la Hacienda del Estado, y a Robert Jones, dándole por compurgada la pena de prisión con el tiempo que ha estado detenido, y condenándole para la Hacienda del Estado la balandra en que portó los víveres, debiendo ambos pagar los gastos del proceso. Y por ante mi sentencia definitivamente juzgando, así lo proveo, mando y firmo, haciéndose saber por el intérprete y por ante el Secretario de la Comandancia. Norberto Martínez.

Se notificó la sentencia a los reos por medio del intérprete, y entendidos, dijeron: que se conforman, y firmaron, Robert Jones, José M. White, Intérprete. Elliott. Thomson.

DOCUMENTO No. 1º.

Personalmente apareció ante mí, Edward Francis Coway, oficial que fue últimamente en el ejército de Walker, (General de Nicaragua), quien habiendo prestado su juramento, declara: que Elliott Thomson, actualmente en presidio en Honduras, fue compelido por fuerza de armas a acompañar la expedición, como también violentado a asistir, presentándole una pistola dos soldados del servicio de Walker, compeliéndolo a pelear por la causa ya mencionada. Y yo solamente declaro, que él expresó y manifestó su disgusto de portar armas, y de ayudar de cualquier grado a la toma de Trujillo. Jurado ante mí. Samuel Porton, Magistrado. Roatán, septiembre de 1860.

Es traducido fiel y literalmente por el suscrito, a pedimento del señor Comandante principal de este puerto — Francisco Bernárdez. José M. White, intérprete de la Comandancia.

DOCUMENTO No. 2º.

Siendo requerido por el señor Jones, socio del dueño de la balandra "Spray", certifico: que no ha sido costumbre de mis antecesores, ni mío tampoco, el pedir ni dar pases de botes como la "Spray", tanto que la "Spider" y la "Mary Anne" de esta isla, y el "Ned", de Trujillo, han sido tratados invariablemente. Roatán, 1o. de octubre de 1860. Alexander Mair, Magistrado Gobernador.

Es traducción fiel y literal, hecha por el suscrito, a petición del señor Comandante principal de esta plaza. Francisco Bernárdez. José M. White, intérprete de la Comandancia.

DOCUMENTO No. 3º.

Yo, el abajo firmado, Agente Consular de los Estados Unidos de Norte América.

Certifico: en la mejor forma de derecho, que en los días que permanecí en este puerto (del seis hasta el dieciocho del mes de agosto próximo pasado), durante la ocupación del señor W. Walker, no he visto, ni ha venido de Roatán a este puerto el Señor Robert Jones, y a mayor abundamiento, lo conozco, tiempo ha y es hombre de bien y pacífico. En fe de lo cual, y para los usos que al interesado convenga, doy la presente, que firmo, autorizándola con el sello de esta Agencia Consular, hecha en Trujillo, a 14 de octubre del año del Señor, 1860. E. Prudot.

CERTIFICACIÓN

Certifico: que el reo Thomson ha sídome presentado por el señor don Nicolás Bustillo, con el fin de que lo examine de la enfermedad que adolece, y habiéndolo verificado, yo declaro, que su enfermedad es un reumatismo crónico y que necesita para curarse mucho tiempo y cuidados.

Y a pedimento de don Nicolás Bustillo, extiendo la presente, en Trujillo a doce de octubre de mil ochocientos sesenta. Dr. Boul.

EL GENERAL PRESIDENTE
del Estado de Honduras, a sus habitantes

Hondureños:

Cuando toda la República gozaba de los beneficios de la paz y dedicaba mi atención a su mejoramiento y prosperidad, y cuando la readquisición de los importantes territorios del archipiélago de nuestro golfo en el Atlántico y la Mosquitia, habíase logrado después de mis constantes esfuerzos por la reivindicación de los derechos de Honduras, los filibusteros, acaudillados por su antiguo y vandálico Jefe William Walker, han osado agredir a mano armada el suelo de la patria, y apoderádose, por sorpresa, del puerto de Trujillo en la mañana del día 6 del mes actual, después de la resistencia que hiciera la guarnición de aquella plaza.

En vista de esta amenaza de muerte a nuestra entidad política, mi deber es llamaros a las armas para dar un severo escarmiento a esos piratas, vergüenza del siglo en que vivimos.

Hondureños: nuestra causa es la más santa, la más justa que defender debe un pueblo libre. La religión de nuestros mayores, el hogar doméstico, el honor de nuestras familias, nuestras instituciones, todo, todo corre un grave peligro, si un pronto esfuerzo del patriotismo no se opone a la marcha de sangre y exterminio que ya otra vez ha marcado el paso del filibusterismo por la hermosa República de Nicaragua.

La servidumbre es la enseña de los forajidos salidos de la hez del pueblo de los Estados Unidos de la América del Norte, que pretenden aniquilar la raza indo—española; nuestro pendón es el de la libertad y la justicia.

Hondureños todos: ningún sacrificio, por grande que parezca, omitiré para hacer la defensa del Estado. Yo sé de cuánto es capaz el soldado hondureño, y confío mucho en la Providencia que vela siempre por el que sostiene una buena causa. Rodead al Gobierno prestándole vuestro eficaz apoyo.

Mi deber es luchar sin descanso, y la más envidiable gloria a que puedo aspirar, es morir por mantener ilesos los fueros de la Nación.

Comayagua, agosto 13 de 1860.

SANTOS GUARDIOLA

FUGA DE LOS FILIBUSTEROS

Mando político y Militar del departamento de Yoro. Olanchito, agosto 24 de 1860. A las 7 de la noche.

Señor Ministro de la Guerra del Supremo Gobierno del Estado.

Por la adjunta comunicación, US. verá la fuga que el 22 del corriente han emprendido los filibusteros, dejando así burlada la bravura y entusiasmo con que las fuerzas de mi mando marchaban sobre ellos con el fin de escarmentarlos. Asimismo, US. verá que, a las once del propio veintidós, tomó posesión el Comandante de aquel puerto de su fortaleza.

Sírvase US. con todo dar cuenta a S.E. y admitir la reproducción de mis respetos y consideraciones.

M. ÁLVAREZ

Comandancia Principal del Puerto. Fuerte de Trujillo, agosto 22 de 1860.

Señor General don Mariano Álvarez.

A las 11 de este día he tomado posesión de la plaza, favorecido por una fuga despavorida que han hecho los filibusteros, y merced a circunstancias que después puntualizaré.

Se dirigen por la laguna de Guaimoreto, y al efecto los he mandado perseguir con 80 hombres que tenía reunidos.

Soy de Ud. atento servidor.

NORBERTO MARTINEZ

El bandido Walker y su comparsa han puesto de nuevo en evidencia que son incapaces de contrastar el torrente de la opinión de los pueblos cultos que los rechazan como a violadores de todos los derechos de la humanidad. Apoderados del Puerto de Trujillo, que soñaron transformarlo en su cuartel general, el famoso caudillo del pillaje, tuvo la imbecilidad de hacer circular la proclama que ha visto la luz pública, llena de insulseces y procacidad. ¡Miserables! No saben que el sentimiento de independencia y libertad está profundamente arraigado en el corazón del pueblo hondureño. Ellos han huido dejando a los valientes el pesar de no haberles escarmentado ejemplarmente, y de no haber llenado la misión de sepultarlos en nuestras playas.

PROCLAMA DEL PRESIDENTE DEL ESTADO DE HONDURAS AL PUEBLO HONDUREÑO

Hondureños:

El 13 del corriente mes os hice notoria la reciente invasión de los filibusteros sobre el territorio de la República en la Costa del Norte. Esta seria amenaza a nuestra independencia y libertad, me puso en el doloroso pero imprescindible deber de llamaros a las armas. Habéis correspondido con lealtad y decisión a la voz del Gobierno y a las exigencias de la Patria. Os doy a su nombre un solemne voto de agradecimiento.

Cuando tal era la actitud pública, hoy he sabido que Walker y su comparsa ha desaparecido precipitadamente del Puerto de Trujillo, y probada una vez más que en la época presente es impotente el crimen para abrirse una senda segura. Huyó el filibusterismo, llevando una nueva página en su historia de pillaje.

Hondureños: el ilustrado Gobierno Británico ha prestado en esta ocasión importantes servicios a la República: la presencia en nuestras aguas de un vapor de la marina de guerra de aquella Nación, desconcertó y humilló a los bandidos. Este hecho, que tanta honra al pueblo inglés, no será estéril en la marcha civilizadora del siglo, y probará más y más a los forajidos, que no merecen otra calificación los violadores de todas las leyes.

Me es grato anunciaros, que en todos los Gobiernos de las Repúblicas vecinas y hermanas he encontrado el más vivo y resuelto interés por la defensade una causa común a Centro América.

Soldados del Ejército. Comprendo hasta dónde llega vuestro pesar por no haber tenido tiempo para escarmentar a los bandidos con el denuedo y sufrimiento que os es peculiar. Ya Walker sentía, lleno de terror, vuestra aproximación. En cambio, de esa gloria que con su fuga os ha hecho perder, volvéis a las dulzuras de la paz, y a ocuparos de vuestras familias. Yo velaré siempre por vuestra dicha, y por qué nuestra Patria camine a su prosperidad.

Comayagua, agosto 29 de 1860.

SANTOS GUARDIOLA

PROCLAMA DE WILLIAM WALKER AL PUEBLO DE HONDURAS

Trujillo, agosto, 1860

Hace más de cinco años que yo, juntamente con otros, fuimos invitados a la República de Nicaragua, con la promesa de ciertos derechos y privilegios, bajo la condición de que debíamos prestar ciertos servicios en él Estado. Nosotros desempeñamos los servicios que se nos pidieron, pero las autoridades existentes de Honduras se unieron a una combinación para arrojarnos de Centro América (a).

En el curso de los acontecimientos, el pueblo de las Islas de la Bahía se encuentra ahora en casi la misma posición en que se hallaban los americanos en Nicaragua en noviembre de 1855. La misma política que condujo a Guardiola a hacernos la guerra, lo inducirá a arrojar fuera de Honduras al pueblo de las Islas (b). El conocimiento de esta verdad ha inducido a varios residentes de las Islas a hacer un llamamiento a los ciudadanos adoptivos de Nicaragua para que presten su ayuda en el mantenimiento de sus derechos de persona y bienes (c).

Pero no bien habían algunos de los ciudadanos adoptivos de Nicaragua respondido al llamamiento de los residentes en las Islas con ocurrir a Roatán, cuando las actuales autoridades de Honduras, alarmadas por su seguridad, pusieron obstáculos que estorbaran el cumplimiento del tratado de 28 de noviembre de 1859. Guardiola demora el recibo de las Islas por razón de la presencia de algunos hombres que ha perjudicado, y así, por motivos de partido, no sólo arriesga los intereses territoriales de Honduras, más entorpece, por el momento, un objeto cardinal de la política de Centroamérica (d).

293

El pueblo de las Islas de la Bahía puede únicamente ser incorporado a vuestra República por medio de sabias concesiones(e); las autoridades existentes de Honduras, han dado prueba, por sus actos pasados, de que no harán las concesiones necesarias. La misma política que Guardiola observó hacia los nicaragüenses naturalizados, le impedirá adoptar el único curso por el cual Honduras puede retener las Islas.

Viene a ser, por tanto, un objeto común con los nicaragüenses naturalizados y con el pueblo de las Islas de la Bahía el colocar en el Gobierno de Honduras a personas que concedan los derechos legítimamente adquiridos en los dos Estados (f).

De esta manera los nicaragüenses asegurarán su regreso a su patria adoptiva, y las Islas de la Bahía obtendrán plenas garantías de la soberanía bajo la cual deben ser colocadas por el tratado de 28 de noviembre de 1859.

Sin embargo, para obtener el objeto que llevamos en mira, no hacemos la guerra contra el pueblo de Honduras, sino solamente contra un gobierno que sirve de estorbo a los intereses, no sólo de Honduras, sino también a todo Centro América (g).

El pueblo de Honduras puede, por tanto, descansar en que tendrá toda la protección que necesite, tanto para sus derechos de persona, como para los de sus bienes (h).

(a) Verdad es que en hora infausta fuisteis llamados a tomar participio en las disensiones de nuestra hermana la República de Nicaragua; y que, como viles mercenarios, vendisteis vuestros servicios a uno de los partidos beligerantes. Pero no bien habíais triunfado, cuando disteis a conocer vuestra ambición, vuestra sed de sangre y vuestra rapacidad. Usurpasteis el Poder Público de aquel infortunado país; asesinasteis los ciudadanos más ilustres: contratasteis sus hijos como esclavos; robasteis e incendiasteis sus poblaciones: violasteis sus vírgenes; y los templos santos de Dios, los saqueasteis y convertisteis en muladares. ¿Y sois vosotros los que, después de tantos crímenes, y cuando no hay suplicios en la justicia humana con que poderes castigar, os quejáis de que Honduras contribuyera a vuestra expulsión?

(b) Superchería. Los isleños no se hallan en la misma posición que vosotros: ellos están bajo la protección de las leyes del país como vecinos honrados, industriosos y trabajadores; y vosotros, siendo la escoria de vuestro país, ladrones por profesión, os halláis proscritos y perseguidos. Mas en caso de que los isleños no quisiesen perder su nacionalidad, el Gobierno inglés ha ofrecídoles posesiones en sus colonias de América, y trasladarlos a ellas de su cuenta. Veis, pues, que en ningún caso tienen que temer, y antes por el contrario, mucho que esperar, por el ofrecimiento de su Gobierno y por la buena disposición que anima al de Honduras para acordarles reglamentos compatibles con sus necesidades.

(c) ¡Imprudentes! ¿Cómo tenéis valor de llamaros ciudadanos de Nicaragua y de aseverar que venís a proteger derechos que nadie ha violado, cuando vosotros no tenéis patria, ni ley, ni religión?

¿Cuándo vuestra vida aventurera, vuestra historia de sangre y exterminio en California, Sonora y Nicaragua os ha hecho merecer en todas las naciones el infamante epíteto de filibusteros, borrón del siglo diez y nueve?

(d) ¿Y quién os mete a vosotros a censurar la conducta del Gobierno de Honduras, y a calificar su política de contraria a los intereses de Centro América? Esa retención de que os quejáis, de las Islas en poder de la Inglaterra, es la que las ha salvado de vuestra rapacidad; y un paso tan acertado no ha podido menos que merecer la aprobación de todos los centroamericanos, aunque los ladrones adoptivos de Nicaragua piensen lo contrario. Pero vosotros ladráis como perros rabiosos, porque vuestra presa se os ha escapado.

(e) Esas sabias concesiones, ya lo dijimos, el Gobierno de Honduras está dispuesto a otorgarlas cuando las Islas se hallen en su poder libres del filibusterismo; y ningún derecho: tenéis para expresar una opinión contraria. Si a vosotros se os persigue y se os perseguirá, es porque en todas partes aparecéis como una plaga de la especie humana.

(f) ¿Con qué venís a colocar en el Gobierno personas que os concedan apoderaros del país? ¿Y quiénes pueden ser esas personas? ¿Pensáis que haya hondureños tan desnaturalizados que, traicionando los intereses de la nación, os pudiesen conceder un palmo de tierra donde fijar vuestra inmunda planta? ¿O creéis que somos tan idiotas que, despreciando las lecciones de la experiencia, eligiésemos Presidente al prototipo de los filibusteros, al famoso bandido William Walker? ¡No, malvados, mil veces no! Los hondureños estamos dispuestos a recibiros, pero con arma en mano, para haceros expiar vuestros nefandos crímenes.

(g) ¿Con qué derecho venís a quitar nuestro Gobierno? Suponiendo, sin concederlo, que sirviese de estorbo a los intereses de Honduras, quién os ha constituido nuestros redentores? ¿De dónde os ha venido esa misión? ¡Malvados! Si los hondureños estuviesen descontentos con su Gobierno, usarían del derecho de insurrección, que otras veces han puesto en práctica, para derrocarlo. Pero no mancharían su historia uniéndose con bandidos en una causa en que les sobraría valor y patriotismo. Mas contentos como están con el ciudadano ilustre que hoy rige sus destinos, veréis que, muy lejos de combatirlo, volarán a unirse con él para exterminaros.

(h) ¡Nos prometéis garantías! ¡Gracioso ofrecimiento! Vosotros, violadores de todas las leyes; vosotros, asesinos de la especie humana, ¿qué garantías podéis dar? Andad que os crean en Cochinchina, que entre nosotros sois bien conocidos.

ÚLTIMA EXPEDICIÓN DE WALKER

Por FRANCISCO CRUZ

William Walker, cuyo nombre será para siempre funesto en la América Central, no contento con los hechos de sangre y exterminio que cometió en Nicaragua, se había ocupado constantemente, aunque sin éxito, de armar nuevas expediciones filibusteras, hasta que ofreciéndole una ocasión favorable la mudanza de Gobierno que iba a efectuarse en Roatán, quiso reunir allí una gavilla de aventureros, propagar ideas de insurrección entre los isleños y hacerse Presidente de aquel distrito; pero la fatalidad quiso, en mala hora para el filibustero, que se difiriese para otro tiempo la entrega de Roatán, y entonces Walker, impedido de poder fijar allí el centro de sus operaciones, se echó sobre la plaza de Trujillo y tomó el fuerte a favor de la escasa guarnición que estaba de servicio.

En esta situación, fortificado el invasor en varios edificios, con recursos de todo género a su disposición y esperando por mar considerables refuerzos, las lágrimas del pueblo trujillano parecían regar por última vez un suelo que más tarde debía empaparse en la sangre de millares de víctimas hondureñas que inmolaría, no la fuerza de un conquistador, sino la ferocidad de unos bandidos, ávidos de oro, esclavitud y desenfreno.

Walker ocupó esta plaza en la infausta madrugada del 6 de agosto último, y desde este día el invasor se hizo reo de los robos y desórdenes que cometió su tropa, ejerciendo a la vez el caudillo una autoridad ilimitada bajo el halago del pabellón de la República que enarboló indignamente, titulándose demócrata de Centro América y Presidente de Nicaragua; pero la Providencia preparaba en sus sabios designios el rayo que debía hundir en el sepulcro al invasor; y así es que, cuando se mostraba éste más ufano de poder recibir refuerzos, se presentó en esta bahía el vapor de guerra inglés "Icarus, cuyo jefe, de acuerdo con el Comandante de esta plaza, don Norberto Martínez, formuló enérgicas protestas, que, unidas a la noticia de aproximarse el ejército del interior, obligaron al bandido a dejar este puerto y a dirigirse hacia Río Tinto, en donde algunos roataneños cómplices debían reembarcar la expedición.

¡Burlada esperanza!, pues el mismo Comandante Martínez destacó inmediatamente tropas en persecución de los bandidos, y desde entonces, acosados éstos por la fatiga, el hambre y los repetidos ataques de nuestros fusileros, unos en pos de otros iban sucumbiendo los malhechores, hasta que Walker y su tropa se rindieron sin condiciones al General en Jefe don Mariano Álvarez, que con doscientos hombres los perseguía en un buque, de acuerdo con el Comandante del "Icarus", a quien Honduras debe una distinguida gratitud por su enérgica y filantrópica cooperación.

Obtenido un desenlace tan feliz, en los momentos que el señor General Godoy y su tropa auxiliar de Guatemala se daban a la vela en dos buques para unirse al señor General en Jefe Álvarez, cundió el deseo de presenciar un cuadro en que la compasión y el odio debían alternar: aludiendo al desembarque de los bandidos en estas playas.

El día 5 del corriente fondeó, de regreso a este puerto, la goleta "Conrre", que conducía al señor General Álvarez y su división. El "Icarus" quedaba atrás con los prisioneros, por razones de comodidad, pero en la noche dio fondo.

A otro día, a las cuatro de la tarde, tres grandes lanchas (las mismas de los invasores) fueron al costado del vapor a recibir los prisioneros, los cuales venían custodiados por tropa del "Icarus". Al desembarcar, esta misma tropa formó su línea en primer lugar: la de

Honduras se abrió en dos hileras para colocar en el centro a los prisioneros, y se volvieron a cerrar.

Con excepción de unos pocos, todos los filibusteros ofrecían el aspecto de cadáveres, y algunos de ellos, ciertamente, agonizantes, con su tristes y lánguidas miradas parecían maldecir al caudillo que a tal extremidad los conducía.

La marcha de entrada fue lenta y grave. Walker a la cabeza de su gente, vestido con mucha sencillez, marchaba al compás del tambor, y era el objeto que absorbía todas las miradas; sí, Walker, ese hombre de mediana estatura, enjuto, de aspecto el más siniestro, con su mirada famélica, viva imagen del crimen y del remordimiento.

Luego que Walker entró a la prisión, se le adaptaron grillos bien fuertes; y preguntándosele qué necesitaba, sólo pidió agua. Mandó llamar en seguida al Capellán de este puerto, y protestando su fe de católico romano, se le veía arrodillado al sacerdote o al frente de un pequeño altar en que, a la escasa luz de dos candelas, se distinguía la imagen de Jesús. Entre otras cosas, dijo una vez al Capellán: estoy resignado a morir; mi carrera política es concluida.

El día 11 del corriente, a las 7 de la noche, le fue notificada a Walker su sentencia de muerte, y a tan fatídico mensaje sólo contestó preguntando a que horas se ejecutaría y si tendría tiempo de escribir.

El día 12, a las 8 de la mañana, el reo marchaba al lugar de la ejecución. Iba con un crucifijo en la mano, sin ver a nadie, oyendo los salmos que le recitaba el sacerdote. Entró al cuadro que en el patíbulo formaba la tropa, y allí entregó, lleno de resignación, estas últimas palabras: "Soy católico romano. Es injusta la guerra que he hecho a Honduras por sugestiones de algunos roataneños. Los que me han acompañado no tienen culpa, sino yo. Pido perdón al pueblo. Recibo con resignación la muerte, si ella fuere un bien para la sociedad".

Walker, con una impasibilidad extraordinaria, se sentó en el cadalso y murió ejecutado. Sus restos los recibió un ataúd y descansan en paz, para ejemplo perpetuo. ¡El espíritu de Dios sopla donde él quiere! ¡El jefe de los filibusteros ya no existe! ¡Viva la América Central!

FRANCISCO CRUZ

COMENTARIOS DE LA PRENSA EXTRANJERA SOBRE LA MUERTE DE WILLIAM WALKER

LA MUERTE DE WALKER
por:
WILLIAM O. SCROGGS.

LA MUERTE DE WALKER[4]

(Traducido del inglés)

Walker se encontró prisionero en el mismo fuerte que abandonara quince días antes. El cuarto que había convertido en almacén de guerra era ahora su calabozo. Allí estuvo durante seis días. Tan pronto como fue encarcelado hizo llamar a un sacerdote y él: dijo que deseaba prepararse para morir. Manifestó un afecto, insólito en él, por sus compañeros, pidiendo que no les hiciesen daño; declaró que ellos nada sabían de su súbita resolución de llegar a Nicaragua por la vía de Trujillo y que él era el único culpable[5]. El 11 de septiembre[6] le dijeron que debía morir a la mañana siguiente, noticia que recibió sin dar señales de emoción. A las ocho de la mañana del día señalado, un destacamento de soldados lo escoltó desde la cárcel hasta el lugar de la ejecución.

Acompañado por dos clérigos marchó erguido y resuelto, absorto al parecer en profunda devoción religiosa. Parecía estar enteramente entregado a los consuelos que le daban los dos sacerdotes. Un gran gentío seguía la procesión y a lo largo de la calle asomaban caras en todas las puertas y ventanas. Entre las gentes del país parecía reinar gran júbilo por cuanto el terrible Walker ya pronto iba a dejar de existir. En las ruinas de un antiguo cuartel, situado a eso de un cuarto de milla de la ciudad, hizo alto la procesión. Pusieron a Walker en el ángulo de una pared derruida y a la tropa la colocaron en los tres costados de un cuadro, formando la pared el cuarto. Los sacerdotes, después de administrar a Walker los últimos sacramentos de la Iglesia, se apartaron, a la vez que un pelotón de soldados avanzó disparando a la voz de mando.

---

[4] William O. Scroggs, Filibusters and Financiers, pags. 390—397.

[5] Esto es lo que refiere Joaquín Miller, el cual supo la historia de las últimas horas de Walker de boca del sacerdote que lo acompañó hasta su muerte. Véase Sunset Magazine, XVI, 569, N. del A.

[6] 11 de septiembre de 1860.

Un segundo pelotón hizo una descarga sobre el cuerpo caído, y un soldado, adelantándose solo y poniendo el cañón del fusil cerca de la cabeza, disparó mutilando la cara ya sin vida. La tropa se formó entonces en columna y se marchó dejando el cuerpo allí donde había caído. Los clérigos y varios americanos se procuraron un ataúd y dieron a los restos mortales cristiana sepultura[7]. Algún tiempo después se intentó exhumar el cadáver para sepultarlo en Tennessee, pero las autoridades hondureñas no lo permitieron[8]. En el equipaje de Walker se encontró el gran sello de Nicaragua, que le fue devuelto al Presidente Martínez junto con la espada que aquél le había entregado a Salmon al rendirse. Esta espada se le obsequió a la ciudad de Granada para que la conservase como emblema de la destrucción del que había sido su destructor[9].

Walker había dejado de existir. La pena que éste había decretado de modo tan despiadado contra Mayorga, Corral y Salazar, le fue aplicada a él y nadie puede decir que no la mereciera; porque su ataque a la inofensiva guarnición y a la ciudad de Trujillo era totalmente indefendible. Pero nadie puede aprobar tampoco los medios por los cuales se le dio muerte. El acto de Salmon, al aceptar la rendición de Walker a un oficial británico, entregándolo después a

---

[7] De la ejecución de Walker existen diferentes versiones. Ninguna es plausible, salvo la que aquí se da. Conforme a una de ellas, Walker pronunció una arenga diciendo que moría en la fe católica romana; que había obrado mal al hacer la guerra a los hondureños y deseaba que éstos le perdonasen; que sus compañeros no eran culpables y que estaba pronto a morir (Harper's Weekly, IV, 647). Según otra, habló en español (Jamison, with Walker in Nicaragua). De acuerdo con una tercera, un clérigo habló en su nombre; pero el hecho es que no dirigió la palabra a nadie, excepto a los sacerdotes que le asistían. Todo el relato de la última expedición de Walker hecho por Jamison es erróneo y engañoso, como escrito por un sobreviviente cincuenta años después de los acontecimientos. La versión adoptada por el autor es la que dieron dos de los oficiales de Walker. Dolan y West (El Herald de Nueva York del 4 de octubre de 1860), inmediatamente después de su regreso a los Estados Unidos y cuando los sucesos estaban todavía frescos en su memoria. Además, esta versión la confirman otros dos testimonios contemporáneos: el de William S. Elton, uno de los Ingenieros del Ferrocarril de Panamá que a la sazón estaba en Trujillo y asegura haber presenciado la ejecución, y el de un filibustero desertor llamado Scheffe. Ambos dieron informes muy concordantes con los de Dolan y West. Véase el Delta de Nueva Orleans del 5 de octubre de 1860. N. del A.

[8] American History Magazine, III, 249, N. del A.
[9] Pérez, Memorias, Segunda Parte, 216, N. del A.

la tierna merced de los hondureños, no fue nada menos que una felonía de la más baja especie, enteramente incompatible con el sentimiento del honor que ha caracterizado siempre a los oficiales de la armada británica. Si el caudillo filibustero hubiera sabido cuáles eran las verdaderas intenciones de Salmon, habría peleado indudablemente hasta el último extremo, muriendo como un soldado antes que como un criminal. Aun admitiendo que Walker no valiese más que un pirata, Salmon le había dado su palabra de militar y manchó sus charreteras al faltar a esta palabra.

Por extraña coincidencia, el mismo día de la muerte de Walker su amigo Edmund Randolph, al pronunciar un discurso para celebrar el décimo aniversario de la admisión de California en la Unión Americana, hizo una referencia a Walker casi profética: "No podéis decir hoy que árbol de pino canta el réquiem del explorador. Algunos han caído a la sombra de la bandera de su patria, y anhelos no satisfechos han llevado a otros a renovar su carrera de aventuras en tierras exóticas. Peleando por extranjeros cuyas querellas habían hecho suyas, cayeron en la maleza de los trópicos, abonando el suelo con su honorable y preciosa sangre, o atados y degollados sobre la arena de un desierto maldito, por hombres inhumanos que los engañaron con promesas y les pagaron su venida con el más cruel de los asesinatos"[10].

Fue una ironía del destino que el Presidente Mora, alma de la resistencia nacional contra el filibusterismo americano, pereciese en el mismo mes y del mismo modo que Walker. Había sido reelecto Presidente de Costa Rica en mayo de 1859; pero un complot de la facción descontenta lo derrocó del poder en el mes de agosto, desterrándolo del país. Se vino a los Estados Unidos y más tarde se estableció en una plantación de café en San Salvador. Algunos de sus anteriores partidarios y otros desafectos al Gobierno Existente, lo instaron para que volviera y recuperase el poder. En septiembre[11] desembarcó en Puntarenas, reuniendo trescientos o cuatrocientos hombres, pero fue atacado antes de emprender la marcha sobre la capital. Sus partidarios huyeron en el acto y él se rindió. Juzgado a tambor batiente por un consejo de guerra el 30 de septiembre, fue

---

[10] El último párrafo se refiere a Crabb. Shuck, Representative Men of The Pacific, 597.N.del A.

[11] Septiembre de 1860

condenado a morir dentro de tres horas. Dos días después fue condenado a la misma pena su cuñado el General Cañas[12].

Todos los compañeros de Walker, excepto Rudler, quedaron bajo la custodia de los británicos; once fueron enviados a los Estados Unidos, por vía de La Habana, y a cincuenta y siete de ellos los llevó directamente a Nueva Orleans el Gladiator de Su Majestad Británica[13]. Rudler, fue sentenciado a muerte, pero por intervención de Salmon la pena le fue conmutada en cuatro años de presidio. Más tarde mediaron algunos de sus amigos de los Estados Unidos y obtuvieron su perdón[14]. Después de haber salido Walker de los Estados Unidos partieron en su seguimiento dos refuerzos. El primero, que se componía de treinta y cinco hombres, salió de Nueva Orleans el 31 de agosto, y el segundo, algo más numeroso, dos; semanas más tarde. Este último se cruzó con el vapor correo que traía la noticia de la captura de Walker; pero no se comunicó con el vapor y no supo lo ocurrido hasta llegar a Roatán. Lo único que podían hacer estos expedicionarios era regresar a Nueva Orleans.

La noticia de la muerte de Walker fue recibida en los Estados Unidos poco menos que con indiferencia. Sus repetidos fracasos habían hecho que muchísimos de los que alguna vez le habían deseado buen éxito, juzgasen sus ulteriores empresas con severa desaprobación. Hasta en Nashville, su ciudad natal, donde personalmente gozaba del mayor respeto como hombre educado y de una vida privada irreprochable, sus conciudadanos opinaban que debería haber empleado su talento en algo de más provecho. El periódico de la ciudad, al comentar su fallecimiento, decía: "En este país hay miles de personas que recibirán la noticia de su muerte con pesar, como la de un hombre que poseía cualidades y aptitudes que lo hacían acreedor a una mejor suerte. En toda su carrera dio pruebas de un valor sereno y de una tenacidad inquebrantable en los más desalentadores reveses, que le habrían valido una alta posición si los hubiese empleado con acatamiento a la ley y en armonía con el bien público"[15].

---

[12] Bancroft, Central America, III, 372—5; Harper's Weekly, IV, 679 N. del A.

[13] El Times de Londres del 12 de octubre de 1860: el Herald de Nueva York del 4 de octubre de 1860. N. del A.

[14] Jamison, With Walker in Nicaragua, 176, N. del A.

[15] Del Republican Banner de Nashville, del 30 de septiembre de 1860. N. del A.

En Nueva Orleans también, donde tenía millares de simpatizadores, sus repetidos fracasos quebrantaron la fe de los que antes habían creído en su buena estrella, y un periódico que hasta entonces le había sido favorable, dijo que "la loca e inexcusable empresa del gran filibustero ha terminado en desastre y derrota. Otra partida de jóvenes americanos valientes, pero de impulsiva temeridad, habrán corrido ya muy probablemente la misma suerte que sus predecesores en Centro América"[16].

Con estos juicios emitidos sobre Walker allí donde era mejor conocido en el Sur, resulta interesante comparar las críticas de los periódicos de Nueva York, ciudad en la que más se le conocía en el Norte. Citaremos el Times: "cualesquiera que sean las cosas duras que se hayan dicho del General Walker —y no dudamos que muchas de ellas no habrían sido dichas si hubiese tenido mejor suerte—, éste no era, por lo menos, un aventurero vulgar, ni por su cuna, ni por sus costumbres, ni por su educación, ni por los honrados propósitos con que emprendió el camino de la vida. Su familia no tenía tacha, su conducta privada y su temperancia eran indiscutibles, su saber profundo y sus designios originales, si bien posteriormente extraviados por una ambición desenfrenada, le permitían tener buen éxito, a la vez que le valieron la estima de numerosos amigos. Aun aquellos que le niegan toda pericia militar o sagacidad política como caudillo, tributan los mayores elogios a su fuerza moral y personal integridad, porque sin éstas su primer fracaso como aventurero habría sido inevitablemente el último".

Otro periódico de Nueva York atribuyó el desenlace a la circunstancia de no haber logrado Walker que le apoyasen los ciudadanos ricos y de influencia. En vez de procurar hacerse de amigos, tan sólo manifestó una ciega y necia confianza en su buena estrella. Con todo eso, este periódico afirmaba que "si William Walker hubiera sido inglés o francés, nunca habría llegado a ser un "filibustero", sino que hubiese encontrado amplio campo en donde ejercer sus extraordinarias cualidades en el servicio legítimo de su patria". Comparaba la excomunión lanzada por el Gobierno contra las

---

[16] Del Comercial Bulletin de Nueva Orleans, citado por el Republican Banner de Nashville, 16 de septiembre de 1860. N. del A.

empresas de Walker, a la actitud asumida por la Iglesia de Inglaterra respecto de Knox, Whitefield y Wesley[17].

En su mensaje anual al Congreso, en diciembre de 1860, el Presidente Buchanan estuvo a punto de felicitar a la nación por la muerte de Walker. Dijo: "Yo os congratulo por el sentimiento público que ahora reina contra el crimen de organizar expediciones militares dentro de las fronteras de los Estados Unidos, para ir a hacer la guerra a pueblos de Estados inocentes con los cuales estamos en paz. A este respecto ha ocurrido un cambio feliz desde el principio de mi administración: y no cabe duda de que todo cristiano y patriota debería elevar una plegaria para que semejantes expediciones no vuelvan a encontrar apoyo, o a salir de nuestras playas"[18].

Sin embargo Henningsen expresó un sentimiento totalmente distinto en una larga carta escrita para vindicar a su difunto jefe, en la que decía: "Lejos de haber sido sepultado el filibusterismo en la tumba de Walker, se puede predecir con certeza que de cada gota de sangre que manó de las mortales heridas dadas, según estamos informados, "en medio de las aclamaciones de los naturales del país" a quienes Walker fue entregado maniatado por la infamia de Norvell Salmon, brotará otro ardiente filibustero"[19].

Pero Henningsen se equivocaba: su difunto jefe era el último, así como el más grande de los filibusteros americanos. Las excesivas energías de la joven nación, causa fundamental de aquellas empresas, pronto iban a encontrar otra válvula de escape en cuatro años de terrible guerra civil; y el resultado de esta lucha iba a eliminar otra causa, aunque sólo inmediata, del filibusterismo; la esclavitud africana.

Desde antes de la muerte de Walker habían desaparecido todas las perspectivas de una Centro América regenerada. Un país que durante veinte años había sido desbastado por las guerras civiles y cuya población heterogénea había demostrado su incompetencia para gobernarse a sí misma o impedir su disolución política, necesitaba ciertamente de la introducción de un elemento nuevo para poner las cosas en orden. Los inmigrantes que llegaron a Nicaragua pertenecían a una raza intrépida de exploradores laboriosos, que habían

---

[17] Harper's Weekly, I, 200,332, N. del A.
[18] Mensajes y Documentos de los Presidentes, V.649, N. del A.
[19] Del Republican Banner de Nashville, 10 de octubre de 1860.N. del A.

conquistado el desierto occidental y desarrollado en la mitad de una década, en la lejana California, una civilización superior a la de las dos terceras partes de Europa. Por consiguiente, a Walker se le presentaba una espléndida oportunidad. Aun cuando no tuvo nunca el apoyo del Gobierno de los Estados Unidos, muchos de los más prominentes caudillos políticos y los principales capitanes de la industria americana se interesaron en su favor. Sin embargo, a pesar de todo esto fracasó. No era lo bastante grande para la empresa.

En el espacio de seis meses levantó contra él todas las fuerzas que debieron haber estado a su lado. Las cualidades que hacían su fuerza resultaron elementos de debilidad. Dominado por sus ensueños, en vez de que éstos lo fuesen por él; poseído de una fe ciega en su buena estrella; incapaz de oír los consejos a las insinuaciones de otros (excepto cuando provenían de hombres mucho más fuertes, que aspiraban a sacar por su mano las castañas del fuego);lastimosamente ignorante de la humana naturaleza, apresurando codicioso el momento de adueñarse del poder supremo incapaz de conciliarse la oposición, pero venciendo la resistencia por medio del terror faltándole por completo el tacto y la diplomacia, su ruina estaba escrita.

Con menos dotes intelectuales, pero un conocimiento más vasto de la humana naturaleza y mayor suma de sentido común, hubiera podido poner fin a la anarquía y fundar un imperio tropical sobre las ruinas de infortunados ensayos de democracia. Que su éxito habría resultado en beneficio de la civilización, pocos serán quizás lo bastante temerarios para negarlo, al ver las condiciones en que se encuentra la América Central.

Tal y como fue, su empresa, en razón de su fracaso, tan sólo produjo males a todos los interesados. Perjudicó el capital privado en los Estados Unidos; causó una enorme destrucción de vidas y propiedades en Nicaragua; creó en Centro América contra el pueblo americano una desconfianza que aún persiste; tuvo un efecto deplorable en las relaciones entre la Gran Bretaña y los Estados Unidos, y, por último, siendo esto lo más importante de todo al parecer, destruyó la comunicación interoceánica por. el río San Juan, retardando así indefinidamente esa "regeneración" de Nicaragua que Walker siempre declaró ser el anhelo de su corazón.

GUERRA DE WALKER

POR FRANCISCO S. ASTABURUAGA
SANTIAGO DE CHILE, 1857

La invasión y dominación de los filibusteros en Nicaragua forman un episodio que más se liga a la historia general de Centro América que a la especial de aquella República. Este acontecimiento venía a comprometer la nacionalidad de toda esa gran sección de América, y sus resultados tendían a afectar sus más íntimos intereses; porque dominado que hubiese el filibusterismo a una de esas Repúblicas no habría tardado en enseñorearse sobre las otras. Justamente alarmadas concentraron sus fuerzas y concurrieron simultáneamente a oponer un dique al torrente que amenazaba inundarlas.

Sin embargo, a Costa Rica se debe el mérito de haber dado la voz de alarma, de haber iniciado y sostenido con gloria la cruzada de exterminio de los invasores del suelo centroamericano, y a todas ellas nobles y penosos sacrificios. Refiramos los hechos rápidamente.

En la parte relativa a Nicaragua apuntamos que el partido que quedó derrotado en la elección presidencial de Chamorro, en armas entonces contra el gobierno de éste, le opugnaba en Granada donde se había concentrado; y que no pudiendo ya sostenerse ni menos avanzar en su oposición, acordaban sus jefes retirarse de aquella plaza y buscar por otro camino los medios de hacer triunfar su causa. Los encontraron en las fuerzas que, primero en California y en seguida en los Estados del Atlántico de los Estados Unidos, les trajo el conocido aventurero Guillermo Walker.

Walker era el auxiliar que les convenía. Hombre de espíritu inquieto, había recorrido varias situaciones de la vida; su cabeza estaba llena de sueños de ambición y de conquistas, excitados por su educación romanesca en Alemania y sus continuos viajes. En México se había dado a conocer por su invasión del departamento de Sonora en que, aprovechando una revolución de sus habitantes, se apoderó del gobierno y quiso establecer uno propio. Más los mexicanos, temerosos del nuevo jefe, se levantan contra él y le obligan a escaparse de California. Sin embargo, represéntase a Walker como un hombre de conocimientos no comunes, atrevido y constante en las arduas empresas; pero visionario en política, está lejos de ser un genio que sabe imponer su voluntad a un pueblo, reconstruirlo y sostener sus creaciones sociales. Su carrera en Nicaragua lo confirma.

Asegurado Walker por el gobierno provisorio de Castellón, de que él y los soldados que trajese para apoyar su causa serían recompensados con premios y valiosas concesiones de tierras, salió de San Francisco con 70 a 80 individuos, destinados la mayor parte a ser oficiales de las fuerzas que debían obrar a sus órdenes. Toco primero en Amapala y de allí se dirigió a Realejo. En este puerto recibió los despachos del coronel del Ejército demócrata, y acordó con el comisionado de Castellón el plan de operaciones. Tomando consigo algunas fuerzas del país, hizo rumbo hacia la rada de Britos, que se halla algunos cuantos kilómetros al occidente de San Juan del Sur, en la que desembarcó el 27 de julio de 1855.

Los Departamentos meridionales de Nicaragua, en que se encuentra aquella rada, se hallaban protegidos por tropas del gobierno legítimo, sobre todo las ciudades de Granada, y de Managua en que estaba el cuartel general, y que por su posición era el punto de avanzada contra los revolucionarios estacionados en León. La ciudad de Rivas y toda su comarca, tenían sin embargo una débil guarnición. Sobre esta parte, pues, podía obrar con éxito la expedición filibustera.

Desde luego se puso en movimiento en esa dirección: sorprendió en su marcha una partida del gobierno que deshizo casi a las inmediaciones de la ciudad. Pero, el 29, el comandante de ella don Manuel G. del Bosque, que al aviso de la repentina invasión de los filibusteros había reunido tropas de los pueblos vecinos, empeña con ellos un reñido combate en que les causa algunas pérdidas y logra dispersarlos. Una partida de los fugitivos se internó en Costa Rica, y los demás se retiraron con el jefe a posesionarse del puerto San Juan del Sur. Reforzado allí con tropas que le llegaron de California y algunas que le remitieron desde León, se preparó de nuevo el 1º. de septiembre para acometer a Rivas, pero amenazada por una columna del General Guardiola que salió de allí con la intención de estrecharlo en San Juan, hizo un movimiento para esperarlo a las inmediaciones de la Bahía de la Virgen en el lago de Nicaragua, en donde se traba una refriega entre ambas fuerzas, que no dio con todo ninguna ventaja a las del gobierno. Walker no tuvo tampoco otro partido que tomar que replegarse sobre San Juan.

Los pueblos de Nicaragua se hallaban por ese tiempo afligidos del cólera. Acababa de morir de este mal Castellón, y otros hombres de su partido. En su lugar había entrado don Nazario Escoto, demócrata exaltado. Los partidos a consecuencia de semejantes sucesos, tomaban mayor y agitaban el país en todas direcciones. El apoyo de los nuevos auxiliares alentaba la revolución contra el gobierno; habíanse verificado varios encuentros entre las tropas de éste y las revolucionarias, aunque el gobierno había tomado algunos puntos importantes en los departamentos del occidente. Pero este estado de guerra civil, de invasión extranjera y de epidemias, hacían altamente crítica la situación del país. Por otra parte, el ascendiente de Walker crecía a medida que engrosaba su fuerza con la afluencia de filibusteros atraídos por el aliciente que el Gobierno provisorio les presentaba, esto es, de un peso diario a cada soldado y además un premio de cien pesos y doscientas o más hectáreas de tierra la terminación de la campaña.

El jefe expedicionario no permanecía entre tanto en la inacción, sino que andaba excogitando los medios de dar un golpe decisivo al gobierno de Estrada. Resolvió entonces trasladarse de San Juan a la Bahía de la Virgen, movimiento oportuno porque en esa posición podía ser batido por la división del General don Ponciano Corral, que desde principios de septiembre se hallaba en Rivas reuniendo elementos para caer con buen éxito sobre él; y porque también con ese movimiento se coloca en un punto favorable para poner en ejecución su proyecto de tomar a Granada. Corral que se había situado entre ésta y San Juan, dejaba descubierta la ciudad por el lado del lago, pues no se imaginaba que para atacarla por allí los vapores de la compañía del tránsito pudiesen facilitar a Walker el transporte por agua; no se había apercibido, como después diremos de la combinación en que los agentes de esta compañía habían entrado con aquél. En efecto las fuerzas de Walker se embarcan en la Virgen y se ponen en un momento al alcance de la ciudad y la toman por sorpresa al 13 de octubre, sin que la guarnición hubiese tenido tiempo de oponerles resistencia.

Este inesperado suceso obligó al Gobierno a retirarse precipitadamente al pueblo de San Fernando, sobre el cual se concentraron también las fuerzas de Corral. Estrada y Corral se decidieron a atacar a Walker, pero el último desconfió del resultado y quiso aguardar un momento, más oportuno, con lo que dio tiempo para que aquél se fortificase y tomase medidas que vinieron consumar la revolución. Hecho, pues, fuerte en esta ciudad intimó a Corral la rendición de sus tropas y que él y el Presidente Estrada conviniesen en el establecimiento de un nuevo gobierno provisorio. Estrada desde luego se negó a estas proposiciones; pero a esta primera negativa. Walker redujo a estrecha prisión a las personas más notables de la ciudad, a pesar de haber garantizado a su entrada en ella su más amplia libertad; y a la segunda respondió con el asesinato que mandó ejecutar en la madrugada del 22 en la persona del Ministro de Estado don Mateo Mayorga y con la intimación de que, si a las ocho de la noche de ese propio día, no se accedía a sus proposiciones, haría fusilar noventa de las personas más principales, aunque para enterar este número tuviese que echar mano de señoras, y sin perjuicio de confiscar sus bienes y de no responder por los desórdenes que su tropa cometiera en la población.

Esta bárbara intimación tuvo doble fuerza en el ánimo del gobierno que vacilaba por la falta de apoyo de los hombres que, en vez de rodearlo, huían de espanto, y no tuvo ya más que ceder. Entonces Estrada autorizó al General Corral para que salvase al país del modo que lo creyese conveniente. Este, que veía inútil toda resistencia, y que no podía aguardar refuerzos de Managua sin exponerla a ser tomada por los leoneses que la opugnaban, no vio más medio que capitular, y en efecto el 23 de octubre firmó con Walker una capitulación a aquel intento. Por ella quedaba acordada la suspensión de armas; se nombraba Presidente provisorio a don Patricio Rivas por el término de 14 meses, debiendo éste nombrar cuatro ministros que fueran vecinos de los departamentos; Walker sería reconocido general en jefe del ejército, y daría la orden de retirarse a las fuerzas que atacaban a Managua: y Corral debía entregar el mando del ejército, y todo su armamento y municiones; a Granada se declaraba capital de la República.

Esta capitulación y la toma de Granada selló la pérdida de Nicaragua. Los que habían tomado parte en su defensa y no consintieron en la dominación de Walker, salieron del país y se refugiaron unos en el suelo hospitalario de Costa Rica, y otros, como Estrada, Guardiola, Martínez, etc., en las otras repúblicas vecinas. Siguióse también una emigración de personas importantes.

Walker, desde ese momento, comenzó a obrar como conquistador. Su primer acto fue imponer a Granada una contribución de ps. 50.000 y después no escaseó las exacciones forzosas. No era el Presidente pero hacía que éste, recibido del mando el 30 de octubre, dictase medidas para hacer volver a los emigrados, conminándolos con fuertes multas, y que le revistiese de facultades amplísimas para efectuar los arreglos que exigía el país bajo el nuevo régimen. Rivas, además, le autorizó para que nombrase quien le subrogase en el caso de imposibilitarse como Presidente.

Con tamañas facultades y dueño de la fuerza, todo lo había avasallado. El descontento que producían sus actos arbitrarios, lo trataba Walker de acallar con el terror. El General Corral que ya había sido nombrado Ministro de la Guerra, comenzó a mirar en aquel un dominador peligroso y se sintió arrastrado a participar sus temores a sus amigos que se encontraban entre los emigrados. Walker interceptó una de sus cartas en que expresaba su ansiedad por la suerte futura de su país, y con ella le envuelve en una causa de conspiración. En su calidad de Comandante General de Armas acusa el 5 de noviembre al Ministro de la Guerra, nombra un consejo de siete oficiales angloamericanos todos, y ante ese consejo, guiado por procedimientos de leyes extranjeras y desconocidas en el país, se presente él como acusador y testigo, le hace condenar a muerte, y manda también: él mismo ejecutar la sentencia. A las dos de la tarde del 8 del mismo mes fue fusilado este valiente general en la plaza de Granada, en medio de la consternación de todo un pueblo.

Este horrible asesinato sublevó todos los sentimientos de este país y de los vecinos; y dio a conocer que Walker no se pararía en medios para hacer a un lado cuanto pudiera contrariar sus planes.

Por ese tiempo contaba Walker con gran número de auxiliares de sus propios paisanos. No temía que los naturales se le alejasen; tenía ya un apoyo fuerte en aquellos. Los vapores de la compañía del tránsito le traían centenares de hombres dispuestos a todo.

Llegaban alucinados con el porvenir que se les esperaba en una tierra de tan fácil conquista y con las promesas que les habían hecho los agentes de Walker en Nueva Orleans, Nueva York y California, en donde se popularizaba por todos los medios posibles su causa y se representaban los países invadidos como una tierra de promisión. Pero esta gente estaba muy distante de pertenecer a la masa sensata de los Estados Unidos; era la escoria, el sargazo que el oleaje de la sociedad arroja constantemente sobre las playas de esa nación y que tanto baldón ha estado echando sobre su buen nombre con ese furor de filibusterismo que lo agita; era si, de la clase que describía el Heraldo de Nueva York del 7 de noviembre de 1855 en estos términos; "Gracias al Coronel Walker nos veremos pronto libres de gran número de gente ociosa e inútil. Cerca de dos años hace que las esquinas de las calles principales de Nueva York y las aceras de los edificios públicos se veían invadidas por enjambres de vagabundos y holgazanes de todos los puntos de la Unión; perniciosa muchedumbre que se compone de Presidentes de bancos quebrados, generales en perspectiva y sacerdotes degradados, clase toda ella que en su misma fisonomía revela el mayor horror al honroso trabajo. Gente sin noble ambición, sin energía, sin industria ni nada bueno, ella infesta las esquinas aguardando, como hambrientos bullangueros, a que estalle una revolución o un incendio para ejercer sus rapiñas.... Ahora, pues, tenemos esperanza de descanso. El acierto de Walker en Nicaragua ha preocupado la atención de esos doctos revoltosos y muchos de ellos se le van a reunir. . .".

Walker seguía también una política que se atraía a todos los aventureros de los Estados Unidos y halagaba la vanidad de ese pueblo. Hacía entender que su propósito era establecer en Nicaragua un gobierno firme y liberal, basado en la ley y el respeto al orden, y sustituir en esos pueblos la influencia angloamericana desprestigiada por el partido británico, según un decir, y que sus esfuerzos se dirigían a civilizar y americanizar a estos degradados países. Tampoco perdía tiempo, desde que afirmó su dominación, en mover, por el resorte de sus admiradores, al gobierno de los Estados Unidos a apoyar su causa. El Ministro Angloamericano Wheeler llegó a abrazar el partido de Walker con tal calor que olvidó sus deberes como diplomático y se convirtió en agente de aquél para popularizar y justificar su dominación; y tal llegó a ser la indiscreción de este empleado público, que su propio gobierno no pudo menos de decirle que aunque no ponía en duda, que en la injerencia. tomada en las cuestiones de Nicaragua había obrado en virtud de las más justas razones, "sin embargo, su conducta no fue la que le prescribía su deber como representante de un gobierno extranjero".

La toma de Granada y los asesinatos de Mayorga y Corral, seguidos después de otros, y la preponderancia del elemento filibustero que se advertía en Nicaragua, alarmaron seriamente a los demás gobiernos de Centro América: comenzaron a comprender el inminente peligro en que se hallaba su propia nacionalidad. Costa Rica ya había tenido esa previsión desde la entrada que en su territorio hicieron los primeros invasores, cuando se dispersaron en el encuentro tenido con el comandante Bosque. Las licencias a que estos fugitivos se entregaron en las aldeas indefensas de esta República, hicieron sospechar de lo que eran capaces. No tardaron en consecuencia en decidirse.

Walker, que después de la capitulación del 23 de octubre creía establecido ya el gobierno Rivas—Walker, hizo que se despachase a los Estados Unidos a uno de sus secuaces. Parker H. French, en calidad de enviado para gestionar su reconocimiento; más el Gabinete de Washington, por su sentimiento de dignidad, rechazó al enviado, contestando el 21 de diciembre que "no encontraba todavía motivos suficientes para establecer comunicaciones diplomáticas con las personas que en ese momento pretendían ejercer el poder político en Nicaragua; que los que principalmente han contribuido a suspender o derribar el gobierno precedente de aquel Estado, no eran sus ciudadanos, etc.".

Esta contrariedad irritó a Walker, y de allí procedió el decreto de 22 de enero de 1856 en que por vía de represalias disponía suspender toda comunicación oficial con el ministro angloamericano en Nicaragua. Dirigióse entonces una circular a los gobiernos de Centro América, participándoseles el nuevo orden establecido desde el 23 de octubre, y otra en que se les invitaba a promover una unión entre todos y a nombrar y recibir a ese efecto comisionados. Este paso tenía otro fin oculto, y era sondear las disposiciones en que esos gobiernos se encontraban respecto al cambio obrado en los asuntos políticos de aquel gobierno. Walker creyó llegado el momento de obrar; y luego dirigió sus miras sobre Costa Rica, que se manifestaba la más decidida a resistir la dominación extraña en Centro América.

Principió por acreditar cerca de su gobierno a un refugiado húngaro llamado Schlessinger, como comisionado especial, "para recabar de aquel Gabinete una franca explicación sobre la política que había estado observando con respecto al actual Gobierno de Nicaragua". Pero Costa Rica persistió en no contestar las comunicaciones de este gobierno y se negó a reconocer al enviado, que se retiró protestando y amenazando con la guerra y el resentimiento de Walker.

Costa Rica recogió con bizarría el guante que se le arrojaba; aceptó la guerra en que era preciso entrar para defender su existencia amenazada, desde que Walker, a fin de llevar adelante su plan de dominación de Centro América, necesitaba poner a este pueblo fuera de combate y proteger su retaguardia en su marcha de invasión sobre los otros del occidente, colocada en esta situación y autorizado el

Presidente don Juan Rafael Mora el 27 de febrero para llevar las armas de la República a Nicaragua con el objeto de contribuir a libertarla de la ominosa opresión de los filibusteros y de arrojarlos del suelo centroamericano, no tardó en organizar las fuerzas suficientes para abrir la campaña. Pueblo pacífico por carácter, se le vio en un momento animado por la chispa eléctrica del patriotismo, aprestarse a la pelea, formarse por sí mismo su equipaje y provisiones de guerra y marchar animoso a vindicar su nacionalidad conculcada por inmorales. El 8 de marzo el mismo Presidente, después de entregar el mando de la República al Vicepresidente don Francisco María Oreamuno, se pone a la cabeza del ejército expedicionario y en pocos días se encontró en Bagaces a la extremidad del golfo de Nicoya, pronto ya para atravesar la frontera de Nicaragua.

Instruido Walker de los movimientos de Costa Rica, hizo avanzar una división de 500 filibusteros al mando del mismo Schalessinger, suponiendo en la pobre opinión que tenía del ejército costarricense, que esa fuerza era suficiente para derrotarlo. El 20 de marzo esta división encontró en un lugar de la provincia de Moracia, llamado Santa Rosa, a la vanguardia de aquel ejército y empeñó con ella una acción, que después de algunas horas de un fuego sostenido por una y otra parte, se decidió en favor de los costarricenses. Los filibusteros dejaron en el campo gran número de armas, muertos y heridos. En la persecución de los fugitivos se tomaron algunos prisioneros, que un consejo de guerra condenó a ser fusilados como invasores a mano armada que no pertenecían a la fuerza pública de ninguna nación.

El jefe Schlessinger llegó con unos pocos hombres a Rivas, donde su derrota esparció una alarma y desaliento tal, que Waller tuvo que tomar medidas enérgicas para restablecer la confianza entre sus tropas y partidarios. El rigor de ellas lo experimentó aquel jefe filibustero, que, por más de un acto cobarde y cruel, se había hecho ya merecedor del último suplicio. La victoria de Santa Rosa fue para el ejército de Costa Rica un ensayo brillante que le infundió nuevo aliento y entusiasmo, y le probaba que los enemigos que tenía que combatir no eran invencibles, como Waller en su relación, hacía entender a los pueblos centroamericanos.

Al mismo tiempo que esto pasaba haca las fronteras de Costa Rica, en la parte occidental de Nicaragua comenzaba a efectuarse una reacción desfavorable para la causa del caudillo filibustero. Algunos generales que se habían unido a Walker mientras sostenían el partido que encabezó Castellón, se pronunciaban abiertamente contra su dominación. Y se ponían en combinación con los jefes de las fuerzas que El Salvador, Honduras y Guatemala avanzaban por aquella parte sobre Nicaragua. Para alentar a sus secuaces y reunirlos en presencia del peligro común, Walker dirigía desde Granada una proclama en que, después de insinuar que sus esfuerzos habían sido perdidos para conciliar el partido demócrata con el legitimista y para que los Gobiernos de Centro América entrasen en francas y amistosas relaciones con el provisional de Nicaragua, a pesar de diferir de ellos en ideas y principios, decía, que "en tal estado de cosas no quedaba a los americanos de Nicaragua más arbitrio que tratar con hostilidad a todos los serviles de la América Central". Esto, pues, no era más que responder con el mismo que conservó su puesto en medio de los mayores peligros. Estrechados al fin los enemigos, por los refuerzos que trajeron los comandantes Alfaro Ruiz y Escalante de la Virgen y el coronel don Salvador Mora de San Juan, y rodeados de las llamas que devoraban los edificios inmediatos a sus posiciones, se retiraron en precipitada fuga, dejando en el sitio gran número de rifles, pistolas giratorias, espadas y 50 bestias ensilladas. Esta victoria fue completa. La pérdida de los costarricenses alcanzó sin embargo a 120 hombres y oficiales; y la de los filibusteros no bajó de 200. De los que se habían parapetado en el recinto del templo no escapó ninguno, aunque procuraban huir disfrazados con los ornamentos sacerdotales y vestidos de los santos.

Walker llegó a Granada con menos de la mitad de la gente que había sacado, y trató de ocultar su derrota con repiques de campanas y salvas, e imponiendo crueles castigos aun a las mujeres que hacían circular la verdad de este gran desmán para su causa. Atrincheróse en esta ciudad para esperar los refuerzos de filibusteros de que tuvo noticia venían subiendo por el San Juan a incorporársele.

El Presidente Mora se ocupó en fortificar a Rivas y reforzar las guarniciones de la Virgen y San Juan del Sur, por cuyo puerto esperaba nuevas fuerzas de Puntarenas. Tomadas estas posiciones, dominaba toda la parte oriental de Nicaragua, entre el Pacífico y el gran lago y cortaba la comunicación del tránsito, suspendida ya por orden general. Su plan era, en recibiendo aquellas tropas, presentarse delante de Granada y atacar al filibustero sin pérdida de tiempo en sus mismas trincheras. Favorecían su pensamiento los anuncios que recibió de que al occidente se hallaban sobre la frontera, las divisiones auxiliadoras de El Salvador y de Honduras al mando de los generales Belloso y Xatruch; y de que el general grito de guerra que esas repúblicas y sus antiguos partidarios nicaragüenses le habían lanzado.

El ejército costarricense, que con los esfuerzos sacados de Moracia constaba cerca de 3.000 hombres, continuó su marcha ocho días después de la acción de Santa Rosa, con dirección a Sapoá, a donde el Presidente Mora se había adelantado con el Estado Mayor para combinar el plan de su entrada en Nicaragua. Walker tenía su cuartel general en Rivas con el grueso de los filibusteros y había guarnecido con tropas nicaragüenses las avenidas de San Juan del Sur y la Virgen: pero al aproximarse aquel ejército que entraba en el territorio de Nicaragua lleno de entusiasmo y que dominaba las inmediaciones de Rivas, se embarcó en la Virgen en los vapores de la compañía del tránsito y se retiró por el lago de Granada. El 7 de abril dos columnas de 300 hombres cada una desalojaron las guarniciones de Walker en la Virgen y San Juan y el resto del ejército ocupó al día siguiente la ciudad de Rivas, donde fueron recibidos por los vecinos con muestras de mayor contento.

Walker, sin embargo, no le dio tiempo para que se posesionase militarmente de la plaza, y vino a atacarlo a la cabeza de 1.200 hombres. Trasladado a las inmediaciones de la ciudad en los mismos vapores que antes le habían servido para retirarse a Granada, penetró en ella sin ser sentido por los espesos platanares y cacaotales que la rodean. El asalto principió a las ocho de la mañana del 11 de abril y fue seguido por una recia refriega dentro de las mismas calles de Rivas, que duró hasta las cuatro de la madrugada del siguiente. Los filibusteros lograron apoderarse de la plaza principal y de las torres de la iglesia, desde las que hacían fuego vivísimo sobre el cuartel general distante solamente dos cuadras de aquella.

La resistencia fue heroica, animados los costarricenses por el arrojo de sus oficiales y la presencia de ánimo de su General en Jefe, el Presidente Mora; Martínez se aproximaba también a Granada por el norte, estacionado a la sazón en el istmo de los dos lagos sobre la ribera derecha del Poneloya. Mas cuando los costarricenses, reforzados ya por las fuerzas que esperaban, se disponían para marchar sobre Granada seguros de un triunfo decisivo, el cólera estalla furiosamente en Rivas y comienza a cebarse en el ejército. En tamaño conflicto no quedó otra alternativa que evacuar la plaza y acelerar la vuelta al suelo no infecto todavía de Costa Rica.

La ciudad de Granada y sus inmediaciones se hallaban también infeccionadas de esa espantosa epidemia. Diezmaba asimismo el ejército de Walker, pero se reponía por la corriente de filibusteros que le traían los vapores que habían sido y eran aún los auxiliares más eficaces del filibusterismo. No será, pues, una digresión decir dos palabras sobre ellos.

En 1849 el gobierno de Nicaragua cedió por medio del general don José Trinidad Muñoz a una compañía angloamericana, de que aparecía jefe director el señor C. Vanderbilt, el privilegio de establecer una vía de comunicación por el territorio para transitar entre los puertos del Atlántico de los Estados Unidos y los de la misma nación en el Pacífico; la concesión se hizo por diez años bajo ciertas condiciones. Pero como se presentarán algunas dificultades para llevarlas a efecto, se modificó el contrato y quedó reducido a establecer el tránsito simplemente desde el Puerto de San Juan del Norte hasta la bahía de la Virgen, por el río San Juan y el Lago de Nicaragua.

La compañía abonaba al Gobierno un peso por cada pasajero y se comprometía además a darle el 10 por 100 del producto neto que resultare de esta especulación. Nicaragua cedía a la empresa ciertas porciones de terreno en las márgenes del río y del lago que ésta designase, en el concepto que aquella se creía con títulos a todos los puntos bañados por uno y otro.

Vanderbilt siguió pagando el peso expresado, pero excusaba el entero del 10 por 100, a pretexto de no haberse hecho todavía la liquidación. Los apuros en que puso al gobierno de Chamorro la guerra civil, hicieron que se le llamase a transacción, ofreciéndole el gobierno concederle una gran rebaja de los ps. 250.000, a que por un cálculo prudente se suponía subir hasta esa época la deuda. Sin embargo, no se arribó a nada; porque Vanderbilt esperaba aun sacar más ventajas de la situación del gobierno, y en todo caso se reservaba para entenderse con el otro partido, cuyo triunfo previa y del que se prometía arreglos más favorables, no sólo en este particular, sino en lo que más importaba a la compañía, que era la prolongación del término del contrato.

A la llegada de Walker, los agentes de la compañía vieron la ocasión segura de alcanzar sus pretensiones; las influencias angloamericanas debían serles favorables. No tardaron en ponerse en relación con aquel caudillo. Desde luego le facilitaron los vapores que tenían en el lago de que se sirvió como se ha visto, para sorprender y tomar a Granada.

Afirmado Walker en Nicaragua, parece que se negaba a apoyar las pretensiones de la compañía; y Vanderbilt viéndose burlado por esta parte de disponer con él. Walker hace que promueva la cuestión sobre el abono del 10 por 100, y que se exija de la compañía el pago total de la deuda. Las dificultades que por ésta se oponían, provocaron el decreto del 19 de febrero de 1856, que anulaba el contrato de privilegios; fundándose en que dicha compañía había violado sus estipulaciones y en que conspiraba contra el país con los enemigos del gobierno; en consecuencia, se ordenó embargar sus vapores, establecimientos y demás efectos que le pertenecían. Diez días después se concedió el mismo Garrisson de Nueva York con todos los materiales embargados y bajo interés, continuó suministrándole auxilio de hombres, armas, etc., hasta que a su vez fue anulada, y confiscados sus vapores por Costa Rica.

Ya se ha visto la actitud imponente con que se presentaban las fuerzas combinadas de las otras repúblicas en la frontera occidental de Nicaragua. Su influencia se había hecho sentir en los pueblos de aquellos departamentos, y hacía fermentar de un modo alarmante el descontento público. El partido demócrata que exigía por que pusiera término a la dictadura de Walker que él mismo había entronizado, contribuía también a violentar la situación del país. Para calmar la agitación, Rivas y sus Ministros se habían trasladado a León desde fines de marzo. Separado de la opresora influencia de Walker, se decidieron a convocar un congreso y a proceder a la elección del Director a Presidente de la República.

Estas medidas parece que no fueron del sabor de Walker. No se le ocultó a su natural previsión, que Rivas obrando por sí tendería a inclinarse por el partido que fomentaba contra él una reacción, más bien que a continuar la marcha que había impuesto al país. Incontinenti salió de Granada y se dirigió a León, acompañado de una escolta respetable, resuelto a apoderarse de la persona del Presidente y sus Ministros, y a investir el poder supremo. Mas éstos lograron ocultarse a tiempo, escapando así de la muerte de Corral. Trasladados a Chinandega el 12 de junio, dirigen dos días después una circular a los gobiernos de Centro América al intento de manifestarles, que estaban resueltos a identificar sus esfuerzos con los de todos los centroamericanos para defender la causa común, y que confiaban en su asistencia y auxilio para el exterminio de los usurpadores. Los inducían a hacer esta manifestación los acontecimientos que habían demostrado últimamente la perfidia y la maldad con que atentaban Walker y los suyos contra los interes nacionales. Reconocido Rivas como Presidente provisorios por esos gobiernos, declara a Walker usurpador de Nicaragua, destituido de sus empleos y enemigos de la república con nota de traidor.

La Liga se hizo general desde ese momento contra Walker. Pero el procaz aventurero no se intimida, y desde Granada expide un decreto el 20 del mismo mes, destituyendo a su vez a don Patricio Rivas, y nombrando, mientras se practicaban elecciones al efecto, a don Fermín Ferrer presidente provisorio. Verificadas el 10 de julio esas elecciones, que no podían tener lugar más que en los departamentos de Granada, Rivas y Managua, sujetos a sus fuerzas, pues los de León; Chinandega, Segovia y Matagalpa se habían sustraído a su poder, dieron por resultado, como era de esperarse, una mayoría de votos a favor del General don Guillermo Walker que se declaró Presidente de la República de Nicaragua.

Revestido de este nuevo carácter quiso ya proceder como soberano absoluto. El 16 decreta la confiscación de todas las propiedades de los nicaragüenses que hubiesen tomado armas contra él; y no tarda en restablecer la esclavitud, derogando un principio de la constitución política. El 3 de agosto comete otro atentado haciendo fusilar como traidor a don Mariano Salazar apresado en la Bahía de Conchagua, y uno de los que lo trajeron al país, y el que hizo más fuertes desembolsos por servirlo: entonces se le había separado. Lo propio hace con otros con la mayor sangre fría.

Las fuerzas aliadas habían penetrado en Nicaragua. El general Belloso, jefe a la sazón de sus fuerzas, había por entonces ocupado a León. En octubre avanza hasta Managua y obliga a Walker, después de varios reencuentros cerca de Nindirí y Masaya, a reconcentrarse en Granada. Costa Rica por su parte, libre del cólera que introdujo con su ejército, aprestaba también una segunda expedición. En efecto, pasado lo más recio de la estación, se puso aquella en marcha el 2 de noviembre al mando del General don José María Cañas. En pocos días esta división se posesionó de San Juan del Sur y en seguida se colocó entre este puerto y la Virgen, a fin de cortar al enemigo la comunicación de uno a otro punto. Algunas fuerzas de Walker vinieron a disputarle esta posición, pero no obtuvieron resultado alguno. Sin embargo el 13 de este mes se replegó sobre Rivas y reunida allí a la del General Jerez, se pusieron en comunicación con el grueso del ejército combinado, que se preparaba a caer sobre Granada.

Walker se hallaba en esta ciudad reponiéndose del mal resultado del asalto que intentó contra Masaya, ciudad a unos 20 kilómetros al oeste de aquella. Más estrechado allí, resolvió abandonar esta plaza, lo que verificó el 22, después de entregarla bárbaramente a las llamas. Auxiliado de los vapores trasladó a la Isla Ometepec los enfermos y parte de su parque, de donde tuvo que retirarlos pronto porque los indios, que la pueblan, asaltaron el hospital y mataron algunos enfermos. Retirado a San Jorge a la orilla del lago y a diez kilómetros de Rivas, no cesó de molestar a los aliados posesionados de Granada y de hacer algunas incursiones ligeras a lo largo del lago. A mediados de diciembre vuelve a ocupar a Rivas.

La facilidad que Walker tenía de transportarse de un punto a otro por los vapores y de proporcionarse por su medio recursos, le daba una gran ventaja sobre los aliados. Esta superioridad la reconoció el Presidente de Costa Rica, don Juan Rafael Mora, y resolvió arrebatársela. Para este efecto hizo que su hermano el General don José Joaquín, hombre de expectación en todo Centro América, marchase a ocupar varios puntos importantes del río San Juan y a tomar los vapores que servían de transporte a los filibusteros.

A principios de marcha obstáculos inmensos por medio de bosques impenetrables plagados de animales ponzoñosos, detenidos a cada paso por intransitables cenagales y torrentes y expuestos a las lluvias y a un calor abrasador, llegó por fin al 14 de dicho mes al punto en que se reúne el río San Carlos al San Juan. Desde allí bajan los costarricenses este último río en malas canoas hasta el puerto de San Juan del Norte, donde después de una corta resistencia, se apoderan el 24, de cuatro vapores surtos en la bahía. Suben en seguida con ellos el río, dejando dos en la confluencia del Sarapiquí y prosiguen con los otros a tomarse el Castillo Viejo, de que en otra parte hemos hablado, el cual no resistió al asalto con que lo embistieron el día 28. En posesión de esta llave del tránsito apresaron sin dificultad el vapor La Virgen, lleno de armas y pertrechos de guerra. Después de estas proezas de las fuerzas costarricenses no restaba más que ocupar el fuerte San Carlos, situado sobre el ángulo izquierdo, formado por las riberas del lago y del río San Juan su salida de éste, para dominar enteramente uno y otro. El General Mora llevó a cabo con el mismo acierto esta empresa. Desde ese momento se puso en comunicación con los aliados que ocupaban a Granada y puso en un completo aislamiento a Walker. Obrando los aliados por tierra y agua, el exterminio de los filibusteros era seguro. Sin embargo se retardó todavía.

La situación se hacía entretanto más crítica para Walker. Las proclamas del Presidente Mora, que se logró introducir en el Cuartel General de aquel caudillo y en que se prometía salvoconducto y pasaje a los filibusteros que abandonasen las armas, contribuyeron eficazmente a favorecer la deserción. Las enfermedades y la escasez de víveres que sufrían éstos, venían asimismo a disminuir la fuerza de que podían disponer. Con todo, resistió en Rivas a varios ataques que se le hicieron por tierra y por el lago, y que continuaron repitiéndose hasta el 23 de febrero del presente año.

Por ese tiempo tienen lugar en el río San Juan otros sucesos. Algunas partidas de filibusteros, dirigidas por un tal Lockeridge y por Scott, Agente en el Puerto de San Juan del Norte de la Compañía del tránsito, trataron de recobrar los vapores apresados por el General Mora y de abrir de nuevo la comunicación del río y del lago. Aunque lograron tomar el punto llamado la Trinidad, sobre la confluencia del Sarapiquí, no pudieron pasar ni tomarse el Castillo Viejo que asaltaron el 16 de febrero: tuvieron que retroceder con graves pérdidas a la resistencia opuesta por la guarnición costarricense, que oportunamente fue auxiliada por la que guarnecía el fuerte de San Carlos.

No obstante, las favorables circunstancias de los centroamericanos por este tiempo, las operaciones de la campaña procedían con lentitud y no sin desacuerdos y falta de armonía entre los jefes. Para dar a aquella unidad de acción y actividad, los respectivos gobiernos de las fuerzas aliadas convinieron nombrar un jefe que dirigiese los movimientos. La elección recayó en el General don José Joaquín Mora, a quien se revistió de amplias facultades como lo requería la actualidad. Recibido del mando en Jefe el 19 de marzo, dio la orden de estrechar la plaza de Rivas, y el 22 se rompieron los fuegos. Walker tenía en ella de 900 a 1000 hombres, y hacía extraordinarios esfuerzos por conservar su posesión, ya ejecutando salidas, ya incendiando los arrabales que no podía defender. Mientras tanto; la deserción disminuía su gente, y la población de la ciudad huía con espanto de los estragos de las balas y de las escenas de carnicería. Después de varios ataques más o menos reñidos, se empeñó un general al amanecer del 11 de abril. El ruido del cañón y de la fusilería resonaba por todos los ángulos de Rivas y el humo de las descargas y de los incendios parecía ocultar todos los edificios. Los sitiadores tomaron un arrabal que les dio una posición ventajosa y allí se entregó un número crecido de filibusteros. La guarnición de la plaza se había reducido, a poco más de 400 hombres, siendo los únicos que en ella quedaban, porque a las mujeres y niños se les había permitido salir: los víveres también se habían agotado.

Los fuegos duraron hasta el 30, en que se presentó en el campamento el comandante del buque angloamericano que, estacionado en San Juan del Sur, parecía observar el giro que tomaría los sucesos, y solicitó una entrevista con el General en Jefe. Expresaba su vivo interés por evitar mayor efusión de sangre, y proponía la suspensión de las hostilidades, prometiendo la entrega de la plaza y todos los elementos de guerra, siempre que se diese garantías de seguridad para la persona de Walker y se permitiese a sus oficiales retirarse libremente a su país. El General Mora aceptó estas proposiciones, que terminaban con honor de las de Centro América a los que habían sido causa de tantos males en Nicaragua.

En consecuencia, el Comandante Davis sacó el 1º. de mayo a Walker y algunos de sus oficiales y los transportó en la corbeta a Panamá, desde donde se dirigieron a Nueva Orleans. El ejército aliado ocupó al mismo tiempo a Rivas; y su guarnición se entregó al General Mora en número de 400. Todos fueron trasladados a Puntarenas y de allí se enviaron a los Estados Unidos por cuenta del gobierno de Costa Rica, en conformidad de la promesa que el Presidente de esta república les había hecho.

Así concluyó esta guerra, que la opinión de las naciones no ha vacilado en calificar de inicua e inmoral por parte de sus promovedores. Los filibusteros no contaban ya con elementos para resistir por más tiempo. Faltos de municiones, desalentados por el cansancio, las heridas y el hambre, su entrega era inevitable. Habían visto perecer a centenares de sus compañeros, sacrificados unos a las eventualidades de una dura campaña, y otros al rigor del dardo enarbolado de las epidemias, y todos por cierto a la monomanía de ese visionario de dominación y conquistas, que no deja en recompensa a sus ilusos secuaces más que tristes realidades. Se calcula en más de 10.000 los aventureros que durante esa guerra invadieron a Nicaragua.

GOBIERNO DE GUARDIOLA RECIBE POR CESION DE INGLATERRA ISLAS DE LA BAHIA Y LA MOSQUITIA

Seguimos paso a paso los hechos importantes enmarcados en el segundo Gobierno del General Santos Guardiola. En efecto, una vez que pasó el mayor peligro que sobre el cielo ce Centro América se había dibujado y restablecida la paz del país, el Presidente Guardiola declaró por acuerdo del 22 de abril de 1861, que las Islas de la Bahía y el territorio Mosquito en la parte de Honduras, quedaban desde aquel día para siempre, bajo el dominio y soberanía de la República, y facultó al comandante del puerto de Trujillo, Lic. don Rafael Padilla y Durán y don Francisco Cruz, para que a nombre del Gobierno, tomaran posesión de los indicados territorios. Estando ausente el señor Cruz, el Comandante Durán se trasladó a Roatán el 26 de mayo y el primero de junio de dicho año, tomó posesión de las islas por entrega que le hizo Mr. Price, Superintendente de Belice; nombró gobernador a don Francisco Bermúdez, en sustitución del inglés Mr. Moire, quedando la bandera nacional en el puesto que ocupaba la inglesa. Así se puso en ejecución el tratado Lennox Wyke—Cruz que se había celebrado desde el 28 de noviembre de 1859.

Así cumplió la Gran Bretaña la promesa que le hizo a los Estados Unidos de salirse de las costas de Honduras para estar a tono con el Tratato Clayton — Bulwer. Es decir, los Estados Unidos vigilaban la conducta de la Gran Bretaña en Centro América. Por la misma razón, en su caso, la Gran Bretaña espiaba la conducta de los Estados Unidos en esta parte de América. Si para Inglaterra estaba claro la inminente guerra civil entre sudistas y nordistas, oficialmente entendía que el sudista Walker operaba en Nicaragua y en Honduras con autorización del Departamento de Estado.

Inglaterra, más vieja en política y en diplomacia que los Estados Unidos, al vuelo cambio sus planes colonialistas. Dejaría la ocupación de los territorios centroamericanos y se acogería al inversionismo capitalista. Un ferrocarril en Honduras tenía más valor que la posesión directa de la Isla del Tigre del Territorio Mosquito y las Islas de la Bahía.

La guerra civil de los Estados Unidos empezó en 1861; pero esa misma guerra puso en temor a los aristócratas inversionistas ingleses y el ferrocarril ni siquiera se empezó en Puerto Caballos como decía el contrato ferrocarrilero celebrado en el Gobierno del General Cabañas.

CONFLICTO ENTRE LA IGLESIA Y EL ESTADO

Precisa hacer un regreso de tres años para comprender exactamente un conflicto de la Iglesia y el Estado que hubo en el segundo período del Presidente Guardiola. El 29 de septiembre de 1857 murió en la ciudad de Comayagua el Obispo de la Diócesis don Hipólito Casiano Flores de un ataque fulminante del cólera morbus. Ocupó la Sede vacante, como Vicario Capitular el Bachiller Miguel del Cid, enemigo del Presidente Guardiola por los efectos de la ley que reglamentaba los derechos arancelarios de los curas párrocos; por haberse negado a recomendarlo ante la Santa Sede para que fuera nombrado Obispo de Honduras, y, finalmente, porque permitía el libre ejercicio del culto protestante en las Islas de la Bahía, pretendiendo ignorar que el Gobierno estaba obligado a permitir dicha libertad espiritual por estar establecida en el tratado anglo — hondureño Lennox Wyke—Cruz, requisito indispensable para devolver las Islas y La Mosquitia a la República.

El Vicario capitular bachiller del Cid después de haber desplegado una intensa agitación fanática en el púlpito, que hacía recordar, aunque fuera en pequeño a Fray Jerónimo Savonarola en su lucha contra Alejandro VI, decidió llegar a lo definitivo. El 26 de diciembre de 1860 y en el pueblo de San Antonio del departamento de Intibucá, expidió un Edicto de Excomunión contra el Presidente General Santos Guardiola y demás personas que hubieran contribuido en algunos actos que consideró irreligiosos; mandando después, en pliego del 29 del mismo mes, que los curas de las parroquias una vez que publicaran la excomunión se retiraran de aquellas y de la diócesis, quedando en suspenso ipso facto los párrocos que no lo hicieran.

El Vicario Capitular Bachiller del Cid huyó para El Salvador, estableciéndose en el pueblo de Suchitoto.

Por su parte, el Gobierno con fecha 5 de enero decretó el extrañamiento. del Bachiller, prohibióse la publicación de la excomunión, mandando arrancar las hojas en los lugares donde habían sido fijadas y castigándose a los contraventores con arreglo a las leyes que tratan de la Sedición.

La parte resolutiva de la excomunión dice:

"...Considerando, por último, según los documentos justificativos mencionados que el señor Presidente Guardiola no repara en medios para desvirtuar, perseguir, atacar y destruir si posible le fuera la Religión Santísima del Crucificado y corromper la moral y la disciplina de la Iglesia Santa Romana, como también se evidencia por el decreto de 17 del presente mes, en que se ataca la defensa que se hace de la Iglesia en la pastoral ya citada, incurriendo en la pena de excomunión, no obstante afectar sentimientos religiosos por halagar la presa no valiendo ya la invocación de los respetos a la ley, a la justicia y a la razón contra obstinadas tendencias, y siendo por otra parte, deber nuestro el reprimirlo como hijo de la Iglesia para impedir mayores males y apartaros carísimos tan pestilencial, arrojando del seno de la Iglesia ese genio turbulento e insensible, y siguiendo Nos a este respecto la voluntad divina, que quiere que "el pecador viva para que se convierta, pues el Hijo de Dios vino a salvar lo que había perecido". Por tanto carísimos hermanos, y de conformidad con los textos precitados, de parte del Dios Omnipotente, Padre, Hijo y Espíritu Santo, de parte de la Santa Iglesia Romana, de los Bienaventurados apóstoles Pedro y Pablo; en uso de la autoridad apostólica que nos está concedida, siguiendo las huellas de Nuestro Santísimo Padre en la sentencia del 26 de marzo del presente año, declaramos excomulgado, anatematizado, arrojado del seno de la Iglesia y ya en manos del Demonio, al Presidente Don Santos Guardiola, y a todas las personas que habían cooperado, directa o indirectamente, para la perpetración de los crímenes mencionados, a saber: fautor de sectas al otorgar la libertad de cultos, subversión, invocación de las propiedades eclesiásticas y cisma contra la autoridad de la Iglesia Católica, Apostólica, Romana, sobre cuya defensa estamos justificados por las letras de la Santa Sede, fecha 2 de agosto que habréis oído publicar. En consecuencia, os ordenamos y mandamos, como a nuestros amados diocesanos, os abstengáis de comunicar directa o indirectamente, por escrito o de palabra, en cosas políticas o religiosas, o sobre cualquiera otra cosa absolutamente con el antes dicho Presidente con los que sepáis que se hallan incursos en la excomunión que por la presente declaramos y pronunciamos, para que eviten el contagio, so pena de que el contraventor incurra por el mismo hecho en excomunión.

Y para que esta nuestra sentencia llegue a conocimiento de todos nuestros amados diocesanos se fijará y publicará por quien corresponde en los lugares acostumbrados de nuestra Santa Iglesia Catedral, en todas las iglesias de la capital y parroquias de la Diócesis, quedando ipso facto suspenso el párroco que fuese omiso en publicar esta sentencia que verificará inter misarum solemnia, y de la misma manera que pueda, y el que se atreviere a arrancarla del lugar en que sea fijada, ipso facto, incurrirá en excomunión mayor. Dado en San Antonio, a 26 de noviembre del año del Señor de 1860. Miguel Delcid. Ante mí, José Antonio Martínez. P.N.P..

Por su parte, el Gobierno de Guardiola respondió a la Excomunión del Vicario Capitular Delcid con el siguiente decreto:

"El Presidente del Estado de Honduras: Considerando, que el Vicario Capitular de la Diócesis, don Miguel del Cid, después de haber publicado la primera Carta Pastoral con que ha intentado subvertir el orden público y haber visto que ningún efecto causó en los ánimos un documento tan falto de verdad, calumnioso y criminalmente concebido, ha llegado en el frenesí de su ambición, a fulminar excomunión, el 26 próximo pasado, en el pueblo de San Antonio, departamento de Gracias, contra el Presidente de la República y demás personas que han contribuido a algunos actos que él califica con mucha ignorancia de irreligiosos; considerando, que los términos en que está extendida la precitada excomunión, no son los de un Prelado que conoce su deber y ciertas formas tan comunes que son sabidas aun de los menos inteligentes, sino más bien los de un libelista envenenado y un calumniador que ha perdido todo sentimiento de moralidad y decencia: que la orden que ha expedido el 29 del mes anterior, por la cual manda a los Curas que después que publiquen la excomunión se retiren fuera de la Diócesis, está revelando la resolución que abriga de privar a los fieles de todos los beneficios espirituales, con tal que esto pueda servir a sus caprichos y halagarlo con la idea de la perturbación pública: considerando, que de permitirse la publicación de la expresada censura, pueden venir escándalos al Estado, a pesar del buen sentido en favor del Gobierno y contra las tendencias revolucionarias del Vicario del Cid: que la permanencia de dicho Eclesiástico en la República excita temores de desorden en los ciudadanos pacíficos que ven con harta repugnancia sus procedimientos y que tienen derecho a reclamar del Ejecutivo su seguridad: considerando, en fin; que el propósito tenaz en que está el mencionado Vicario, de derrocar la actual Administración, lo ha llevado hasta el extremo de convertirse en instrumento de ciertas maquinaciones exteriores contra los derechos más sagrados del Estado; y que la primera necesidad de las sociedades ante la cual cejan todas las demás es la de vivir y conservarse, ha tenido a buen expedir el siguiente

DECRETO:

Art. 1.—Se prohibe la publicación de la excomunión fulminada por el Vicario Capitular de la Diócesis, contra el Presidente y demás personas de que se ha hecho mérito, y se manda, asimismo arrancarla de los lugares en que se fije; castigándose a los contraventores con arreglo a las leyes que tratan de la sedición.

Art. 2.—Se extraña del territorio del Estado al referido Vicario don Miguel del Cid, y se dará cuenta a la Silla Apostólica con los documentos que justifican la rebelión que promueve, a fin de que se digne proceder a lo que sea de derecho y más conveniente.

Art. 3.—Desde la publicación del presente Decreto, es prohibido a todos los habitantes de la República tener comunicaciones directas o indirectas, de cualquier calidad que sean con el expresado del Cid. Los que contravengan a esta disposición, serán tratados como reos de traición a la Patria.

Art. 4.—Se excitará por el Gobierno al Venerable Cabildo Eclesiástico, a fin de que revoque el nombramiento de Vicario Capitular del indicado Delcid, por tan justos motivos como los que se presentan; y proceda a designar la persona que debe sucederle, si no hubiese inconveniente.

Art. 5.—Se previene el exacto cumplimiento de este Decreto a todas las autoridades políticas, civiles y militares; y por su omisión serán juzgadas conforme a las leyes.

Dado en la ciudad de Comayagua, en la Casa de Gobierno, a 5 de enero de 1861. Santos Guardiola. El Ministro de Relaciones y Gobernación. Crescencio Gómez".

LA GUERRA DE LOS PADRES

El doctor Antonio R. Vallejo escribió y publicó un libro de corta extensión pero de gran contenido político titulado "Necrología del Presbítero Miguel Ángel Bustillo", en el que expone y detalla el conflicto de la Iglesia y el Estado que comenzó en 1857, a raíz de la muerte de don Hipólito Casiano Flores, Obispo de Comayagua, y fue tomando cuerpo bajo la dirección eclesiástica del Bachiller Miguel Delcid, quien ocupaba la Sede Vacante en su condición de Vicario Capitular que aspiraba al Obispado en propiedad y el Presidente Guardiola se había negado a recomendarlo ante la Corte Romana de la Iglesia. El conflicto de ambas entidades llegó al punto de la Excomunión firmada en el pueblo de San Antonio el 26 de diciembre de 1860 y el Decreto del Gobierno que dictaba medidas drásticas contra el intento de sedición del Vicario Capitular Bachiller Delcid, de fecha 5 de enero de 1861. Allí la cuerda tenía que reventar.

Cedamos la palabra al doctor Vallejo:

"En otro lugar dimos cuenta que cuando el Vicario Capitular fulminó su excomunión contra el Presidente de la República en San Antonio, había hecho inmediatamente sus maletas y trasladándose a la vecina de El Salvador, fijando su residencia en el pueblo de Suchitoto, donde había establecido su cuartel general.

Pues bien, cuando todos los pueblos pacíficos, cuando todos los hombres honrados y sensatos del país, pensaban que del Cid no tenía ya nada que hacer, cuando el Gobierno estaba en aguarda de que la Corte Romana dictara su última y suprema resolución sobre los asuntos de Honduras, cuando comenzaba a renacer la confianza, del Cid convierte la cuestión religiosa en cuestión política, que era el designio que había abrigado en su mente desde que se había colocado en un sendero ajeno del todo a la misión evangélica.

Aquí no cabe decir que del Cid iba arrastrado por las circunstancias, como sucede en toda la revolución, que es achaque de ésta, ir y llegado adónde ni quieren ni se han imaginado los mismos que la han promovido.

En el mes de abril, una bandada de sacerdotes de los más ignorantes y corrompidos, que se trasnochaban con frecuencia en cosas ilícitas, que hedían a herrumbre porque se habían petrificado en el vicio, seguida de algunas gavillas rústicas y feroces, invadió la República dividida en varias secciones: una que se internó por el Oriente, en el departamento de Choluteca, hasta la ciudad de

Nacaome, que fue saqueada, y se fortificó en el atrio de la Iglesia, teniendo a su cabeza al Presbítero Yanuario Reyes y a un manteísta; otra por el Norte, en el departamento de Gracias, fuera de pequeños grupos que, comandados por el Presbítero Nicolás Madrid, se introdujeron a Ocotepeque, y el Presbítero Néstor Grau, que se colocó en el pueblo de San Fernando para atisbar la primera ocasión favorable e internarse en los pueblos de la sierra, Similatón, Santa Ana de Cacauterique y Opatoro.

A este tiempo, una pequeña pandilla que se había ido de Tegucigalpa y llegado a la ciudad de Choluteca, se pronunció el 15 de abril, a las ocho de la mañana, con motivo de habérsele incorporado el Presbítero Ramón Villalobo y el Coronel Felipe Espinoza, procedentes de Nicaragua, apoderándose inmediatamente de unas pocas armas que estaban en la casa del Juez, y de la pólvora que había en la Intendencia.

Después de algunos desórdenes cometidos en la ciudad y de ultrajar al honrado propietario don Bibián Corrales, marcháronse para el pueblo de El Corpus y de allí al de San Marcos, buscando salvarse en la frontera nicaragüense.

Los facciosos que habían ocupado el pueblo de Aramecina fueron derrotados, dirigiéndose al de Goascorán, donde fueron batidos el 20 de abril a las once de la mañana por el valiente coronel don Manuel Cáceres, quien a pesar de haberse retirado dejando a los facciosos dueños de la plaza, la evacuaron sin que las fuerzas del Gobierno al ocuparla se hubieran entregado a excesos crueles y feroces. Los insurgentes pasaron los límites salvadoreños y descansaron allí sus armas, dejando en Goascorán muerto al capitán Prudencio Rivas y tres heridos.

Los Presbíteros Jerónimo Palma y Lorenzo Hernández, que habían llegado al pueblo de La Virtud con 25 hombres, corrieron peor suerte que los de Goascorán, porque el pueblo en masa se echó sobre los bandoleros del fanatismo, de una manera tan resuelta y terrible, que los cabecillas se vieron obligados a huir, llevando Palma un machetazo en el brazo y dejando en el campo cinco muertos, dos prisioneros, siete bestias, ocho fusiles y dos carabinas que se habían llevado de la Villa de Guarita.

De los vecinos de La Virtud, solamente Vicente López y Gregorio Martínez fueron heridos levemente.

El coronel Pineda, que voló a proteger a aquel pueblo, capturó a seis de los facciosos, de los cuales tres fueron pasados por las armas.

No le valió al Bachiller del Cid recurrir a las promesas de inmortalidad para entusiasmar a las turbas, ni que bajarían legiones de ángeles a pelear al lado de ellos, porque los tales ángeles no bajaron y porque los infelices que, mal aconsejados en el sendero desgraciado que llevó, perecieron sin que la Iglesia ni la Patria sacaran ningún partido provechoso del derramamiento de su sangre.

Así acabaron las expediciones del Vicario del Cid, que costaron algunas vidas, que estuvieron a punto de causar un trastorno casi general en el país y que dieron un escándalo y una deshonra más.

EL PONTIFICE ROMANO SUSPENDE LA EXCOMUNION RECAÓDA EN EL PRESIDENTE GUARDIOLA

Sigue diciendo el doctor Ramón R. Vallejo en su "Necrología del Presbítero Miguel Ángel Bustillo".

"Cuando se verificaban los luctuosos sucesos que dejamos reseñados, llególe al Presidente de la República una nueva comunicación del Metropolitano, datada en el Palacio Arzobispal de Guatemala a los doce días del mes de abril de 1861, que dice:

"Con presencia de lo expuesto por el Venerable Cabildo Eclesiástico de Honduras, en su última comunicación de 21 de marzo, y mediante a que no se ha recibido aún, en este despacho, contestación alguna del señor Vicario don Miguel del Cid, a nuestro oficio del 25 del mismo, hágasele saber: que si dentro de seis días, contados desde la notificación de esta providencia, no verifica en debida forma la Delegación de sus facultades para el Gobierno de la Diócesis de su cargo en los términos que se le previnieron por auto de esta Superioridad de catorce de febrero, y si dentro del mismo término no restablece a los Padres Curas que quedaron en Honduras, en el libre ejercicio de sus licencias y facultades, dándonos cuenta de las providencias que dicte con estos dos objetos, procederemos con todo el rigor de derecho, en uso de las facultades que en éste caso nos compete. Y para que el cumplimiento de este auto se verifique sin tardanza, una vez que se dé su ejecución depende el remedio de los incalculables males que pesan sobre la Iglesia de Honduras, a más de encargar como encargamos brevemente a la conciencia del señor Vicario, ordenamos se le haga esta intimación por medio del

Ilustrísimo Señor Obispo de San Salvador, don Tomás Miguel Zaldaña, a quien se dirigía el correspondiente despacho con las inserciones correspondientes. Y comuníquese al Venerable Cabildo. José María, Obispo de Cámaco, Auxiliar de Guatemala".

La conducta del Vicario del Cid fue funesta, funestísima para los intereses religiosos de la familia hondureña —dice el historiador Vallejo, que antes fue sacerdote— pues ella generó el concordato que se celebró con la Santa Sede, la abolición del fuero eclesiástico, y andando el tiempo, la supresión del diezmo, la secularización de los camposantos, la separación de la Iglesia y el Estado, la enseñanza laica, el Estado sin Dios, la libertad de cultos y tantas otras reformas.

Por eso han causado mayores daños a la Iglesia sus propios hijos que sus adversarios, pues del Cid había ido con sus procedimientos demasiado lejos y por motivos susceptibles de acomodamiento y arreglo amistoso, porque la cuestión se había colocado fuera del alcance de la autoridad eclesiástica.

El representante de Honduras en la Corte de Roma, que había hecho presente la necesidad premiosa que los asuntos de Honduras tuvieran un arreglo definitivo, consiguió que el Papa Pío IX, comisionara en 25 de mayo al Arzobispo de Guatemala para que pudiera absolver al Presidente de Honduras de las censuras impuestas por el Vicario del Cid.

Con este motivo, el expresado Arzobispo dictó la providencia siguiente, que se comunicó en el acto al Presidente de la República.

"Por recibidas las letras de comisión que anteceden del Excmo. señor Cardenal Secretario de su Santidad, por las cuales consta que Nuestro Santísimo Padre, el señor Pío Nono, a instancias del Gobierno de Honduras, se ha dignado conferirnos facultad de absolver de las censuras fulminadas por el Provisor don Miguel del Cid, Vicario Capitular que fue de aquella Diócesis, tanto al Excmo. Señor Presidente de la República como a todas las demás personas que acaso hubieran incurrido en ellas, si es que nos pareciera convenir así en el Señor, y con tal que del mejor modo posible sean satisfechas y reparadas las injurias hechas a la Iglesia; y atendiendo a que esta satisfacción se ha dado ya por el Supremo Gobierno de modo que por Nos le fue pedida, devolviendo los edificios que habían ocupado pertenecientes a la Iglesia. Revocando el decreto de veintiocho de julio del año próximo pasado que restringió la libertad de representación en asuntos del régimen eclesiástico, y ofreciendo su protección y apoyo a los católicos de las Islas de la Bahía; por tanto, usando de la autoridad apostólica que en virtud de las citadas letras nos compete, por el presente absolvemos al Excmo. señor Presidente don Santos Guardiola, de la excomunión y demás censuras impuestas por el Vicario Capitular en su edicto de veintiséis de diciembre del año próximo pasado: concedemos igual absolución a todas las demás personas que por cualquier motivo hubieren incurrido en las mismas censuras, según el tenor del citado edicto. Y para que esta gracia llegue a noticia de todos aquellos a quienes comprende, comuníquese al mismo Gobierno, al Ilmo. señor Obispo de Arindele, como Vicario actual de aquella Diócesis, y al V. Cabildo de la S.I.C. de Comayagua, previniéndole la haga publicar en todas las parroquias en la forma que estime conveniente. El Arzobispo. Justo Gavarrete, Notario Oficial Mayor".

A este mismo tiempo llegábale al Presidente de la República la carta autógrafa del Papa Pío IX concebida en términos muy bondadosos.

"Ilustre, Honorable y amado hijo nuestro, salud y bendición apostólica. Antes que recibiésemos vuestra carta que con fecha 20 del próximo febrero nos dirigiste, sabíamos ya que los tristes acontecimientos que habían tenido lugar en la Diócesis de Comayagua, y que entre muchos otros gravísimos trabajos nos causaron el mayor dolor. Sin embargo, en medio de tanta amargura, tuvimos no pequeño consuelo luego que llegó a esta ciudad nuestro amado hijo don Carlos Gutiérrez, Plenipotenciario de esa República de Honduras cerca de Nos y de esta Sede Apostólica, para que conferenciando con Nos, pudiera arreglarse los asuntos eclesiásticos de la propia República. Y como el mismo Ministro y Legado Extraordinario con amplios poderes nos ha confirmado bien que Vos, Ilustre, Honorable y amado hijo nuestro, os hallais animado sinceramente ahí en procurar la utilidad de la Iglesia Católica, he llegado a esperar que podrá ajustarse un Concordato conforme a nuestros deseos y los vuestros. Así es que hemos ordenado a nuestro amado hijo el Cardenal Ministro de Relaciones, que sin tardanza alguna, entrase en las conferencias con el Legado Extraordinario y Ministro Plenipotenciario vuestro y de esa República. Nada, en verdad, deseo tanto, como que ellas lleguen a tener lo más pronto el fin tan apetecido, pues se trata de un asunto que, con la protección divina, habrá de ser no sólo para bien y tranquilidad de la Iglesia

Católica, y de esa República, sino también para honor y encomio vuestro. Y estando Nos muy persuadidos que para restituir inmediatamente la tranquilidad a los fieles y atender a la concordia con ese Gobierno, conduce mucho la presencia de un Obispo digno, sabed: que Nos, accediendo gustosamente a vuestros deseos y ruegos, preconizaremos en el próximo Consistorio, por Obispo y Pastor de la expresada Diócesis de Comayagua, al Reverendísimo Fray Juan Félix, actualmente Obispo de Arindele *in partibus infidelium*. He aquí, Ilustre, Honorable y amado hijo nuestro, lo que hemos juzgado deberos contestar, y que manifiesta bastante cuan solícitos estamos por la unidad espiritual de los fieles de esa República. Finalmente, como una prenda de nuestro amor paternal, te damos muy afectuosamente a ti, Ilustre, Honorable y amado hijo nuestro, la bendición apostólica unida con un voto de toda felicidad verdadera. Dado en Roma, en San. Pedro, el día primero de julio de mil ochocientos sesenta y uno. Décimo sexto de nuestro Pontificado. Pío Papa IX".

Estos documentos, que contienen el desenlace de la ruidosa cuestión que del Cid había promovido, produjeron en el General Guardiola lo mismo que en el Cabildo Eclesiástico, un placer indecible. El día que se publicaron en la Iglesia Catedral de Comayagua fue una verdadera fiesta en el Palacio Presidencial, y en todos los pueblos de la República que se habían quedado sin párrocos.

El Gobierno por su parte, decretó la devolución del Palacio Arzobispal, Colegio Tridentino y la casa que llamaban Sala Capitular, ocupada entonces con oficinas públicas, en consonancia con los deseos de la Santa Sede y con la excitativa del Arzobispo de Guatemala, y deseando dar un testimonio de lenidad en favor de los hondureños que por causas políticas se hallaban fuera del Estado, les abrió las puertas de la patria para que todos pudieran volver libres de responsabilidad, con excepción del Presbitero Miguel del Cid, que había quedado sin funciones, porque se había nombrado en su lugar al Ilustrísimo Obispo de Arindele, Fray Juan de Jesús Zepeda.

ASESINATO DEL PRESIDENTE DE LA REPÚBLICA, GENERAL SANTOS GUARDIOLA

El doctor Antonio R. Vallejo sienta en su folleto "Necrología del Presbítero Miguel Ángel Bustillo", que nos sirve de documento, la tesis que el Gobierno de El Salvador, de factura liberal, fue el autor de la muerte del Presidente de Honduras, General Santos Guardiola, para cubrirse la espalda de un ataque traicionero, mientras libraba una guerra en el otro extremo con la dictadura conservadora de Guatemala, a fin de abatir el conservatismo y pasar después a la unión liberal de Centro América.

Sus palabras son las siguientes:

"La eterna rivalidad que siempre ha reinado entre El Salvador y Guatemala, la preponderancia que ésta ha ejercido, la que pretendía ejercer en Centro América, el Gobierno reinante entonces en El Salvador, y el deseo de derrocar el gobierno que se llamó de los "30 años", hizo, sin duda alguna, concebir el designio innoble de asesinar al gobernante hondureño, pues la alianza ofensiva o defensiva que se obtuvo inmediatamente después con el Gobierno de Castellanos, era del todo imposible, y el gobernante salvadoreño en las futuras emergencias con Guatemala no quería ni le convenía tener un gobierno conservador como el del general Guardiola, contra quien había maquinado de mil maneras, a tal punto que el General Guardiola dio una vez orden a su Ministro de la Guerra para que colectase dos mil hombres, con los cuales pensaba derrocar la Administración del General Barrios, que habría llevado a cabo, a no haberse opuesto el Gobierno guatemalteco

"El antagonismo de Guatemala y El Salvador mató al General Guardiola.

"Los asesinos del infortunado Presidente llamábase Pablo Agurcia, que a la sazón desempeñaba la mayoría de plaza de la ciudad de Comayagua, Wenceslao del mismo apellido, hermano de éste, Miguel Juanes de la ciudad de Tegucigalpa, Pedro Amador, Juan Antonio Pantoja, Nicolás Romero y Cesáreo Aparicio (cuyo apellido ignoramos porque no apareció en el consejo de guerra por haber sido asesinado antes que éste se estableciera), salvadoreños. A todos estos había favorecido en gran manera el Presidente Guardiola y muy en especial, al mayor de plaza, a quien en breve pensaba nombrar Comandante de Armas del puerto de Trujillo.

El súbito desaparecimiento del Presidente de la República, produjo en todos los ánimos de la República profunda indignación y el mundo entero creyó que el país se acercaba a sufrir convulsiones y desgracias incalculables.

Los hechos que siguieron justificaron que tales temores no eran infundados.

El partido conservador que encabezaba el General Guardiola, se vio repentinamente privado de su jefe, y sus partidarios atónitos dirigieron miradas a todas partes buscando el caudillo que debía reemplazarlo para darle calor, vida y cohesión al partido, que de otra manera presentíase que, tarde o temprano, tenía que disolverse.

Algunos hombres y departamentos pensaron en el general don Mariano Álvarez; pero éste carecía de valor y del don de entendimiento para conducirse en aquellas aciagas y críticas circunstancias. Otros pensaban en el general Florencio Xatruch, que se encontraba en la vecina República de Nicaragua, y los departamentos de Gracias y Santa Bárbara creyeron que el Senador, General José María Medina, era el jefe llamado para enfrentar aquellas circunstancias y servir de cabeza al gran partido conservador. Medina, en su carácter de Senador más inmediato, según lo preveía la Constitución vigente entonces, asumió el Poder al mando de 500 infantes que había traído del departamento de Gracias, fusilando en Comayagua el 11 de febrero a los asesinos del general Guardiola.

Los Generales don Florencio Xatruch y don José María Medina eran los hombres más prestigiados del partido conservador y llamados por lo tanto a reorganizarlo y a conservar su unidad; pero el primero carecía de la audacia de la ambición, y el segundo con sus veleidades fomentadas por la buena fortuna, lo hicieron que no fuera ni suficientemente liberal ni suficientemente conservador, y el bando que entonces llamábase guardiolista fue debilitándose poco a poco de tal modo y hasta tal punto que se murió por consunción..

Sigue diciendo el doctor Vallejo:

Desde el primer momento del desaparecimiento del Presidente Guardiola, los enemigos de éste y de su partido trataron de adueñarse del nuevo orden de cosas creado al intento.

En carta escrita de San Salvador a los quince días de febrero de mil ochocientos sesenta y dos, decía el general Barrios a don Francisco Montes: "Aprovecho el viaje del Licenciado Fiallos a esa capital para encargarle una visita a usted. He sentido vivamente que usted le haya entregado el mando Supremo al General Medina. lo que ha complicado los negocios de ese Estado porque hoy aquel General tiene, con ese falso paso, más estímulo para realizar sus miras de usurparse el Poder Público.

El Salvador jamás reconocerá a Medina, mientras viva el señor Castellanos, Vice—Presidente de esa. República y el llamado legalmente a ejercer el S.P.E.

De un momento a otro me pedirá auxilios el señor Castellanos, y se los daré cumplidamente, levantando el ejército y poniéndome a la cabeza para restablecer el orden legal.

Yo desearía que los hombres de bien y de buen sentido no se extraviaran y corrieran a abrazar la bandera de la legitimidad.

Anticipo a usted estas ideas para que no carezca de datos.

No ponga usted en duda mi resolución.

Pásele bien y mande a su afectísimo servidor.

B.L.M.

G. Barrios".

Esta comunicación, el préstamo de diez mil pesos negociados con el Gobierno de El Salvador, el tratado celebrado el 25 de marzo del mismo año (1862), que significa que se preparaban nuevas luchas con los Estados vecinos, y otros documentos prueban, de un modo claro, las aseveraciones que tenemos hechas, y para mayor abundamiento copiamos aquí el Artículo 3 de aquel tratado que dice:

"Las Repúblicas de Honduras y de El Salvador deseando, no solo vivir en armonía la una con la otra, sino también que sean respetados y acatados sus derechos respectivos, como naciones libres e independientes, forman alianza ofensiva y defensiva, en los casos de guerra exterior; y se comprometen, auxiliarse con toda clase de elementos, siempre que sean requeridos por el Gobierno que los necesita para la conservación del orden interior". (Tratado de Alianza Ofensiva y Defensiva entre Honduras y El Salvador, celebrado el 25 de marzo de 1862. Promotores: Victoriano Castellanos, Presidente de Honduras; Gerardo Barrios, Presidente de El Salvador).

La versión del historiador Félix Salgado sobre la muerte del Presidente Guardiola, es la siguiente:

En la noche del 1º. de enero de 1862 se encontraba en Comayagua el Presidente General don Santos Guardiola, sin sospechar la muerte desastrosa que le esperaba. Era mayor de plaza el Capitán Pablo Agurcia, y Comandante Departamental el General de Brigada don

Vicente Vaquero. El Presidente tenía en Agurcia una confianza ciega acerca de su lealtad; y por lo mismo, aunque días antes le habían denunciado las tendencias de sublevación del cuartel principal, no le dio mayor importancia. Se ignora hasta la fecha, la verdadera causa del asesinato que se iba a cometer. Pero es lo cierto, que el Coronel Hipólito Zafra Valladares (a) Chapetón, jefe de la guardia presidencial, cuya fidelidad y adhesión al Presidente era bien conocidas, se oponía a que Agurcia consumara el crimen horrendo. Entonces se buscó la manera de apartarlo, primero emborrachándolo y después recurrió al hecho de herirlo, leve y gratuitamente, sin riña ni disputa alguna.

Cesario Aparicio, joven asesino natural de El Salvador, fue ejecutor del atentado en Chapetón. Imposibilitado éste de ocupar su puesto en la Guardia de Honor en aquella noche aciaga, Pablo Agurcia, que se ignora si obraba por cuenta propia o por la de extraños, lo sustituyó con un infame oficial salvadoreño Juan Antonio Pantoja (a) Machuca. Pero la esposa del Presidente doña Anita Arbizú, mandó al Mayor Agurcia que pusiera otro en la guardia; y aunque éste hizo el cambio, Machuca quedó con la aquiescencia, hecho el borracho y acostado en una cama.

A medianoche, el Mayor Agurcia se dirigió a la Casa Presidencial y despachó la guardia que había, repartida en tres comisiones, a La Paz, a la Villa de San Antonio, en persecución de supuestos reos, y la tercera a perseguir al heridor de Valladares. Otra guardia, que en realidad era una partida de asesinos escogidos, sustituyó a la anterior, y en esta nueva guardia figuraron Nicolás Romero, Juan Antonio Pantoja, Cesario Aparicio, Pedro Amador, Miguel Juanes, Justo Torres y soldados en servicio. Para el cambio de dicha guardia, Pantoja había sacado del presidio a varios reos que fueron conducidos escoltados a la Casa de Gobierno, en donde los esperaban Pablo y Wenceslao Agurcia; y obsequiados con aguardiente, el Mayor Agurcia los llevó al cuartel principal, donde les entregó armas y municiones y les reveló el horrendo crimen que iban a cometer. Formada la tropa, Agurcia escogió a los más probados asesinos y marchó con ellos a la Guardia de Honor.

A las cinco de la mañana del 11 de enero de dicho año, el hijo natural del Presidente, Hipólito Guardiola, abrió la puerta de su cuarto, contiguo al que ocupaba el General Guardiola, y en el acto fue asaltado, llevado violentamente al cuartel y puesto en el cepo. En seguida Nicolás Romero, Juan Antonio Pantoja y Cesáreo Aparicio, tomaron posesión del cuarto, en asecho de su víctima; pero viendo que el Presidente tardaba en levantarse, los asesinos le tocaron la puerta diciéndole que había novedades. El General Guardiola, rápido y sin atender el reclamo de su esposa, salió sin acabarse de vestir, y a su aproximación huyeron del cuarto dos de los asesinos, y solo uno de éstos, Cesario Aparicio, desde la puerta opuesta, disparó en el acto su fusil, mientras los otros vueltos de su terror regresaron y en pocos momentos dejaron consumada su obra. El General Guardiola recibió las descargas de cuatro carabinas y una estocada, y lo único que pudo hacer en su defensa fue quitarle la bayoneta a su primer agresor Aparicio. Guardiola desangrándose por varias heridas falleció en el momento.

Todos los autores del crimen tuvieron fin trágico. Pablo y Wenceslao Agurcia, Nicolás Romero, Juan Antonio Pantoja, Pedro Amador y Miguel Juanes, fueron fusilados como traidores, por la espalda, en cumplimiento de la sentencia dictada por el Consejo de Guerra el 10 de febrero de 1862, y que fue confirmada por la Comandancia General de Armas del Estado ejercida por el General José María Medina. Aquella sentencia fue cumplida el 11 del propio mes de febrero.

El historiador don Félix Salgado repite la versión del doctor Antonio R. Vallejo que le oyó al Presbítero Miguel Ángel Bustillo, hermano del sacrificado General Guardiola, que "el antagonismo entre Guatemala y El Salvador mató al Presidente de Honduras el 11 de enero de 1862".

El mismo historiador don Félix Salgado en otra parte de su libro "Historia de Honduras" recoge el rumor, bien fundado, que giraba en Comayagua y en la República en aquel tiempo, que el clero fanático, y particularmente el Vicario Capitular Bachiller Miguel del Cid, había perpetrado el asesinato del General Guardiola, punto en que se expresa así:

"Dícese que la enemistad del señor del Cid, con el General Guardiola, provenía de que éste se negó a recomendar a aquel, anotándolo en la terna para la provisión de Obispo que debía remitir a Roma, en ejercicio del derecho de patronato. El Vicario del Cid tuvo varias conferencias con el General Guardiola, sobre el particular sin éxito. Insistió por última vez y entró al despacho del General en ocasión que éste se hallaba solo en su hamaca, en compañía de su hijo de pocos años, sentado en sus piernas.

—Perdone usted, señor —le dijo Guardiola— que lo reciba así, porque el niño no quiere separarse.

—No tenga usted cuidado —contestó del Cid— y abordando el objeto de su visita le dijo por última vez: al fin, ¿me recomienda Usted para el Obispado?

—Ya le dije que no —fue la respuesta de Guardiola.

—Pues vea no se arrepienta usted —dijo del Cid, y salió sin despedirse.

Amenaza que pudo haberse referido —decimos nosotros— a la excomunión del pueblo de San Antonio, a la Guerra de los Padres y al asesinato del Presidente.

Existen otras presunciones remotas, que no deben descartarse para tener un panorama global del magnicidio.

1º. El deseo de Pablo Agurcia de tomar el poder para sí, objetivo que se le frustró porque se le espantaron los partidarios con el crimen, que fue tan espeluznante como los que solía cometer César Borgia.

Dos, pudo haber sido un hecho más de Carrera, que sintió envidia por el ferrocarril que iba, a colocar a Honduras a la vanguardia de Guatemala; criterio que sostuvieron los viejos Alvarado de Comayagua, entre ellos don Castro, don León y don Carlos F.

Y tres, la posible venganza de la logia secreta y esclavista de la Confederación del Sur, llamada "La Estrella Roja", por el fusilamiento de William Walker en Trujillo el 10 de septiembre de 1860.

Además, el General Guardiola contaba con muchos enemigos personales en Honduras, El Salvador y Nicaragua, por hechos situados en las décadas 40, 50 y 60.

CAPTURA Y FUSILAMIENTO DE LOS AGURCIA Y CÓMPLICES

Pablo Agurcia con el asesinato del Presidente de la República, General Santos Guardiola, sembró el terror en la ciudad de Comayagua. Armado de todas armas, recorría la población constantemente de un punto a otro, seguido de su banda de asesinos. Los militantes del partido conservador se encontraban anonadados, no hallaban que hacer, y los hombres del partido liberal sentían asco al pensar que podrían hacer alianza con un asesino. Y el mismo Agurcia, por ser hombre vulgar, no comprendió que podía elevar a la categoría de mística el propio terror, poniendo allí donde está la picota colonial un grueso tronco y junto a él un verdugo como Sansón (el de la época de Robespierre, en Francia) con un hacha de cinco libras de peso, para descargarla constantemente sobre los malhechores de la República, que a juicio de la pobrería de los barrios deberían despacharse al otro mundo.

No alcanzó a ver su transfiguración de asesino de un gobernante en libertador de una clase oprimida y explotada. Y se advierte que fue ignorante porque acababa de pasar una lucha a muerte contra la esclavitud, entablada por toda Centro América contra el sudista William Walker; había empezado la guerra civil de los Estados Unidos en el año anterior; y, en Centro América se sabía ya, aunque no con la suficiente claridad, que en los países de Europa había aparecido una nueva clase social, el proletariado, que acreditaba sus derechos y aspiraciones en el Manifiesto Comunista, del que habían llegado copias en los periódicos a Centro América, sobre todo copias en inglés, en francés y en otros idiomas impuestos por el comercio. Una gran oportunidad se le ofrecía a Pablo Agurcia para salir en caballo blanco de aquella sangrienta situación, porque, aunque a menudo se olvida, en aquel tiempo se habían enconado las luchas sociales a tal grado que eran frecuentes las insurrecciones en los departamentos alejados de la capital, a las que se les solía llamar facciones.

Es decir, Honduras vivía en constante efervescencia, y los gobiernos, productos de la improvisación, de la componenda, del cálculo, no atinaban a comprender que el pueblo hondureño demandaba una verdadera República, palabra que resumía cuantas reivindicaciones y aspiraciones populares se podían exigir y concebir.

Se ve, pues que Pablo Agurcia fue un simple instrumento de alguien que le pagó o lo indujo a matar al Presidente. Guardiola. Si hubiera sido un Catilina (lo decimos por comodidad), su conducta habría sido distinta. Por ejemplo, habría impedido que el Senador Francisco Montes asumiera la Jefatura del Poder Ejecutivo, lo que hizo lleno de miedo, y no habría caído tan fácilmente en la trampa que le tendieron para capturarlo.

El General Casto Alvarado pensó poner bajo seguro a aquel asesino que andaba suelto, se ideó la manera de lograrlo y puso en acción su plan. Convenció a don Chico Montes (así llamaban en Comayagua al que en ese momento era Senador Presidente) para que llamara a su casa a Pablo Agurcia (no importaba que llegara con su cuerpo de asesinos) con el objeto de entregarle la Presidencia, convencido como estaba de que nadie se le oponía ni se le opondría.

Pablo Agurcia llegó a la casa de don Chico fuertemente custodiado por sus cómplices. Fue recibido cortésmente, y llegado el momento solemne del traspaso presidencial, sesenta artesanos de los barrios de Comayagua que estaban escondidos esperando la señal del General Alvarado saltaron veloces como un rayo sobre los asesinos del General Guardiola, los aplastaron con su peso, les quitaron las armas y los amarraron. Una vez hecho esto, los llevaron a la cárcel y los guardaron con fuerte custodia de ciudadanos.

Lo fundamental para el General Alvarado era averiguar por medio de ellos quien o quienes les habían inspirado el crimen. Se les habría arrancado la verdad, si no hubiera aparecido de repente el General José María Medina con quinientos hombres, procedente de Gracias.

Medina actuó con tanta rapidez que se borró el propósito de sacarle la verdad a los magnicidas. Reunió el Consejo de Guerra que los halló responsables y los pasó por las armas en la madrugada del 11 de febrero. Las investigaciones iniciales fueron truncas; con invocación de la paz y el orden, Medina dejó un misterio en el corazón de la historia nacional, misterio que con el tiempo se volvió en su contra porque llegó a decirse que la prisa que había demostrado en fusilar a los asesinos, se debía al deseo de borrar todo indicio de su participación en el crimen de Guardiola.

Se dijo más: que los verdaderos gestores de aquel asesinato habían sido José María Medina y Rafael Carrera.

LA DÉCADA DE LOS AÑOS 60

Aunque sea de prisa es oportuno recordar la importancia que tiene la década de los años 60 en la historia de Norte y Centro América y por tanto de Honduras, según lo señalan los hechos siguientes:

El ciudadano Abraham Lincoln tomó posesión de los Estados Unidos de América el 4 de marzo de 1861 para estar presente, con autoridad, en la contienda intestina más sangrienta y destructora que ha sufrido país alguno del continente. Los Estados del sur, agrícolas, se obstinaban en acabar con el trabajo esclavo. Los Estados del norte, industriales, quería trabajo libre. Este conflicto fue la esencia del discurso inaugural del Presidente Lincoln:

"En vuestras manos, mis compatriotas descontentos, y no en las mías, está la histórica decisión sobre la guerra civil. El gobierno no os agredirá a vosotros. No habrá conflicto si no sois vosotros los agresores. Vosotros no habéis hecho ante el cielo juramento alguno de destruir al gobierno, en cambio, yo habré jurado solemnemente "conservarlo, protegerlo y defenderlo".

El 12 de abril, los sudistas atacaron el Fuerte Sumter, ubicado a la entrada de la bahía Charleston, en Carolina del Sur. La guarnición se rindió al día siguiente. La respuesta de Lincoln fue un decreto que ponía en pie de guerra a las fuerzas del Estado, y que convocaba a sesión extraordinaria al Congreso. Cuatro días después, ordenó un bloqueo de los puertos, desde Carolina del Sur hasta Texas, y el 3 de mayo dio instrucciones de que se aumentaran los efectivos del ejército y de la armada de los Estados Unidos.

He aquí el documento, que copiamos íntegramente para señalar la influencia que tuvo en los acontecimientos continentales de la segunda mitad del siglo XIX:

PROCLAMA DEL PRESIDENTE DE LOS ESTADOS UNIDOS

Desde hace tiempo que, en los estados de Carolina, Georgia, Alabama, Florida, Misisipi, Luisiana y Texas, se ha manifestado oposición a las leyes de los Estados Unidos, y se ha obstruido la ejecución de éstas, por medio de ligas demasiado poderosas para que pudiera suprimirse por los procedimientos judiciales ordinarios o por la autoridad que la ley confiere a los alguaciles.

Yo, Abraham Lincoln, presidente de los Estados Unidos, en virtud de los poderes que me confieren la constitución y las leyes, he considerado conveniente llamar a las tropas de los diversos estados de la Unión, hasta un total de 75.000 hombres, y por el presente decreto así lo hago, con objeto de que dichas tropas eliminen las citadas ligas y obliguen a poner en vigor las leyes mencionadas. Inmediatamente se girarán órdenes detalladas a las autoridades estatales, a través del departamento de Guerra, con respecto al objetivo mencionado.

Hago un llamado a todos los ciudadanos leales para que apoyen, faciliten y presten su auxilio a este esfuerzo por mantener el honor, la integridad y la existencia de nuestra Unión Nacional, y la perpetuidad del gobierno popular, así como por deshacer agravios soportados ya durante demasiado tiempo.

Considero conveniente declarar que la primera comisión que se asignará a las tropas cuya salida se ordena por el presente decreto, será probablemente la de recuperar los fuertes, sitios y propiedades arrebatados a la Unión; en toda acción se tendrá el mayor cuidado concordable con las miras ya mencionadas, para evitar toda devastación, destrucción o intervención de propiedades, así como cualquier desorden en perjuicio de los ciudadanos pacíficos, en cualquiera parte del país.

Y, por el presente, ordeno a las personas. que integran las ya mencionadas ligas, que se dispersen y que dentro de veinte días a contar de esta fecha se retiren pacíficamente a sus respectivos hogares.

Considerando que la situación actual de los asuntos públicos constituye una ocasión extraordinaria, en virtud de los poderes que me confiere la constitución, por el presente decreto convoco a ambas cámaras del Congreso. En consecuencia, se cita a los senadores y a los representantes a reunirse en sus respectivas cámaras a las 12 del día jueves, 4 de julio próximo, para que, reunidos, estudien y determinen las medidas que, a su buen juicio, requieren la seguridad y el interés público.

En fe de lo cual, pongo mi firma y el sello de los Estados Unidos. Emitido en la ciudad de Washington, este día 15 de abril del año de Nuestro Señor, mil ochocientos sesenta y uno, y octogésimo quinto de la independencia de los Estados Unidos. Abraham Lincoln. Por el Presidente, William H. Sewar, Secretario de Estado.

10 DE ABRIL DE 1865. EN CELEBRACIÓN DE LA VICTORIA

En vista de que ya no era posible sostenerse en Richmond, las fuerzas confederadas empezaron a evacuar esa plaza el 2 de abril. Una semana más tarde, Lee se rindió a Grant en el Appomattox. El 10 de abril se reunían multitudes jubilosas ante la Casa Blanca. El Presidente Lincoln, según nota de un reportero, dijo:

"CONCIUDADANOS: Siento un enorme júbilo al ver que ha ocurrido algo tan grato que el pueblo no puede contenerse. (Vítores). Supongo que ya se hacen los arreglos necesarios para efectuar alguna clase de manifestación oficial esta noche, o quizá mañana. (Gritos de: ¡No podemos esperar! ¡Lo queremos ahora mismo, etc)! En caso de que se lleve a cabo una manifestación semejante, naturalmente se me pedirá que hable, y nada tendré que decir entonces si vosotros me lo vais sacando todo en pequeñas dosis (Risas y aplausos). Veo que traéis con vosotros una banda de música (Voces: Traemos dos o tres). Propongo que la banda ponga fin a esta entrevista tocando la pieza que yo diré. Sin embargo, antes, quiero mencionar una o dos pequeñas circunstancias relacionadas con ellas. Siempre he creído que "Dixie" es una de las mejores canciones que he oído. Nuestros adversarios de aquel lado intentaron apropiársela, pero ayer insistí en que la ganamos de buena ley (Aplausos). Consulté el caso con el procurador de Justicia, y su opinión fue que la canción es nuestro botín legal (Risas y aplausos). Ahora suplico a la banda que me haga el favor de tocarla.

Hemos copiado el discurso improvisado de Abraham Lincoln para que se conozca el buen humor que estaba en la naturaleza del grande hombre, que no perdía en ningún momento.

En la tarde del 11 de abril una nueva muchedumbre que celebraba la victoria se congregó en los jardines de la Casa Blanca. Las palabras que Lincoln le dirigió constituyeron su último discurso público. Tres días después fue asesinado por John Wilker Booth en el Teatro Ford. El discurso constituye un final imperfecto, porque para Lincoln marcaba un nuevo principio. No buscó la elocuencia, y apenas mencionó brevemente la victoria militar, pero habló con seriedad acerca de los problemas de la reconstrucción. Fue el discurso de un hombre que, después de haber terminado una tarea pesada, se prepara para trabajar de nuevo.

Hemos dicho y repetido que la Guerra Civil estadounidense influyó grandemente en la vida social y política del subcontinente latinoamericano, y particularmente en nuestra zona centroamericana.

Otros hechos notables sucedían al sur de los Estados Unidos.

En el estado de México, en torno a la década 50, el atraso social y la anarquía eran tantos, que los generales Juan Álvarez, Ignacio Comonfort y Melchor Ocampo proclamaron el Plan de Ayutla, ciudad del estado provisional de Guerrero. para derribar al gobernante absolutista general Antonio López de Santa Ana y luego llevar a cabo la reforma del país. Gracias a la guarnición de Acapulco, cuyo jefe era el general Comonfort, López de Santa Ana fue vencido y tuvo que abandonar el poder en 1855. Comonfort ocupó la presidencia y convocó el Congreso Constituyente, que ratificó la ley Juárez, previamente expedida, por la que se abolían los fueros militar y eclesiástico. Se ordenó la disolución de la Compañía de Jesús y la secularización de los cementerios, iniciándose así la era de las reformas, lo que produjo gran agitación en los medios conservadores.

La constitución que contiene las reformas liberales apuntadas fue decretada en 1857, con este nombre se le conoce en el derecho político mexicano, y a finales del año apuntado, el general Félix Zuloaga se pronunció en Tacubaya contra la Constitución y se hizo proclamar presidente, durando en el puesto algo de los años de 1858 y 1859. Le llevó la contraria el licenciado Benito Juárez, quien se puso al frente de la legalidad republicana. En esa forma, dividido en dos bandos el país, sufrió la llamada guerra de Reforma. Además del apoyo de la mayor parte de la población, Juárez contaba con la ayuda de los Estados Unidos, lo cual le permitió vencer definitivamente a los conservadores en Calpulalpán y entrar en la capital el 1o. de enero de 1861 para restablecer la unidad nacional (en abril de ese mismo año, como lo hemos visto, empezó la guerra civil de los Estados Unidos).

La suspensión de la deuda pública ordenada por Juárez, provocó la intervención armada de Francia, Inglaterra y España. Los aliados desembarcaron en Veracruz y dieron un ultimátum al gobierno mexicano. Pero los representantes de Inglaterra y España se retiraron, mientras que los franceses siguieron con la idea de instaurar en México una monarquía que contrapesara la influencia creciente de los Estados Unidos en el continente americano. Los mexicanos se defendieron heroicamente en Puebla, pero no impidieron que los franceses entraran en la ciudad de México el 7 de junio de 1863. Juárez, que carecía de elementos de defensa, trasladó la capital a El Paso (hoy Ciudad Juárez).

Una junta de notables, de inspiración francesa, acordó que México fuera una monarquía y ofreció la corona a Maximiliano de Habsburgo. El nuevo emperador entró en la capital el 12 de junio de 1864. Entre tanto, Juárez no cedía en su empeño de defender el país contra los invasores y contra la forma del gobierno impuesta al pueblo. La conclusión de la Guerra Civil en los Estados Unidos permitió a esta nación prestar el apoyo debido a Juárez, cuyas fuerzas derrotaron al fin a los conservadores en San Jacinto y en Querétaro. Aprehendido Maximiliano con sus generales Miramón y Mejía, fue juzgado y ejecutado el 19 de junio de 1867.

Juárez fue reelegido dos veces, y en 1872, a su muerte, Sebastián Lerdo de Tejada ocupó la presidencia de la república, desde el citado año hasta 1876, siendo derribado por Porfirio Díaz mediante un golpe de Estado.

Por consiguiente, a nadie se le escapa que la reforma liberal centroamericana, si es verdad que fue un movimiento que tuvo su nacimiento y su desarrollo en el suelo centroamericano, también recibió vientos favorables de la guerra antiesclavista de los Estados Unidos y de la guerra de liberación nacional de México.

La derrota del sistema esclavista en Norteamérica y el fusilamiento del emperador Maximiliano en el Anáhuac fue de un gran efecto sicológico en Centro América en la década de los años 60. Si en Honduras al empezar esta década el gobierno de Guardiola ajustició al filibustero William Walker en Trujillo, quiere decir que la tierra centroamericana había fertilizado suficientemente para dar frutos de progreso y libertad. El mismo Guardiola, responsable entre tantos, de haber aniquilado la República Federal, fue asesinado en el año 62. Y el dictador de 30 años en Guatemala, Rafael Carrera, a tiempo murió en 1865, porque si no las paga todas en la Plaza de Armas de la capital bajo la voz de mando del general Justo Rufino Barrios, jefe que no perdonaba a los enemigos de la República y a los falsos defensores de ella. Carrera, indio iletrado, y quienes lo guiaron, los conservadores Aycinena, Beltranena, Pavón, etc., sirvieron los intereses británicos en su país hasta que fueron desplazados del poder en la década 70.

***

Además de lo próximo indicado, del lejano continente europeo llegaban brisas que acariciaban con novedades aun no sospechadas. La revolución industrial europea que se había desplazado de la manufactura a la maqui manufactura había desarrollado enormemente el capitalismo de Inglaterra en primer lugar, el de Francia, Austria, Italia, el de los demás países pequeños de Europa, y, sobre todo, el de Alemania que, a la vez de formar un coloso, si cabe decirlo así, iba agrupando en una sola nación como 300 o 400 principados germánicos, herencia del viejo feudalismo. De por sí sorprende el acelerado desarrollo del capitalismo europeo; pero más sorprende la clase nueva, la del proletariado, surgida al unísono del desarrollo capitalista, y que tan pronto aparece en la arena histórica ya cuenta con la doctrina revolucionaria del "Manifiesto Comunista" de Carlos Marx y Federico Engels, y piensa en la organización internacional para después tomar el poder político.

Los señores H. Duncker, A. Goldschmidt, y, K. H. Wittfogel en su tratado "De la Revolución Francesa a la Comuna de París", luego de exponer el fracaso de la revolución de 1848, puntualizan los hechos más importantes de Europa, que, en vez de parar el proceso revolucionario, lo que hicieron fue impulsarlo.

Dicen así:

En la década del 60, cobró cierto incremento el movimiento obrero de Inglaterra y Francia. La guerra norteamericana de Secesión (1861—1865) dejó desabastecidos los mercados de algodón de Europa, provocando con ello una grave crisis en la industria textil. Decenas de miles de obreros fueron lanzados a la calle. Los capitalistas esforzábanse por empeorar sistemáticamente las condiciones de trabajo. Esto obligó a los obreros a adoptar medidas de resistencia. A iniciativa del Consejo Sindical de Londres, formóse en Inglaterra un Comité especial para socorrer a los obreros sin trabajo. Otro Comité de ese género surgió también en Francia. Ambos organismos establecieron contactos entre sí. Ello permitía a los obreros y franceses convencerse por sus propios ojos de la solidaridad de intereses que unía a los obreros de los distintos países.

Otro acontecimiento que vino a conmover al proletariado de Europa fue el alzamiento ruso—polaco de 1863, que despertó apasionadas simpatías en la clase obrera. Entre los obreros de

Inglaterra y Francia se produjo un movimiento de solidaridad hacia los sublevados: organizáronse mítines y manifestaciones, de donde salían pliegos dirigidos a los Gobiernos para que acudiesen en ayuda de Polonia. En 1863, se organizó en Londres un mitin internacional de homenaje a los sublevados polacos, en el que tomaron parte los "trade-unionistas" ingleses y varios representantes del proletariado francés. Sobre la experiencia de este mitin, los "trade-unionistas" propusieron que se deliberase acerca de la necesidad de crear una organización permanente entre los obreros ingleses y los trabajadores continentales.

Para los "trade unionistas" de Inglaterra tenía capital importancia el problema de la concurrencia de la mano de obra extranjera, que los capitalistas ingleses reclutaban, en condiciones de gran baratura, en los mercados de Francia, Bélgica y Alemania; había que buscar el modo de luchar contra esto llegando a una inteligencia con las organizaciones obreras de todos estos países.

Detallan los autores de la obra que nos está sirviendo para ilustrar a nuestro público los procedimientos seguidos para reunir a los obreros de las nacionalidades europeas. El 28 de septiembre de 1864 se celebró en Londres la histórica asamblea que puso la primera piedra de la Internacional. Esta asamblea después de acoger el mensaje inglés y la contestación de los obreros franceses, acordó fundar una asociación obrera internacional, y se nombró un Comité encargado de redactar el programa y los estatutos de la nueva organización.

A este Comité se incorporaron representantes de los obreros ingleses y franceses y algunos emigrados alemanes e italianos residentes en Londres. Entre las personas nombradas para el Comité figuraba Carlos Marx. La composición del Comité no podía ser más heterogénea y reflejaba claramente toda la variedad de formas de organización y de corrientes ideológicas que tenía dividido al movimiento obrero. En el comité había "trade-unionistas", owenistas, cartistas, proudhonistas, blanquistas, comunistas alemanes, revolucionarios polacos e italianos: gentes que abrigaban las ideas más dispares, y en ocasiones francamente contradictorias, acerca de todos los problemas esenciales del movimiento obrero. Por eso, cuando el Comité encargó a Marx la ponencia o proyecto del programa de los estatutos, le colocó en una situación dificilísima, ya que, sin desvaírse en un punto de sus convicciones revolucionarias, tenía que ejecutar el encargo de modo que su proyecto no chocase con ninguna de las tendencias representadas en el Comité.

Y, en efecto, Marx cumplió maravillosamente con su cometido: la alocución inaugural redactada por él y aceptada por el Comité y los estatutos de la Primera Internacional, obra suya también, se convirtieron, no tardando, en el fundamento ideológico de la lucha de clases del proletariado internacional y en documentos históricos y universales del comunismo.

***

Parece divagación el que traigamos a estas páginas aquellos sucesos de Europa porque a simple vista no tienen ninguna relación, y si se hace una observación atenta se notará que los viajeros, los diarios, las revistas y los libros de Londres y de París, mantuvieron informados a los centroamericanos que demostraban interés por ellos, y más los que podrían llevar el nombre de vanguardia intelectual centroamericana que se sintieron como iluminados con la lectura del Manifiesto Comunista y el Manifiesto de la Primera Internacional, los unos por sentir el orgullo de saberse instruidos de lo que estaba pasando de aquel lado del mar, por simple vanidad, y cuya información luego propagaban con cierta inocencia por no haber oyentes apropiados, es decir obreros, en la tribuna y la prensa, y los otros por darse cuenta exacta del significado de las palabras con que empezaba el Manifiesto Comunista: "Un fantasma recorre Europa: el fantasma del comunismo", que más temprano o más tarde recorrería el mundo. Estos otros, tanto condenaban la clase obrera como la doctrina que le correspondía, y todo reclamo de los pobres que forman la mayoría de las naciones civilizadas o bárbaras, avanzadas o atrasadas, era un reclamo que lejos de ser inocente en el libre juego de la sociedad, era en el fondo un conato de conspiración, sedición, rebelión o insurrección contra las instituciones establecidas o el Estado.

Así se explica que desde los años de la década 50, empezara a manifestarse, como medida de buen gobierno, la tendencia a dictar leyes y reglamentos rudimentarios en favor de los trabajadores. No importa que dichas leyes y reglamentos situaran en lugar del obrero al artesano, por desconocer a aquel y conocer a éste, pero al fin, de cualquier modo, ya objetivaban y concretaban el trabajo, motor de la historia humana.

Además, los gobiernos al servicio de la servidumbre habían encontrado en la propagación de la palabra comunismo, el vocablo propio para señalar un delito atroz que cometían en su concepto quienes combatían con las armas en la mano sus procedimientos arbitrarios.

Para muestra damos a conocer un documento medinista que menciona el "fantasma que recorría Europa", aplicándolo a unos enemigos del Gobierno:

PARTE OFICIAL SOBRE LA FACCION DE OLANCHO 1865.

"Por comunicaciones recibidas ayer, se ha venido en conocimiento de que los malvados facciosos Antúnez y Zavala, con los restos de la pandilla con que invadieron Olancho, de donde fueron arrojados precipitadamente por el Coronel Medina, atacaron a un cuadro de oficiales del Gobierno, que con veinte soldados se hallaban en el pueblo de Manto. En ese acto fueron asesinados rudamente el Coronel Mendieta, los Capitanes Ordoñez, Cáceres y Castillo, y tres oficiales más de aquel departamento; quedando gravemente herido el Coronel Pineda.

Se explica ese infausto y casual acontecimiento por la confianza que debió inspirar a las víctimas, la idea de que los asesinos se hallaban en Yoro, y porque arrojados estos de allá precipitadamente venciendo distancias incalculables, movidos de temor, encontraron la ocasión de cometer uno de los crímenes más horribles de que responderán con la vida.

Natural es que con aquel bárbaro atentado se note ahora con más ardor el deseo de concluir con los facciosos a todo trance. No cabe ya ninguna lenidad en las medidas contra hombres bárbaros, que sin presentar acción en ninguna parte, ni andar por caminos conocidos, solo aparecen por momentos, donde el crimen les ofrece víctimas y sangre.

Para que los lectores formen una justa idea de las tendencias y estado de los insurrectos, baste decir que su sueldo es lo que llaman "manos libres"; que su, obediencia dependen de la voluntad, donde quieren y hasta donde les conviene andar con los cabecillas: que se han encontrado partidas de niños facciosos, parodiando una tropa, con cacerinas o pequeñas cananas de piel de animales salvajes, atadas con cordones de mezcal y provistas de piedras en forma de balas. También han comenzado a verse en los bosques, facciosos, cubiertos con una capucha de piel cruda de ganado vacuno. El instrumento de toques y órdenes que usan, es un cuerno horadado, cuyo sonido bárbaro y monótono, solo indica dos cosas: "ataque", rara vez, y "retirada o fuga", con frecuencia.

El comunismo de hecho, es en ellos la doctrina corriente, sostenida por el puñal, el fusil y la alevosía. Odian profundamente al Gobierno, sus empleados y a todas las gentes de orden. Si alguna vez invocan el nombre o la bandería de un caudillo extraño, se fijan en aquel que suponen dispuesto a levantar armas contra la suprema autoridad.

El Gobierno, que ha comprendido perfectamente el plan y las miras de los insurrectos y en vista de sus últimas perversidades, ha dictado nuevas medidas para estrecharlos y batirlos en cualquier parte.

A fuerza de insignificante en política la facción de Olancho, pocos se ocupan de pensar en ella y de calcular los males que va engendrando bajo muchos aspectos, pero es de esperarse que el juicio de los patriotas se fije en la necesidad que hay de acabar de una vez con aquella pandilla que tantas desgracias ha causado en el rico e interesante departamento de Olancho.

BOLETÍN DE NOTICIAS, Número 11. Comayagua, abril 26 de 1865".

(Reproducido de "Anales del Archivo Nacional", No. 1, Pág. 57).

Hemos creído que sin hacer estas indicaciones, la década de los años 60 pierde toda novedad y todo sentido.

Otro hecho de mucha significación fue que el 29 de agosto de 1865 pereció el último liberal de la militancia morazánica en El Salvador, general Gerardo Barrios

Barrios nació en humilde cuna en 1809. Desde muy joven se sumó al ejército republicano y federal que comandaba el general Morazán, en el que ascendió al grado de coronel. Acompañó al héroe en su viaje a la América del Sur. Regresó con él a Costa Rica para recomenzar la tarea de reconstruir la Federación centroamericana. Pero habiendo fallado el intento, salvó la vida y regresó en el grupo de emigrados liberales que comandaba el general Cabañas a El Salvador para seguir luchando, porque nunca se estaba quieto, por el sagrado ideal.

Participó en la expulsión del filibustero William Walker del suelo centroamericano en 1857. Ocupó la presidencia de El Salvador en 1858, de 1859 a 1860 y de 1861 a 1863. Siempre mantuvo la tensión liberalismo—conservatismo de El Salvador con Guatemala. Derrotó a Rafael Carrera en 1863, pero no lo persiguió militarmente, lo que hizo que el indio Carrera lograra su recuperación para volver a atacarlo y derrotarlo en el mismo año. En esta derrota dejó el territorio salvadoreño, siendo capturado por el gobierno nicaragüense y entregado al de su país. Ocupando la presidencia de El Salvador el doctor Francisco Dueñas, conservador, fue fusilado el general Barrios el 29 de agosto del año 65, como queda dicho.

Nos parece que el año 65 cierra el ciclo del liberalismo morazánico y empieza a abrirse paso el ciclo del neoliberalismo o sea de la Reforma.

Debemos añadir, no obstante, que en el ámbito nacional siguió dominando la imagen del caudillo José María Medina, hasta 1876, y quien presenta la siguiente hoja de servicios máximos:

SENADOR PRESIDENTE
5 de febrero de 1862   17 de febrero de 1862

PRESIDENTE PROVISIONAL
21 de junio de 1863   15 de febrero de 1864

PRESIDENTE CONSTITUCIONAL
15 de febrero de 1864   1 de febrero de 1866
1 de febrero de 1866   2 de febrero de 1870

PRESIDENTE PROVISIONAL
2 de febrero de 1870   16 de junio de 1872
16 de diciembre de 1875   13 de junio de 1876
12 de agosto de 1876   21 de agosto de 1876

Vista la hoja de servicios del caudillo, digamos que la política de Medina era la del oportunismo. Pero para entender el oportunismo, conviene definirlo.

Al respecto, dice el Diccionario de la Academia Española:

"Oportunismo: Sistema político que prescinde en cierta medida de los principios fundamentales, tomando en cuenta las circunstancias de tiempo y lugar".

Dice el Diccionario Larousse:

"Oportunismo: Actitud política o económica de los que sacrifican los principios para adaptarse a las circunstancias del momento".

Y dice el Diccionario Político de los señores Lionjin y Struve:

"Oportunismo: 1) Adaptación, conformismo, conciliación. 2) Colaboración con la burguesía, con los gobiernos y los partidos burgueses; rechazo de los medios revolucionarios de lucha por la revolución socialista, etc.".

No hay necesidad de agregar más definiciones. Las citadas sobran para englobar a los oportunistas del pasado y del presente.

A partir del año 65, la política inglesa, con lentitud, empieza a dejarle el terreno centroamericano a la política norteamericana. Y a la altura de 1875, solo juega la diplomacia inglesa, la flota de guerra británica se ha ido, y en cambio ha tiempo que llegaron los barcos de la armada norteamericana. Las cosas han cambiado.

Y en el propio campo de Centro América, Carrera, agente inglés, que ha dominado la zona istmeña tres décadas y media, muere oportunamente, ya lo dijimos el 14 de abril del año 65, porque nada tendría que hacer en los años siguientes. En 1871 triunfa la revolución neo—liberal o de Reforma, y se hunden todos los caudillos conservadores de las cinco parcelas centroamericanas, menos uno: José María Medina, que se las ingenia para entrar al servicio de los caudillos liberales de Guatemala.

Tantas carreras y tantos sacrificios, tenía que hacerlos Medina por algo que valiera la pena: por el Poder.

Y con el poder en la mano, ciertamente, hizo cosas extraordinarias para el bien y para el mal, como lo veremos en seguida.

GOBIERNO DE DON VICTORIANO CASTELLANOS

Dice don Félix Salgado, historiador hondureño, que el mismo día 11 de enero de 1862, que fue asesinado en Comayagua el Presidente General Santos Guardiola, se hizo cargo del Poder Ejecutivo, el Senador don Francisco Montes, por encontrarse ausente del país, el Vicepresidente don Victoriano Castellanos, quien se hallaba en San Salvador procurando el restablecimiento de su salud.

El Senador Montes ejerció la presidencia pocos días, pues el 5 de febrero de dicho año, la entregó a otro Senador el general José María Medina, quien estando al frente de un cuerpo de dragones en Santa Rosa de Copán supo la noticia de la muerte de Guardiola, con algún retraso, pero al saberla, voló, es la palabra, sobre Comayagua, donde se hizo cargo de la Presidencia provisional.

También el general Medina ejerció la Presidencia pocos días, y su acto más importante fue el de someter a consejo de guerra a los asesinos del General Guardiola, Pablo y Wenceslao Agurcia, Nicolás Romero, Juan Antonio Pantoja, Pedro Amador y Miguel Ángel Juanes, condenados a muerte por traidores y fusilados por la espalda, en Comayagua el 11 de febrero del mismo año de 1862. Medina confirmó el fallo en su condición de Comandante General de la República.

Supo la noticia de la muerte del general Guardiola, don Victoriano Castellanos, Vicepresidente de la República de Honduras, estando en Suchitoto, pueblo de El Salvador, y con el apoyo del Presidente salvadoreño general Gerardo Barrios, se trasladó a este país. Ante la municipalidad de Guarita del departamento de Lempira, se hizo cargo del Poder Ejecutivo de la República, el 4 de febrero de 1862. Allí mismo nombró Ministro General al Licenciado Carlos Madrid. Después se trasladó a Santa Rosa de Copán en donde permaneció varios días.

Cuando el general Medina supo en Comayagua la instalación oficial del Poder Ejecutivo en el municipio de Guarita (entonces departamento de Gracias), se apresuró a reconocerlo y envió a Santa Rosa una comisión que expresara su acatamiento, hecho que fue de la entera satisfacción del Presidente Castellanos.

Las Cámaras legislativas se reunieron en Santa Rosa el 4 de mayo de 1862, presididas por el senador general Medina, en cuyo acto el Presidente Castellanos leyó el mensaje de estilo.

A iniciativa del Ejecutivo, las Cámaras emitieron dos leyes: una, prohibiendo a los senadores, diputados y magistrados, obtener y aceptar empleos del Poder Ejecutivo; y a los empleados de éste, aceptar aquellos cargos. La otra ley estableció penas severas contra el agio y el peculado.

El presidente Castellanos trasladó su gobierno a Comayagua, capital de la República. Posteriormente hizo un viaje a Tegucigalpa en donde permaneció dos meses y medio.

A mediados de noviembre regresó a Comayagua, ya enfermo. Fue agravándose y falleció el 11 de diciembre de 1862.

A la altura del año 62 el Presidente Castellanos era un anciano. Sin energías, sin entusiasmo y sin iniciativa, a nada llegó a la primera magistratura de la Nación. Además, en un año de gobierno nadie hace nada, salvo que sea un César.

GOBIERNO DE DON FRANCISCO MONTES

Como don Victoriano Castellanos se sintiera morir, llamó al senador Francisco Montes para que se hiciera cargo de la Presidencia de la República y luego convocara el pueblo a elecciones. Así llegó a hacerse cargo del Poder Ejecutivo, por segunda vez, don Francisco Montes, el 4 de diciembre de 1862.

Don Chico, —así lo llamaban los vecinos de Comayagua— era un hombre honrado; no tenía profesión, pero contaba con un oficio, pues era carpintero; acababa de recibir la presidencia por la muerte de Guardiola, y había visto como el general José María Medina al sólo llegar había impuesto su poder en la Capital para violentar el procedimiento que seguía el Consejo de guerra en la causa de los asesinos de Guardiola, dando a entender a las personas que observaban atentamente el caso, que Medina se daba prisas para que no se conociera una sílaba de los verdaderos inspiradores del magnicidio (como se dice hoy), y en el que podía haber estado incluido él mismo.

Como el difunto Castellanos había dejado un convenio de ayuda mutua en la paz y en la guerra con el gobierno de El Salvador, presidido por el general Gerardo Barrios, firmado en Santa Rosa el 25 de marzo anterior (1862), se vio obligado a participar en la guerra que en 1863 hizo Barrios a Rafael Carrera, dictador vitalicio de Guatemala.

Las fuerzas hondureñas contra Carrera deben haber estado conducidas por los generales Casto Alvarado y Saturnino Bográn, tomando en cuenta los conceptos de una carta que escribió este último a José María Medina para reprocharle su conducta favorable al agresor Carrera, agresor de Honduras.

La carta debe ser conocida, dice así:

"Santa Rosa, 14 de junio de 1863.

Mi querido amigo:

Acuso recibo de la apreciable de usted datada en el Ojo de Agua, ayer 13 de los corrientes.

¿Se sirve usted reconvenirme porque estoy incorporado en las fuerzas del gobierno, y porque he consentido en que nuestros estén expuestos a perecer bajo el rigor de 2.000 bayonetas que le acompañan a usted procedentes del enérgico y fuerte gobierno de

Guatemala? Excusaba en esta reconvención cuando usted sabe muy bien que el deber del soldado es obedecer a su Gobierno y no discutir sobre cuestiones políticas. Creo amigo que tengo el derecho de preguntar a usted ¿por qué se ha unido a las fuerzas extrañas que traen la guerra a su suelo? ¿Derramar la sangre de los hondureños? ¿Derribar la administración del pacífico don Francisco Montes? Ni lo uno ni lo otro es justificable. El Gobierno del señor Montes es inofensivo, y sólo obligado por las circunstancias puede ponerse en armas para formar la defensa del Estado. La administración de Montes como usted sabe muy bien, está para cesar y siendo esto así, como real y verdaderamente es ¿Por qué no se nos deja en paz para hacer la elección del ciudadano que ha de gobernar el Estado? ¿Qué ofensa ha hecho Honduras a Guatemala para traerle la guerra? No habrá pueblo guatemalteco que tenga que quejarse de vejámenes cometidos por el gobierno de Montes.

Nosotros no sostenemos miras particulares de nadie; creemos que la invasión del gobierno de Guatemala a Honduras, es por la alianza de nuestro Gobierno con el general Barrios, alianza que usted sancionó; pero esta alianza usted sabe muy bien que en nada puede aumentar el poder material de El Salvador. Conoce usted muy bien el carácter de los hondureños de no admitir ninguna dominación extraña. ¿Qué lograría ese ejército con triunfar en dos o más veces sobre nuestras pequeñas fuerzas? Nada, absolutamente nada, si no es aumentar las calamidades del país; porque ese mismo ejército en caso de ser vencedor se vería al fin obligado a sucumbir o abandonar su conquista.

¿Se teme que nosotros quedemos bajo la dominación del General Barrios? No se crea esto. El día que los hondureños llegaran a comprender que el General Barrios quería ejercer alguna presión sobre ellos se separarían de su alianza.

8.000 hombres me dice usted que se han puesto en campaña para botar la administración de El Salvador; bien puede ser porque la república de Guatemala tiene muchos hombres y elementos; pero usted recordará que esas dos repúblicas tienen que respetarse mutuamente, porque ambas son fuertes para la guerra defensiva y que tal vez nunca podrá triunfar la una sobre la otra; así es que a mi modo de ver, no se puede asegurar el triunfo de esos 8.000 hombres sobre El Salvador y que más bien van expuestos a fracasar[20].

Poco más o menos usted y yo conocemos los elementos de Nicaragua, que con corta diferencia son iguales a los de Honduras. No es, pues, gran cosa el auxilio material que Guatemala tiene que esperar de Nicaragua y principalmente en la actualidad que aquel gobierno lucha con dificultades interiores.

He mostrado la carta de usted al señor general Alvarado y su modo de pensar parece que va muy conforme con mis sentimientos; y no pudiendo él como primer jefe de estas fuerzas separarse de ellas e ir a hablar con usted me manifiesta le indique que le dispense esta falta de atención[21].

Siento mucho que la mala suerte nos haya colocado en líneas opuestas; pero amigo vea usted las cosas como son, y acuérdese que es hondureño, que venciendo o perdiendo de todos modos su reputación en la opinión de sus amigos padece.

Soy su verdadero amigo y atto.s.q.b.s.m.
SATURNINO BOGRÁN

Sin previa declaratoria de guerra, Honduras fue invadida en el mes de junio de aquel año (1863) por una división guatemalteca comandada por el general Vicente Cerna, quien obtuvo el triunfo de Santa Rosa el 16 de junio. Dos días después de la carta de Saturnino Bográn para José María Medina, y en este triunfo se observa un hecho psicológico digno de ser anotado. Unos 2.000 hombres componían el ejército de Cerna; Alvarado le oponía como unos 500. Parecida relación numérica hubo en Masaguara el 6 de octubre de 1855 entre el ejército guatemalteco comandado por el general Juan López y el presidente Cabañas, habiendo podido ganar éste si llega a tiempo la reserva del general Eusebio Toro. Y más desigual fue el encuentro de la división de Justo Milla con los 10 hombres de Francisco Ferrera en Yamaranguila a fines de marzo de 1827, que hizo perder a la división

---

[20] En efecto, los 8.000 hombres de Carrera sufrieron una derrota completa en la batalla de Coatepeque.
Barrios, como los demás generales del liberalismo del XIX, no persiguió a Carrera para rematarlo del todo, por falta de reservas.
[21] Según esta expresión, parece que el general Casto Alvarado, del mismo partido de Medina, estaba preparado para dejarse vencer.

357

toda una tarde en la que no pudo alcanzar la cima de la cuesta para seguir su marcha sobre Comayagua. El hecho que debe ser anotado es que a pesar de la protesta escrita de Bográn dirigida a Medina, los defensores de la soberanía de Honduras lo que hicieron fue jugar a la guerra para dar las apariencias, porque siendo conservadores no iban a ser tan tontos como para imitar a Leónidas en las Termópilas.

El 21 de junio de 1863, ¡fecha memorable en los anales de la ignominia de este país! bajo el apoyo del ejército guatemalteco que comandaba el general Vicente Cerna, el general José María Medina inauguró un Gobierno Provisional. En consecuencia, el Gobierno del Presidente Montes dejó de ser tal el 28 de junio en Comayagua, después de haber sido derrotado por las fuerzas militares de Guatemala.

Eso sí, el Senador Presidente don Francisco Montes declaró traidor al General José María Medina, en el Decreto siguiente:

FRANCISCO MONTES,
Senador Presidente Constitucional del Estado

CONSIDERANDO: que el Brigadier señor José María Medina, según documento fehacientes que obran en el Ministerio, ha cometido el delito de alta traición contra su patria, incorporándose a las fuerzas invasoras de Guatemala por el departamento de Gracias, y siendo un deber del Gobierno dictar las medidas consiguientes a tan oprobiosa conducta, en uso de las facultades concebidas en el Art. 50. del decreto legislativo de 2 de marzo último

DECRETA:

Art. único. —Declárase al expresidente José María Medina traidor a la patria e indigno de la confianza pública; y queda desde hoy destituido del grado y honores militares que el Gobierno le había conferido.

Dado en Comayagua, a 12 de junio de 1863.

(f) Francisco Montes
(f) Mariano Garrigó
Ministro General.

GOBIERNO DEL GENERAL JOSÉ MARÍA MEDINA

I

Ya fue expuesto cómo el general José María Medina llegó a desempeñar el alto cargo de Presidente Provisional de Honduras por segunda vez, desde el 21 de junio de 1863 al 15 de febrero de 1864. Pero como Medina debía borrar cuanto antes el ingrato recuerdo de gobernante impuesto a la República por armas carreristas, en la segunda quincena del año 63 convocó el pueblo a elecciones de autoridades supremas en la que disputaron acaloradamente la primera magistratura el propio general José María Medina y el general Florencio Xatruch, de gran fama en el país y en Centro América por haber combatido con obstinación y heroísmo al filibustero William Walker en Nicaragua, donde llegó a desempeñar la jefatura suprema de los ejércitos aliados de la América Central. Naturalmente, Xatruch valía más que Medina y como una justa recompensa a sus sacrificios patrióticos, debía premiársele con la presidencia, pero como está escrito que en este país "el peor ocupa el lugar del mejor", cosa que ha sucedido así como una regla desde los días en que Arce le arrebató la victoria electoral a Valle, el traidor José María Medina fue electo presidente y el patriota Florencio Xatruch quedó en la vicepresidencia.

Por razones que no están muy claras, tomó posesión de la Presidencia constitucional en la ciudad de Gracias, donde se reunieron las cámaras legislativas para este efecto, el 15 de febrero de 1864. Por razones que no están muy claras dijimos, y en efecto, parece que José María Medina no las tenía todas consigo, pues el amotinamiento clerical no había terminado en Comayagua. El nuevo Obispo Fray Juan de Jesús Zepeda no había conseguido aniquilar las conspiraciones, algunas de ellas no pasaban de ser murmuraciones, entre la banda capitaneada por el bachiller Miguel del Cid, quien fue Vicario Capitular de la Diócesis, y el Presbítero Miguel Ángel Bustillo, Cura párroco de Manto, desde donde hizo méritos como sacerdote hábil para la política.

Al ser hermano del Presidente Guardiola, le fue fácil llegar a Senador por el departamento de Olancho; y como Senador, su influencia fue grande en Comayagua, capital de la República. La excomunión de su hermano y después el asesinato del mismo, lo situó frente a frente del bachiller del Cid y de los responsables directos de la guerra de los padres. Al final, el Padre Bustillo fue desterrado, hecho que le dio más calor a la causa del "guardiolismo" y lo elevó a niveles de violencia, punto en que fue señalado Medina como uno de los autores o cómplices de la muerte de Guardiola, pues no cabía la menor duda que para borrar las huellas de su participación directa o indirecta en el crimen, había fusilado a los Agurcia en menos tiempo del que canta un gallo. Por consiguiente, Medina le temía al barullo de Comayagua, que lo podía signar con la marca que señaló a Guardiola, y él —andaba en los 38 años—todavía estaba joven con muchas aspiraciones.

El Gobierno medinista fue trasladado de Gracias a Comayagua hasta que lo aconsejó la prudencia.

Como primer paso para darle estabilidad a la República, el Poder Legislativo nombró una comisión de abogados para que redactara varios proyectos de ley, pues se iba a intentar nuevamente una reforma legal en que había pensado ya el gobierno del doctor Juan Lindo. La comisión estaba compuesta por los profesionales del derecho Valentín Durón, Inocente Bonilla, Pío Tranquilino Ariza y Martín Uclés.

La comisión nombrada ¿qué proyectos de ley iba a proponer?

Es de lógica elemental que los favorables a los terratenientes, a los propietarios de grandes extensiones de tierras que eran trabajadas por campesinos siervos o arrendatarios. Eso en razón de que los terratenientes que habían hecho la revolución social y política de independencia en América Latina, juntamente con otros, concentraban en sus manos las mejores regiones y fuentes de materias primas y ya se preparaban para entrar en alianzas con la burguesía compradora y con los negociantes extranjeros.

Los terratenientes latinoamericanos, y por tanto hondureños, eran impulsados al comercio por las circunstancias; se veían impelidos a vender minerales (oro, plata, cobre, etc., de sus minas); plantas medicinales, maderas y resinas de sus bosques; ganado vacuno y caballar de sus haciendas. Como habían arrebatado el poder económico y el poder político a los colonialistas españoles, tenían que observar una conducta más avanzada, independiente y libre que los descendientes de los antiguos encomenderos. Se trata, pues, de unos terratenientes semifeudales o, si se quiere, semicapitalistas.

Por tanto, necesitaban leyes substantivas y adjetivas para legalizar la propiedad privada y para darle el movimiento necesario en la sociedad civil. Querían vender y comprar tierras y otros medios de producción con la facilidad soberana que no daban ni permitían las leyes coloniales españolas todavía vigentes. Así los terratenientes de aquel tiempo, sin pensarlo ni decirlo, estaban favoreciendo la evolución industrial del país; en otras palabras, estaban cumpliendo la ley del desarrollo capitalista espontáneo, de su propia cuenta y sin planes gubernamentales de ninguna clase.

De su parte, el Estado que carecía de ingresos para pagar sus deudas públicas, nacionales y extranjeras, y para pagar los servicios administrativos, necesitaba valerse de los recursos nacionales, vendiéndolos, para llegar dinero a las arcas y así atender sus propios gastos.

La ley que señala el precio de las tierras, del 26 de julio de 1864, dada por Medina, contiene lo que se va diciendo:

"El Presidente, en quien reside el Poder Ejecutivo,

Considerando: que los ramos designados para amortizar la deuda pasiva del Estado reclaman modificaciones de tal índole, que ocurriendo a las necesidades públicas puedan conciliar equitativamente, no sólo los intereses del Fisco, sino también los de sus acreedores, usando de las facultades que le concede la ley, ha tenido a bien emitir el siguiente decreto:

Artículo 1º. Las tierras nacionales, como en la actualidad, se venderán en subasta pública, previos los requisitos, trámites y solemnidades de ley. Será satisfecho su valor en dinero, o bien en documentos por los interesados.

Artículo 2º. En consecuencia, la cuota o precio en moneda efectiva, es el mismo que la ley ha señalado a la caballería de tierra, y la cuota o precio en documentos será el de cuarenta pesos caballería, siendo tierras de crianza; y de sesenta si son de pan llevar.

Artículo 3º. Solamente deberán admitirse en pago de la cuota o precio en documentos de que habla el artículo anterior, los vales, las letras giradas y liquidaciones de sueldos civiles correspondientes al año económico de 1863, y asimismo los vales, letras giradas y liquidaciones de sueldos militares devengados en el presente año.

Artículo 4º. La alcabala interior será satisfecha a razón de un 4% en dinero efectivo o de un 12% en documentos, que se pagará en bonos de 2ª. clase, vales, letras giradas o liquidaciones de sueldos militares, correspondientes al año económico de 1863. Se exceptúan las ventas, cambios o permutas, cuyo valor o cuantía no excede de cien pesos, que en este caso será satisfecha en efectivo la alcabala que causare.

Artículo 5º. El precio de las maderas del Estado será convencional y pagadero en moneda efectiva o en documentos; siendo admisible a este fin, los bonos de 2ª. clase, vales, libranzas, liquidaciones y todos los documentos elevados según la ley a la misma clase de tales bonos.

Artículo 6º. Así las pujas de los diezmos como los que merezcan los ramos arriba designados, serán satisfechos, no sólo en los bonos y documentos de que habla el artículo anterior, sino también en bailes, libramientos o certificaciones de reconocimiento de pérdidas sufridas por causas inmediatas de guerra interior o exterior.

Artículo 7º. Los Intendentes y demás Administradores de Hacienda que gozan del tanto por ciento recibirán en moneda efectiva o en documentos el honorario que la ley les señala por la administración de los referidos ramos. Si lo primero, se deducirá de la suma a que puede quedar reducida la de documentos comparada o vista bajo la proporción en que se halla la cuota o precio establecido en dinero con la cuota o precio en documentos; y sí en lo segundo, de la suma íntegra que en estos hubiese administrado, en cuyo caso le será satisfecho en bonos de 1ª. clase.

Artículo 8º. Quedan vigentes las leyes y disposiciones que no se opongan a este decreto.

Dado en Comayagua, en la Casa de Gobierno, a 26 de julio de 1864.

(f) JOSÉ MARÍA MEDINA

El Ministro
de la Hacienda

(f) Pedro Alvarado

La Comisión que proyectaría las leyes nuevas no presentó su trabajo a las cámaras del Poder Legislativo porque en el año siguiente de 1865 tomó fuerza la "guerra campesina de Olancho contra los diezmos".

LAS FACCIONES EN OLANCHO

Vamos a abordar el tema de las "facciones de Olancho". Mucho se ha escrito acerca de ellas, al grado que podemos decir que ya existe una literatura regional sobre aquellos levantamientos populares. No ha habido olanchano o amigo de esta región con disposición de escritor que no haya escrito una página por lo menos sobre un personaje o un pasaje de tales gestas. Pero los que más se han detenido en ese capítulo de la historia nacional han sido don Tomás Rojas Membreño, el doctor Rómulo E. Durón y el doctor Francisco J. Mejía, quien le declaró al literato Rafael Heliodoro Valle en entrevista célebre que entre sus obras inéditas la que más estimaba era aquella que llevaba el título de "Las facciones de Olancho".

Ha sido buscada esta producción, que debe ser una joya, con diligencia, y desgraciadamente no ha sido encontrada. También han escrito sobre las "facciones" el ingeniero Miguel Angel Ramos, el historiador Salvador Turcios y, además, el poeta Froylán en sus "Memorias" y el escritor Medardo Mejía que en 1976 editó una obra titulada "Los Diezmos de Olancho", una trilogía que en piezas separadas contiene los acontecimientos de La Ahorcancina, el levantamiento de Serapio Romero, alias Cinchonero, y el fusilamiento del general José María Medina, hechos que van desde 1865 hasta 1878.

Ya está claro, y decir otra cosa es ponerse en ridículo, que las llamadas facciones de Olancho fueron levantamientos campesinos, que si los movieron algunos interesados de la política conservadora de aquel tiempo, es decir de la política de los terratenientes semifeudales, al crecer y agigantarse lucharon por su propio ideario democrático, volviéndose contra los terratenientes que los impulsaron.

Aparte de acompañar como anexo el estudio del historiador Salvador Turcios R., titulado "Las facciones de Olancho" que abarca toda la sucesión de ellas, en este capítulo nos referiremos al levantamiento campesino que empezó a hacerse visible en 1863, culminó en 1865 y tuvo epílogo en 1868 con Cinchonero. Este levantamiento de los trabajadores del campo en Olancho, según los historiadores y sociólogos actuales dada la importancia social y política que tuvo como propulsor de mayores acontecimientos posteriores, verbigracia la Reforma Liberal, los publicistas del conservatismo y de otras tendencias doctrinales afines no lo mencionaron en sus páginas, o lo hicieron un relato simplista de pocas palabras, o le dieron una interpretación antojadiza y deformada.

Habiendo tenido la revolución social y política de la Independencia como ideario la, Declaración de los Derechos del Hombre y del Ciudadano, de la Revolución Francesa, traducidos para servicio de América por el revolucionario colombiano Antonio Nariño, el hombre del pueblo en la Centro América unida o fragmentada siguió colonizado y en una situación que iba del esclavo al siervo, y, rara vez, del siervo al ciudadano libre. No hay que agregar más, porque consideramos la imaginación del lector lo suficientemente viva para comprender aquella situación, mejor dicho aquel horrible panorama que movió a la masa de una región a levantarse con palos y piedras contra sus opresores los terratenientes, el Estado y la Iglesia; y una vez logrados algunos triunfos populares en los que capturó armas de fuego, desde fusiles hasta cañones (Cinchonero capturó en Juticalpa los cañones que pertenecieron al "Batallón de Olancho") siguió avanzando hasta que al fin un día llegó a conquistar sus derechos soberanos, y hasta donde se puede decir esto, en términos muy relativos en estos países.

***

La tierra en general pertenecía a los terratenientes laicos y eclesiásticos. El tercer propietario de la tierra, el Estado, era una abstracción como se dice en lógica, una ficción como se dice en Derecho, una farsa como se dice en dramaturgia. Lo peor de las tierras, valles estériles, serranías, montañas inalcanzables, etc., lo que no servía para la producción sino a costos y sacrificios elevadísimos, era los del Estado.

El campesino si quería vivir tenía que alquilar tierras a los terratenientes, y pagaba el alquiler con trabajo, con trabajo y en especie cuando estaba a punto la cosecha, en especie cuando quedaba libre de trabajar en la finca del terrateniente, en especie y en dinero cuando se comprometía a estas cancelaciones, y en dinero cuando las relaciones monetarias permitían estos contratos.

En el contrato verbal o escrito quedaba muy claro que la relación del terrateniente con el campesino era semejante a la relación del industrial con el obrero de fábrica. La parte que le quedaba al campesino era justamente la que representaba el trabajo necesario que le ayudaba simplemente a sustentar el número uno; lo mismo que le pasa al obrero con el salario.

Además, de la porción que le quedaba al campesino tenía que pagarle a la Iglesia en las cosechas de primeras y de postreras los diezmos y las primicias, para que engordara el cura del lugar y le abriera el camino del cielo con sus santas bendiciones.

Y Además, tenía que pagarle al Fisco las correspondientes alcabalas en la sal, en el tabaco, en el aguardiente, en la pólvora y en cuanta permuta tenía que realizar en su comunidad.

La Iglesia se encargaba de tranquilizar aquellas almas con alabados, —rezos, rogaciones y fiestas de santos. Con todo, aquellas almas llevaban un rencor interno que casi les cortaba la respiración.

A veces se emborrachaban para olvidar aquel malestar, y borrachos gritaban, vociferaban, maldecían y aun atacaban a quienes creían responsables de su penosa situación.

Corría la sangre, y entonces se hacía presente el Estado con sus agentes y llevan al hechor en medio de culatazos, trompadas y patadas, hasta la cárcel del lugar donde lo enrejaban.

Como resulta que el campesino ebrio, en estado de locura alcohólica, insultó o hirió a la persona principal de la aldea, que indefectiblemente era el latifundista, el juez de paz no pudo menos que levantarle un "por cuanto", hasta con testigos de sobra, siempre campesinos (porque la cuña para que apriete debe ser del mismo palo), y lo remitió con suficiente escolta a la cárcel departamental, donde, después de los ribetes que le ponga el Juez de Letras, cumplirá una pena de tres años por lo menos, para ver si se enmienda.

Desde ese momento el campesino preso empieza a saborear otra vida. Dice el alcaide, un indio muy culto, ¡lleven a ese pendejo a la última celda, y si empieza con amagos, le montan verga...!

Los soldados, unos angelitos de muy buena conducta, le dicen al campesino: —¡Aquí vas a saber a qué huele el tigre, hijo e'puta...! ¡Pasá, antes que nos baje gana de empezar a joderte...!

Existen muchas versiones acerca de cómo empezó la insurrección olanchana de 1863 a 1865. Y por querer que este acontecimiento se vuelva leyenda, con fines premeditados, nadie da con la verdad.

No acierta aquel que olvida la conmoción de Centro América nacida de la guerra nacional promovida por William Walker en Nicaragua desde 1855 hasta su fusilamiento en Honduras en 1860. No acierta aquel que le quita importancia a la exaltación de los ánimos centroamericanos producida por la guerra civil de los Estados Unidos y la reforma liberal de México. No acierta aquel que ofrece indiferencia ante la sucesión de gobiernos de Honduras desde los más generosos hasta los más despóticos con el pueblo, sucesión que hace ver claramente la curva de más a menos en los derechos populares: Don Juan Lindo, general Trinidad Cabañas, general Santos Guardiola y General José María Medina. Y tampoco acierta aquel que cree que en Honduras y en Centro América no se estaba desarrollando un movimiento revolucionario de masas contra la política y económica de los terratenientes semifeudales.

En el departamento de Olancho, los distritos que se hallaban en mayor efervescencia eran los de Manto, Yocón y Juticalpa, donde los terratenientes y las autoridades demostraban más rigor con los mozos de haciendas y los aparceros. A unos hombres tan pobres y tan desamparados de todas maneras, en vez de ayudarlos para que se ganaran con más facilidad la vida de ellos y de sus familias, lo que hacían los comandantes locales era sorprenderlos al peso de la noche, amarrarlos como si fueran criminales, conducirlos a la cabecera departamental, y de allí remitirlos a los lugares de la República donde debían sentar plaza o seguir en las filas del Ejército que marchaba a una guerra.

Es claro que esa manera de tratar a los hombres, por humildes que fueran, daban resultados negativos para los terratenientes, el Gobierno y los jerarcas eclesiásticos. Aquellos hombres que fueron llevados con procedimientos crueles a cuarteles distantes y a fronteras enemigas, pasado un tiempo regresaban a sus domicilios trayéndose las armas y los cartuchos que pusieron en sus manos. Y tales fugitivos, temerosos de ser nuevamente sorprendidos en sus hogares a altas horas de la noche para ser matados esta vez por sus captores, no les quedaba más salida que sumarse a las guerrillas regionales, llamadas facciones y luchar hasta el final contra el gobierno de los terratenientes y de los curas.

En tal situación, las autoridades municipales, con aprobación popular, de Juticalpa, Manto y Yocón, nombraron a los señores Manuel Barahona, Francisco Zavala y Bernabé Antúnez respectivamente para que fueran a Comayagua a conversar con el Presidente Medina sobre la situación de Olancho y encontrar con él un arreglo amistoso a fin de asegurar y garantizar la paz social.

Respecto a los delegados, cabe decir que don Manuel Barahona era un hombre altamente apreciado en Juticalpa por su talento, su dinero y su don de gentes. Si es verdad que era un terrateniente, en cambio no aprobaba la conducta de sus congéneres y estaba dispuesto a objetarla en todos los terrenos. Don Francisco era propietario y era militar de carteles en el Gobierno del General Cabañas. Y en cuanto a don Bernabé Antúnez, comerciante al principio, más tarde se dedicó a las armas, prestando su apoyo al gobierno del general Cabañas y después a luchar en la guerra nacional de Nicaragua contra el filibustero William Walker.

Los tres delegados se pusieron de acuerdo para viajar a Comayagua. En el camino concretaron los puntos de su conversación con el Presidente Medina. Al llegar a la capital visitaron la Casa de Gobierno y platicaron con el encumbrado jefe, quien ya sabía a lo que iban sus visitantes. Y estos, hombres de la Ilustración americana y liberales para más señas, le plantearon sin rodeos la conveniencia de seguir adelante con el programa morazánico, de separar en Honduras el Estado de la Iglesia, desamortizar los bienes de la Iglesia, absorber los tributos de la Iglesia, poner coto a las alcabalas y abolir los procedimientos bárbaros de los reclutamientos militares. Y le agregaron —según la Carta de aclaraciones de don Tomás Rojas Membreño dirigida al doctor Paulino Valladares en 1926— que esas reformas las estaba haciendo Benito Juárez en México porque los tiempos cambiaban y ya no se podía vivir como en la vieja Colonia.

Medina no estaba preparado para responder a una conversación sistematizada, saliéndose por la tangente con tonterías. Pero hubo un momento de exaltación de los ánimos, y los visitantes que eran hombres violentos, le dijeron que no habían venido desde Olancho simplemente a hacer bromas sin importancia con el gobernante. Medina se exaltó, los insultó y llamó a su guardia para que apresara a los tres olanchanos y los llevara a la cárcel, donde permanecieron diez días en las peores condiciones y de donde salieron gracias a las gestiones de varias personas importantes.

Antúnez, Zavala y Barahona, una vez libres, convinieron en regresar a sus distritos de Olancho para levantar los pueblos en contra el gobierno de Medina. Las bandas que hostigaban a las autoridades de los pueblos, recibieron órdenes de reconcentrarse en determinados lugares y organizarse militarmente en compañías, batallones y regimientos. Así lo hicieron, saliendo de allí un ejército que nada tenía de regular, pero sí mucho de guerrilla, pareciéndose en gran medida con un ejército libertador, que se apoyaba en la ayuda del pueblo, ejercía una gran movilidad, aparecía y desaparecía de repente, se valía de la sorpresa y la emboscada, no disparaba y lo hacía sólo en casos muy necesarios, se valía más del machete y en las faldas y barrancos de grandes piedras movidas con palancas, al ser perseguido se dispersaba y se volvía a reunir en puntos predeterminados. Con su velocidad puesta a prueba parecía que distintas tropas atacaban a las del gobierno en distintos lugares a un mismo tiempo. Los jefes más famosos que habían derrotado al gobierno del general Cabañas, que habían participado en la guerra nacional de Nicaragua en 1857 y que ostentaban medallas, uniformes, espadas, botas y espolines de plata que les mandara en regalo la reina Victoria de Inglaterra, nos referimos a los generales Juan López, Mariano Álvarez, Juan Antonio Medina y otros de igual coraje aunque de menos fama, lucharon meses tras meses, bajo soles abrasadores, bajo lluvias torrenciales, sufriendo derrotas casi diarias y pérdidas irreparables en hombres y armas, que pasaban a manos de los facciosos para fortalecerlos. Manuel Barahona murió en un asalto a Juticalpa el 16 de diciembre de 1864.

Su hermano Francisco fue capturado y fusilado en la plaza pública bajo la responsabilidad del Comandante de Armas de Olancho general Pedro Fernández. Pero vistos los resultados de la guerra, que por añadidura contaba ya con grandes simpatías en el resto del país, los jefes naturales del movimiento armado Bernabé Antúnez y Francisco Zavala dejaron la estrategia defensiva y adoptaron la ofensiva. Organizaron un ejército de varios centenares de hombres con infantería y caballería y marcharon a la ciudad de Cedros, donde recibirían otros refuerzos del país para luego caer sobre Comayagua, capital de la República.

El viaje de Olancho a Cedros fue resonante. En Guaimaca encontraron una comisión de Tegucigalpa que les expresó el deseo de los antimedinistas tegucigalpenses que siguieron su marcha a esta ciudad, donde fortalecerían el movimiento armado y caerían como el rayo sobre Comayagua. No obstante, el ejército olanchano se movilizó en perfectas condiciones y llegó a Cedros. En esta población los jefes revolucionarios tuvieron un desacuerdo, cuyo motivo se ignora. Las conjeturas se atreven a suponer que uno de los jefes se obstinaba en llegar a Cedros para de allí pasar a Comayagua, mientras que el otro quería que se atendiera la solicitud de los antimedinistas de Tegucigalpa. No se sabe, pues, quién votaba por Cedros y quién por Tegucigalpa; pero lo que sí se sabe es que la diferencia de ambos jefes fue tan agria que estuvieron a punto de provocar una matanza entre los cuerpos de la tropa, y que por último, Antúnez tomó sus hombres y regresó a Olancho y Zavala tomó los suyos y repitió la misma operación. Divididos ¿a qué regresaban? Y luego, la división ante el enemigo común ¿qué efectos produce?

Al saber las autoridades de Comayagua lo que había pasado en Cedros, Medina organizó un poderoso ejército y lanzó el siguiente manifiesto:

"Manifiesto del Comandante Supremo del Ejército de Honduras, General José María Medina, a los pueblos de Olancho. La región olanchana ha sido víctima del desorden que provocaron las facciones de 1863. Esas facciones actuaron con más osadía criminal en 1864. Y en el año que transcurre, en 1865, han llegado a propagar sus daños hasta el propio centro de la República, al tomar la ciudad de Cedros y amenazar los departamentos de Tegucigalpa y Comayagua. Como han resultado ineficaces los esfuerzos pacificadores de los militares que he mandado a la región olanchana, me veo en el caso de entregar la Presidencia de la República, con carácter provisional, al Consejero don Crescencio Gómez, y marchar con un Ejército bien equipado hacia la zona afectada para acabar con las facciones olanchanas. Las leyes de la guerra son terribles, pero necesarias para salvar a la Nación y devolver a las gentes de orden el alivio de la paz. Yo abrigo una feliz confianza en que luego desaparecerán esas pequeñas facciones. LO CREO ASÍ PORQUE QUIERO Y SÉ CÓMO DEBO DESTRUIRLAS.

José María Medina, Comandante Supremo del Ejército de Honduras. Comayagua, 30 de junio de 1865".

Medina con su ejército llegó al pueblo de Salamá, Olancho, en el que se le reunieron los jefes expedicionarios que había adelantado en acción represiva, y allí planearon y concertaron las nuevas operaciones de exterminio. Como la zona insurrecta estaba enmarcada en el Valle Arriba, con los distritos de Yocón y Manto, Juan Antonio Medina y Mariano Álvarez limpiarían esta zona; Juan López aplastaría la insurrección del Valle Abajo, donde estaban los distritos de Juticalpa y El Real y el Presidente Medina llegó al pueblo de Manto donde estableció su cuartel general.

El plan de exterminio consistió en derrotar a los grupos rebeldes regados en la zona; fusilar en el terreno a los individuos aislados que dieran señales de pertenecer a los grupos; ahorcar a los individuos que, no siendo aptos para manejar las armas, se les descubrieran contactos directos o indirectos con los guerrilleros, y expulsar de la región a las familias de los distritos rebeldes.

Con relación a la propiedad, se le daría fuego a todo: bohíos aislados, haciendas de ganado, fincas agrícolas, caseríos, aldeas y pueblos. Y repetir esta operación una y otra vez, hasta quedar convencidos que la gente había sido exterminada y la tierra arrasada.

El escritor Froylán Turcios en conversación que sostuvo con el expresidente Marco Aurelio Soto, recogió que los datos oficiales dados en 1865 sobre los fusilados y ahorcados en Olancho eran falsos y diminutos. Le dijo que los fusilados pasaban de 500 y los ahorcados de 1.000; que su gobierno no pudo recoger el número de familias expulsados hacia Nicaragua, de donde hizo regresar algunas, pero que siempre fue el doble de lo que aparece en las publicaciones de aquel tiempo. Para terminar la conversación le dijo Soto a Turcios que, de París, en donde tenía su archivo, le mandaría la información sobre la destrucción de La Ahorcancina.

Este hecho de tanta significación en la dinámica del país, don Félix Salgado, historiador hondureño, lo reduce y lo deforma en sus "Elementos de Historia de Honduras" de la manera siguiente:

"El partido conservador, dueño del Poder desde la caída del General Cabañas, excepto el paréntesis de Montes y Castellanos, se disgustó pronto con el General Medina porque estableció un Gobierno Nacional y no del partido que tanto ha desacreditado al país; fuera de las acusaciones que le hizo, fomentó la insurrección de los pueblos contra el Gobierno constituido.

A pesar de las medidas enérgicas que dictó el General Medina éste no pudo impedir la alteración de la paz. El 16 de diciembre de 1864 el coronel Manuel Barahona atacó Juticalpa, cabecera del departamento de Olancho, y aunque fue rechazado muriendo aquel por las tropas gobiernistas, la insurrección, de manera rápida se extendió a los pueblos de dicho departamento.

La guerra fue desastrosa y sangrienta, y los jefes de esta lucha, Coroneles Manuel Barahona, Francisco Zavala y Bernabé Antúnez, instigados por el Presbítero Miguel Angel Bustillo, cura de la parroquia de Lejamaní, contaban con el apoyo decidido del General

Florencio Xatruch, Comandante de Armas de San Miguel en la República de El Salvador, y con el del Presidente de Guatemala, General don Rafael Carrera, quien había escrito al general Xatruch a principios de febrero de 1865, que invadiera el país, que él haría lo demás: Las tropas del Gobierno bajo el mando del General don Juan Antonio Medina, y después del propio General don José María Medina, hicieron durante el año de 1865 una guerra cruel y despiadada, se cometieron crímenes horrorosos y el departamento de Olancho quedó casi despoblado".

(Félix Salgado, Elementos de Historia de Honduras).

No se deje por fuera un hecho que fue motivo de una nueva insurrección. Destruidos en combate los grupos guerrilleros de Antúnez y Zavala, que como se sabe operaban separados, ambos jefes huyeron de sus enemigos para evitar ser capturados. Pero como el espionaje desplegado por el Gobierno era tanto, Zavala fue sorprendido en Portillo Galán, en las proximidades de San Francisco de Zapota. No se dejó apresar, se enfrentó a sus captores, solo, con la decisión de una fiera, hasta que cayó muerto. Entonces, los hombres del Gobierno, bajo instrucciones del General Pedro Fernández, Comandante de Armas de Olancho, le cortaron la cabeza y clavada en una lanza la llevaron para Juticalpa, donde Fernández ordenó se hirviera en aceite, se le introdujera en una jaula de hierro y se le situara en la salida de la ciudad, en el cerro de El Vigía, con un letrero que dijera: PARA EJEMPLO DE TRAIDORES.

Antúnez fue entregado por uno de sus subalternos de apellido Padilla a poca distancia del pueblo de Gualaco. Este jefe, creyéndose seguro, al llegar a un pequeño río se quitó la ropa y se metió en el agua. Bañándose estaba, muy despreocupado, cuando lo asaltó una escolta, acribillándolo a balazos. Fue sacado del agua el cadáver, le cortaron la cabeza, la clavaron en una pica, la llevaron a Juticalpa, donde la frieron en aceite (debe haber sido manteca de cerdo), la introdujeron en una jaula de hierro, la llevaron al cerro de El Vigía para que acompañara la cabeza de Zavala y le pusieron el lema de: PARA EJEMPLO DE TRAIDORES.

Estas cabezas estuvieron expuestas en El Vigía tres largos años. Al cabo de ellos, en 1868, un nuevo movimiento preparado en forma clandestina que comprendía los distritos ya citados más el de Danlí que en aquel tiempo pertenecía a Olancho, tomó por sorpresa la plaza de Juticalpa, mató al jefe del cuartel coronel Nazario Garay, quien en otro tiempo había capturado a don Joaquín Rivera en el Río Jalán, lo había conducido amarrado a Comayagua y allí el Gobierno separatista y conservador de Francisco Ferrera lo condenó a ser fusilado.

El jefe del asalto a la plaza de Juticalpa era Serapio Romero, corrientemente conocido con el nombre de Cinchonero, guerrillero famoso de las acciones de armas del año 65. Este hombre, un espadachín de primera, en lance personal dio muerte al coronel Garay, en la esquina noroeste de la plaza de Juticalpa. Después de esto, como el Comandante de Armas General Pedro Fernández escapara, preparó la defensa de la población, reunió en la Comandancia a las encumbradas familias como rehenes y mandó al maestro cubano Francisco de Paula Flores que redactara la proclama revolucionaría del año 68.

Se calcula que Cinchonero ocupó la plaza de Juticalpa diez días desde la una de la mañana del día 9 de julio, y cuando se sintió fortalecido con las armas que había tomado en el cuartel, en cuenta dos cañones, tomó la decisión de marchar hacia Comayagua a derribar el Gobierno del sanguinario José María Medina. Salió de noche, subió la montaña de El Uval, y al bajar, en la Cuesta de El Cacao se encontró con las fuerzas del Gobierno que venían en auxilio de Fernández, y allí se trabó un recio combate en el que pereció Cinchonero, que siguió siendo símbolo del pueblo por su origen campesino, su valor temerario, su afán de luchar contra un régimen tiránico y su lealtad con sus antiguos jefes, pues uno de sus actos más relevantes en Juticalpa fue bajar las cabezas expuestas de Antúnez y Zavala en el cerro de El Vigía, honrarlas con una misa solemne que dijo el Padre Becerra y enterrarlas con gran pompa y notas fúnebres en el Cementerio Viejo de la ciudad.

A Cinchonero también le fue cortada la cabeza por un militar de apellido Ávila, la clavó en una estaca larga y la llevó a Juticalpa, entregándosela al General Pedro Fernández, Comandante de Armas, que había regresado a la plaza al desocuparla Cinchonero. No repitió la acción de mandarla freír en aceite, encerrarla: en una jaula y mandaría en el cerro de El Vigía con el letrero: PARA EJEMPLO DE TRAIDORES, porque el propio Fernández, que de milagro se salvó y las familias terratenientes que estuvieron largos días en calidad de rehenes, quedaron con tanto espanto al suponer que Cinchonero los iba a pasar por las armas al producirse un ataque a la plaza, que pidieron a coro que se le diera santo entierro a aquella cabeza en el lugar donde estaban las de Antúnez y Zavala en el Cementerio Viejo, y que nunca más se volvieran a cortar más cabezas.

Los Estados centroamericanos a despecho de ser independientes, tenían muy buenas relaciones los unos con los otros, gracias al comercio que se iba intensificando cada vez más. Y el no haber correo oficial no quitaba que cada adinerado no tuviera los propios para comunicarse con sus agentes en otros países. Así es que no hubo inconveniente que las matanzas de Olancho fueran comunicadas por carta en profusión pasmosa y al mismo tiempo conocidas en Centro América. Los visitantes extranjeros también se llevaban estas noticias a sus países, describiendo a Honduras como una nación que se hallaba en pleno estado de barbarie. Pero una calificación simplista así no llevaba a ninguna parte, porque de lo que se trataba era de una lucha que iba tomando fuerza entre el capitalismo y el feudalismo, entre el Estado y la Iglesia, entre los siervos y los propietarios feudales y entre un sin fin de contradicciones que empezaban a verse en el cuadro nacional.

Naturalmente, La Ahorcancina de Olancho fue el hecho más significativo que siguió a la guerra de William Walker en Centro América. Si la guerra filibustera puso en guardia a los centroamericanos, haciéndoles ver que estaban a punto de ser colonizados y esclavizados, La Ahorcancina de Olancho puso de manifiesto que se habían situado frente a frente el pueblo con la Declaración de los Derechos del Hombre y del Ciudadano y un gobierno despótico que había reprimido a ese pueblo con la bala, el machete, el lazo, el bejuco, el fuego y todas las formas concebibles de la brutalidad. Los déspotas de Nicaragua no habían cometido crimen igual. Ni el conservador Francisco Dueñas de El Salvador. Ni el dictador vitalicio Rafael Carrera de Guatemala. En la Colonia nunca se había ejecutado una matanza igual en una provincia, capitanía o virreino dados.

Como el dictador vitalicio Rafael Carrera había muerto a principios de 1865 y el suplente general Vicente Cerna estaba lleno de presentimientos que el régimen conservador tocaba a su fin, la libertad iba imponiendo sus derechos. Por eso en la Universidad de San Carlos Borromeo la juventud ya empezaba a expresarse, y lo hizo en pequeños periódicos condenando La Ahorcancina de Olancho como el crimen más bestial que habían registrado los anales de Centro América en los últimos 25 años. En ese tiempo estaban para terminar sus estudios dos jóvenes hondureños, Marco. Aurelio Soto y Ramón Rosa, quienes se encargaron de divulgar el crimen, y el último escribió una pieza dramática en prosa titulada La desdichada suerte de la bella Ondina, que sirvió para darle color antifeudal y pro— capitalista de la Reforma que ya empezaba a tomar vuelo.

Para terminar, acompañamos como anexo el estudio que emprendió el historiador hondureño Salvador Turcios R., firmado con su pseudónimo de costumbre Justo Pérez para cuestiones históricas.

Este estudio lo hizo para ser publicado en la Revista Ariel, dirigida por el abogado y escritor Medardo Mejía, de 1964 a 1976, con el propósito de recordar el centenario de La Ahorcancina. El título del estudio es: *BREVE CRONOLOGIA DEL ORIGEN Y DESARROLLO DE LAS FACCIONES DE OLANCHO.*

Sólo la Revista Ariel del Abogado y Escritor Mejía recordó el Año de La Ahorcancina. Las demás publicaciones del país guardaron un silencio completo, y no por ignorancia o desgano, sino por aprecio a lo que se puede llamar el medinismo, que es una alerta conservadora ante la inminencia de una reforma que ya no sería liberal como la de Soto sino definitivamente radical como son los cambios del siglo XX.

BREVE CRONOLOGÍA DEL ORIGEN Y DESARROLLO DE LAS FACCIONES DE OLANCHO EN 1865, EL AÑO DE LA AHORCANCINA

Narración histórica escrita especialmente para la selecta Revista "Ariel"

Por: JUSTO PEREZ

I

Después de la victoria fulgurante que obtuvo el General Francisco Morazán en el campo histórico de La Trinidad, el 11 de noviembre de 1827, llegó el siguiente día, en horas de la tarde, a su ciudad natal, la Tegucigalpa legendaria, en medio del justo regocijo del pueblo amante de la libertad, y de las principales familias de la localidad, recibiendo, asimismo, el abrazo fraternal de su adorada madre doña Guadalupe, en su antigua casa, de la calle de La Fuente, después de seis meses de ausencia, pues hay que recordar· que el joven Morazán, y ya entonces el General Morazán, fue el niño bonito del antiguo Real de Minas de San Miguel de Tegucigalpa y Heredia.

LAS FACCIONES DE OLANCHO

NOTA: El nombre literario de Justo Pérez responde al nombre propio del distinguido historiador don Salvador Turcios R., hondureño, nacido en Comayagüela.

Inmediatamente después de su ingreso a Tegucigalpa, el General Morazán se dedicó activamente, juntamente con los demás Jefes que le acompañaban a la reorganización del país, cooperando en tal sentido, con él, el Coronel Remigio Díaz, Ramón Pacheco, José de Jesús Osejo, el Coronel José María Gutiérrez y otros oficiales, dictando las disposiciones necesarias para mantener el orden nacional, pues asumió el mando de Jefe de Estado en su carácter de Presidente del Consejo Representativo del Estado, para cuyo alto cargo había sido designado anteriormente.

LA SUBLEVACIÓN DEL PUEBLO DE OPOTECA

Cuando regresaba el General Morazán de El Salvador, después de derrotar completamente al Coronel mexicano Vicente Domínguez, en el histórico combate de la Hacienda de Gualcho, el 6 de julio de 1828, y encontrándose en la frontera salvadoreña, recibió urgentemente la noticia de la sublevación del pueblo de Opoteca, bajo la jefatura del Capitán Rosa Medina y de otros oficiales, logrando apoderarse de la ciudad de Comayagua, la cual sometieron a toda clase de atropellos, saqueándola y vejando la santidad de los hogares, sembrando así el terror en la antigua capital de la provincia.

Y en vista de tales circunstancias tan alarmantes, el General Morazán hizo salir rápidamente al Coronel José Antonio Márquez, con cien hombres a someter el orden a los sublevados, saliendo igualmente de Tegucigalpa, una división del Ejército al mando del Coronel José María Gutiérrez, que era el Comandante de Armas de esta plaza, para auxiliar a Márquez, y someter a los sublevados que se habían apoderado de Comayagua; y sin pérdida de tiempo fueron atacados por dos puntos los rebeldes, tomándolos de sorpresa, y después de un ligero encuentro de armas, fueron derrotados los sublevados, habiendo muerto en la refriega el cabecilla Rosa Medina y tres oficiales más, y los soldados huyeron despavoridos a su pueblo, y algunos de ellos fueron capturados por los atacantes.

Este hecho de armas tuvo lugar el 11 de agosto de 1828; y como resultado de dicha derrota, la Municipalidad de Opoteca, se vio obligada a celebrar un convenio con el Coronel José María Gutiérrez, por medio del cual se comprometió a reconocer y a obedecer al Gobierno constituido y a ayudar al restablecimiento del orden en el país.

Bográn y desde entonces la pequeña laguna de la Hacienda Ulúa, se conoce con el nombre de LAGUNA DE BOGRÁN.

A este propósito, recordamos que el Comandante Román Bográn, fue el padre del ciudadano Saturnino Bográn, que fue General, y quien a su vez fue el padre del General Luis Bográn, que muchos años después, llegó a ser Presidente de Honduras.

LA EXPEDICIÓN MILITAR DEL CORONEL MÁRQUEZ A OLANCHO

De conformidad con la orden del General Morazán que había dado al Coronel José Antonio Márquez, para expedicionar en el Departamento de Olancho, con fines de pacificación, salió de Tegucigalpa, con tal propósito el 17 de diciembre de 1828, al mando de una división de cuatrocientos hombres, y habiendo llegado a Juticalpa, principió su labor pacifista, enviando a las autoridades locales de aquellos pueblos, atentas comunicaciones excitándolas a que volvieran a la paz, ofreciéndoles toda clase de garantías y que depusieran las armas en bien de la tranquilidad pública; y si bien algunos de dichos pueblos ofrecían aceptar tales proposiciones de paz, que no eran sinceros, pronto volvían a la revuelta, distinguiéndose en tal estado de ánimo; los pueblos de Gualaco, situado en la sierra de aquel departamento, lo mismo que la jurisdicción de Catacamas.

El Coronel Márquez, en uno de sus informes al Gobierno, decía, entre otras cosas, lo siguiente: "los pueblos del Valle Arriba, a quienes yo trataba sin engaño y mala fe, abiertamente se han declarado disidentes de nuevo desde el 4 del corriente".

— "Les he derrotado una fuerza que tenían en El Ocote, y no he querido pasar al pueblo de Zapota, huyendo del compromiso en que su mala conducta me ha puesto de que los hostilice. Ni tampoco a los demás pueblos del Departamento, que procedan lo mismo distinguiéndose en su obcecación y rebeldía, aún más, que Catacamas, el de Gualaco".

—"La facción de Olancho no ha tenido una ventaja, siempre que ha sido batida ha sido derrotada; no tiene elementos para contrarrestar con el Gobierno; pero con una obcecación extraordinaria y manejada por unos caudillos, perversos unos, más que esto, ignorantes otros, me compromete a destruir el Departamento con la conducta que guardan.

Sus procedimientos todos son tan criminales como el degüello y asesinato que perpetraron en los prisioneros, en una infeliz mujer y en el Coronel Romero". Tales informaciones del Jefe expedicionario, eran desalentadoras para el Gobierno, en relación con la pacificación de Olancho, pues los facciosos contaban con todo el apoyo necesario del campesinado y de los hacendados y capitalistas de aquellos lugares que les facilitaban todos los medios para la vida revolucionaria con elementos suficientes y atenciones curativas para sus dolencias, a lo cual, hay que decir, que contaban con el estímulo que recibían por comunicaciones que les llegaban no solamente del interior del país, sino también de parte de los reaccionarios de Guatemala y Nicaragua, y lo mismo los excitaban para que se independizaran del Gobierno regional, y que se declararan en República soberana e independiente, o. sea el eterno afán del separatismo centroamericano.

La guerra continuó, pues, con todos sus ahorros, entre hermanos, y así pasó durante todo el año aciago de 1829, pudiendo decirse, a este respecto, que aquella lucha fratricida, que ahora se llama Guerra de Guerrillas, se inició en Centro América, en el Departamento de Olancho, Honduras, pues es interesante saber que los olanchanos pusieron en práctica esta estrategia contra las fuerzas del Gobierno que pelearon en aquel Departamento en 1829, bajo el mando del Coronel Márquez, pues aquellos no presentaban acciones formales, y se valían de toda clase de trucos para fatigar y desorientar a los soldados gobiernistas, por lo cual la facción era inacabable, pues ellos eran expertos conocedores del terreno que ocupaban en aquella prolongada contienda nacional.

Cuando se escriba la historia militar de Honduras, se conocerán mejor todos los detalles o datos estratégicos de las históricas Facciones de Olancho.

IV

EL GENERAL MORAZÁN EN GUATEMALA

Mientras tanto se desarrollaban estos acontecimientos en Olancho, el General Francisco Morazán y demás jefes unionistas que mandaban el Ejército Aliado Protector de la Ley, habían triunfado en su campaña en Guatemala, después de rápidas acciones bélicas, habiendo entrado a la capital guatemalteca el 13 de abril de 1829, y restableciendo en sus elevados puestos gubernativos a los funcionarios públicos que habían sido desplazados de sus altas funciones públicas por efecto del Golpe de Estado que había dado el Jefe de Gobierno Federal, teniendo que permanecer el General Morazán durante varios meses en aquella capital trabajando en la ardua labor de enmendar los graves errores del pasado, y fungiendo como Jefe interino de la Federación el Prócer y Senador don José Francisco Barrundia.

REGRESA NUEVAMENTE EL GENERAL MORAZÁN A HONDURAS

Teniendo conocimiento el General Morazán de la gravedad de los sucesos de la Facción de Olancho, dispuso trasladarse nuevamente a Honduras, pasando a El Salvador, en donde empezó a formar una división del Ejército, que vino a completar en Tegucigalpa, con el fin de ir a la pacificación de Olancho, que no se había podido conseguir en parte del año de 1828 y en todo el año de 1829, no obstante todos los grandes esfuerzos que hizo en tal sentido el Vice-Jefe de Estado don Diego Vijil, con la colaboración patriótica del Coronel José Antonio Márquez y de otros distinguidos militares adictos al Gobierno Nacional.

El General Morazán con una división compuesta de 900 hombres, salió de Tegucigalpa el 17 de enero de 1830, con dirección al Departamento de Olancho, con el propósito de solucionar el problema de la pacificación de aquella importante región del país.

Los sublevados, como es natural suponer, se encontraban bien informados por sus partidarios del interior nacional, y habiéndose reunido los Jefes de la insurrección en el pueblo de Zapota, ahora San Francisco de La Paz, con la gente que ya era numerosa, acordaron escoger el sitio en donde librarían el primer combate, para lo cual contaban con suficientes armas, decisión y coraje para la lucha que se entablaría dentro de poco tiempo, en el lugar escogido que se llama LAS VUELTAS DEL OCOTE, situado entre la ciudad de Juticalpa y la antigua aldea de Zapota, ahora llamada San Francisco de La Paz.

Leamos ahora lo que decía muchos años después de este hecho histórico un vecino que fue de Catacamas, llamado Lorenzo Sánchez, que formó parte de la Facción y se encontró en aquella época en LAS VUELTAS DEL OCOTE.

"Varios días habían transcurrido sin que apareciera el enemigo, hasta el 21 de enero uno de los vigías que se encontraban a media legua de distancia de nuestro campamento, abandonó su puesto para venir a decirnos que un Ejército se aproximaba y que probablemente era de Morazán. Otro vigilante nos trajo la misma noticia; y ya sólo se pensó en la defensa. Cada Jefe ocupó su trinchera con la gente de su mando. El Coronel Concepción Cardona con machete en mano, recorría a pie la línea de las trincheras. Los lanceros al mando del Capitán Francisco Moza, de Capota, en un guindo con la caballería, esperando la orden de moverse para partir vadeando las faldas de los cerros, para atacar por la espalda la fuerza de Morazán. A poco rato de esperar oímos un clarín que tocaba alto y luego un ruido sordo. Eran los tambores del Ejército de Morazán que se detenían para disponer el ataque.

Esperamos llenos de entusiasmo ver las guerrillas del enemigo por las faldas de los cerros que habíamos demontado y repeler su ataque con los buenos rifles que nos habían traído los derrotados por el mismo Morazán. Media hora después, miramos aparecer un hombre solo que venía con dirección a nuestro campamento. Todos nos sorprendimos y pensamos que era algún oficial que venía de parte del enemigo a proponernos nos rindiéramos. El hombre no se detenía en su marcha. Venía tapado con un sombrero de junco, un pantalón blanco, casaca negra, un pañuelo blanco en el cuello, botas altas y traía un chilío en la mano por arma.

Según se aproximaba, lo reconocieron las facciones, pero no le distinguimos el color por la barba que la tenía un poco crecida, y próximo a nuestro campamento, al tratar de subir la loma, fue reconocido por algunos de los Jefes, quienes aseguraron que era el General Morazán. Inmediatamente se reúnen todos y disponen ir a su encuentro. Vamos, dice, el Coronel Cardona a recibirlo. Atención reclama, atención, y parten hasta encontrarlo. Se saludan estrechándose las manos. Conversan un poco a la sombra de un encino para resguardarse del sol que estaba muy fuerte".

Todo el Ejército guardaba silencio, parecía que algo grave iba a suceder, algo que a todos convendría, mientras que los Jefes que rodeaban a Morazán oían la palabra que les dirigía, jugándole una sonrisa en los labios".

Después de conversar un poco, el Coronel Cardona se apartó del grupo y desenvainando su machete, se dirige al Ejército que permanecía en pie, y nos grita: ¡NO PELEAREMOS! ¡VIVA EL GENERAL MORAZÁN! Inmediatamente nuestros Jefes le abrazaron, y él hace lo mismo. Nosotros respondimos el viva con toda la fuerza del pecho y seguimos silenciosos. Pocos momentos después. Cardona vino a las trincheras y nos ordenó que lleváramos una olla de comida de la que habíamos preparado para nuestro almuerzo. Nos dijo estas palabras: ´EL GENERAL MORAZÁN ALMORZARÁ CON NOSOTROS, YA NO HABRÁ MÁS GUERRA. AQUÍ VAMOS A CAPITULAR Y NO SEREMOS MOLESTADOS EN NINGUNA FORMA´. Después, mientras, nos arreglamos con él, pues de aquí nos iremos a nuestras casas con toda garantía. Esta noticia fue de mucha alegría para todos; arreglada la olla repleta de carne salada y plátanos, preparados los huacales en que se servían, quebramos unas rapaduras de dulce y las llevamos al almuerzo que tomaron en el suelo.

Morazán muy alegre con todos. Ya no había distinción: ERAMOS AMIGOS".

V

LO QUE DICE EN SUS MEMORIAS DON JOSÉ ANTONIO VIJIL, ACERCA DEL HISTÓRICO SUCESO DE LAS VUELTAS DEL OCOTE

"Vino de Guatemala el General Morazán —dice el señor Vijil— en ocasión en que el hermoso departamento de Olancho se destruía en la guerra más horrorosa, porque el incendio, la muerte y destrucción de todo se prodigaba, ejercía por ambas partes. Él se dirigió al campamento enemigo, y con un valor extraordinario, él solo entre la multitud de un pueblo enemigo, enfurecido y ensangrentado, llamó a los caudillos, les hizo sentarse en el suelo, y les preguntó la causa dela guerra, les hizo comprender el deseo e interés que tenía de la paz; les ofreció que por siete años no pagarían ninguna contribución, porque un impuesto había sido el origen de la insurrección y que entregaran las armas, que la garantía mejor de que ni en sus personas e intereses serían mortificados, sería que los dos primeros caudillos quedarían ejerciendo la autoridad, uno de Comandante y otro de Jefe Político. En el acto fue victoreado el General Morazán, las fuerzas del Gobierno se retiraron y quedó terminada una lucha que habría concluido con todo el Estado".

"Regresó a Guatemala, y estando en paz Centro América, se procedió a la elección de Jefe de la Nación y fue el mismo Morazán electo Presidente y estableció en Guatemala el centro de la Capital.

¿QUIÉN FUE EL CIUDADANO DON JOSÉ ANTONIO VIJIL?

El distinguido patriota tegucigalpense, don José Antonio Vijil, conoció desde su niñez al joven Francisco Morazán, pues iba acompañando a su señora madre, doña Josefa Cocaña, cuando ésta iba a visitar a Morazán en la cárcel pública de esta ciudad, cuando aquél se encontraba prisionero en el mes de junio de 1827.

Don José Antonio Vijil nació en Tegucigalpa el 4 de enero de 1819, y falleció en esta misma ciudad, el año de 1889, a los setenta años de edad.

El señor Vijil fue el hijo menor del matrimonio formado por don José Vijil Fernández, rico minero tegucigalpense y doña Josefa Cocaña, de la mejor sociedad de aquella época; y quienes, igualmente tuvieron los hijos; llamados Ramón, Diego, María de la Luz y Guadalupe.

Don Ramón y don Diego Vijil Cocaña, tuvieron una actuación destacada en la revolución de Centro América, durante el ciclo morazánico, pues don Diego fue Jefe de Estado de Honduras y Vice—Presidente de la República Federal; y el hermano menor de ellos, don José Antonio, acompañó al General Morazán en su desgraciada campaña en Costa Rica, cuando apenas contaba la temprana edad de 23 años; y quien, muchos años después de estos sucesos, y ya encontrándose en Tegucigalpa, contrajo matrimonio con doña Josefa Molina, habiendo nacido de dicha unión matrimonial, los hijos llamados Ramón, José Leonardo, que fue Cura de la Parroquia de esta ciudad, y se distinguió por haber sido un brillante orador sagrado, tal vez el último que hubo en Honduras; y también las señoritas María Manuela y Guadalupe Vijil Molina.

Don José Antonio Vijil, ya estando en la tranquilidad de su hogar, fue cuando escribió sus interesantísimas *"MEMORIAS"*, que constituyen un archivo valioso para el estudio desapasionado y certero de la personalidad del Gran Mártir de la Unión de Centro América.

VI

MÁS DATOS ACERCA DE LA CAPITULACIÓN O TRATADO DE LAS VUELTAS DEL OCOTE

Nuestro recordado y admirado historiador nacional, Doctor Rómulo E. Durón, en su estudio histórico que publicó en el mes de enero de 1930, con motivo de cumplirse un siglo de la Capitulación o Convenio de "Las Vueltas del Ocote", que tuvo efecto el 21 de enero de 1830, para ponerle fin a la sangrienta guerra que, desde fines del año de 1828, se venía desarrollando en el departamento de Olancho, y en cuyo trabajo dice el Doctor Durón, que la facción de Olancho, se había venido formando con los soldados desertores de las tropas que habían combatido a los opotecas en Comayagua, en el mes de agosto de 1828,y a continuación se expresa así:

"Dionisio Sarmiento, lanzó una proclama en la que se desconocía la autoridad del Gobierno y se le negaron los auxilios que tenía pedidos, y excitaba a todas las Municipalidades del departamento a pronunciarse en igual sentido.

Después de una serie de gloriosos triunfos, Morazán había tomado Guatemala. Animada por los vencidos (en Guatemala), la facción de Olancho, había tomado aliento. Uno de los agitadores era Vicente Domínguez, uno de los derrotados en Gualcho.

Nombrado Morazán Jefe de Estado de Honduras, vino a tomar posesión de su cargo, no sin haber dictado antes medidas para la pacificación de Nicaragua, en donde ardía la guerra civil. Entró al ejercicio de la jefatura el 2 de diciembre de 1829, y el 24 del mismo mes, la depositó en el Consejero Presidente Juan Ángel Arias, y salió en dirección de Olancho, pues lo más urgente era la pacificación de aquel departamento.

Y así fue como se llegó a la realización de la Capitulación o Convenio de "Las Vueltas del Ocote", redactándose y firmándose el texto de ese histórico documento por el General Morazán y los Caudillos de aquella insurrección, sangrienta y dilatada, bajo la sombra protectora de aquel viejo y robusto encino de las amadas y misteriosas selvas hondureñas, y cuyo trascendental documento que se encontraba originalmente en nuestro Archivo Nacional consta de 17 números o artículos, siendo los más fundamentales los siguientes:

1). "Los habitantes del departamento de Olancho y los de fuera de él que se hallan en la guerra del mismo Departamento, volverán a ocupar sus casas y hacer uso de sus propiedades".

2). "Se garantizan las personas de los estantes y habitantes del Departamento de Olancho y de fuera de él que hayan tomado parte en la guerra que se ha hecho en el mismo departamento, sea cual fuese la conducta que han observado en ella, y estas garantías serán ratificadas por la Asamblea del Estado entre ocho días, contados desde la presente fecha".

3). "Para reponer las pérdidas que han sufrido los expresados pueblos, se les señala por cuatro años las rentas de alcabalas, aguardiente, tabacos y diezmos".

4). "Por el término de tres años quedan inhibidos absolutamente de todo servicio público, pecuniario y personal, y sólo prestarán este último en caso que sea atacada la independencia nacional o por una potencia extranjera".

5) "Para que sea gobernado este Departamento nombra el General Morazán por Jefe Político de él al ciudadano Gregorio Canelas, y por Comandante de Armas del mismo al ciudadano Concepción Cardona".

6) "Estas autoridades deberán existir en el pueblo de Manto".

Los demás artículos o números de este Convenio, tienden a ordenar el modo de conseguir la efectividad legal del mismo, y de acuerdo con lo estipulado fue ratificado por la Asamblea Legislativa y por el Consejo Representativo, con fecha 30 y 31 del mismo mes de enero de 1830.

Firmaron el Convenio o Capitulación de "LAS VUELTAS DEL OCOTE" del 21 de enero de 1830, el General Francisco Morazán, Concepción Cardona, comisionado por Gualaco, Vicente Martínez y Juan Cardona, comisionado por Manto, Desiderio Escobar, comisionado por Catacamas, Francisco Meza, comisionado por Zapota, Pablo Urmeneta, comisionado por Silca, Santiago Zelaya, comisionado por Guayape, y Palo Atravesado; por el comisionado Gregorio Matute de Jano, Vicente Martínez.

Y termina su interesante estudio el laborioso y paciente historiador hondureño, Doctor Rómulo E. Durón con estas justicieras y lapidarias frases exaltando la gloria inextinguible del General Morazán, las cuales copiamos aquí gustosamente.

"La pacificación del Departamento de Olancho, con la capitulación de Las Vueltas del Ocote, es un hermoso acontecimiento de los que la historia se ufana en hacer resaltar con Letras de Oro en sus selectas páginas".

VII

RESULTADO EFECTIVO DEL CONVENIO DE LAS VUELTAS DEL OCOTE

Varios de los oficiales que fueron vencidos en Guatemala, con motivo de la toma de aquella capital, por el Ejército Aliado Protector de la Ley, el 13 de abril de 1829, emigraron a Belice y a otros lugares; y, en el mes de mayo de 1830, el año de la pacificación de Olancho, por el General Morazán, aparecieron varios de dichos oficiales descontentos, en los pueblos de Jano y La Guata, con el propósito de organizar una nueva facción, los cuales eran encabezados por el Coronel mexicano Vicente Domínguez, el mismo que fue derrotado por el General Morazán, en la Hacienda de Gualcho el 6 de julio de 1828; acompañando también a Domínguez el guatemalteco Fermín Pavón y otros cuantos aventureros; y, al tener conocimiento el Gobierno de tal hecho, ordenó al Oficial Concepción Cardona, que era el Comandante de Armas de aquel Departamento que procediera inmediatamente a combatir a dichos aventureros, los cuales fueron completamente derrotados después de ligeros encuentros, siendo capturado Fermín Pavón y otros más de los facciosos; y el Coronel Domínguez se salvó milagrosamente dejando en poder de la gente del Gobierno todo su equipaje y mucha correspondencia, y huyó hacia las montañas vecinas con varios de sus seguidores, logrando con mucho trabajo, regresar a su punto de partida, o sea la Colonia de Belice.

DESPUES DE 32 AÑOS DE PAZ, APARECEN NUEVAMENTE LAS FACCIONES DE OLANCHO

Como consecuencia de la trágica muerte del Presidente General Santos Guardiola, ocurrida en Comayagua el 11 de enero de 1862, llegó a ocupar la República el ciudadano Victoriano Castellanos, en su carácter de Vicepresidente, electo legalmente, durante su administración menos de un año, pues falleció en Comayagua el 11 de diciembre de ese mismo año de 1862; y pocos días antes de su fallecimiento, se inició una nueva facción en Olancho, encabezada por el señor Manuel Bulnes, pero esta no prosperó porque fue rápidamente debelada por las fuerzas del Gobierno; y, a mediados del año de 1863, en el mes de junio, apareció otro brote de facción, acaudillado por el señor Cástulo Cruz, vecino de Catacamas, quien pretendía continuar la facción que había intentado llevar a cabo el mencionado Señor Manuel Bulnes, en el año anterior; y con tal fin, el señor Cruz reunió un grupo de simpatizantes con su idea, y en la fecha convenida salió con su gente de Catacamas con rumbo a Juticalpa, con el propósito de atacar y tomar el Cuartel de aquella ciudad; pero es el caso que el Comandante de la Plaza de dicha ciudad, que era el General Pedro Fernández, tenía conocimiento de los planes de los sediciosos, y para ponerlos dentro del orden, envió un buen número de tropas al mando del General José María Zelaya (El Cusco Zelaya) y del Mayor de Plaza de Juticalpa, Coronel Macario Martel, con el fin de atacar a los revoltosos; pero el General Zelaya, al llegar con su gente a San Francisco de Becerra, dispuso que fuera al encuentro de los facciosos al Coronel Martel; y se dio el caso curioso, de que las dos columnas adversarias, que habían salido de sus respectivos lugares de partida, se encontraron sorpresivamente en lugar llamado El Guayabo, y al instante de avistarse, el Jefe de las facciones, señor Cástulo Cruz, citó a un duelo personal, al Jefe de la gente del Gobierno, Coronel Martel, y principiaron a batirse a puro machete, y notando los soldados de Martel que éste flaqueaba en su defensa personal, uno de sus soldados le disparó un tiro certeramente al señor Cruz, quien murió instantáneamente, y así terminó aquella facción infructuosamente, huyendo los rebeldes precipitadamente hacia Catacamas.

VIII

AL CABO DE UN SIGLO COMO PRINCIPIO Y SE DESARROLLO LA MAS SANGRIENTA FACCION DE OLANCHO
1864—1865

Desde el año de 1863 gobernaba a Honduras el General José María Medina, con el apoyo del gobernante de Guatemala General

Rafael Carrera, quien algún tiempo después le retiró su protección por asuntos relacionados con la política interna de ambos países; y en tal circunstancia, los elementos desafectos al General Medina, que antes le habían acuerpado en sus gestiones administrativas, empezaron a conspirar contra él y su gobierno, y fue así como principiaron a notarse en el Departamento de Olancho, las manifestaciones de una creciente antipatía contra su gobierno de componendas y engaños, como decían sus adversarios.

Por esa época ejercía las funciones de Comandante de Armas del departamento de Olancho, el General Pedro Fernández, quien se consideraba como un procónsul romano, por todas las facultades de que gozaba en el ejercicio de sus funciones públicas, el grado de que muchas gentes decían servilmente: "Sólo Medina en Honduras y Fernández en Olancho", y cuya expresión resultaba cierta para el sentir de las gentes sencillas y timoratas, pero no para los hombres libres.

DIFÍCIL SITUACIÓN POLÍTICA

Como hemos narrado anteriormente, la situación política del Departamento de Olancho, en aquella época, era de zozobra y de intranquilidad, pues los ánimos estaban muy exaltados, al grado de que el más pequeño incidente en la vida pública hubiera causado el estallido de una nueva facción, que sería más desastrosa que la anterior, como así sucedió, al parecer inesperadamente tal vez cuando menos se esperaba.

PERO HE AQUÍ LOS HECHOS HISTORICOS

El día 7 de diciembre del año de 1864, la víspera de la Virgen de Concepción, la Patrona espiritual de la ciudad de Juticalpa, se reunieron varias personas, en las primeras horas de la noche, con la idea de sacar una paseada para celebrar la Fiesta Patronal, y entre esas personas se encontraba el Coronel Manuel Barahona, José Ángel Rosales, Gregorio Barahona, José María Mejía, Tranquilino Matute y otros amigos más.

El Coronel Barahona dispuso ir al barrio de Las Flores, de aquella ciudad a comprar una botella de aguardiente para brindar con sus amigos, y al transitar por una de las calles se encontró con el Mayor de Plaza, Coronel Macario Martel, quien andaba rondando con su escolta, y al ver a Barahona, le pidió que le rindiera sus armas, pistola y espada, y al oír el requerimiento de Martel, le contestó con las siguientes palabras:.

"Que sus armas a él le costaban y no tenía por qué rendirlas".

Al oír Martel esta contestación de Barahona, ordenó a su escolta que prepararan sus armas; y fue en ese instante, que Barahona, rápidamente le disparó un tiro que le atravesó la garganta, causándole la muerte instantáneamente; y Barahona salió huyendo, y la escolta le hizo una descarga con sus armas, sin causarle ningún daño.

Al darse cuenta de lo ocurrido, los amigos de Barahona dispusieron. la misma noche, trasladarse inmediatamente a San Francisco de la Paz, y allí principiaron a organizarse militarmente, y ya contando con doscientos hombres voluntarios, se dirigieron hacia la población de Manto, en donde se les agregaron los cabecillas Francisco Zavala y Bernabé Antúnez y acordaron volver sobre Juticalpa, para atacar y tomar el Cuartel de aquella plaza, y así lo hicieron el día 21 de diciembre de 1864, y a las cuatro de la tarde principió el ataque y después de un fuerte combate, fueron rechazados los atacantes por la guarnición del Cuartel, con pérdidas de ambas partes y el Coronel Barahona, que fue herido de ambas piernas, fue capturado y fusilado inmediatamente, lo mismo que el señor Inocente Urbina.

Los derrotados fueron perseguidos activamente por la gente del Gobierno y capturaron algunos de ellos en el lugar llamado Azacualpa, al norte de Juticalpa, los cuales fueron fusilados, entre ellos, el joven de diez y ocho años, llamado Hipólito Guardiola, hijo natural del General Santos Guardiola, que acompañaba a su padre cuando éste fue asesinado en la antigua capital de la República.

IX

SE REORGANIZA LA FACCIÓN

Después de la muerte del Coronel Manuel Barahona, los cabecillas Gregorio Barahona hermano del muerto mencionado anteriormente, lo mismo que Francisco Ayala y Bernabé Antúnez, principiaron a reorganizarse para proseguir la lucha, contando con gente de San Francisco de La Paz, Salamá, Yocón y Manto, y ya contando con un buen número de hombres, atacaron y derrotaron en Manto, a una columna del Gobierno, en la cual se encontraba José Ángel Rosales, que ya estaba al servicio del Gobierno, y lograron asimismo, poco después obtener otro triunfo en San Francisco de La Paz, pero sin mayor trascendencia contra la fuerza del Gobierno.

ACTITUD Y MEDIDAS TOMADAS POR EL PRESIDENTE MEDINA

En vista de los sucesos mencionados, y de los cuales le informaba constantemente al Presidente Medina, el Comandante de Armas de Olancho, General Pedro Fernández, ordenó el Presidente Medina, con fecha 24 de diciembre de 1864, por medio de la Secretaría de Guerra, que se pusieran en actividades las fuerzas que se creyeran convenientemente para el sostenimiento del Gobierno constituido, y, al efecto salieron los primeros contingentes de tropas con rumbo al Departamento de Olancho, tanto de Tegucigalpa al mando del Coronel Pablo Nuila, como de Yoro bajo el mando del General Mariano Álvarez.

LOS REBELDES SALEN CON DIRECCIÓN A TEGUCIGALPA

Mientras tanto, los rebeldes enardecidos con motivo de los pequeños triunfos obtenidos últimamente, en San Francisco de La Paz y en Manto, ya se consideraban fuertes, dispusieron los cabecillas, Zavala, Antúnez y Barahona, marchar sobre Tegucigalpa, pues ya contaban con mil hombres, y llegaron a Guaymaca, de donde pasaron a Cedros, que tomaron sin resistencia, en donde principiaron a cavar la sepultura de aquella desgraciada y sangrienta Facción del aciago año de 1865, que se conoce en la historia nacional con el nombre del *AÑO DE LA AHORCANCINA DE OLANCHO:*

Tradicionalmente se sabe que, al llegar los facciosos a Cedros, y al saber tal noticia las personas que simpatizaban con ellos en Tegucigalpa, se prepararon para recibirlos jubilosamente, y aun se les ofreció que se les entregaría el Cuartel, y en fin, que todo estaba listo para recibirlos triunfalmente; pero resulta que en Cedros, según se sabe por tradición, se suscitó una seria discusión entre los cabecillas de la Facción, o sea entre Antúnez y Zavala, acerca de si convenía más dirigirse directamente a Tegucigalpa, y atacarla, si era necesario, o marchar hacia Comayagua, para atacar al Gobierno en su propia sede, lo cual dio por resultado que la discusión se prolongó tanto que acabó por exaltar los ánimos de los revolucionarios, y resolvieron, ya divididos, regresar a Olancho, y sucedió lo que dijimos anteriormente, que en Cedros principiaron los Jefes rebeldes a cavar su propia sepultura, pues la frase del folklore nacional dice: "el que se divide se va al plato, pues la unión hace la fuerza"; y, los acontecimientos siguientes comprobaron esto efectivamente, y desde la primera jornada de regreso a Olancho, principió la deserción de los soldados de uno y otro Jefe rebelde, que marchaban inconscientemente hacia la muerte, por efecto de un grave error incomprensible en aquel momento supremo de la revolución olanchana.

MOVILIZACIÓN DEL PRESIDENTE MEDINA HACIA EL DEPARTAMENTO DE OLANCHO

Tomando en consideración que la Facción de Olancho se venía prolongando demasiado tiempo, con perjuicio de la paz general de la República, dispuso el General Medina ir personalmente a dirigir operaciones militares, para terminar con aquella grave situación y, en tal sentido el día 15 de mayo de 1865, depositó el Poder Ejecutivo en el Senador Lic. Crescencio Gómez, y dirigió un Manifiesto a la Nación, diciendo entre otras cosas las siguientes:

"LAS LEYES DE LA GUERRA SON TERRIBLES, PERO NECESARIAS PARA SALVAR LA NACIÓN Y DEVOLVER A LA GENTE DE ORDEN, EL ALIVIO DE LA PAZ, YO CREO ASÍ PORQUE QUIERO, PUEDO Y SÉ CÓMO DEBO DESTRUIRLA".

Desde a mediados del mes de marzo de 1865, el Presidente Medina había nombrado Comandante General del Ejército que operaría en Olancho, al General Juan López, quien también mandaría la tropa que estaba al mando del Teniente Coronel Juan Antonio Medina (Medinilla), militar de origen salvadoreño.

El General Juan López, estableció su Cuartel General en la ciudad de Juticalpa. El Presidente Medina, de Comayagua con rumbo a Olancho, al mando de una división de quinientos hombres, siguiendo la ruta de Esquías, Minas de Oro y Yoro, de donde pasó a Salamá, en donde estableció provisionalmente su Cuartel General y a donde llegó el General Juan López, para planear y discutir los planes militares con el fin de destruir la Facción.

X

EL DESASTRE DE LOS REBELDES OLANCHANOS EN EL AÑO DE MIL OCHOCIENTOS SESENTA Y CINCO

Como dijimos anteriormente, al regresar los rebeldes olanchanos a su departamento ya divididos sus cabecillas por el grave disgusto que tuvieron en Cedros, a principios del mes de junio de 1865, y ya muy reducido el número de sus hombres por la deserción, aprovecharon esta circunstancia las tropas gobiernistas y principiaron a batirlos en de talo sea por partes, y para llevar a cabo tal operación estratégica, fueron comisionados varios Jefes de confianza del Gobierno, entre ellos los Tenientes Coroneles Juan Antonio Medina e Inocente Solís y otros oficiales con órdenes terminantes de no darle cuartel a ningún prisionero, y fue entonces cuando se puso en ejecución el plan de La Ahorcancina y el fusilamiento sin ninguna escapatoria, y el incendio que se consumó en las poblaciones de Manto, Jano, San Francisco de La Paz y en otras muchas aldeas y caseríos de aquel infortunado departamento, destruyéndose así modestas chozas de humildes campesinos, muchos de ellos que eran completamente inofensivos, y muchas veces por venganzas puramente personales.

Para realizar todo este plan diabólico de destrucción, de odio y de venganza habían sido organizados grupos especiales de soldados gobiernistas que se encargaban con un sadismo infernal en el cumplimiento de su misión tenebrosa y destructora, en la cual alcanzaron una fama criminal el negro José Cloter, que era sirviente del General Medina, lo mismo que el llamado "Machucachiles", que respondía al nombre de Pablo Meza, que era nativo de Zapota. ahora San Francisco de La Paz, y que era el tambor de órdenes del Teniente Coronel Juan Antonio Medina (Medinilla).

Acerca de estos tipos tenebrosos la tradición olanchana refiere lo siguiente: "que cuando colgaban un desgraciado en la rama de un árbol y lo ahorcaban, el llamado Machucachiles hacía un ruido infernal con tambor que usaba especialmente para tales actos de crueldad; y que el negro Cloter gritaba desaforadamente y haciendo gesticulaciones, decía: "otro indio al palo que ya este se ahorcó".

Francamente tales escenas fueron espantosas en el Departamento de Olancho de aquel aciago año de 1865.

EL DESASTRE DE LOS REBELDES

Desde la derrota que sufrieron los rebeldes en el lugar llamado "Los Tapescos", en la primera quincena del mes de junio, por la tropa del Teniente Coronel Juan Antonio Medina (Medinilla), intentaron reorganizarse y volvieron a enfrentarse con la gente gobiernista, en el sitio llamado "Portillo Galán", que se encuentra a menos de dos leguas de distancia al noroeste de San Francisco de la Paz y no muy lejos de la montaña de "El Tular", y, las fuerzas del Coronel Francisco Zavala, que ya se encontraban muy reducidas en número y desmoralizadas, se declararon en desbandada con su Jefe, buscando refugiarse en la cumbre de dicha montaña, aprovechándose de un fuerte aguacero que caía, y ya casi de noche encontraron un rancho abandonado y en él acogieron, y creyendo que por el aguacero no serían perseguidos por sus enemigos, pero estos no se detuvieron en la persecución de los rebeldes, y llegaron al rancho en donde capturaron al Coronel Zavala y a sus pocos compañeros, y en aquel mismo lugar fueron fusilados y al Coronel Zavala le cortaron la cabeza y fue enviada a Juticalpa, según orden que tenía del Gobierno los Jefes expedicionarios.

Estos hechos sangrientos de la montaña de "El Tular", tuvieron lugar el 19 de junio de 1865.

EL PLAN DEL GOBIERNO SE ESTABA CUMPLIENDO CON EXACTITUD

El otro Jefe rebelde, Coronel Bernabé Antúnez, que también luchaba separadamente de sus anteriores compañeros, fue vencido de la manera más indigna, y como era todo un hombre decidido y valiente, emplearon contra él, el recurso bochornoso de la traición, ¡siempre la traición! y se valieron de un judas llamado Concepción Padilla, para que llevara a cabo la captura del Coronel Antúnez, con quien había andado en la Facción y se consideraba como su amigo íntimo.

El judas Padilla se presentó en Juticalpa al General Juan López, Comandante General del Ejército gobiernista, y con el fin de librarse del peligro que pudiera correr por su complicidad en la Facción le ofreció al General López, que él se comprometía a entregarle al Coronel Antúnez, y para realizar su felonía, le proporcionó el Jefe Militar varios hombres que tenía de alta, para que, como voluntarios, contribuyeran con Padilla a la mencionada captura del Jefe rebelde; y después de varios días de buscar el momento oportuno, ya en contacto con Antúnez, y cuando cruzaban el Río Grande, en el paso de Gualaco, invitó Padilla a Antúnez a que se bañasen, y cuando éste se encontraba dentro del agua y sus armas y ropas en la orilla del Río, se lanzaron sobre él y lo capturaron y fue entregado a un destacamento de la gente del Gobierno, que mandaba el Coronel Inocente Solís, quien lo condujo a Juticalpa, en donde fue fusilado inmediatamente, y le cortaron la cabeza como hicieron con el Coronel Zavala, y ambas cabezas fueron colgadas en jaulas de hierro y puestas en postes en la cumbre del cerro El Vigía, situado al norte de Juticalpa; y como decía el procónsul Pedro Fernández, se hacía aquello, para ejemplo y escarmiento de los enemigos del Gobierno.

XI

LAS CORRERIAS DE SERAPIO ROMERO, (a) CINCHONERO

Como las correrías de Serapio Romero, iban aumentado en varios lugares del Departamento de Olancho, con más números de adeptos, el Comandante Pedro Fernández, tuvo que tomar mayores precauciones defensivas, pero sin tener la completa pacificación de aquel Departamento, que desde hacía tantos años se debatía desesperadamente, entre la vida y la muerte de sus habitantes, en toda la extensión de aquella que fuera antes una próspera y rica comarca, pues se encontraba en una grave situación de desolación y de miseria, que infundía conmiseración y desaliento entre propios y extraños; y en tal situación de zozobra e intranquilidad, fue cuando aparece la figura de un humilde campesino esforzado y valiente, que, a la cabeza de un puñado de hombres jóvenes y dispuestos al sacrificio por el imperio de la libertad y de la justicia, y en la noche del 9 al 10 de julio de 1868, asaltan heroicamente el Cuartel de Juticalpa, y después de un ligero combate se apoderan de él, sin mayor derramamiento de sangre; y como el Mayor de Plaza, no se encontraba en su puesto, a la hora de la lucha, y el cual se llamaba Nazario Garay, dispuso el Cinchonero salir del cuartel con algunos de sus compañeros, y al poco andar se encontraron con Garay que iba hacia su puesto y al ver al Cinchonero, le increpó rudamente con palabras llenas de odio y de rencor.

Leamos, a este propósito, la página emocionante, pintoresca y certera que nos dejó en sus Memorias el notable Poeta y Escritor hondureño FROYLAN TURCIOS, que copiamos aquí gustosamente.

—¡Cobarde! ¡Miserable! ¡Traidor! Si yo hubiera estado aquí jamás hubieras tomado el Cuartel.

—Desprecio tus insultos —contestó en el mismo tono el Cinchonero— ¿Por qué abandonaste el puesto que te señala tu deber? En las épocas de guerra un Jefe de alta debe dormir con su tropa, y no como tú en los brazos de una querida. Con una palabra puedo hacer que te despedacen; pero deseo convencerte, de hombre a hombre, que nunca fui cobarde. Ya lo verás: voy a matarte, como a un perro.

Y dirigiéndose a sus camaradas que enardecidos le rodeaban, gritó:

—Entreguen a Garay un machete como el mío. Y si perezco le devuelven el Cuartel.

Abriéronse todos en un círculo y en el centro se atacaron con tremendo furor. A la luz de los haces de ocote desarrollóse aquella dramática escena digna de los antiguos espartanos.

Como feroces tigres rugían coléricos; las hierbas del piso volaban en todas direcciones y sólo se oía el choque de las armas. De pronto, la camisa del Cinchonero tiñóse de rojo y la lucha cesó. Tenía partido el brazo izquierdo. Ofreciéronle algunos sus ropas, vendándole al instante.

—¡Defiéndete! ¡Vas a morir! —rugió el herido, precipitándose sobre su contrario.

Garay reculó acosado como una fiera, lanzando ásperos juramentos. Defendiéndose con admirable bravura, pero la acometida fue tan fulminante que en breves segundos rodó por el suelo su cabeza; y como el terreno era desigual, el tronco erguido retrocedió algunos pasos todavía entre el silencio de los espectadores, inmóviles de espanto.

¿QUIÉN ERA EL CORONEL NAZARIO GARAY?

El Coronel Garay era hermano de doña Dolores Garay, que fue la esposa del General Pedro Fernández, el hombre fuerte de Olancho, durante el Gobierno del General Medina.

Fue el mismo oficial que condujo preso de Juticalpa a Comayagua, al Prócer don Joaquín Rivera ex—jefe del Estado y a sus dos compañeros de infortunio don Francisco Martínez y don Calixto Landa, todos ellos nativos de Tegucigalpa, cuando fueron capturados después de su derrota en el combate de Danlí a fines de diciembre de 1844, cuando le hicieron la guerra al Gobierno del General Francisco Ferrera, y fueron capturados a inmediaciones de la confluencia de los ríos Guayambre y Guayape, por la gente del Gobierno, al mando del Oficial F. Becerra, y llevados a Juticalpa en donde fueron trasladados a Comayagua por una escolta al mando del mismo Coronel Garay, y formó parte del Consejo de Guerra que condenó a muerte a los mencionados prisioneros, a quienes, también les leyó la sentencia de su última pena, y mostró un marcado odio y rencor contra las víctimas, como lo expresamos detalladamente en el estudio que publicamos en años anteriores, al cumplirse un siglo de la muerte del Prócer Rivera y de sus infortunados y leales compañeros.

XII

FINALMENTE LLEGAMOS A LOS AÑOS DE 1866 Y 1868 SIEMPRE LLENOS DE ZOZOBRAS EN OLANCHO

Desde los primeros meses del año de 1866, principiaron en Olancho a mencionar el nombre de una persona desconocida hasta entonces para la generalidad de la gente de aquellos lugares, y así fue como se inició este nombre en los pueblos de Manto, San Francisco de La Paz, Jano, y San Juan de Guarizama, y dicha persona se llamaba SERAPIO ROMERO, quien había logrado reunir unos pocos hombres que proponían vengar la muerte despiadada de tanta gente que había sido sacrificada por el Gobierno durante el año de 1865, o sea el año de La Ahorcancina de Medinón, como le llama la Historia Nacional.

Cuando ya contaba con más compañeros, el mencionado rebelde, se propuso hacer excursiones por aldeas y caseríos en busca de armas y dinero para sostenerse y proveerse de los elementos necesarios para extender la rebeldía, pues el Gobierno y el Comandante Fernández, no estimaban importante aquella revuelta y sólo se limitaban a enviar pequeñas escoltas a dispersar dicho grupo de descontentos, que muchas veces se burlaban de su persecución, y otras en que presentaban acción, derrotaban a los soldados del Gobierno, y en esta forma pasaba el tiempo y continuaba la intranquilidad en aquel Departamento, pues en una de aquellas incursiones que realizaron aquellos, llegaron a Orica en este Departamento, al que saquearon y llevándose armas particulares y dinero aumentaron el número de adeptos.

En uno de aquellos días de intranquilidad, recibió un aviso el Comandante Pedro Fernández, en el cual se le decía que en la aldea de San Felipe situada a inmediaciones de Juticalpa, se estaba preparando un complot revolucionario; y, con el fin de averiguar la verdad de tal informe, fue enviado a dicho lugar el General José María Zelaya con una escolta de 25 soldados, quien llegó a la mencionada aldea, y no encontró nada anormal, continuada su marcha hacia los valles de Azacualpa, a donde llegó igualmente sin encontrar ninguna novedad y, al regresar, ya casi a la puesta del sol, y pensando llegar a unas de las haciendas de aquellos valles, para pasar la noche y al pasar por unos de los zanjones que abundan en aquellos sitios, recibieron una granizada de balas, a los gritos de: "Vivan los Coquimbos", y cuya acción sorpresiva desmoralizó a la gente del Gobierno y huyeron unos por un lado y otros por otro, al grado que el General Zelaya, ya que por poco muere en aquella sorpresa, tuvo que escapar él solo a lomo de mula, con dirección incierta por la obscuridad de la noche.

Los asaltantes eran hombres que formaban el grupo que encabezaba el rebelde Serapio Romero, de que nos habla la Historia Patria con el sobrenombre de: "CINCHONERO", y de quien hablaremos más oportunamente.

¿CÓMO MURIÓ EL GENERAL JOSÉ MARÍA ZELAYA?
(El Cuzco Zelaya)

Después de la derrota que sufrió el General José María Zelaya y su gente, en el llano de Azacualpa, de que hablamos anteriormente, este Jefe gobiernistas, ya de noche siguió el camino en la obscuridad de aquellas horas silenciosas, y, a eso de las dos o tres de la madrugada oyó el canto de un gallo y se dirigió por aquel rumbo, pues él no quería llegar a Juticalpa, con las cajas destempladas, y buscaba la dirección de Catacamas, aunque algunas personas decían que iba con dirección a Nicaragua, y otras aseguraban que marchaba hacia Danlí, de donde pasaría a Comayagua; pero, al fin, dio con un rancho que ocupaba un guardián, que cuidaba un hato de ganado, y ya clareando el día fue reconocido por el campesino, que le ofreció toda confianza, y después de tomar un ligero desayuno le refirió a éste lo que le había sucedido, y le pidió, si podía ir a Catacamas distante tres o cuatro leguas del lugar en donde se encontraba, que era en las vegas del río Guayape, y llevarle letras a Don Alvino Cruz, que era su amigo y entonces desempeñaba la Comandancia de Armas de aquel lugar y era el dueño del hato al cual había llegado inesperadamente; y el campesino aceptó gustosamente, hacerle el mandado, poniéndose en marcha, y, al hacerle la entrega del papel al señor Cruz, este se sorprendió del contenido de aquellas letras del General Zelaya, y le dijo al sirviente que se esperara que iba a contestarle a Zelaya, tiempo que aprovechó el guardián para salir a la calle, y como tenía muchas personas conocidas en la población, le preguntaron qué andaba haciendo, y él sin malicia y tal vez sin mala fe, les refería que había llegado para entregarle un papel del General Zelaya a su patrón, pues el General se encontraba en el hato; y, al saber esta noticia en la población la gente se puso temerosa, pues pensaba que se intentaba volver a las sangrientas escenas del año anterior de La Ahorcancina, y el elemento indígena se sintió alarmado con la presencia del General Zelaya en las inmediaciones de aquel pueblo.

En la noche de ese mismo día salió el Comandante Cruz con su escolta a rondar las calles de la ciudad y encontró que había alarma en mucha gente por aquella noticia que había sido divulgada rápidamente, pero el Jefe Militar les aseguraba que no había novedad y que se fueran a dormir tranquilamente, pues el señor Cruz le había contestado a Zelaya las letras que le había enviado, diciéndole que no concebía su presencia en aquella ciudad, y que buscara un lugar seguro para su persona en los sitios del hato que le indicara el guardián.

Esa misma noche, un grupo de indígenas, en número como de cuarenta armados con lanzas, rejones y machetes, salieron, sigilosamente por camino que probablemente recorría el General Zelaya, los cuales fueron encabezados por el indígena que llamaban

"CHURUCO", y se emboscaron en lugares convenientes acechando el paso de su víctima.

El Comandante Cruz envió un oficial con cinco soldados a que hiciera una inspección del camino hacia el hato, y no encontraron ninguna novedad; y ya en las primeras horas de la mañana, salió el Comandante Cruz, con un grupo de amigos por el camino mencionado, bien montados y armados, y al poco tiempo de caminar, divisaron un hombre que venía montado, solo, y apresuraron la marcha, y reconocieron que era el General Zelaya, y fue en esos precisos momentos, que aparecieron los indios, gritando y corriendo, en tanto que el General Zelaya, y el Comandante Cruz se abrazaban, diciéndole Zelaya: ¡Sálvame, Alvino, Sálvame! y los indios se lanzaron contra Zelaya, atravesándole el cuerpo, con una lanza, golpeándole con los rejones y machetes y dejándole muerto instantáneamente, sin poder defenderlo ni el Comandante Cruz, ni sus acompañantes, no obstante de que andaban bien armados.

Los indios de Churuco, después que cometieron su crimen, se dispersaron por los montes y gritando, según dice la tradición olanchana estas palabras: "¡Ya sólo nos faltan Pedro y Medinón!".

¿QUIÉN ERA EL GENERAL JOSÉ MARÍA ZELAYA?
(El Cuzco Zelaya)

El General José María Zelaya, era Bachiller en Filosofía de la Universidad de Honduras, y hermano de don Francisco Zelaya y Ayes, que al romperse el Pacto Federal, fue nombrado Encargado de la Presidencia de la República, por la Cámara de Representantes; y fue, asimismo, el Jefe Militar de más de ochocientos hombres que se enfrentó al General Trinidad Cabañas, que mandaba trescientos soldados texiguat, curarenes y salvadoreños, en el sangriento combate que tuvo efecto en La Soledad, a menos de un kilómetro al suroeste de Comayagüela el 13 de noviembre de 1839, y del cual hablamos en nuestro libro intitulado COMAYAGUELA EN LA HISTORIA NACIONAL, haciendo una ligera narración de aquella reñida acción de armas, que abarcó el terreno comprendido desde la Quebrada Arriba, por las márgenes de las Quebradas de MAYANGLE y LA UMBRERA, y los sitios que ahora ocupan el Country Club y el nuevo Barrio de Belén, hasta las alturas de La Zopilotera, duró la lucha todas las horas de la mañana, y como dice don José Antonio Vijil, en sus

MEMORIAS, murieron ciento doce hombres y numerosos heridos de ambos contendientes, y entró la tropa vencedora del General Cabañas a Comayagüela y Tegucigalpa, en horas de la tarde y la gente del General Zelaya se replegó hacia el Departamento de Olancho.

EL AÑO TERRIBLE EN LOS ANALES HISTÓRICOS DEL DEPARTAMENTO DE OLANCHO

Hemos tratado brevemente la cronología de los hechos históricos en el rico y hermoso departamento de Olancho; y decimos brevemente, porque el tema se presta verdaderamente para escribir una obra de marcado interés para el estudio de la Historia General del país; pero entendemos que para realizar tal esfuerzo cultural sería necesaria la cooperación del Estado; pues se requiere para ello mucho tiempo y dinero para realizarlo, lo cual no es posible para una sola persona, sin recursos necesarios para poder llevarla a cabo.

Y, ahora que se cumple un siglo de aquellos aciagos sucesos, que la Historia refiere con dolor y espanto, sería oportuno que se le diera forma práctica a la idea expuesta anteriormente acerca de escribir la Historia completa de las Facciones de Olancho, como póstumo rendido a la memoria de los mártires olanchanos de todas aquellas luchas sangrientas y despiadadas, que todavía se desconocen en gran parte, y que, como dijo el General Morazán estuvieron a punto de acabar con aquel Departamento y con la vida del Estado; y esto, decimos nosotros ayudaría mucho, no solamente para conocer interesantes detalles de aquellos sucesos, sino también para el estudio general y particular, acerca de la evolución de nuestra Historia Política y Social.

RESUMEN DE LAS VICTIMAS EN OLANCHO, EL AÑO DE 1865

Y, ahora, haciendo un pequeño resumen de las víctimas ocurridas en el Departamento de Olancho, el año de 1865, puede decirse, más o menos aproximadamente que perecieron trescientos infortunados hombres, muchos de ellos los que fueron ahorcados con lujo de crueldad, quinientos hombres que fueron fusilados, muchos de ellos por considerárseles rebeldes y seiscientas familias que fueron desarraigadas de sus hogares, y que otras emigraron al interior del país, en busca de seguridad personal, muchas de las cuales huyeron hasta Nicaragua y El Salvador, horrorizadas de toda la barbarie que habían presenciado en su tierra y cumpliéndose así lo que había escrito el General Medina en su Mensaje que dirigió a la Nación, con fecha 15 de mayo de 1865, al depositar el Mando, y en cuyo Documento Oficial insertó las siguientes frases, propias de un espíritu vengativo, pues dice: "LAS LEYES DE LA GUERRA SON TERRIBLES PERO NECESARIAS PARA LA VIDA DE LA NACIÓN Y DEVOLVER A LA GENTE DE ORDEN EL ALIVIO DE LA PAZ. YO CREO ASÍ, PORQUE QUIERO, PUEDO Y SE CÓMO DEBE DESTRUIRLAS".

Pero es que el General Medina, se olvidaba, indudablemente, de las misteriosas leyes que rigen la vida humana, que son inexorables y siempre se cumplen, tarde o temprano, y algunas veces no en el propio protagonista, pero si en los descendientes por aquella expresión popular que reza: "el que a hierro mata a hierro muere". "Con la vara que mides serás medido". Es la ley inmutable de las compensaciones o de las retribuciones de que nos hablan las sagradas letras del Gran Libro de la Sabiduría Eterna.

Y en el caso del General Medina, se comprueba históricamente la inflexibilidad de esa ley, con el trágico fin de su vida borrascosa.

XIII

DIEZ DÍAS TUVO SERAPIO ROMERO, CINCHONERO, EN SU PODER EL CUARTEL DE JUTICALPA

El General Pedro Fernández había salido con su guardia personal hacia la ciudad de Catacamas, en asuntos oficiales, desde el día anterior al 9 de julio, en que Cinchonero se apoderó del Cuartel de Juticalpa, como dijimos anteriormente, y una de las primeras órdenes que dictó a su gente, fue la de traer las cabezas de los Coroneles Francisco Zavala y Bernabé Antúnez, que hacía casi tres años que se encontraban enjauladas en la picota levantada en el Cerro "El Vigía", situado al norte de aquella ciudad haciendo que el Cura de aquella Parroquia don Rafael Becerra, les hiciera exequias en una enramada. levantada en la plaza pública, y después de tales actos religiosos, fueron llevadas las calaveras con los honores militares del caso y sepultadas en el Cementerio viejo de Juticalpa.

Al tener noticia el General Fernández de la toma del Cuartel por el Cinchonero, destacó rápidamente varios correos a Comayagua para poner en conocimiento del Gobierno de lo que había acontecido, ordenando el Presidente Medina, el envío de un fuerte contingente de tropa para auxiliar al Comandante Fernández y proceder enérgicamente contra los asaltantes; y, así fue que a los diez días de estar aquellos rebeldes en poder de aquella plaza, fueron atacados por varios rumbos por más de cuatrocientos hombres, y después de un rudo combate que duró más de dos horas fueron desalojados del Cuartel los rebeldes que huyeron por diferentes dirección, no sin dejar varios muertos y heridos; y las fuerzas del Gobierno emprendieron una tenaz persecución contra ellos, que duró varios días, hasta que al fin fueron capturados en el Valle de Tilapa, por el Oficial Sotero Ávila, que fue enviado de Yocón por la autoridad militar, con una pequeña escolta a cooperar en la persecución de los fugitivos, y con el auxilio de varios vecinos de Manto y de otros lugares que sirvieron con el mismo fin; y, en el mismo sitio de la captura del Jefe rebelde fue fusilado y le cortaron la cabeza que fue enviada a Juticalpa a la autoridad militar; y en atención al pedimento de varias honorables familias de aquella localidad, que no querían continuar presenciando el macabro espectáculo de las cabezas de los Coroneles Francisco Zavala y Bernabé Antúnez, que habían permanecido en la picota durante tres años en las jaulas de hierro en el Cerro "El Vigía", desde el año de 1865, dispuso el Comandante de Armas de aquel Departamento, que la cabeza del Cinchonero, fuera sepultada en el Cementerio Viejo, en donde también yacían las cabezas de sus compañeros de armas.

XIV

¿QUIéN ERA SERAPIO ROMERO, (Alias Cinchonero)?

Y, después de toda la narración hecha anteriormente, nos hemos preguntado nosotros mismos: ¿quién fue, pues, Serapio Romero (alias Cinchonero)?...

Pues sabemos que dicho Jefe rebelde, nació en la modesta aldea de San Juan de Guarizama, perteneciente en aquella época a la jurisdicción del Municipio de Manto, y fue hijo legítimo de los humildes campesinos de aquel lugar, que se llamaban Anacleto

Romero y Cipriana Munguía (aunque algunas personas los mencionan: con el mismo nombre al padre y a la señora con el nombre de Serapia Ponce), que no está completamente comprobado.

En ese mismo hogar nacieron, también, además de Serapio que era el hijo primogénito los hermanos llamados Gregorio y Eusebio Romero Munguía.

No se tienen datos exactos acerca de la fecha del nacimiento de Serapio Romero, pero es de suponerse que nació allá por los años de 1840 a 1842, pues según la tradición olanchana, se sabe que Cinchonero, tenía el año de 1868, de veintiocho a veintinueve años de edad.

Los padres de Serapio Romero, eran campesinos pobres pero honrados y trabajadores y don Anacleto, el padre, se dedicaba a los trabajos agrícolas en una pequeña labranza, en la cual sembraba maíz, frijoles y otros productos para el consumo en el hogar, teniendo asimismo una pequeña huerta y un cañalito que mucho le servía para el sustento de su esposa y de sus hijos; y, además de sus faenas en los cultivos mencionados, ejercía el oficio de fabricante de toda clase de implementos para el apero de bestias de carga, que tanto se necesitaban en las labores de las haciendas y en los trabajos particulares, y de allí le vino a dicha familia el sobrenombre de CINCHONEROS, porque hacía cinchones y toda clase de arneses que se emplean como dijimos anteriormente para el arreglo de los animales de carga; y, para vender sus artículos indicados, tenía don Anacleto que recorrer con mucha frecuencia los hatos y haciendas de varios lugares en su Departamento, en donde era apreciado por su honradez en el cumplimiento de sus obligaciones, y así pasaba la existencia de aquel hogar sencillo pero tranquilo.

Con el tiempo, el señor Romero y su familia, dispusieron trasladarse a vivir a la ciudad de Juticalpa, y para ello buscaron un sitio conveniente para ellos, y eligieron el barrio de Calona, y al pie del Cerro de "El Zacate", construyeron una casita de bahareque en donde se fincaron definitivamente, y en donde crecieron sus hijos que empezaron a auxiliar a sus padres en la lucha por la vida, ejerciendo humildes menesteres en casas acomodadas de aquella localidad, y así fue como el hijo mayor, Serapio, entró como criado en la casa de don. Pedro Bertrand y otros más, y en el hogar del General Pedro Fernández, cumpliendo honradamente con sus obligaciones de criado; y, así fue como Serapio Romero, el que llegó a ser el célebre guerrillero olanchano se enteró de muchas cosas que no conocía bien en su juventud, y que le permitieron forjarse una conciencia exacta de los crímenes e injusticias que se cometían con la clase pobre y humilde de aquel departamento, y así fue que juró vengar las atrocidades, asesinatos y ahorcancinas llevadas a cabo por gentes sin Dios ni Ley; y, con tal fin, ofreció sacrificar su vida, gustosamente, en holocausto por el triunfo de la libertad y la justicia en nuestra patria hondureña.

XV

PALABRAS FINALES

Hemos hecho una breve narración cronológica acerca del origen y desarrollo de las FACCIONES DE OLANCHO, en el siglo pasado, porque creemos que es de mucha importancia histórica el aporte intelectual que se haga en tal sentido, para escribir un Estudio, más o menos completo de aquellos trágicos sucesos trascendentales que estuvieron a punto de acabar no solamente con aquel departamento, sino también con la vida de la Nación hondureña, según aparece en la opinión autorizada del General Morazán, quien tuvo la gloria indiscutible de haber realizado la Pacificación de aquella fecunda región de la tierra hondureña, en aquel recordado 21 de enero del año 1830.

Tomando en consideración la privilegiada posición geográfica de Honduras no solamente con relación a Centro América, sino también con todo el Hemisferio Occidental; sus recursos naturales, y todas las circunstancias favorables que lo hacen un país de brillante porvenir; había sido convertido en el pasado en un Campo de Agramante, adonde venían a disputarse en guerras constantes la hegemonía de Centro América, no pocos de sus gobernantes, ya fuera poniendo o quitando Presidentes para tener aliados en sus propósitos políticos de ejercer preponderancia en el Istmo Centroamericano, sin importarles para nada la Independencia y Soberanía de esta Patria tan agitada y abatida a través de su Historia de luchas justicieras por el triunfo de su Libertad.

Las Facciones de Olancho, del siglo pasado, dieron lecciones elocuentes al historiador, al sociólogo, al estadista y al economista con relación a lo peligroso que son las divisiones internas de un país débil e imprevisor, por la sencilla razón de que la TRAICION, no desperdicia la ocasión para azuzar la ambición de propios y extraños, para destruir la unidad de un pueblo como hacían en Olancho los eternos reaccionarios de entonces, que estimulaban a los rebeldes para que se desligaran de la entidad política de Honduras y proclamaran una nueva República en aquel Departamento, con el auxilio de los eternos enemigos de la Unidad Centroamericana.

Y ya para terminar estos párrafos, copiaremos aquí, en sus citadas MEMORIAS, al poeta Froylán Turcios, acerca de la figura histórica de SERAPIO ROMERO (alias CINCHONERO), concretando así su opinión patriótica con respecto al heroico rebelde olanchano.

"Serapio Romero fue un joven de Calona, Barrio de Juticalpa, muy apreciado por su honradez y temido por su audaz valor. Llamándolo Cinchonero, apodo de la familia, que fabricaba cinchones para los aparejos.

Fue sirviente del General Pedro Fernández, Procónsul de Olancho en aquellos tenebrosos tiempos. Dióse cuenta exacta de la terrible actuación de dicho Jefe a quien el alcohol exasperando la crueldad de su carácter precipitaba constantemente en la violencia y el crimen. Por centenares contábarse ya sus víctimas en los últimos años en la cabecera y pueblos de aquel Departamento. En los campos, hombres y aun mujeres y niños, colgaban de los árboles, destrozados por las aves carniceras.

El fusil, el bejuco y el machete funcionaban por todas partes con increíble ferocidad.

MEDINÓN aplaudía, en la vieja casona presidencial de Comayagua, el sistema de terror implantado por sus esbirros para ahogar en sangre —casi toda inocente—la tenaz rebeldía (rebelión que le tenía en perenne inquietud)"

Cinchonero sintió hervir el dolor y la cólera en su pecho ante aquellos horrores, y quiso acabar con ellos, sacrificándose, si era preciso, por la causa del pueblo. Preparó una conjura con sus amigos, y aprovechándose de la ausencia de Fernández, (de quien ya no era criado), que con su gente hallábase en Catacamas, asaltó en la madrugada del 9 de julio de 1868, a la cabeza de un grupo de valientes el Cuartel de Juticalpa".

Y, así, pues, bien puede decirse, que las lecciones históricas que nos dejaron las Facciones de Olancho, son claras y convincentes para el amable lector y comprueban la efectividad y certeza del pensamiento de alguien que se expresó así:

"LOS PUEBLOS SE ENLAZAN CON LA MUERTE EL DIA QUE SE DIVORCIAN DE SU HISTORIA".

Comayagüela, D.C., 15 de mayo de 1965.

GOBIERNO DEL GENERAL JOSÉ MARÍA MEDINA
(Continuación).

CAPÍTULO 1

Al, terminar la represión terrorista de Olancho, Medina volvió a Comayagua, muy campante, por la lección que había dado a los pueblos, y se decidió a convocar al pueblo para que eligiera una Asamblea Constituyente que reformara la Constitución de 1848, del Gobierno de don Juan Lindo. Así apareció la Constitución del 28 de septiembre de 1865, tan fatídica para José María Medina, que si hubiera sabido lo que le pasaría con ella no la habría firmado.

Llama la atención que después del horror de Olancho, Medina viniera a dictar una Constitución avanzada para el tiempo, y uno está tentado a preguntarse ¿por qué?

Ah, por una razón sencilla: aunque Medina quisiera mantenerse en la Colonia del siglo XVII, el devenir histórico estaba preparando las condiciones propicias al nacimiento de la Reforma. Los hombres más sobresalientes del país, con clara visión del futuro, llegaron a la Asamblea, y allí se contaban, por ejemplo:

Céleo Arias, destinado a grandes cosas en la República, Ponciano Leiva, lo mismo, Rosendo Agüero, Valentín Durón, Jerónimo Zelaya, Saturnino Bográn, Teodoro Aguiluz y otros cuantos que si no formaban la mayoría en las votaciones, ejercían tanta influencia, que se puede decir dominaban el pensamiento de la Asamblea.

Digamos una vez más que en aquella reunión legisladora, la presencia de Céleo Arias era tan importante por la claridad de sus ideas y su facilidad expositiva, que nada podía en su contra la representación del conservatismo, cuyo corifeo era don Juan Vilardebó y Moret, el ganadero más poderoso del país en aquel tiempo, con negocios adicionales en El Salvador, Guatemala, Belice y Cuba. Una muestra de lo que era Arias en la Asamblea, como jefe de la oposición liberal, la tenemos en este voto en contra de la pena de muerte:

"Soberano Congreso:

El Infrascrito, individuo de la comisión encargada del proyecto de reformas, tiene el sentimiento de disentir de la opinión de sus colegas en cuanto a la pena de muerte.

1º.—Porque no juzga que el Congreso tenga facultad de imponerla, pues aunque por la delegación de los pueblos es la concentración del Poder Nacional y por lo tanto a sus augustas decisiones nadie podría sobreponerse, sin cometer grave atentado, en la suma de facultades alegadas no se halla ni puede hallarse la de disponer de la existencia de los asociados. Era preciso que cada uno fuese dueño de su propia vida, comenzando por legitimar el suicidio; era preciso, en una palabra, desconocer el origen del hombre y aceptar fatales consecuencias bajo el aspecto moral y religioso.

2º.—Porque si, bajo un aspecto general, el homicidio es un crimen, no deja de serlo en la forma de pena, que puede llamarse homicidio judicial.

3º.—Porque la aplicación de la ley es la escuela práctica de la moralidad en las sociedades, ejerciendo una influencia poderosa sobre la educación y costumbres, y la ley de muerte vendría a matar el sentimiento, que es el gran resorte de la sociedad civilizada. Hay dos géneros de corrupción, dice Montesquieu, uno cuando el pueblo no observa las leyes, y otro cuando éstas lo corrompen.

4º.—Porque la severidad de las penas conduce a la impunidad de los delitos.

5º.—Porque allí donde la ley de muerte se ha establecido para los homicidios, no se han visto menos asesinatos que en los países donde la sangre humana no ha manchado la mano del juez.

6º.—Ultimamente, porque el hallarse establecida aquella pena en los pueblos cultos, que es el argumento fundamental de sus partidarios, es un hecho que no legitima su existencia, probando sólo que esas naciones aún no han podido desembarazarse de antiguas preocupaciones.

Mil plumas empapadas en la civilización del siglo XIX se mueven en el seno mismo de la avanzada Europa proclamando la abolición absoluta de aquella inhumana institución.

En consecuencia, el infrascrito representante propone al Soberano Congreso el siguiente artículo:

QUEDA ABOLIDA ABSOLUTAMENTE LA PENA DE MUERTE

Comayagua, septiembre 12 de 1865
CÉLEO ARIAS

La Constitución del 65 elevó a Honduras a la categoría de República, y a la vez consignó en sus capítulos los distintos puntos necesarios en el país de la Declaración de los Derechos del Hombre y del Ciudadano. En un estudio más a fondo se podrá ver el avance del Derecho constitucional de Honduras con esta nueva Carta, la cual, sin embargo, todavía no pudo dar el paso que separara el Estado de la Iglesia, desamortizara los bienes eclesiásticos y aboliera los diezmos, las primicias y las alcabalas.

Valga este capítulo como introducción para conocer la Constitución del 28 de septiembre de 1865, que se acompaña.

EN EL NOMBRE DE DIOS Y EN EJERCICIO DE LA SOBERANÍA NACIONAL

LA ASAMBLEA CONSTITUYENTE DEL PUEBLO HONDUREÑO, INSTALADA CON EL OBJETO DE REFORMAR LA CARTA FUNDAMENTAL DE 4 DE FEBRERO DE 1848, DECRETA Y SANCIONA LA SIGUIENTE

CONSTITUCIÓN POLTICA

CAPÍTULO I

DE LA REPÚBLICA Y SU SOBERANÍA

Art.1. El pueblo hondureño se constituye en República.

Art.2. La República de Honduras es soberana, libre e independiente; y por lo mismo le pertenece el derecho exclusivo de gobernarse a sí misma y establecer sus leyes fundamentales.

Art. 3. La soberanía reside en la universalidad de los ciudadanos hondureños. La ejercerán directamente en el acto de sufragar conforme a las leyes; y en todo lo demás, por medio de los Poderes que establece la presente Carta.

Es inalienable e imprescriptible.

Ningún individuo, ninguna fracción del pueblo puede atribuirse su ejercicio.

Art. 4. Todo Poder político emana del pueblo. Los funcionarios públicos son sus delegados y agentes y no tienen otras facultades que las que expresamente les da la ley. Por ella ordenan, juzgan y gobiernan; por ella se les debe obediencia y respeto; y conforme a ella deben dar cuenta de sus operaciones.

CAPÍTULO II

DEL TERRITORIO

Art. 5. La República comprende todo el territorio que durante la dominación española se conoció con el nombre de Provincia, circunscrito en los límites siguientes: por el Este, Sudeste y Sur con la República de Nicaragua; por el Este, Nordeste y Norte con el Océano Atlántico; por el Oeste con Guatemala; por el Sur, Sudeste y Oeste con El Salvador; y por el Sur con la ensenada de Conchagua en el Pacífico; y las islas adyacentes a sus costas en ambos mares.

Una ley demarcará especialmente los límites del territorio de la República.

Art. 6. La división del territorio de la República se hará por una ley general, con los datos necesarios; mientras esto se verifica, permanecerán los departamentos como están actualmente.

CAPÍTULO III

DEL GOBIERNO Y DE LA RELIGIÓN

Art. 7. El Gobierno de la República es popular representativo; y se ejercerá por tres Poderes distintos: Legislativo, Ejecutivo y Judicial.

Art. 8. La religión de la República es la Cristiana, Católica, Apostólica, Romana, con exclusión del ejercicio público de cualquiera otra. El Gobierno la protege; pero ni éste ni autoridad alguna tendrán intervención en el ejercicio privado de las otras que se establezcan en el país, si estas no tienden a deprimir la dominante y a alterar el orden público.

CAPÍTULO IV

DE LOS HONDUREÑOS, SUS DERECHOS Y OBLIGACIONES

Art. 9. Son hondureños:

1. Todas las personas nacidas en el territorio de la República.

2. Los hijos de padres y madres hondureñas nacidos en país extranjero, con comisión del Gobierno, o ausentes temporalmente:

3. Los Centroamericanos que hayan ganado vecindario en cualquier pueblo de la República; y

4. Los extranjeros naturalizados.

Art. 10. Los extranjeros se naturalizan:

1. Por obtener del Cuerpo Legislativo carta de naturaleza.

2. Por adquirir bienes raíces en el país con valor de dos mil pesos.

3. Por contraer matrimonio con hondureña y vecindario de un año; y

4. Por el simple vecindario de dos años.

Art. 11. Son derechos de los hondureños:

1. La libertad.

2. La igualdad ante la ley.

3. La seguridad individual; y

4. La propiedad.

Art. 12. Los hondureños son obligados:

1. A ser fieles a la Constitución, a obedecer las leyes y respetar las autoridades establecidas.

2. A contribuir en proporción de sus haberes para los gastos públicos; y

3. A defender la patria con las armas, cuando sean llamados por la ley.

CAPÍTULO V

DE LA CIUDADANÍA

Art. 13. Son ciudadanos todos los hondureños, mayores de veinte años que tengan oficio, o propiedad que les asegure un modo de vivir, honesta y decentemente.

También son ciudadanos, los mayores de diez y ocho años que con las cualidades expresadas tengan grado literario, o sean casados.

Ninguno de los contenidos en este artículo tendrá voto pasivo, sino con arreglo a las leyes.

Los extranjeros no están obligados a admitir la ciudadanía.

Art.14. Sólo los ciudadanos en ejercicio pueden obtener empleos en la República.

Art. 15. Pierden la cualidad de ciudadanos:

1. Los sentenciados por delitos que merezcan pena más que correccional, hasta obtener rehabilitación.

2. Los que admitan empleos de otros Gobiernos sin licencia del Congreso, con excepción de los de Centro América; y

3. Los que se naturalicen en país extranjero,

Art. 16. Se suspenden los derechos de ciudadano:

1. Por hallarse procesado criminalmente y tener decretado auto de prisión.

2. Por ser deudor fraudulento declarado, o deudor a las rentas públicas, requerido judicialmente de pago.

3. Por conducta conocidamente viciada, o vagancia calificada.

4. Por enajenación mental, legalmente declarada; y

5. Por ser sirviente doméstico cerca de la persona.

CAPÍTULO VI
DE LAS ELECCIONES

Art. 17 Se dividirá el territorio de la República en distritos electorales, que constarán de diez mil almas; y elegirán un Diputado Propietario y un Suplente. Pero entre tanto se reúnen los datos estadísticos para formar aquella división, se elegirán tres Diputados Propietarios y dos Suplentes por cada uno de los departamentos de

Comayagua, Tegucigalpa, Gracias y Olancho y dos suplentes por cada uno de los de Santa Bárbara, Yoro y Choluteca.

Art. 18. Las elecciones serán directas y la ley reglamentará la manera de hacerlas, dividiendo los departamentos y distritos en cantones, y disponiendo se formen registros de cada cantón, teniendo voto los inscritos únicamente.

Por ahora se harán las elecciones en la forma prevenida por la ley.

CAPÍTULO VII

DE LA ORGANIZACIÓN DEL PODER LEGISLATIVO

Art. 19. El Poder Legislativo de la República se ejercerá por un Congreso de Diputados elegidos en los términos que se ha dicho.

Se reunirán cada dos años sin necesidad de convocatoria del 1 al 15 de enero. Sus sesiones durarán sesenta días, pudiendo cerraras antes, de acuerdo con el Ejecutivo. También las tendrán extraordinarias cuando sean convocadas por éste; en cuyo caso sólo se ocuparán de las causas que motiven su reunión.

Un número menor de representantes tiene facultad para tomar inmediatamente las medidas convenientes para hacer concurrir a los demás, hasta conseguir su plenitud. La primera legislatura no se disolverá sino cuando haya emitido las siguientes leyes;

1. La de elecciones
2. De hacienda
3. De justicia
4. De Gobernadores Políticos y Municipalidades; y
5. La que establezca, las condiciones bajo las cuales debe admitir la República la inmigración extranjera.

Art. 20. El Congreso puede instalarse y deliberar con las dos terceras partes de los miembros electos. Para que haya resolución basta la mayoría absoluta de votos.

Art. 21. El Congreso se reunirá en la Capital de la República; pero él ya instalado, podrá decretar su traslación a otro punto por causas graves que él mismo calificará.

Art. 22. Las credenciales de los Representantes durarán cuatro años, pudiendo ser reelectos una sola vez: pero a los dos años del mismo período se renovará la mitad de los miembros del Congreso, designando por sorteo, que hará él mismo, al cerrar sus sesiones. La renovación sucesiva se hará por el orden de antigüedad.

Art. 23. Para ser electo Representante se requiere ser mayor de treinta años natural o vecino del departamento en que se hace la elección y ser dueño de un capital libre y conocido que no baje de mil pesos, o Licenciado en cualquiera de las facultades mayores.

CAPÍTULO VIII

DE LAS ATRIBUCIONES DEL PODER LEGISLATIVO

Art. 24. Corresponde al Poder Legislativo:

1. Calificar la elección de sus miembros y aprobar o no sus credenciales.

2. Llamar a los suplentes en caso de muerte o imposibilidad de concurrir los propietarios.

3. Admitir las renuncias que unos y otros hagan por causas legalmente comprobadas.

4. Formar su reglamento interior.

5. Decretar, interpretar, reformar y derogar las leyes.

6. Crear jurisdicciones y establecer en ellas Tribunales y Jueces para que a nombre de Honduras conozcan, juzguen y sentencien en toda clase de asuntos civiles y criminales que ocurran en la república.

7. Señalar las atribuciones de los diferentes funcionarios públicos.

8. Decretar reglamentos para el régimen interior de los demás poderes.

9. Decretar tasas o impuestos en proporción a la riqueza pública.

10. Acordar empréstitos forzosos en circunstancias extraordinarias consultando el haber de cada uno de sus habitantes.

11. Crear el ejército y milicias de la República.

12. Determinar la fuerza permanente.

13. Declarar la guerra y hacer la paz, con presencia de los datos que le comunique el Ejecutivo; y ratificar los tratados y negociaciones que él mismo haya ajustado, si mereciesen su aprobación.

14. Procurar el desarrollo de la instrucción pública decretando estatutos y métodos adecuados.

15. Crear y suprimir empleos, y asignar, aumentar o disminuir sus sueldos.

16. Conceder premios honoríficos y gratificaciones compatibles con el sistema de Gobierno establecido, por servicios relevantes a la patria.

17. Arreglar los pesos y medidas. Promover las vías de comunicación. —Decretar las armas y pabellón de la República; — y determinar la ley, peso y tipo de la moneda.

18. Conceder indultos y amnistías.

19. Nombrar los Magistrados de la Suprema Corte de Justicia, y conferir los grados de Brigadier arriba, inclusive.

20. Declarar que, a lugar a formación de causa contra los individuos de los Supremos Poderes, Ministros del Despacho y Agentes Diplomáticos de la República.

21. Admitir las renuncias que por causas graves hagan de sus oficios los mismos empleados, y la dimisión de Brigadier arriba, inclusive; y

22. Fijar y decretar bienalmente los gastos de la administración en todos los ramos de hacienda pública, arreglando su manejo e inversión; tomar cuenta de ella al Poder Ejecutivo; y calificar y reconocer la deuda nacional e interior, designando fondos para su amortización.

Art. 25. No podrá el Poder Legislativo, salvo en los casos que esta Constitución determina, conceder facultades extraordinarias al Ejecutivo ni ampliar las que en ella lleva detalladas.

Art. 26. El Poder Legislativo, puede delegar en el Ejecutivo las facultades siguientes:

1. Legislar sobre los ramos de policía, hacienda, guerra y marina

2. Aprobar o decretar estatutos y ordenanzas de las corporaciones o establecimientos que deban tenerlos, y los proyectos sobre creación de fondos que le presentaren.

3. Arreglar el sistema de pesos y medidas. Promover las vías de comunicación ordinarias; y

4. Decretar los Códigos Civil, penal, de procedimientos, de comercio y minería. De estas facultades sólo podrá hacer uso en receso del Poder Legislativo; y con el voto ilustrativo de una comisión de personas competentes, que el Congreso o el mismo Ejecutivo elegirá. Dadas estas leyes, cesa la delegación.

Art. 27. El Congreso se ocupará de preferencia de los asuntos que comprenda la memoria del Gobierno.

Art. 28. Cuando el Congreso hubiere de tratar de los intereses de la Iglesia, o de cosas que se relacionen con ellos, podrá convocar al Prelado Diocesano, para que por sí o por medio de un delegado, concurra a la sesión si lo tuviere a bien, con voto ilustrativo.

CAPITULO IX

DEL PODER EJECUTIVO

Art. 29. El Poder Ejecutivo se ejercerá por un ciudadano que llevará el título de Presidente de la República, nombrado directamente por el pueblo hondureño; pero cuando no resulte electo por mayoría absoluta de votos, el Congreso lo elegirá entre los tres ciudadanos que hayan obtenido mayor número de sufragios.

Art. 30. Cuando el Presidente tuviese a bien depositar su autoridad por alguna causa, lo hará en uno de los tres Diputados que designará el Congreso para este objeto, y en caso de muerte, remoción, renuncia o impedimento de aquel funcionario, los Ministros del despacho asumirán el Ejecutivo, debiendo proceder inmediatamente a designar en sorteo público, el Diputado que entre los designados deba ejercer el Gobierno.

Para este caso serán convocados los funcionarios públicos de mayor categoría que se hallaren en el lugar donde se practique. En falta de los Ministros del Despacho, recaerá el Poder en el Diputado que entre los designados se hallare a menor distancia de aquellos, y estando a igual, recaerá en el primer designado, sucediendo los demás por el orden de su nombramiento.

Art. 31. Para ser presidente se requiere ser padre de familia, mayor de treinta años, del estado seglar, natural de Centro América, con vecindario de cinco años en Honduras de notoria honradez e instrucción ser dueño de un capital en bienes raíces que no baje de cinco mil pesos, libre de todo gravamen y ubicado en el territorio de la República y no haber hecho la guerra a ésta en calidad de caudillo simplemente, o en la de jefe militar, desde la emisión de esta Carta en adelante.

Art. 32. Antes de proceder el Congreso a declarar o a hacer esta elección, se informará y calificará en sesión secreta si los candidatos reúnen las condiciones del artículo anterior; y desechando a los que no las tengan, procederá en sesión pública a declarar o verificar la elección, la cual se hará por cédulas, que se recogerán en una urna.

Art. 33. El período presidencial será de cuatro años, sin lugar a reelección sucesiva comienza el 1º. de febrero del año de la renovación.

Art. 34. El Presidente de la República es Comandante en jefe del ejército y armada.

CAPÍTULO X

ATRIBUCIONES DEL PODER EJECUTIVO

Art. 35. Corresponde al Poder Ejecutivo:

1. Mantener ilesa la soberanía e independencia de la República y la integridad de su territorio.

2. Conservar la paz y tranquilidad interior, conforme a las leyes.

3. Publicarlas y hacerlas ejecutar, y usar del voto del modo establecido.

4. Proponer al Congreso por medio del Ministerio, los proyectos de ley que crea convenientes, con las restricciones del artículo 45.

5. Presentar al Congreso por el mismo órgano, a los cinco días de abiertas las sesiones ordinarias un informe circunstanciado de todos los ramos de la administración pública, con los proyectos que juzgue oportunos para su conservación o mejoras; y una cuenta exacta del bienio vencido, con el presupuesto de gastos del venidero, y medios para llenarlo. Y si dentro del término expresado los Ministros no cumplen esta obligación, quedarán por el mismo hecho destituidos de sus funciones. El presupuesto no excederá al producto de las rentas ordinarias.

6. Publicar anualmente un estado de los ingresos y egresos de las rentas públicas.

7. Dar al Congreso los informes que le pida, pudiendo retener los documentos de los asuntos que demanden reserva, a menos que sean para exigirle la responsabilidad. Durante la guerra no es obligada a exhibir los planes de campaña.

8. Hacer efectiva la concurrencia de los Representantes en la época en que debe aparecer el Congreso; y convocar a éste para sesiones extraordinarias cuando lo estime conveniente; llamando, mientras se reúnen las Juntas preparatorias, a los suplentes de los propietarios que hayan fallecido.

9. Proponer amnistías al Congreso, cuando el bien público lo exija; y concederlas por sí en receso de aquel.

10. Levantar toda la demás fuerza necesaria sobre la decretada por la ley, para repeler invasiones o contener rebeliones; pudiendo en este único caso, si los recursos ordinarios no bastasen, proveerse de los que necesite por un empréstito general, de cuya inversión dará cuenta al Congreso en su próxima reunión.

11. Expedir reglamentos y órdenes para la ejecución de las leyes.

12. Nombrar y remover a los Ministros del despacho y a los demás empleados de su libre nombramiento, admitir sus renuncias, y conceder retiro a los jefes y oficiales del ejército y marina, con arreglo a las leyes;

13. Nombrar a los Jueces de Primera Instancia del fuero común a propuesta en terna de la Corte de Justicia; y admitir sus renuncias. No podrá en ningún caso devolver la terna presentada.

14. Nombrar así mismo los demás empleados, cuya provisión no esté reservada a otra autoridad.

15. Cuidar que los Magistrados y Jueces asistan puntualmente a sus despachos, para que los asuntos no sufran retraso, pudiendo compelerlos en caso necesario.

16. Habilitar puertos y establecer aduanas marítimas y terrestres, y dar reglas para nacionalizar y matricular buques.

17. Hacer la guerra y celebrar tratados de paz concordatos y cualesquiera otras negociaciones, sometiéndolas a la rectificación del Cuerpo Legislativo.

18. Dirigir y disponer de la fuerza armada, y mandar el ejército en persona si lo tuviese a bien; encargando en este caso el Ejecutivo a quien corresponda.

19. Conmutar las penas cuando el Tribunal superior que pronuncie la sentencia que causa ejecutoria contra el reo, recomiende la conmuta, expresándolo así en la propia sentencia, y por alguno de los motivos que la ley señale.

20. Vigilar sobre la exactitud de la moneda y computar el valor de la extranjera cuya circulación se permita.

21. Nombrar Ministros diplomáticos. Agentes y cónsules, cerca de los demás gobiernos; y admitir los nombrados por éstos.

22. Rehabilitar, durante el receso del Congreso, al que haya perdido los derechos de ciudadanos.

23. Ejercer el derecho de patronato conforme al concordato celebrado con la Santa Sede.

24. Poner el pase, si lo tuviese a bien, a los títulos en que se confiera dignidad eclesiástica; y a los nombramientos de Vicarios, Curas y Coadjutores, sin cuyo requisito los agraciados no pueden entrar en posesión. Concederlo igualmente a las letras pontificias y disposiciones conciliares, o retenerlas. De esta formalidad sólo quedan exceptuadas las que sean sobre dispensas para órdenes o matrimonios y las expedidas por la Penitenciaría.

25. Todos los objetos de la policía y de orden; los establecimientos públicos de beneficencia, de ciencias, letras y artes; las cárceles y presidios, están bajo su dirección y suprema inspección, conforme a sus leyes y estatutos lo mismo que la formación de censos y estadísticas; y

26. Promover y proteger el desarrollo de la industria agrícola, fabril y comercial.

CAPÍTULO XI

DE LOS MINISTROS DEL DESPACHO

Art. 36. El Poder Ejecutivo determinará el número de los Ministros y sus respectivos departamentos, no pudiendo aquellos ser menos de dos.

Art. 37. Para ser Ministro se requiere ser natural de Centro América y vecino de la República del estado seglar tener treinta años de edad, notorias luces y buena conducta y poseer un capital libre que no baje de mil pesos.

Art. 38. Las providencias del Poder Ejecutivo deben expedirse por el Ministerio respectivo; de otro modo no serán obedecidas.

Art. 39. Los Ministros serán responsables solidariamente con el Presidente, de las providencias que firmen contra la Constitución y las leyes; salvo en el caso que protesten.

CAPÍTULO XII

DEL PODER JUDICIAL

Art. 40. El Poder Judicial lo ejerce una Corte dividida en dos Secciones, y los demás Tribunales que se establezcan.

Art. 41. Las Secciones residirán una en esta ciudad y otra en la de Tegucigalpa. La ley demarcará su respectiva comprensión jurisdiccional.

Art. 42. Cada sección se compondrá por lo menos de tres Magistrados Propietarios y dos suplentes.

Art. 43. Para ser Magistrado se requiere ser Abogado de la República —de crédito y honradez— mayor de veinticinco años— y padre de familia; —o no letrado de treinta años arriba— con más que medianos conocimientos de jurisprudencia— dueño de un capital libre que no baje de mil pesos— y tener las demás cualidades requeridas para los letrados. Serán inamovibles durante su buena conducta; pero si hicieran dimisión, se les admitirá a los dos años de haber tomado posesión.

Cuando todos o algunos de los Magistrado estuviesen legalmente impedidos para conocer de un asunto, nombrarán colegas que desempeñen sus funciones, quienes reunirán las calidades que se exigen para Magistrados. La ley reglamentará el modo de hacer estos nombramientos.

CAPÍTULO XIII

DE LAS ATRIBUCIONES DE LA CORTE

Art. 44. Corresponde a cada Sección:

1. Formar el reglamento para su régimen interior.

2. Conocer en segunda instancia de las causas civiles y criminales, en los casos y forma que la ley determine; y en última, de las súplicas y demás recursos legales.

3. Dirimir las competencias de los Tribunales y Jueces de su jurisdicción, de cualquier fuero que sean.

4. Decidir las promovidas a los Tribunales y Jueces de su jurisdicción, por la otra Sección, sus Tribunales o Jueces. La ley determinará el modo de resolver las que ocurran entre ambas Secciones.

5. Suspender, durante el receso del Congreso, a los Magistrados por faltas graves en el ejercicio de sus funciones.

6. Conocer de las causas de responsabilidad de los Jueces de Primera Instancia de su respectiva jurisdicción; pudiendo suspenderlos y destituirlos con conocimiento de causa y conforme a la ley.

7. Conocer de los recursos de fuerza y de los demás que le atribuya la ley.

8. Hacer el recibimiento de Abogados; suspenderlos por causas graves, y aun retirarles sus títulos por conducta notoriamente viciada, cohecho o fraude, con conocimiento de causa.

9. Visitar por medio de un Magistrado los pueblos de su jurisdicción, para corregir los abusos que se noten en la administración de justicia. Las facultades del Magistrado, la duración. de la visita y demás circunstancias conducentes al objeto, serán determinadas por la ley.

10. Vigilar sobre la conducta de los Jueces inferiores, cuidando que administren pronta y cumplida justicia; y

11. Manifestar al Congreso la inconveniencia de las leyes, o las dificultades para su aplicación, indicando las reformas de que sean susceptibles. La ley determinará las demás atribuciones del Poder Judicial.

CAPÍTULO XIV

DE LA FORMACIÓN, SANCIÓN Y PUBLICACIÓN DE LA LEY

Art. 45. La iniciativa de la ley es exclusivamente reservada a los Diputados, al Presidente por medio de los Ministros, y a la Corte de Justicia; mas el Ejecutivo no podrá hacerla sobre impuestos ni contribuciones de ninguna clase.

Art. 46. Todo proyecto de ley después de discutido, y aprobado por el Congreso, se pasará al Ejecutivo, el que no teniendo objeciones que hacerle, le dará su sanción y lo hará publicar como ley.

Art. 47. Cuando el Ejecutivo encontrare inconvenientes para sancionar los proyectos de ley que se le pasen, podrá devolverlos dentro de diez días al Congreso, puntualizando las razones en que funde su opinión para la negativa; y si dentro del término expresado no los objetase, se tendrán por sancionados y los publicará como leyes.

En el caso de devolución, el Congreso podrá reconsiderar y ratificar el proyecto con los dos tercios de votos, pasándolo al Ejecutivo, quien lo tendrá por ley que ejecutará y publicará.

Cuando el Congreso emita una ley en los últimos diez días de sus sesiones, y el Ejecutivo encuentre dificultades para su sanción, es obligado inmediatamente a dar aviso al Congreso para que permanezca reunido hasta que se cumpla el término expresado; y no haciéndolo se tendrá por sancionada la ley.

Art. 48. Cuando un proyecto de ley fuese desechado y no ratificado, no podrá proponerse en las mismas sesiones sino hasta en las de la Legislatura siguiente. En la devolución que haga el Ejecutivo de los proyectos de ley, las votaciones del Congreso para ratificarlos serán nominales y deberán constar en el acta del día.

Art. 49. Todo proyecto, de ley aprobado por el Congreso se extenderá por duplicado, se publicará en él; y firmados dos ejemplares por su Presidente y Secretario, se pasará al Ejecutivo con esta fórmula: Al Poder Ejecutivo. Si este no lo aprobare, lo devolverá al Congreso con esta fórmula: Vuelva al Soberano Congreso.

Art. 50. Recibido por el Ejecutivo un proyecto de ley, si no le encontrase objeciones que hacer, firmará los dos ejemplares, devolviendo uno al Congreso; y reservándose otro en su archivo, lo publicará como ley en el término de diez días.

Art. 51. La publicación de la ley se hará en esta fórmula: El Presidente de la República de Honduras a sus habitantes -Sabed: que el Soberano Congreso ha decretado o acordado lo siguiente: (aquí el texto y firmas)

Por tanto: Ejecútese.

CAPÍTULO XV

DE LOS JUECES DE PRIMERA INSTANCIA

Art. 52. La ley establecerá Jueces de primera Instancia para que conozcan en lo civil y criminal; demarcará las jurisdicciones de cada uno, y la compensación proporcionada a su trabajo.

Art. 53. Para ser Juez de primera instancia se requiere ser Abogado de la República, de crédito y honradez, mayor de veinticinco años, y padre de familia; o no letrado de treinta años arriba, con más que medianos conocimientos en jurisprudencia- dueño de un capital libre que no baje de mil pesos; y tiene las demás cualidades requeridas para los letrados.

Art. 54. Los Jueces de primera instancia fallarán sin consulta, a no ser que la pida alguna de las partes. Su duración será de dos años, pudiendo ser reelectos sin interrupción; pero en este caso será voluntaria la aceptación del destino.

CAPÍTULO XVI

DEL GOBIERNO POLÍTICO DE LOS DEPARTAMENTOS Y DEL RÉGIMEN MUNICIPAL

Art. 55. En cada departamento habrá un gobernador propietario y un suplente, nombrado por el Ejecutivo. Serán de conocida honradez e instrucción, dueños de un capital libre que no baje de mil pesos, vecinos del departamento respectivo y mayores de veinticinco años.

Art. 56. Las Comandancias departamentales podrán ser servidas por los Gobernadores, a juicio del Ejecutivo; más los Comandantes no podrán servir las Gobernaciones Políticas.

Art. 57. Los Gobernadores Políticos durarán dos años en sus funciones pudiendo ser reelectos sin interrupción, si ellos admitieren, la ley designará sus atribuciones y la manera de ejercerlos.

Art. 58. El Gobierno interior de los pueblos es a cargo de Municipalidades electas popularmente en el tiempo y número de individuos que la ley señale.

Art. 59. Habrá Jueces de Paz que conocerán en los negocios de menor cuantía, delitos y faltas livianas. La ley determinará su nombramiento, cualidades y atribuciones.

CAPÍTULO XVII

DEL TESORO PÚBLICO

Art. 60. Forman el Tesoro público todos los bienes muebles, raíces y créditos activos de la República; todos los impuestos, contribuciones, tallas y tasas que pagan los hondureños o en adelante pagaren por sus personas, industria o bienes; y todos los derechos que satisface el comercio con arreglo a las leyes.

Art. 61. Habrá un Tesorero General de la República, y en los departamentos intendentes la ley demarcará sus funciones y cualidades, y establecerá los demás empleados que administren, lleven y glosen la cuenta y razón.

Art. 62. La jurisdicción de hacienda será privativa de sus empleados, y demás jueces especiales que se establezcan. La ley demarcará su extensión y el modo de ejercerla.

CAPÍTULO XVIII

DE LA FUERZA PÚBLICA

Art. 63. La Fuerza Pública se compone de la milicia nacional y del ejército de tierra y mar. Es instituida para defender el Estado contra los enemigos exteriores, y para el mantenimiento del orden y la ejecución de las leyes.

Art. 64. La organización de la milicia nacional y del ejército se regulará por la ley.

Art. 65. La fuerza pública es esencialmente obediente. Ningún cuerpo armado puede deliberar. Empleada para mantener el orden en el territorio, no habrá sino por el requerimiento de las autoridades constituidas, según las reglas determinadas por la ley. Ningún militar en actual servicio, podrá ser electo Presidente ni Diputado.

Art. 66. Queda establecido el fuero de guerra para los oficiales generales, y cualquier otro militar que pertenezca a cuerpo organizado.

Art. 67. La Comandancia General, que es a cargo del Ejecutivo, se ejercerá por conducto del Ministerio de la Guerra.

CAPÍTULO XIX

DE LA RESPONSABILIDAD DE LOS FUNCIONARIOS PÚBLICOS

Art. 68. Todo funcionario o empleado al posesionarse de su destino, prestará juramento de ser fiel a la República, de cumplir y hacer cumplir las leyes y atenerse a su texto, cualesquiera que sean las órdenes o resoluciones que las contraríen; y por sus infracciones serán responsables con sus personas y sus bienes, hasta que transcurra un tiempo igual al que sirvieron.

Art. 69. No podrán juzgarse a los individuos de los Supremos Poderes, Secretarios del Despacho y Agentes diplomáticos de la República, por delitos oficiales, sin que preceda declaratoria de haber lugar a formarles causa; más por los delitos comunes, quedan sin restricción alguna sujetos a los Tribunales a cuyo fuero pertenezcan.

Art. 70. El Presidente de la República podrá ser juzgado por traición, venalidad y usurpación del Poder; por atentar contra las garantías, impedir las elecciones o violentarlas; por impedir la reunión del Poder Legislativo; y por los demás delitos oficiales que cometa. Pero no podrá acusársele, ni ser sometido a juicio sino hasta después de terminado su período.

Tampoco podrá ser aprobada su conducta oficial, mientras esté en ejercicio del Poder.

Art. 71. La instrucción de la causa contra los individuos de los altos Poderes, Ministros del Despacho y Agentes Diplomáticos de la República, se verificará en el Congreso por tres de sus miembros electos por la suerte; y el pronunciamiento se hará colectivamente, debiendo concurrir los dos tercios de los presentes para que haya sentencia. Esta se contraerá a deponer del destino al acusado, y declararle incapaz de obtener otros honoríficos, lucrativos o de confianza, por cierto tiempo o a perpetuidad; más si la causa diere mérito, quedará sujeto el culpado a los resultados de un procedimiento ordinario ante los Tribunales comunes.

Art. 72. Desde que se declare en el Congreso, que se da por admitida la acusación, el acusado queda desde este acto suspenso del ejercicio de sus funciones oficiales; y por ningún motivo podrá permanecer más en su puesto, sin hacerse responsable del crimen de usurpación, y ningún individuo deberá obedecerle.

Art. 73. Los decretos, autos y sentencias pronunciadas por el Congreso deben ser cumplidas y ejecutadas sin necesidad de confirmación ni sanción alguna.

Art.74. Las opiniones de los diputados en lo relativo a su destino, no pueden ser interpretadas oficialmente en ningún tiempo, ni con motivo alguno; ni ellos pueden ser demandados o ejecutados por deudas desde el llamamiento a sesiones, hasta quince días después de concluidas.

Art. 75. Para declarar por mayoría de votos cuando a lugar a formación de causa contra el Tesorero General, Contadores mayores, Administradores de Aduanas, Intendentes, Comandantes Departamentales, de puertos y fronteras y Gobernadores Políticos por delitos oficiales, se organizará un Tribunal compuesto del Presidente de la respectiva Sección Judicial y dos Diputados electos por la suerte, entre los tres que componen la Representación de los Departamentos de Comayagua o Tegucigalpa. El Tribunal de Justicia respectivo, hará el sorteo en Corte Plena. Hecha la declaratoria con audiencia del acusado, este quedará suspenso y será juzgado por los Tribunales comunes.

Art. 76. Los empleados que sirvan su destino en la demarcación jurisdiccional de la Sección Suprema de Justicia de Tegucigalpa, sufrirán allí el juicio de responsabilidad; los demás en esta ciudad. La acusación se presentará ante el Tribunal de la Sección respectiva, quien inmediatamente procederá al sorteo antes establecido.

CAPÍTULO XX

GARANTÍAS INDIVIDUALES

Art. 77. La República reconoce el derecho de Hábeas Corpus. La ley determinará la manera de poner en práctica este derecho.

Art. 78. El presunto delincuente puede ser detenido por cualquier autoridad, que tenga facultad de arrestar; y el infraganti, por cualquiera persona para el efecto de presentarlo al juez.

Art. 79. La detención para inquirir no pasará de seis días; durante este término deberá la autoridad practicar la justificación del caso; y según su mérito librar por escrito la orden de prisión, o poner en libertad al detenido.

Art. 80. No. podrá librarse aquella sin que preceda justificación de haberse cometido un delito que merezca pena más que correccional y sin que resulte, al menos por semiplena prueba, quien sea el delincuente. Sin embargo, es permitida la prisión o arresto por pena o apremio, en los casos y por el término que la ley disponga.

Art. 81. Ninguno podrá ser preso ni detenido sino en los lugares públicos designados a este efecto. Los ciudadanos y las mujeres pueden serlo en otros conforme a su voluntad determinándolo la ley.

Art. 82. El arresto, prisión o reclusión, por pena correccional, no podrá pasar de treinta días, ni de veinticinco pesos de multa.

Art. 83. Cuando alguno no estuviese incomunicado por orden del Juez, trascrita en el registro de Alcaide, no podrá éste impedir su comunicación con las personas. Después de la confesión no puede prohibirse aquélla, y el juicio es público.

Art. 84. Aun con acto de prisión decretado, ninguno puede ser llevado a la cárcel, ni detenido en ella, si presentare fianza cuando al respectivo delito sea aplicable pena pecuniaria.

Art. 85. Ningún ciudadano o habitante podrá ser obligado a declarar en materias criminales contra sí mismo, ni contra sus parientes dentro del cuarto grado de consanguinidad y segundo de afinidad.

Art. 86. Las penas deben ser proporcionadas a la naturaleza y gravedad del delito. El apremio o tortura que no sea necesario para mantener en seguridad a las personas, es atroz y no debe consentirse.

Art. 87. La pena de muerte queda abolida en materia política; y solamente se establece por los delitos de asesinato, homicidio premeditado y seguro, asalto o incendio si se siguiere muerte, y por el parricidio en los casos que determine la ley. Los militares en servicio quedan sujetos a las penas de las ordenanzas del ejército.

Art. 88. Todos los habitantes de la República tienen derechos incontestables para conservar su vida y libertad; para adquirir, poseer y disponer de sus bienes; y para procurar su felicidad sin daño de tercero.

Art. 89. Ningún habitante puede ser inquietado, molestado ni perseguido por sus opiniones, de cualquier naturaleza que sean, con tal que por un acto directo y positivo no perturbe el orden o infrinja la ley.

Art. 90. Las acciones privadas que no ofendan directamente el orden público, ni produzcan daño de tercero, están fuera de la competencia de la ley.

Art. 91. La casa de todo habitante es un asilo que sólo puede allanar la autoridad en los casos siguientes:

1. En persecución actual de un delincuente:

2. Persiguiendo al reo a quien se haya proveído auto de prisión; y

3. Cuando por reclamo de interior de ella o por desorden escandaloso se exija su allanamiento. También puede ser allanada aquélla en que se halle refugiado un delincuente, o se oculten efectos hurtados, prohibidos o estancados; procediendo al menos semiplena prueba de estos hechos.

La ley determinará la forma y casos en que pueda allanarse por trasgresiones de policía.

Art. 92. Solamente los Tribunales establecidos con anterioridad por la ley, juzgarán y conocerán en las causas civiles y criminales de los hondureños; si lo hicieren, el Cuerpo Legislativo, tomándose facultades que no lo competen, o declarando delincuente, o castigando a un individuo que debe ser juzgado por sus Jueces naturales, se declara que tales Poderes atacan la presente Carta, y que por su infracción responderán con sus personas y bienes.

Art. 93. Todo habitante libre de responsabilidad puede emigrar a donde le parezca y volver cuando le convenga.

Art. 94. La propiedad, de cualquier calidad que sea, no podrá ser ocupada, sino es por causa de interés público, legalmente comprobada, y previamente indemnizado su valor a justa tasación.

Art. 95. La correspondencia epistolar es inviolable. La sustraída de las estafetas o de cualquier otro lugar, no hace fe contra ninguno.

Art. 96. Todo habitante puede libremente expresar su pensamiento por la prensa sin previa censura, haciéndose solamente responsable por el abuso que haga de este derecho; pero no se podrán publicar escritos injuriosos contra determinadas personas, sin que se suscriban por el autor y se publique su nombre. La ley determina la manera de calificar las injurias de esta especie.

Art. 97. Las leyes, órdenes, providencias o sentencias retroactivas, proscriptivas, confiscatorias, condenatorias sin juicio y que hacen trascendental la infamia, son injustas, opresivas y nulas. Las autoridades que cometan semejantes violaciones responderán con sus personas y bienes a la reparación del daño inferido.

Art. 98. Ni el Poder Legislativo, ni el Ejecutivo, ni ningún Tribunal o autoridad podrá restringir, alterar o violar ninguna de las garantías enunciadas; y cualquier Poder que las infrinja, será responsable individualmente al perjuicio inferido, en los mismos términos del artículo anterior.

CAPÍTULO XXI

DISPOSICIONES GENERALES

Art. 99. Sólo por los medios constitucionales se asciende al Poder Supremo. Si alguno le usurpare por medio de la fuerza o de la sedición popular, es reo del crimen de usurpación: todo lo que obrare será nulo y las cosas volverán al estado que tenían antes, luego que se establezca el orden constitucional.

Art. 100. La ley bien sea que proteja o bien que castigue, será igual para todos y recompensará a cada uno en proporción a sus méritos. No podrá ser relajada, o dispensada en favor de ningún individuo, corporación o pueblo; salvo el caso de indulto o amnistías.

Art. 101. Todo ciudadano puede ser admitido a los cargos públicos así tengan por objeto las elecciones; que el Congreso haya de hacer, y las renuncias que deba oír; en los acuerdos para trasladar su residencia de un punto a otro; en los presupuestos generales de gastos que vote; y en los reglamentos que emita para su régimen interior.

CAPÍTULO XXII

DE LAS REFORMAS DE LA CONSTITUCIÓN

Art. 110. La reforma parcial o absoluta de esta Constitución sólo podrá acordarse por los dos tercios de votos de los Representantes electos al Congreso. Esta resolución se publicará por la prensa, y volverá a tomarse en consideración en la próxima Legislatura. Si esta la ratifica, se convocará una Asamblea Constituyente para que decrete las reformas, pero no se propondrán ellas, sino es hasta pasados ocho años después de promulgada esta Constitución.

Art. 111. La presente Constitución no obsta para que concurra Honduras a la formación de un Gobierno Nacional con las otras Secciones de Centro América; o a la de un pacto federativo, si aquél no pudiese tener efecto. La adopción del nuevo régimen o pacto que se celebre, será ratificada con dos tercios de votos de los Diputados al Congreso; y este hecho se tendrá como reformada esta Constitución, sin embargo de lo establecido en este capítulo.

Art. 112. Queda abolida la carta fundamental de 4 de febrero de 1848, y vigentes las leyes que rigen actualmente en la República, en lo que no se opongan a la presente Constitución.

Dada en la ciudad de Comayagua, a los veintiocho días del mes de septiembre del año del Señor de mil ochocientos sesenta y cinco, XLIV de la Independencia.

FLORENCIO ESTRADA,
Presidente, Diputado por el Departamento de Comayagua

ANACLETO MADRID,
Vicepresidente, Diputado por el Departamento de Gracias

GUILLERMO BUSTILLO,
Diputado por el Departamento de Olancho

CARLOS MEMBRENO
Diputado por el Departamento de Tegucigalpa

PONCIANO LEIVA,
Diputado por el Departamento de Santa Bárbara

FRANCISCO MEDINA,
Diputado por el Departamento de Olancho

JOSÉ MARÍA ROJAS
Diputado por el Departamento de Choluteca

JUAN VILARDEBÓ
Diputado por el Departamento de Olancho

JOAQUIN MEJIA,
Diputado por el Departamento de Gracias

MANUEL COLINDRES,
Diputado por el Departamento de Choluteca

ROSENDO AGÜERO
Diputado por el Departamento de Tegucigalpa

NORBERTO HERNÁNDEZ,
Diputado por el Departamento de Gracias

MARIANO ÁLVAREZ,
Diputado por el Departamento de Yoro

CÉLEO ARIAS
Diputado por el Departamento de Comayagua

TEODORO AGUILUZ,
Diputado por el Departamento de Comayagua
BERNARDO YNESTROZA,
Diputado por el Departamento de Tegucigalpa

LUCIO ALVARADO,
Diputado por el Departamento de Gracias

MIGUEL BUSTILLO,
Diputado por el Departamento de Yoro

JESÚS ESPINO,
Diputado por el Departamento de Choluteca

JERÓNIMO ZELAYA,
Diputado por el Departamento de Santa Bárbara

SATURNINO BOGRÁN,
Diputado por el Departamento de Santa Bárbara

SANTIAGO ARRIOLA,
Secretario, Diputado por el Departamento de Comayagua

VALENTÍN DURÓN,
Secretario, Diputado por el Departamento de Tegucigalpa

Por tanto: promúlguese, imprímase y cúmplase.

Dado en Comayagua, en la Casa de Gobierno a 29 de septiembre de 1865.

JOSÉ MARÍA MEDINA

El Ministro: de Hacienda y Guerra,
CRESCENCIO GÓMEZ

El Ministro de Relaciones
FRANCISCO CRUZ

CONTINUACIÓN DEL GOBIERNO DEL GENERAL JOSÉ MARÍA MEDINA

De inmediato, la Constitución del 28 de septiembre de 1865 le sirvió a Medina para procurarse el segundo período presidencial de 1º. de febrero de 1866 al 2 de febrero de 1870, en lo que no había novedad, pues los conservadores que se daban cuenta de su situación difícil lo consideraban su ángel guardián, y los liberales le prestaban asistencia por considerarlo útil para su causa. En realidad, Medina de allí en adelante no sería más que un juguete en manos de sus enemigos.

Pero al grano, tomó posesión como queda dicho en la fecha indicada, y luego, por aquella movilidad propia de Medina y porque cuando había algún amago de algo le gustaba estar en Gracias, es decir a poca distancia de la frontera de El Salvador (como don Juan Lindo, así era "el Zorro"), en Gracias, junto con sus Ministros y Consejeros decidió dedicar su nuevo período presidencial a impulsar la construcción del ferrocarril interoceánico, iniciado por el General Cabañas, Presidente de la República en 1853, y para llevar a efecto el proyecto, Medina autorizó a los señores Carlos Gutiérrez y Víctor Herrán, Ministros de Honduras en Inglaterra y Francia, para contratar por cuenta del Gobierno la construcción del soñado ferrocarril, debiendo preceder a ,esto un empréstito de un millón de libras esterlinas, que sería el costo calculado de dicha obra. En Gracias, decimos, se dio el decreto ejecutivo de construcción del ferrocarril que después sería aprobado por el Poder Legislativo.

Expone al efecto don Félix Salgado en sus "Elementos de Historia de Honduras": Las emisiones de 1867, 1869 y 1870 fueron desastrosas; el General Medina fue víctima del agio y del fraude, por no conocer los secretos del comercio de banca; y aunque el conjunto de ellos fue de seis millones nominales de libras esterlinas, el Gobierno de Honduras sólo recibió la suma de trescientas mil libras que apenas alcanzó para construir cincuenta y tres millas de línea férrea, o sea la primera de las tres secciones en que fue dividida su construcción, y el país quedó con una inmensa deuda".

¿Qué les parece? Don Félix Salgado usa el estilo directo, llano y claro de Julio César en sus "Comentarios" para disimular las maniobras financieras de una banda de forajidos. que halló medios de llenarse sus bolsillos individuales con libras esterlinas arrancadas con engaño a los ingenuos londinenses, bajo pretexto de que con ellas se estaba construyendo una obra pública de gran importancia en Honduras, y que las libras esterlinas prestadas volverían a sus primitivos dueños multiplicadas como los panes del Señor en la parábola del Evangelio.

Cuando se hizo el escándalo en Londres y París porque los empréstitos de 1867, 1869 y 1870 no daban ningún provecho al público, el Parlamento Británico tuvo que intervenir para conocer la verdad al respecto, nombrando una comisión investigadora que se llamó Comité Selecto. Este Comité después de minuciosas pesquisas rindió un informe al Parlamento de 1.200 páginas en que aparecen:

1) Los Bancos gestores de los empréstitos con fines especulativos; 2) los individuos que se encargaban de las operaciones de Bolsa para allegar las cantidades que representaban los empréstitos; 3) algunos especuladores de mala fe bien conocidos en los centros bursátiles que estaban conectados con los Ministros diplomáticos en Londres y París; 4) el Ministro Carlos Gutiérrez que le había encontrado gusto a las libras esterlinas de los empréstitos; 5) la lista civil hondureña que se formó en Comayagua y Tegucigalpa, la cual recibía letras desde 10 libras hasta 50 las cuales llegaban a los Bancos judíos que administraban los empréstitos; 6) en el Informe del Comité Selecto se nombraban a las personas que recibían libras esterlinas en Honduras, como decir el Obispo de Comayagua, unas señoritas que hacían rosquetes en Tegucigalpa, el General Juan Antonio Medina, y en fin numerosas personas que estaban bien con el Gobierno.

El señor Carlos Gutiérrez, uno de los favorecidos con los empréstitos, al saber la investigación que seguía el Parlamento británico, huyó de Londres y fue a parar a España, estableciéndose en Vigo donde compró un palacio. Lo mismo hicieron otros comprometidos en el robo realizado en perjuicio del público inglés y francés.

Los Bancos que guardaban en sus cajas el dinero de los empréstitos se vieron seriamente señalados.

El Comité Selecto fue de opinión que a pesar de las migajas que habían caído en Comayagua y Tegucigalpa, no se podía enjuiciar a la República de Honduras, la que era totalmente inocente en el negocio de los empréstitos.

La única gente honrada en el caso fue la que componía la compañía constructora del ferrocarril, la que sufrió mil penalidades como estrecheces de dinero para pagar salarios y comprar propiedades, tardanzas en mandar materiales de construcción, u olvidos en atender otras cuestiones relacionadas con la vía interoceánica.

En la Administración de Marco Aurelio Soto, don Carlos Bernhard fue a Londres y París a investigar la cuestión de los empréstitos, y entre tantos documentos reveladores trajo el Informe del Comité Selecto del Parlamento Británico. Este informe fue impreso de orden del Ministro General Licenciado Ramón Rosa para que el público hondureño conociera la conducta de los gobiernos ladrones y la moral de los centros financieros más famosos del mundo.

Pero al final, las influencias y los ruegos que nunca faltan hicieron que el Gobierno de Soto desistiera de dar a luz pública el informe, y los gruesos volúmenes fueron arrojados a las llamas, salvándose unos pocos, entre ellos el que hemos tenido a la vista para redactar estas páginas.

A manera de anexos se acompañan algunas informaciones más.

DE NUEVO EN EL TEMA DEL FERROCARRIL INTEROCEANICO

Don León Alvarado, benemérito hijo de Honduras, que había firmado la primitiva concesión ferrocarrilera a nombre del Gobierno de la República, se presentó en Europa como comisionado especial del propio Gobierno, y trató en vano de organizar de nuevo la compañía bajo las mismas bases que la anterior. Todos sus esfuerzos fueron perdidos sin obtener el más insignificante resultado; y entonces se decidió a recurrir directamente al público inglés, pidiéndole un empréstito a nombre del Gobierno de Honduras, con el objeto de aplicarlo a la construcción del ferrocarril; ofreciendo como hipoteca de dicho empréstito, no solamente el mismo camino que se trataba de construir, sino también los terrenos baldíos y las ricas florestas de la República.

La primera dificultad que para esto se ofrecía era que, según los reglamentos de la Bolsa de Londres, ninguna nación extranjera que no haya cumplido sus compromisos rentísticos anteriores o no los haya arreglado convenientemente con sus acreedores, puede entrar en nuevas negociaciones en el mercado monetario, ni cotizar fondos de nuevos empréstitos o empresas en la referida Bolsa.

El Gobierno de Honduras tenía pendiente de arreglo la parte que le había correspondido en el reparto de la deuda federal de Centro América entre las cinco repúblicas independientes, que se formaron después de disuelta la Federación, cuya deuda federal tenía el siguiente origen:

En agosto del año de 1825, los entonces Estados Federales de Centro América, a saber, Guatemala, Honduras, El Salvador, Nicaragua y Costa Rica, se propusieron negociar en Londres un empréstito y cuando se disolvió la Federación, los cinco Estados que la componían, dividieron entre sí esta deuda, según el arreglo de Mr. Chatfield.

Don León Alvarado se vio en la imperiosa necesidad de arreglar la deuda federal, correspondiente a Honduras, con sus intereses vencidos sin cuyo arreglo previo nada, absolutamente nada, se podía intentar respecto a los empréstitos en proyecto para construir el ferrocarril.

Entonces se reunieron en junta los acreedores de la deuda federal, y les propuso el comisionado del Gobierno como arreglar reconociendo por capital e intereses cincuenta y cinco mil Libras Esterlinas, en vez de las noventa mil setenta y cinco Libras Esterlinas capitalizadas, con la condición de pagarlas dando nuevos bonos por dicha suma que ganarían intereses de cinco por ciento anual y en tales condiciones se hizo el arreglo.

Se había pensado amortizar convenientemente estos bonos, con algunos fondos que se irían destinando al efecto procedentes de los empréstitos que se hiciesen para construir el ferrocarril; y se dieron como garantía del cumplimiento de este arreglo, las rentas de la Aduana de Amapala.

Desde que se hizo el arreglo de esta deuda, y con fondos sacados de los empréstitos posteriores para construir el ferrocarril, se pagaron con regularidad sumas para amortizar bonos de dicha deuda, más cinco años de intereses.

Obvio es decir que las sumas pagadas fueron tomadas del producto de los empréstitos para construir el ferrocarril; y se podía prescindir de atender con regularidad el pago de esta deuda en tanto se pudo, por la absoluta necesidad de sostener en Londres el crédito de la República, a fin de no encontrar en esos acreedores, enemigos poderosos que se opusieran a las operaciones necesarias para llevar a cabo el Ferrocarril de conformidad con las órdenes del Gobierno de Honduras.

Antes de terminar este capítulo será bueno mencionar que se pagaron en Londres por cuenta de deudas atrasadas de la República de Honduras cuarenta y un mil Libras Esterlinas, para poder ir sosteniendo su crédito en el mercado de Inglaterra, y todas ellas sacadas de los fondos de los empréstitos destinados a la construcción del ferrocarril.

Con tal suma se hubiesen podido construir once millas de dicho camino.

EMPRÉSTITOS DE: 1867, 1869, 1870 Y OTROS EMPRÉSTITOS EN LONDRES Y EN PARIS

Seremos tan breves como sea posible.

Dice el Informe del Comité Selecto del Parlamento Británico: "Siendo tal la situación Financiera de Honduras, M. Víctor Herrán y don Carlos Gutiérrez, representantes de su Gobierno en París y Londres, celebraron un contrato escrito, el 25 de octubre de 1867, con los señores Bischoffsheim & Goldschmidt, de conformidad con el cual debía lanzarse un empréstito.

Por este contrato, los señores Bischoffscheim & Goldschmidt aceptaron la comisión del empréstito. El documento no revelaba el valor de la comisión por lanzar el empréstito. El Gobierno de Honduras se comprometió a pagar anualidades durante quince años, al cabo de los cuales, la República quedaría libre de toda responsabilidad.

El 6 de noviembre de 1867, o por esa fecha, se publicó el Prospecto que contenía las condiciones en que debía lanzarse el empréstito. Entre otras cosas el Prospecto decía que el Empréstito se levantaba con el objeto de aplicarse a la construcción del ferrocarril interoceánico, de Puerto Caballos, en el Atlántico a la Bahía de Fonseca en el Pacífico".

Bajo la afirmación -esto lo decimos nosotros- que había desaliento en tomar la totalidad de los bonos del empréstito, hubo una nueva operación encaminada a hacer que fueran tomados los restantes, y el Comité Selecto explicó el caso al Parlamento Británico de la siguiente manera:

El 30 de junio de 1868 se otorgó una escritura en la cual fueron partes el Señor Herrán, don Carlos Gutiérrez, los señores Bischoffsheim & Goldschmidt, don Carlos Lefevre, el señor Caterril y el señor Borinson. En esa escritura el Señor C. Lefevre "se comprometió a colocar todos los referidos bonos definitivos que representaban dicha suma una parte de los bonos, en todo el año de 1868; y el resto, durante el año de 1869". Después de proveer el pago de los intereses corrientes, el señor Lefevre se comprometió a pagar a los representantes del Gobierno de Honduras doce por ciento de cada bono, en vez del once y diez y medio que habrían recibido del público, según términos del prospecto.

En la misma escritura se estipuló, que el dinero que debía recibirse del señor Lefevre, el setenta y tres por ciento debía pagarse a don Carlos Gutiérrez, Philip Thomas Blyth y Henry Luke Robinson, fideicomisarios nombrados para los asuntos del ferrocarril; el doce por ciento a los señores Bischoffesheim & Goldschmidt de conformidad con los términos de un contrato adicional fechado el 25 de octubre de 1867.

El Comité Selecto del Parlamento Británico pormenoriza la contabilidad real y aparente de esa partida de estafadores que hizo víctima al público inglés y europeo, profundizó el descrédito de Honduras y agrandó la deuda exterior de nuestro país.

Sigue explicando el informe del Comité Selecto para el Parlamento Británico:

"En mayo de 1869, en época en que sólo una pequeña parte del empréstito de 1867 se había realizado en Inglaterra, el Ministro de Honduras en París, Señor Herrán, junto con el señor León Alvarado, dieron pasos para lanzar un nuevo empréstito. El prospecto de este empréstito aparece en la "RELACION HISTORICA" (de Carlos Gutiérrez). Los bonos que se emitieron para el público en cambio de las cédulas, estaban firmados por el señor Víctor Herrán, obrando en su propio nombre y "en el de su colega en Londres, en virtud de sus plenos poderes".

Vuestro Comité no ha creído que fuera su deber investigar acerca de los hechos que concurrieron en la emisión de este empréstito. Pero era importante averiguar hasta qué punto los fondos que resultaron de él, se han aplicado al pago de las sumas que se debían en virtud de los contratos del ferrocarril, o han llegado a poder de los fideicomisarios de los empréstitos contratados en este país.

En marzo y junio de 1870, se pagaron dos cantidades procedentes de ese empréstito, a los contratistas del ferrocarril. Al estallar la guerra franco-prusiana, en julio de 1870, el Señor Herrán hizo remitir de París a los señores Bischeffsheim & Goldschmidt de Londres, dos millones quinientos mil francos en efectivo y treinta y nueve millones de francos en bonos.

Por convenio celebrado el 19 de diciembre de 1870 entre don Carlos Gutiérrez y los señores Bischeffsheim & Goldschmidth, se dispuso nombrar a los señores David & Barnes fideicomisarios de estos dos millones quinientos mil francos y de las obligaciones referidas.

El producto debía invertirse en el pago de los intereses y amortizaciones del capital del empréstito y en cubrir las deudas a favor de los contratistas, relativas a la segunda sección del ferrocarril.

Habiéndose puesto los bonos en manos de los fideicomisarios, de conformidad con lo estipulado en escritura, se vendieron por medio del señor Lefevre y su producto se incorporó en un "fondo mixto" con el empréstito de 1870. En relación con la venta de los bonos de esta parte del empréstito, se pagó una crecida suma por comisión a los señores Bischoffsheim & Goldsmidt y al señor Lefevre. Vuestro comité no tiene pruebas acerca de la cantidad que se realizó de la parte del empréstito de que se dispuso en París; pero es de notarse que, de esa parte, sólo se ha probado que se pagaron a los contratistas del ferrocarril unas sesenta y un mil Libras Esterlinas.

Por lo que va expuesto, fácil es comprender que los empréstitos anteriores no dieron el resultado feliz que se buscó. Al contrario, Honduras fue cayendo en una deuda extranjera cada vez más grande. Pero existía en los negociantes el regocijo de contratar nuevos empréstitos por el provecho que les resultaba bajo el pretexto de construir un ferrocarril interoceánico en este país.

Los lectores de este trabajo verán cómo andaban las operaciones de los empréstitos aún en Honduras. En la "Relación Histórica" se registra el siguiente dato con el comentario consiguiente: "Se habían remitido varias sumas considerables al Gobierno de Honduras, no sólo con el objeto que atendiera a las perentorias necesidades internas, sino que también para que continuara los cortes y exportación de caoba y la explotación de algunas minas, a fin de remitir los productos a Europa y llamar así la atención pública (subrayamos nosotros). Pero el Gobierno no pudo remitir ni caoba ni metales; y solamente después de muchos esfuerzos se logró anunciar en Europa la llegada de dos cargamentos de caoba por cuenta del Gobierno de Honduras, la sola noticia de los cuales produjo los mejores efectos (volvemos a subrayar).

Ahora escribe el Comité Selecto del Parlamento Británico: "Vuestro Comité es de parecer que la compra, de estos cargamentos y el anuncio de su llegada en la forma que arriba se ha indicado, obedecieron al propósito de inducir, y en efecto indujeron al público, a creer que los bosques hipotecados estaban proveyendo los medios de pagar los intereses del empréstito" (vale la pena subrayar el entrecomillado para que se vea que también aquí en el país había cómplices, tal vez ya no con el objeto de construir el ferrocarril interoceánico sino de allegar Libras Esterlinas a sus bolsillos.

Inmediatamente después de la publicación de estas noticias, relativas a la llegada de los cargamentos de caoba, se dieron pasos para lanzar un nuevo empréstito al público.

El 17 de junio se celebró un convenio entre don Carlos Gutiérrez y los señores Bischoffsheim & Goldschmidt. En este contrato, el Ministro, en representación del Gobierno de Honduras, autorizó la emisión de otro empréstito que debía denominarse "EL EMPRÉSTITO DE DIEZ POR CIENTO DEL FERROCARRIL DEL GOBIERNO DE HONDURAS,1870".

El prospecto del empréstito se emitió el 20 de junio de 1870. En este se decía que don Carlos Gutiérrez estaba plenamente autorizado, por poderes fechados el 14 de marzo de 1870, para levantar un empréstito para su Gobierno, con el objeto de terminar el ferrocarril interoceánico de Honduras, de mar a mar.

El Comité Selecto del Parlamento Británico dedica páginas y páginas en su Informe para explicar como el empréstito de 1870 cayó en manos de Lefevre y de sus hombres, quienes vendían y volvía a vender los bonos para despertar interés por ellos en el público. En estas tretas andaba el Ministro Plenipotenciario Gutiérrez en perfecto acuerdo con la casa judía Bischoffsheim & Goldschmidt. Entre tanto el Ministro Plenipotenciario en París, señor Herrán, protestaba repetidas veces por la conducta que observaba Gutiérrez, quien había olvidado el acuerdo del Gobierno de Medina que había dado a los dos Ministros un poder mancomunado y solidario.

Herrán decía en su correspondencia que él, siendo extranjero, demostraba más patriotismo hondureño que los hijos de este país, y en su inquietud llegó a amenazar con hacer denuncia pública de los manejos de la casa judía, tantas veces referida, y la legión de individuos a su servicio. Esto lo expresaba en su casi diaria correspondencia al señor León Alvarado, Fiscal del Gobierno de Honduras en la operación de los empréstitos, y cuyo nombre por mucho que se diga en su favor no andaba bien puesto en el Informe del Comité Selecto del Parlamento Británico, no por ladrón, que no lo fue, sino por apacible y tolerante en las tramas bursátiles de Londres.

Por causa del último contrato del empréstito, Honduras se había endeudado en más de un millón de Libras Esterlinas.

Vamos a hablar de algo que parece tener su origen en la ciencia-ficción por sus perfiles fantásticos y que sin embargo fue una concepción surgida de la mente de unos hombres, que negociaban empréstitos para la construcción de una vía férrea por Honduras.

Leamos lo que dice el Informe del Comité Selecto del Parlamento Británico:

"En noviembre de 1871 el Gobierno de Honduras, -que estaba bien compenetrado de todas las desgracias que habían ocurrido con los otros empréstitos- resolvió lanzar un cuarto empréstito con el objeto ostensible de convertir la línea parcialmente construida, en un ferrocarril para buques de gran porte, con sus cargamentos, al través de Honduras". El 22 de mayo de 1872, don Carlos Gutiérrez presentó el prospecto, invitando al público a que se suscribiese a un empréstito con el objeto de construir un ferrocarril a través de Honduras, que llevara los buques con sus cargamentos, del Atlántico al Pacífico.

Nadie atendió la invitación, y el fracaso del Proyecto del Ferrocarril para buques, ocasionó un descenso repentino en el precio de los bonos de los empréstitos de Honduras.

Se suspendieron los trabajos del ferrocarril y se rescindieron los contratos del mismo. Se había ensayado, el Proyecto del Ferrocarril para Buques y había fracasado.

Así las cosas, el Capitán Bedford Pim, que obraba, provisionalmente, como comisionado del Gobierno de Honduras, y el fideicomisario señor G.B. Kerferd, ambos autorizados por el Ministro de Londres, resolvieron ensayar otro empréstito, que debía solicitarse en París.

Haciendo uso de la autorización conferida por don Carlos Gutiérrez, el Capitán Bedford Pim hizo arreglos, en diciembre de 1872 para lanzar un empréstito en París.

Cuando apareció el prospecto, el señor Herrán, Ministro de Honduras en París, protestó ante el Ministerio de Relaciones Exteriores de Francia, contra la emisión del empréstito, diciendo que él no había recibido instrucciones de su Gobierno acerca del particular, y en consecuencia, el Ministro de Relaciones Exteriores dirigió una comunicación al Ministro de Justicia, quien hizo arrestar al Capitán Pim, pero fue puesto en libertad después de cuarenta y seis horas.

El proyecto de emitir este empréstito fue abandonado.

De 1875, año en que se hizo el cálculo para el arreglo de la deuda inglesa por el gobierno del Doctor Paz Barahona, había crecido hasta la monstruosidad al no existir ningún Fondo de Amortización ni haberse pagado intereses.

El 20 de febrero de 1868 el Presidente José María Medina por medio de un Decreto acepta la ejecución de los trabajos del Ferrocarril por el empresario William McCandlish, a quien según Carlos Gutiérrez, entregó el 10 de noviembre cincuenta mil Libras Esterlinas, para dar principio a la línea férrea y, para entonces, las diferentes compañías navieras buscaban ser preferidas en el transporte de los rieles.

El Ingeniero Enrique O. Hagans llegó con otro Ingeniero, como representante de McCandlish, el 18 de enero de 1869 a Omoa, quien informó de su llegada al Gobierno y al mismo tiempo expuso el programa de sus actividades: "corte del monte en el trazado del camino y la construcción en varios puntos, de casas para albergar a los Ingenieros y operarios".

En diciembre de 1869 salieron de Londres tres barcos cargados de rieles y otros materiales para la primera sección del ferrocarril.

Don Francisco Alvarado declaraba en enero de 1870 que esperaba" que la primera sección de la construcción del "camino de hierro estaría concluida, en noviembre del mismo año del que a la sazón "un desmonte imperfecto en la línea, el muelle y el puente que atraviesa el canal de la laguna, es cuanto existe en realidad como fruto del año anterior".

El 16 de abril de 1870, don Francisco Alvarado daba cuenta al Gobierno que el puente de hierro de la Laguna estaba para ser concluido, y que ya se buscaba la madera para los otros puentes.

El 20 de julio de 1870, James C. Madeley informó al Gobierno de Honduras entre otras cosas que se ha limpiado el bosque por una distancia de cuarenta y cinco millas; que el puente de Choloma se ha concluido y el del Río Blanco está por ser terminado; además que ya se han puesto rieles en ocho millas por las cuales transitan los vagones con una pequeña locomotora de mano. Para esa fecha hay ya veintinueve mil durmientes cortados y se anuncia la llegada de dos buques que desembarcarán dos locomotoras y el puente de hierro de Chamelecón, así como también materiales para empezar nuevos trabajos en el Ferrocarril.

Desde San Pedro Sula, el 5 de junio de 1870, el señor Madeley afirma que se ha terminado el puente de hierro sobre el Chamelecón. El 23 del mismo mes J. Reinaud anuncia al Gobierno que el Puente de Río Blanco ya fue concluido y el del Río Bermejo está por terminarse. Y el 30 de julio desde Potrerillos, James Bryson anunció al Presidente que se habían recibido sin averías dos locomotoras, de las cuales la denominada: "MEDINA" sería puesta a trabajar en pocos días cuando el asiento de la vía se hubiese hecho. Para el 1º. de noviembre, dos locomotoras más habían llegado al país y se habían rescatado algunos de los vagones que venían en la "REGINA", que había naufragado.

Para el 8 de diciembre de 1870 tres locomotoras trabajaban desde Villa Medina hasta Chamelecón, con ocho carros cada una transportando balasto para terraplenes y materiales para la construcción de la línea.

Fue el 20 de julio de 1871 que por primera vez llegó a San Pedro Sula un carro de primera clase del Ferrocarril, tirado por la "MEDINA", cumpliendo por primera vez uno de los propósitos del naciente ferrocarril.

Los viajeros fueron: Frank Turner, algunos ingenieros, el Capitán de un vapor y toda la oficialidad de Puerto Cortés.

VISITA REVELADORA DEL GENERAL JOSE MARIA MEDINA, PRESIDENTE DE LA REPUBLICA DE HONDURAS, A MR. LOGDON, GOBERNADOR DE BELICE, EN 1868

RECEPCION DEL EXCMO. SEÑOR PRESIDENTE DE LA REPUBLICA EN BELICE, H.B.

Nuestro corresponsal nos dice lo que sigue:

El Excmo. Sr. Capitán General, Presidente de la República en unión de su Excma. Señora, acompañados de algunos amigos se embarcaron a las once de la noche del día 25 de julio, en Omoa con dirección a Belice, en la Goleta Colibrí. A las 6 de la mañana del día siguiente, se dio fondo en los cayos de Sapotillas, en donde saltaron a tierra SS.EE. y pasaron el día hasta las cuatro de la tarde, hora en que se levantó ancla; y habiendo soplado una brisa suave durante la noche, llegaron a las 6 de la mañana del día 29 a la Bahía de Belize. Al echar ancla el Colibrí, anunció con un cañonazo el arribo. Las banderas se habían izado inmediatamente, llegando un Guarda a bordo y en seguida el Cónsul de Honduras, Mr. Mutrie.

Pocos momentos la Goleta Medina y Paquete Brunet hicieron su saludo de bandera hondureña, y aunque solo la inglesa estaba enarbolada, el anuncio de la artillería de la Goleta Medina hizo que todas las banderas de los Consulados de varias naciones de Europa y América flameasen en las respectivas astas. A las 10 del día, el Srio. privado del Gobernador, con el bote nacional servido de ocho remeros, llegó a conducirlos por disposición de la primera autoridad de la colonia. Al zarpar el bote, la artillería de la fortaleza saludó a SS.EE. con las descargas designadas para los altos personajes. En el muelle los recibieron el Gobernador con las personas notables, tropas de guarnición y mucha parte del pueblo: dos carruajes estaban preparados y condujeron a SS.EE. a casa de don Bernardo Crámer, cónsul de Prusia. A las dos de la tarde dio un segundo almuerzo el Cónsul Mutrie en casa de Mr. Guil y compañía. A los postres, el Presidente de la Asamblea tomó la palabra y brindó por el contento de la sociedad de Belize al recibir tan ilustre huésped; y S.E. contestó de momento por las simpatías e ingleses. Levantados de la mesa, los concurrentes pasaron a la sala de descanso en donde la muy apreciable señorita Luisa Nibuey ejecutó algunas piezas en el piano, acompañadas de canto al estilo inglés.

A las 6 de la tarde, el Sr. Presidente Medina se retiró con su familia muy complacido por los cumplimientos de una sociedad que conocía por primera vez. El 28, el señor Gobernador de la colonia, Mr. Logdon, ofreció una recepción oficial a S.E. en su casa de habitación, que tuvo lugar a la una del día en el superior piso del edificio, en cuyo lugar había concurrencia de 20 personas notables, y después de media hora de los cumplidos de etiqueta, bajaron a una pieza a tomar un refresco, exquisitos vinos y manjares deliciosos. El Gobernador pronunció un discurso, en que expresó el contento que tenía por la visita que había hecho el Sr. Presidente de Honduras a aquel establecimiento por la prosperidad de los hondureños, por las buenas relaciones entre el Gobierno inglés con el de Honduras, y por sus buenos deseos en que se lleve a cabo la empresa del ferrocarril; y que daría cuenta a su Gobierno de la visita del Excmo. Sr. Presidente Medina al referido establecimiento.

S.E. contestó de la manera siguiente:

"Señor Gobernador

La bondadosa recepción que Ud. me ha hecho al llegar a este establecimiento en visita privada es una prueba evidente de que Ud. depende de un Gobierno ilustrado como es el de Inglaterra.

Yo felicito a Ud, por el acierto del mismo Gobierno al mandarlo representar sus derechos en el Golfo de Honduras. Aprecio mucho sus buenos sentimientos en favor de las empresas que empiezan a desarrollarse en mi país; le soy también agradecido por sus cumplidos homenajes; y no pudiendo corresponder de momento a su fina cortesía, quiero al menos tener la satisfacción de brindar por la salud de la Augusta Reina Victoria, por la conservación de su real familia, y por la felicidad de sus súbditos. También excito a los señores presentes a dar gracias al Todopoderoso por haberse salvado el Duque de Edimburgo del atentado reciente contra su persona.

La empresa del ferrocarril interoceánico de Honduras, de que Ud, ha hecho mención, hay probabilidad de llevarse a su término; pero no es en realidad el Gobierno de Honduras quien debe hacerlo; son precisamente los capitales ingleses depositados al efecto en uno de los Bancos de Londres los que deben promoverla; esa empresa debe ser apoyada por los señores de esta Colonia, supuesto es de tantas ventajas para el comercio del mundo".

A las 4 de la tarde S.E. se retiró acompañado de los señores cónsules D.J. Federico Debrot, don Guillermo Melhado y Mutrie.

A las 4 y media, el señor Gobernador fue en persona a convidar a E. para ir al campo de los cuarteles a recibir un saludo de las tropas, a presenciar un simulacro de guerra que se ejecutó a las cinco y media. Las maniobras de la artillería y tropas de línea fueron uniformes. En aquellos momentos S.E. admiró el adelanto de la disciplina británica, nada inferior al de las otras naciones de Europa. Un inmenso gentío de todas clases presenciaba aquel espectáculo. Al concluirse la revista, el General de las tropas, Mr. Harley, convidó a la Excma.

Señora del Presidente a tomar como otras señoritas un refresco en el salón de la casa del cuartel. A las 9 de la noche, SS.EE. concurrieron a un baile de confianza en casa del señor don José María Martínez, cónsul mejicano; varias señoritas ejecutaron el piano y canto, distinguiéndose entre ellas la esposa de un oficial Dr. en servicio de la corona. El 29 se dio un gran baile a S.E. en la casa de la Asamblea: a las 9 y media de la noche se dio principio; y las primeras tres piezas de apertura, fueron "Cuadrilla, Galopa y Lanceros". El Gobernador tomó la iniciativa con la señora del Presidente; y éste con la del Gobernador, que aunque un poco enferma no se excusó a concurrir. Una marcha anunció el banquete de cena, y después de haber tenido lugar, se retiraron el Gobernador y el Presidente con sus señoras. El baile continuó hasta las tres de la mañana.

El 30, S.E. despidió de algunas personas, y a otras les dirigió su tarjeta de despedida. Se trasladó a bordo del Colibrí en unión de su comitiva. Las mismas personas de recepción estaban en el Muelle; el señor Gobernador condujo a la señora del Presidente al bote preparado al efecto; y S.E. se despidió de la oficialidad y demás concurrentes con una demostración afectuosa y cortés. La artillería de la fortaleza hizo el saludo y lo mismo la goleta "Medina" y el "Bruntt". Las personas que acompañaban a SS.EE. en toda la expedición de Belize, son la señora doña Dolores de Elías, con su hija adoptiva, don J.F. Debrot y don Guillermo Melhado, las cuales con su esmerada educación hicieron soportables a SS.EE. las penalidades de la navegación.

El 1º. y el 2 del corriente, el señor Presidente y su comitiva, permanecieron en los cayos de Sapotillos; y el 3 a las 4 de la tarde llegaron a este puerto sin haber tenido la más pequeña novedad. Las personas notables de la población recibieron al Supremo Mandatario en las plazas de Omoa, y el Castillo con los saludos de ordenanza.

GACETA OFICIAL Número 83, Tomo 6.
Página 4. Agosto de 1868.

(Tomado de la REVISTA ARIEL, 3ª.
etapa, No. 246. Junio de 1972.
Tegucigalpa, Honduras, C.A.)

La visita reveladora del General Medina al Gobernador de Belice, en julio de 1868, fue para expresar por medio de éste sus respetos a la Reina Victoria. Ya se conoce la adhesión de Medina al Gobierno británico.

La vía diplomática correcta entonces era la establecida entre Comayagua y Londres. Pero Medina quería acentuar su respeto y sumisión con una visita a Mr. Logdon en Belice.

ENTREGA DEL CASTILLO DE OMOA POR EL GENERAL MEDINA EN 1853

Señor Comandante Principal de Omoa. Agosto 23 de 1853. Acabo de recibir la nota de usted en contestación de la mía, en que me ofrece darme una contestación circunstanciada después, porque según dice no ha comprendido la mía. Yo desearía que usted se tomara la molestia de venir a la orilla del pueblo a hablar conmigo, y estoy seguro de que todo se arreglaría sin derramar una gota de sangre; pero como usted no me conoce a mí, ni yo tengo el honor de conocerlo, tendrá usted acaso desconfianza para que usted no la tenga, sírvase preguntar a don Federico Debrot quien soy yo y si tendrá algo que temer de mí. Estoy aquí en la orilla y en cumplimiento de lo que usted desea y le ofrezco permanecer hasta pasado el día, o el tiempo necesario, para que usted conteste, si es que se digna venir a hablar con su afmo. seguro servidor. J. Víctor Zavala.

Comandancia Principal del Puerto y Castillo de Omoa- Omoa ,agosto 23 de 1853. Señor Comandante de la Sección Vanguardia del Ejército que manda el señor Presidente de la República de Guatemala. Impuesto de la de usted fecha de hoy, contesto: con doscientos hombres, doce cañones listos y el suficiente parque, sería para mí el acto más vergonzoso rendir a discreción las armas de Omoa, faltando a la subordinación y respeto al Gobierno de que dependo y mucho más faltando a la población que me sostiene con su persona y bienes; de manera que si usted no hace su contra marcha, por el camino que trae, una lucha sangrienta le hará la victoria. Si usted respeta la vida de sus soldados, según las órdenes que traiga, desde ahora puede dar la providencia que crea más conveniente. Sin orgullo soy de Ud. su afmo. servidor. Medina.

Municipalidad de este Puerto, D.U.L. Omoa, agosto 23 de 1853. Señor Comandante Principal de este Puerto. Tenemos el honor de insertar a Ud. en esta nota, la Acta que este cuerpo ha celebrado hoy, deseando se digne contestarla inmediatamente, repitiéndole que tenga presente el estado peligroso en que se halla esta población "Sala Consistorial del Puerto de Omoa, agosto 23 de 1853. Reunido el Cuerpo Municipal en su sesión extraordinaria, mando que inmediatamente reúna el pueblo, por haberse internado en la población, el Coronel don Víctor Zavala, con una fuerza de cuatrocientos y pico de hombres y entre ellos bastante rifleros; y habiendo tenido el Comandante actual una entrevista con dicho coronel, para un arreglo honorífico o por mejor decir, para ver si en obsequio de la seguridad de la población puede dejar de haber derrame de sangre y saqueo de cuya entrevista no hubo convención alguna sino bajo la entrega del Castillo.

El Cuerpo Municipal acordó por súplica del comercio y pueblo entero dirigir al Comandante una nota suplicatoria, para que en vista del gran peligro que corre la i población y la fuerza numérica del enemigo se desista de hacer alguna resistencia y entregar el Castillo a ella, siguiendo la nuestra con toda velocidad al interior, a hacerse de gentes para volver a batir al enemigo o tomar otras medidas que el Gobierno crea convenientes, teniendo presente la debilidad actual de esta población y Castillo, tanto por falta de armas como gentes para poder combatir una fuerza tan grande como la que trae el enemigo.

A más, el General Carrera con tres buques se halla en la costa con otras fuerzas mayores. Esta mañana tan pronto como llegó el parte de que se estaban desembarcando tropas en la costa se reunió toda la fuerza cívica para la resistencia, pero se encontró sin arma alguna, y aunque hubieron algunos fusiles fulminantes, no habían tubos para ellos. A más, el estado deplorable en que se hallaban los cañones, y en fin, la poca guarnición medianamente armada que hay aquí, nos hace forzosamente entregarnos al enemigo o perecer todos juntos con la población.

En esta virtud diríjase la nota suplicatoria inmediatamente a nuestro Comandante para que en obsequio de nuestras vidas y propiedades, se detenga en hacer la resistencia que intenta, y bajo la palabra de honor del Comandante en Jefe de que las fuerzas enemigas no cometerán exceso alguno. Con lo cual se concluye esta acta firmándola para constancia. Eduardo Amaya, J. Federico Debrot. Baltazar Amador. Antonio Evo. Víctor Banegas, Srio.".

Señores Municipales de este puerto. Omoa, 24 de agosto de 1853. Me he impuesto de la nota de UU. fecha de ayer, en que insertan la acta celebrada por ese Cuerpo Municipal, en la que me hacen reflexiones, para que rinda el Castillo atendiendo a los perjuicios que resultarán al vecindario y comercio por mi resistencia, a cuyo todo contesto. Si la población padece nunca seré yo el culpable, pues aseguro que si el Comandante de las fuerzas invasoras no causa un solo daño a la población ni atenta contra el Castillo, pueden estar seguros de que me sostendré en este punto, hasta que mi Gobierno, a quien ya he dado cuenta de lo acaecido, me ordene lo que debo hacer.

No hay rifles; no hay Excelencias de Guatemala, ni buques reservados que me arredren; ahora si, repito, si la población y comercio padecen según UU. temen, ya veremos quién será el culpable; la guerra entre Guatemala y Honduras no es de ayer que está declarada: al momento de recibir el parte de la aproximación del enemigo mandé tocar generala, toque que quiere decir, que el pueblo e intereses se replieguen al punto de más seguridad. Ahora si UU. y el pueblo según me dicen ha querido entregarse al enemigo, en nada me creo responsable y les protesto que los daños que se reciban serán solamente causados por ese Cuerpo Municipal, bajo estos principios bien pueden UU. tomar la medida que les convenga. No obstante me ofrezco de UU. muy atento servidor Medina

Comandancia de la Sección de Vanguardia. Señor Comandante Principal de Omoa, agosto 24 de 1853. Señor. El Exemo, señor Presidente de la República en nota fecha de anoche, me dice que si no ha tenido lugar arreglo alguno con Ud. rompa el fuego sobre el Castillo, para venir él por la bahía, y para hacer llegar el buque de transporte, que está en Monabique. Estoy, pues, señor Comandante, en el caso de comenzar mis operaciones, si Ud. no accede a las proposiciones que le he hecho y desde luego hago a Ud. responsable, ante Dios y los hombres, de las desgracias que va a sufrir esta población. Piénselo Ud. pues, y desde luego le doy a Ud. todas las garantías que Ud. quiera, no sólo para Ud. sino para la guarnición toda, la que puede retirarse al punto que Ud. quiera o permanecer en esta plaza, como más le convenga, sin tener absolutamente nada que temer. Mi permanencia en el Castillo será de dos o tres días. Dios guarde a U d. muchos años. J. Víctor Zavala.

Señor Comandante de las fuerzas de Guatemala en esta plaza. Omoa agosto 24 de 1853. Con respecto a la comunicación de Ud. fecha de ayer, en que me manifiesta el objeto de su misión a este puerto, observo que absolutamente me propone una sola garantía bajo este concepto ofrezco a Ud. que deberemos tener algún arreglo, con tal se me permita salir de ésta la población con toda mi fuerza y útiles de guerra y esto por evitar un derramamiento de sangre que sería indispensable y tan perjudicial al Estado de Guatemala como al de Honduras. Espero su contestación y mientras tanto me repito de Ud. muy atento servidor Medina

Señor Comandante del Castillo de Omoa, 24 de agosto de 1853. Aunque ya estaba listo para comenzar a obrar, en virtud de no haber querido Ud. acceder a mis proposiciones, no lo hice porque supe que el Excmo. Señor Presidente de la República de Guatemala estaba para llegar, porque quise que el Excmo. señor dispusiese lo que le conviniera. Llegó, pues, el Excmo. señor Presidente y me ordena decir a Ud. como ultimátum que si al recibir esta no desocupa Ud. inmediatamente el Castillo, se comenzará y al ocupar esta fortaleza, serán pasados a cuchillo todos sus defensores siendo sólo Ud. responsable de todas las víctimas sacrificadas a su ambición e impericia, pues se niega a aceptar el medio más honroso que todas las naciones cultas usan en tales casos. Zavala.

Agustín Follín, Cónsul de los Estados Unidos, en representación del Comandante Principal de esta Plaza, señor Capitán don José María Medina y José Víctor Zavala, Comandante de la Sección de Vanguardia de la División que manda el Señor Presidente de la República de Guatemala, hemos convenido en los puntos siguientes:

Artículo 1º. El señor Comandante de la Plaza, en virtud de las circunstancias presentes de ser atacado por fuerzas mayores y de estar el Castillo en un estado indefenso y en obsequio de las instancias de la Municipalidad, vecindario y agentes extranjeros, para que no haya un rompimiento, se obliga a desocupar el Castillo, a la una del día de hoy, con su guarnición y tren de fusilería, y parque.

Artículo 2º. Para que no se trabaje inútilmente en sacar cosas que después sería necesario introducir de nuevo, dicho tren de fusilería, etc. puede quedar. como en depósito en poder del Señor Cónsul Americano.

Artículo 3º. El Teniente Coronel Zavala ocupará el fuerte con la fuerza de su mando tan luego como sea desocupado por la guarnición ofreciendo garantías a todo el vecindario y al mismo Comandante y guarnición si es que permanecen aquí. Y se compromete a desocuparlo en el término de tres o cuatro días, sin dejar un solo soldado en él.

Artículo 4°. El mismo Teniente Coronel Zavala queda obligado a responder de cualquier desorden que la tropa de, su mando cometa, no debiendo andar los soldados armados por la población, ni de la fuerza de él, ni de la del Comandante actual.

Artículo 5°. Ambas partes se comprometen fielmente a respetar y guardar los artículos contenidos en el presente tratado. En fe de lo cual firman en Omoa, a 24 de agosto de 1853, siendo testigos los señores Federico Debrot, el Alcalde 1°. señor Eduardo Amaya, presentándolo al señor Comandante para su aprobación. A. Follin, Víctor Zavala, como testigo, J. Debrot, como testigo, Eduardo Amaya.

República de Centro América. Comandancia de Omoa, fecha ut supra. Visto el presente tratado y seguro de la buena fe de las partes contratantes, apruébase por esta, Comandancia, con la precisa condición de desocupar el puerto dentro de los tres o cuatro días que promete y de que no se tocará ninguna pieza de artillería (*) ni ningún otro útil de los que quedan en la fortaleza. José María Medina.

Estado de Honduras. Estado que presenta el que suscribe al Comandante de esta plaza, de las fuerzas y útiles de guerra que existen en esta fortaleza: Fuerza efectiva: Oficiales 2; Sargentos 1os. 1; Cabos los. 2; Idem 2os. 1; Soldados, 35. Total: 2 Ofs. 39 S. Armamento y municiones: Fusiles útiles. 30; inútiles y fulminantes sin tubos. 40; tiros de fusil, 800 cañones montados. Idem mal montados; 2; tiros de cañón, 15; caja de guerra, 1. Omoa, agosto 24 de 1853. José Manzano.

Señor Coronel don Saturnino Bográn. Omoa, agosto 25 de 1853.Señor. El 23 entró el enemigo a este puerto en número de 400 hombres, en cuyo acto me replegué al Castillo con treinta y cinco individuos de la guarnición.

Cuando el enemigo entraba, mandé romper el fuego de artillería, y desgraciadamente la pieza que se descargaba cayó al suelo. Tan luego que recibí la primera comunicación del Comandante de Vanguardia, traté de entretenerlos entre tanto recibía auxilio de la Municipalidad y pueblo de Omoa; pero que cuadro tan triste cuando todos estos se presentaron al enemigo y le informaron de mi situación. Ayer a la una de la tarde entró al pueblo el Gral. Carrera con más fuerza de la reserva y a la misma hora tres buques con tropas de transporte se aproximaron al Castillo; no fueron señor las tropas numerarias las que me hicieron ratificar el tratado, sino la situación de nuestra fortaleza y los documentos de la Municipalidad, que también se impondrá de ellos. Va abierta la comunicación que dirijo al Gobierno para que Ud. se imponga de ella y la eleve al Gno. con los documentos que acompaño. En este momento acabo de hablar con Carrera y me asegura desocupar hoy mismo el puerto. Todos sus amigos, me abandonaron; sólo yo y Manzano hemos trabajado. Todas las garantías se me han cumplido, no se me ha quitado nada, no ha habido atropellamientos y desórdenes a no ser que a la hora de la marcha suceda. Como siempre me firmo su atento servidor. José Medina. No tengo tiempo de dejar copia de esas comunicaciones y desearía se me devolviesen originales.

Del Alcalde 2º. Constitucional de San Pedro. Agosto 26 de 1853. Señor Coronel don Saturnino Bográn. Muy señor mío. El Ministro salió de aquí esta madrugada para Santa Bárbara y se fue por las Flores, es por esto que yo le contesto, porque he inferido que su carta es pidiendo la noticia de que si ya rindió el Castillo de Omoa el Comandante de aquel punto. Ayer tarde se dice que lo entregó y esta noticia es infalible, porque la ha dado un vecino de este punto y es honrado; y esta madrugada como al toque de diana se han oído repetidos cañonazos, y se cree tal vez que son de ellos. Se sabe que mañana salen para el interior, pero esta noticia es incierta, pero nosotros tenemos espías en la cuesta y en Choloma, si estos vienen probablemente los espías nos deben dar aviso y entonces haremos que nuestros correos salgan volando a dar aviso al Gobierno. La primera división salió al mando del Coronel Víctor Zavala y se componía de doscientos ocho hombres, y en la segunda se dice salió Carrera y no se sabe de que, cantidades se componía. Nosotros sabremos darle oportuno aviso de lo que ocurra. El pueblo hemos dispuesto dejarlo solo, pero si estamos pronto a auxiliar a nuestras tropas cuando estas lleguen por acá.

Somos pues, de Ud. atentos servidores. Mónico Padilla. J. Jacinto. Otro sí, sírvase comunicar lo expuesto al Supmo. Gbno. y al Jefe Político del Departamento. Padilla.

Es conforme. Ministerio General, Comayagua, septiembre 30 de 1853. Ramón Mejía. (sello) Ministerio General del Gbo. Supremo del Estado de Honduras.

DOCUMENTOS REVELADOS

DECLARADO TRAIDOR, 1863

FRANCISCO MONTES,
Senador Presidente Constitucional del Estado

CONSIDERANDO: Que el Brigadier señor José María Medina, según documentos fehacientes que obran en el Ministerio, ha cometido el delito de alta traición contra su patria, incorporándose a las fuerzas invasoras de Guatemala por el Departamento de Gracias, y siendo un deber del Gobierno dictar las medidas consiguientes a tan oprobiosa conducta, en uso de las facultades concebidas en el Art. 5o. del Decreto Legislativo de 2 de marzo último.

DECRETA:

Artículo único. Declárase al expresado José María Medina traidor a la patria e indigno de la confianza pública; y queda desde hoy destituido del grado y honores militares que el Gobierno le había conferido.
Dado en Comayagua, a 12 de junio de 1863.

(f) FRANCISCO MONTES.
(f)MARIANO GARRIGO: Ministro General.

PRUEBA DE LA IMPORTANCIA POLITICA DEL CORONEL NAZARIO GARAY, MUERTO POR CINCHONERO, EN EL PROCESO Y EL FUSILAMIENTO DE DON JOAQUÍN RIVERA.

CAUSA INSTRUIDA CONTRA DON JOAQUÍN RIVERA Por faccioso y enemigo del gobierno y condenado a ser pasado por las armas. 1845

Comandancia de Armas del Departamento. Comayagua, Enero siete de mil ochocientos cuarenta y cinco.

Por cuanto haber ingresado a esta ciudad el día de ayer el reo y pral. cabecilla de la facción de Texiguat Joaqn. Rivera: siendo notorios, escandalosos y repetidos los crímenes que ha cometido, e incalculables los males que con ellos ha causado a Estado; estando autorizada esta Comanda, por acuerdo Spmo. de esta tha., para prover a la mor. seguridad de dho. reo, y al castigo que merezcan todos sus hechos.

Por tanto, debía mandar y mando, se reduzca a formal prisión, en la que estará con un par de grillos y uno de esposas, incomunicado en el todo, a execión de los mismos reos en cuya compañía fue capturado, por escazes de piesas análogas al caso, y custodiado por una escolta de veinte y cinco hombres mandada por un oficial de confianza, centinela de vista en la puerta pral. de la pieza en donde exista, que deberá ser la que en las Carceles de esta ciudad, preste mejor seguridad, con un cabo al pie de dho. sentinela, y un retén de todas las noches en el Zahuan de la casa de los herederos del finado Canónigo Juan Miguel Fiallos, limítrofe con el edificio en donde aquellas existen, previo permiso de la persona que la manda. A este fin, líbrense dos orns. de un tenor con inserción de este auto, que se entregaran en manos del Alcalde de estas Cárceles y oficial de guardia, para su debido cumplimiento y responsabilidad inmediata; entendiéndose que este último responderá con su persona y empleo. Proveydo con el Ebno. que da fee.

BONIFO.OTERO   ANDRÉS GONZALES,
Ebno.

En la misma fha. se despacharon y pusieron en manos del Alcayde y oficial de guardia, las órdenes que indica el auto anterior.

CONSTE
ANDRÉS GONZALES,
Ebno.

Comandancia de Armas de este Departo. Comayagua. Enero ocho de mil ochocientos cuarenta y cinco.

Agreguénse las comunicaciones oficiales, cartas particulares y proclamas que autorizadas ha dirigido a esta Comanda, el Ministro de

Grra. de orn, Suprema, como documentos que forman los prales. cargos q. el Fiscal debe hacer al reo de esta causa, faccioso Joaquín Rivera; y estando nombrado con tal fin, el Teniente vivo y efectivo Sr. Nazario Garay, al mismo que se le ha hecho saber su nombramiento oficialmente, diríjasele con el objeto de que la sustancia y concluya, con arreglo a ordenanza, en cuanto no se oponga a las Leyes patrias; teniendo presente el art. 153 de la Ley orgánica de Justa. y Decreto de 25 de mayo último. Proveydo con el Esbno. que me asiste.

BONIFO.OTERO   ANDRÉS GONZALES
Ebno.

Yo, el Esbno. suscripto, pongo razón de que en la misma fha. y con 14 fs. útiles se agregaron los documentos que previene el auto antr., todos autorizados con la firma del reo de esta causa; y que fue dirigida al Fiscal nombrado esta última, compuesta de diez y seis fojas también útiles conste.

ANDRÉS GONZALES
Ebno.

NOTA. Hay un sello que dice: Comandancia del Depart. de Comayagua.
D.U.L.

Comaya. Eno. 8 de 1845.
Señor Teniente Nazario Garay.
El faccioso Joaqn. Rivera y todos los que en unión de él fueron capturados en el Depto. de Olancho e introducidos antier a esta Capital, en unión de los portapliegos Ramón Reyes y José Ma. Sánchez, han de ser juzgados militarmente, conforme al art. 153 de la Ley Orgánica de Justicia, y el Decreto de 25 de mayo del año ppdo. en esta virtud, esta Comandancia nombra a U. por Fiscal para el seguimiento de las respectivas causas; las que una en pos de otra le serán remitidas por esta Comanda. Dhas causas prevengo a Ud. debe seguirlas con la mor. brevedad, y concluidas dirigirlas a esta

Comandancia de la misma manera que se las remite, pues deberán ser sentenciadas en Concejo de Grra. conforme a Ordenanza.

Me suscribo de Ud. ato. servidor.

BONIFO.OTERO

En la plaza de Comayagua, a los ocho días del mes de Eno. de mil ochocientos cuarenta y cinco.

Nazario Garay Teniente vivo y efectivo de las milicias del Estado de Honds.

Visto el nombramiento que oficialmente, hace en mi persona el Sr. Comandante, de este Departamento para que fiscalice la causa, contra el faccioso Joaquín Rivera y los demás que se sitan en el expresado oficio, el cual pongo pr. cabeza de lo que voy adeligenciar mandando se agreguen por auto exprofeso con el oficio de remisión de los documentos, del faccioso Joaquín Rivera que motivan la causa que se me manda instruir y siendo esta una de las contenidas en el Art. 153 de la Ley Reglamentaria de Justa del Estado, emitida en seis del mes de noviembre de ochocientos cuarenta, y debiendo arreglarme a lo prevenido en la ordenanza militar del Ejército, en todo lo que no se oponga a las Leyes del Estado proceso hacer el nombramiento de escribano conforme es de ordenanza. Así lo proveo, en la misma fha. de los oficios expresados.

NAZARIO GARAY

Nazario Garay Teniente vivo y efectivo de las milicias del Estado de Honduras y Juez Fiscal de esta causa, debiendo hacer el nombramiento, de escribano, conforme previene la ordenanza militar del Ejército, en la causa que voy a instruir contra el expresado faccioso, Joaquín Rivera, como al efecto nombré para que ejerza dho. empleo al Sr. Subte. J. Ma. Avilez quien viene enterado de la obligación que contrae bajo su palabra de honor y conforme a su instituto le recibí el juramento, de estilo, pr. el cual ofreció cumplir fiel y legalmente, y guardar sigilosamente en todo cuanto actúe lo que firmo sentándolo por deliga, en la plaza de Comayagua a los ocho días del mes de enero de mil ochocientos cuarenta y cinco;

NAZARIO GARAY   J. Ma. AVILEZ,
Srio.

Yo el infrascrito Srio. doy fe de haberse agregado el nombramiento oficial del presente Juez Fiscal en esta causa, como igualmente, la nota de remisión que contiene el número de fojas de los documentos del faccioso Joaquín Rivera, y para que conste por diliga. lo firmo conmigo el Sr. Juez Fiscal en la plaza de Comaya. a los ocho días del mes de enero de mil ochocientos cuarenta y cinco.

GARAY.   J. Ma. AVILEZ,
Srio.

Acto continuo, el Sr. Juez Fiscal, con asista. de mí el presente, Srio. paso al cabildo de esta ciudad, hizo traer a su vista un reo que se haya preso en uno de los calabozos, a quien sin exigirle la forma de juramto. por ser en causa propia, le exigí debía hablar verdad en todo lo que se le preguntase, quien habiéndolo ofrecido así responde:

Pregdo. por su nombre edad patria estado oficio y empleo dijo: que se llama Joaquín Rivera, que es mayor de cuarenta y ocho años, que es oriundo de la ciudad de Tegucigalpa de estado casado de oficio minero que es coronel de las milicias del Estado de Nicaragua y responde.

Pregdo. de orden de quien estaba preso y si sabe la causa de su prisión, y si la presume: Dijo: que ignora de orden de quien se haya preso en estos calabozos igualmente la causa de su prisión; po. que la -presume por haber estado a la cabeza de las tropas que existían en la ciudad de Danlí las cuales se componían de los puntos de Texiguat, Yure, San Antonio, Tegucigalpa, Yuscarán, Morolica, y Duyure y responde:

Pregdo. de orden de quien se hallaba a la cabeza de dhas. tropas, y que objeto traigan a estacionar en Danlí, dijo: que se hallaba a la cabeza de aquellas tropas de orden del Gobierno de Nicaragua, y que el objeto con que fue a Danlí fue únicamente pr. evitar los desórdenes que allí había, responde:

Pregdo. quien era quien cometía los desórdenes que indica sucedían en Danlí y en donde se hallaba cuando supo tales acontecimientos en la expresada ciudad, dijo que los que cometían desórdenes en Danlí eran los pronunciados contra el Gno. de Honduras y que por este motivo adelantó al oficial Francisco Martínez, para que viera en realidad lo que allí había como también para que contuviera los referidos desórdenes, responde:

Pregdo. que motivos tuvo para obedecer al mando del Gno. de Nicaragua introduciendo hallanar el territorio de Honduras y atacar la Soberanía del Estado, dijo: en primer lugar que era con el objeto de proteger a todos los pueblos pronunciados contra la actual administración de este Estado; segundo que los asesinatos cometidos en Sabanagrande y con el Coronel Navarro me dieron una triste idea de los más que podía suceder si no había quien moderase tales excesos puesto que ya había estado el Señor Granco. Sancho y Simeón Gonzáles y no había logrado nada: en tercer lugar que cuando el que responde se puso a la cabeza de las tropas que estaban en Danlí ya estaba declarada la guerra entre Nicaragua y Honds. en cuarto que el que responde no ha reconocido ni jurado obediencia a la actual administración de Honds., en quinto que como hondureño se cree con derecho a tomar parte en las cosas de su país tanto más que se veía una opinión generalizada contra la actual administración: y pr. último que se vio ostigado porque a pesar de la conducta pasiva que observó se le prodigaban calumnias por los papeles públicos y aun se persuadió de la verdad de que se le trataba de asesinar en la Villa del Viejo en donde se hallaba tranquilo cuyo asesinato se dirigía de Choluteca, y responde.

Pregdo. si cuando el Gno. de Nicaragua se declaró en estado de guerra contra Honds. como indiferente a la actual administración tomó participio en tal declaratoria, y si hubo otros hijos de este estado que hiciecen lo mismo, y que en tal caso declare quienes son dijo: que en la declaratoria en estado de guerra de Nicaragua contra Honds. no tuvo participio alguno y que de otros hijos de Honds. no sabe acertivamente aunque se decía que Orellana y Vijil tomaban parte en el asunto de que se trata po. que a él no le consta, y responde:

Pregdo. si tuvo influencia pr. mover la facción de Texiguat como igualmente en proteger desde aquella época a los que mandaban a la cabeza de dha. facción, dijo: q. en promoverla no solo no la promovió sino que lo ignoraba, pues según se le ha dicho desde agosto de cuarenta y tres comenzaron los Texiguats a negarle obediencia al Gno. de Honds. y que es tan cierto que no pensaba el que responde en tales cosas, que cuando el General Malespín escribió al que responde para que hiciese que algunas municipalidades del Estado de Honduras se pronunciaren contra la administración del General Ferrera con el objeto de que el Gobierno del Salvador encontrase apoyo para dirigir sus operaciones contra la sitada administración; el que responde se negó a estos pasos limitándose a decirle al Gral. Malespín que si quería proteger a los pronunciados de Tegucigalpa lo hiciese proporcionándole armas que eran las que decían les hacían falta: qe. pr. lo q. respeta a proteger la facción de Texiguat lo hizo de marzo a abril del año pasado y que esta protección ya a dicho los motivos pr. que lo hizo, tantas más que la vos pública tachaba la administración de Honduras de estar ligada con la aristocracia de Guatemala, pa. planes muy perjudiciales aquella República y aun el sistema q. han adoctado los Estados.

Y en este estado mandé suspender esta declaración pa. continuarla como y cuando convenga, lo que hago constar pr. deliga. firmando el reo a quien la interroga con el Señor Juez Fiscal pr. ante mi el presente Sri. que da fe

NAZARIO GARAY   J. Ma. AVILEZ
Srio.
JOAQUIN RIVERA

En la plaza de Comayagua a los nueve días del mes de enero de ochocientos cuarenta y cinco.

Yo el Infrascrito Srio, doy fe de haber pasado con mi asista. el Juez Fiscal de esta causa a continuar la declaración del faccioso Joaquín Rivera que por la deliga. que antecede quedó suspensa, y siendo la del tenor siguiente responde.

Pregdo. si es cierto mandó a Simeón Gonzáles al pueblo de Texiguat proporcionándole todos los elementos de Grra. pa. que directamente dho. González atacara la división que estaba al mando del Brigadier Sr. Sants. Guardiola que de orden del Smo. Gno. de este Estado estacionaba en el Departamento de Choluteca como igualmente que qué interés tenía en decirle al referido Gonzáles en las instrucciones que le daba que procurase tener franca por el Departamento de Choluteca la pasada del falso auxilio que en Nicaragua tenía ofrecido al Gobierno de Salvador dijo: que a Simeón

Gonzáles no lo mandó él al pueblo de Liure, sino es que ya venía con conocimto. del Comandante del Estado de Nicaragua Casto Fonseca, y que si es cierto le dio instrucciones para que se mantuviese a la defensiva en dho. punto y que en cuanto a que Gonzáles procurase tener franco el tránsito del Departamento de Choluteca para la pasada del auxilio de Nicaragua al Estado del Salvador no era otro interés que el que tiene dicho antes que se tachaba la administración de Honduras estaba ligada con la aristocracia de Guatemala, como igualmente se decía que el auxilio de que se habla iba a ser atacado por las fuerzas de Honduras cuya idea fue corrobada pr. que el Gral. Espinoza enviado del Gobierno del Salvador a solicitar dho. auxilio públicamente dijo en León que el General Ferrera estaba ligado con la misma aristocracia por cuyo motivo era preciso tomar las precauciones necesarias contra cualquier obstáculo que las fuerzas de Choluteca quisieren oponer al sitado auxilio, añadiendo dicho Espinoza que la facción de Texiguat era muy justa y que el Gobierno de Nicaragua debía protegerla aunque solo fuese con armas y municiones, y responde.

Pregdo. si cuando sucedió todo lo que deja expuesto en las anteriores preguntas estaba ya declarado en estado de guerra Nicaragua contra Honduras dijo que en aquella época no había tal declara, responde.

Pregdo. con que facultad dio en el Pueblo de Morolica jurisdicción de Honduras un decreto el once de octubre de mil ochocientos cuarenta y cuatro indultando desertores y dando otras garantías a los hijos de Honduras para propagar la sedición contra la actual administración de este Estado, dijo: que efectivamente dio el decreto por facultades que le tenía concedidas el Gobierno de Nicaragua y se las tenía dadas omnimodamte; po. que el indulto se contraía a los soldados de la división que estaba a las órdenes del que responde, compuesta de hondureños y segobiamos y responde.

Pregdo. si cuando ocupó la plaza de Danlí fue cierto convocó las Municipalidades del Departamento de Olancho pa. que se pronunciase contra el Gobierno de este Estado, y si es cierto al expresado Gobierno lo denomina con el títo. de tirano, dijo: que es cierto a escrito al Departamento de Olancho pu. únicamente a la Municipalidad de Catacamas, y que si los convocaba era con dos objetos; o bien q. se mantuvieran neutrales o bien si querían adherirse voluntariamente a la causa de Texiguat y que esto lo ha hecho dos veces una de Yauyupe y otra de Danlí, y que es cierto a denominado con el títo. de tirano al Gobierno de Honduras responde.

Pregdo. que otros vecinos de Danlí cooperaron en su ayuda tanto para criar la fuerza con que fue derrotado el veinte de diciembre del año ppdo. como para que se pronunciase aquella Municipalidad, y si fue ella sola o lo hizo en masa con todo aquel vecindo. dijo: que cuando él llegó a la ciudad de Danlí ya estaba pronunciada cuyo motivo lo hizo ir a ella, pues como he dicho antes tenía delantado a Francisco Martínez en dicho punto y este puso convocatorias a varios valles de aquel distrito pa. si querían voluntariamente aumentar la fuerza en favor del que declara y que en efecto concurrieron varios a tomar las armas cuyo número no bajaría de ciento treinta o ciento cuarenta hombres, po. que antes de esto ya estaba hecho el pronunciamiento de aquel distrito y que ignora que vecinos de aquel distrito tomaron interés en tal pronunciamiento que lo que únicamente hizo desde el momento que llegó a dicho punto fue entenderse con la Municipalidad, aun pa. un impréstito único que obligó en el referido distrito de cantidad de mil quinientos ps. y responde.

Pregdo. que vecinos de aquel distrito se presentaron voluntariamente auxilios, en este caso declaré por sus nombres que personas fueron y que clase de auxilios le facilitaron dijo: que ningún vecino de aquel distrito se le presentó voluntariamente, presentándole recursos de ninguna clase a no ser aquellos comunes cuando pasaba por algunos pueblos con su tropa que les pedía para la ración y naturalmente la facilitaban, y que si en Danlí supo había unos efectos de ropa pertenecientes a Pedro Moncada que serían como trecientos pesos los cuales pidió amistosamente al hermano de dho. Pedro para vestuario de la tropa y se los franqueó los cuales se quedaron allí por no haber alcanzado para dividirlos en la misma tropa, responde.

Pregdo. si supo que casas de allí fueron saqueadas por sus tropas en cuenta de otros más crímenes que allí se cometieron, dijo: que por las tropas del que responde ninguna casa fue saqueada ni a ningún particular se le daño; que lo que sabe es de positivo que cuando el pronunciamiento da Danlí se verificó se cometieron excesos contra la casa del Sr. Ramón Arriaga, contra la de un Sr. Benigno Franco y contra un señor Idiáquez: que la noticia de estos excesos le obligaron a ir a Danlí para contenerlos y que en prueba de ello el Comandante

Patricio Jiménez a quien se le acusaban estos excesos fue reducido a prisión para hacer que devolviese los bienes o alhajas que públicamente se decía en Danlí había quitado a varias personas; que también es cierto que una partida de quince o veinte Texiguat se había venido espontáneamente a reunir a Jiménez quienes habían cooperado a los excesos referidos; po. que estos concurrieron sin conocimiento del que declara ni de la Municipalidad de aquel pueblo y responde.

Pregdo. si es cierto que de la Hacienda del Sr. Ramón Arriaga tomó tanto el ganado pa. la mantención de sus tropas como caballos pa. la caballería que tenía montada dijo: que tiene dho. que esta clase de auxilios la pedía a la Municipalidad y por eso ignora si solo del Sr. Arriaga se tomaba el ganado para la mantención de la tropa y que con respecto a los caballos se pidieron a diversos sujetos de los que querían darlos y en proposición a lo que tenían y aun varios de ellos que ocurrieron al que responde a manifestarle que era injusto el número de caballos que se les había indicado fueron excluidos en el todo unos y a otros que se les rebajó. Esto dijo el reo que declara concerniente a los puntos en que se le ha interrogado, y leída que le fue esta su declaración dijo: que es lo mismo que tiene expuesto en lo cual se afirma y ratifica y firmó con el Señor Juez Fiscal y por ante mi el presente Srio.

JOAQUÍN RIVERA   J. Ma. AVILEZ
Srio.

NAZARIO GARAY

Acto continuo el Señor Juez Fiscal en esta causa hizo traer a su vista a Francisco Martínez que también se haya reo en uno de los calabozos del Cabildo de esta ciudad como prisionero de guerra de la facción que fue derrotada el veinte de diciembre del año próximo que acaba de expirar y siendo para que declare lo concerniente para que lo cita el principal caudillo de la facción de Texiguat a que también pertenecía como faccioso el expresado Martínez, por ante mí el presente Srio., sin exigirle la forma del juramento, por ser en cau1sa propia en vista de la grave complicidad con que resulta en los autos y declaración del reo de la presente causa le exijo debía hablar verdad en todo lo que supiese y fuere interrogado y siéndolo de la manera siguiente responde.

Pregdo. pr. su nombre patria estado oficio y empleo dijo: que se llama Franco Martínez, que es oriundo de la ciudad de Tegucigalpa que es casado de oficio sastre su empleo que por el Gobierno del Estado de Honduras es Capitán retirado con licencia absoluta, y que en las milicias del Coronel Joaquín Rivera, tenía nombramiento de Teniente Coronel sin despacho, y responde

Pregdo. en donde se unió con el faccioso Joaquín Rivera, y que tanto tpo. hace dijo que en el punto de Yauyupe se había reunido con el expresado Coronel Rivera y que desde el treinta del mes de noviembre del año próximo que afinado se unió en dicho punto de Yauyupe y responde.

Pregdo. si es cierto el faccioso Joaquín Rivera, lo ha mandado en comisión a la ciudad de Danlí, y si después de llegado a Danlí que dio una convocatoria a los valles de aquel distrito fue cuando el citado faccioso Rivera vino de Yauyupe a ocupar el punto de Danlí y en este caso declare lo que supiese, dijo: que efectivamente del punto de Yauyupe lo mandó el expresado Rivera, en comisión al punto de Danlí a evitar varios desórdenes cometidos por Patricio Jiménez que hacía de Comandante en dicho punto a virtud de las repetidas quejas que el Coronel Rivera tenía por varios vecinos de dicho punto en juicio a los desórdenes de aquellos pronunciados contra el Gobierno de este Estado y que en cumplimiento a las instrucciones que llevaba en su comisión dadas por el Coronel Rivera uno de sus artículos fue que convocara los pueblos de aquel distrito, y les ofreciera seguridad en sus personas y intereses como en efecto así lo hizo y responde.

Pregdo. si es cierto el faccioso Rivera estaba en Yauyupe cuando se uniformó la facción con el lleno que dio la comisión que por su mandato fue a desempeñar en el punto de Danlí y si fue llamado dicho Rivera o de su absoluta disposición llegó a ocupar dicho punto: dijo: que es cierto que Rivera se hallaba en el Punto de Yauyupe cuando se realizó el pronunciamiento indicado, y que tampoco en aquella época no fue llamado por el que declara ni supo lo fue por otro vecino de aquel punto y si sabe lo llamó Patricio Jiménez cuando estaba de Comandante en el pronunciamiento, que ya habían hecho en el referido Danlí, y que después de todo lo que deja mencionado el ya referido Coronel Rivera de su expontania disposición vino a ocupar dicho punto que es cuanto sabe concerniente: a los puntos por que los citan en su declaración el Coronel Rivera, que lo dicho es la verdad en lo que se afirma y ratifica expresando ser de edad de veinte y seis años, y leída que le fue su declaración dijo: ser lo mismo que deja expuesto en fe de

todo firmo con el Señor Juez Fiscal por ante mi el presente Srio. que doy fe.

NAZARIO GARAY   F. MARTÍNEZ

Ante mí:
J. Ma. AVILEZ
Srio.

En la plaza de Comayagua a los trece días del mes de enero de ochocientos cuarenta y cinco. Estando concluida esta causa en sumario por no hacer más cita en la declaración del reo Rivera que la del faccioso reo Francisco Martínez en esta virtud elévese a proceso, y tómesele a dicho reo la confesión de todos los cargos y hágale saber que se va a poner en Consejo de Guerra que nombre su defensor, pudiéndolo hacerlo de los paisanos por la exahustés de oficiales subalternos como lo previene la Ordenanza Militar del Ejército, cuyo auto se corrobora con la nota que se agrega a la presente causa en virtud de haber la Comandancia Departamental puesto en consulta a la Corte Superior de Justa haciéndolo está a la Cámara Legislativa, quien resolvió lo que se ve en la nota expresa así lo proveo mando y firmo yo el presente Juez Fiscal por ante mi el escribano que da fe.

NAZARIO GARAY
Ante mi
J. Ma. AVILEZ
Srio.

Plaza de Comayagua, enero trece de mil ochocientos cuarenta y cinco. Yo el infrascrito escribano doy fe de haberse recibido en fecha trece de presente mes y año la consulta que en nota le paso el Señor Comandante de armas de este Departamento porque por resolución de la Cámara Legislativa se faculta para que los reos que se hayan de la facción de Texiguat y Nicaragua por falta de militares puedan recomendar su defensa a los paisanos, la cual mando se agregase a la causa para los usos que convenga de que doy fe y para que conste lo cierto por deligencia.

J. Ma. AVILEZ

Hay un sello que dice: Comandancia del Departamento de Comayagua.

Comayagua, enero 13 de 1845.

Señor Juez Fiscal Militar Teniente Nazario Garay.

Aunque deseaba esta Comandancia satisfacer los deseos de Ud. manifestados en su atenta de 10 del corriente no pudo permitírselo absolutamente la escasez de oficiales que se sufre actualmente en esa plaza; pero atendiendo a la imperiosa necesidad de la defensa de los reos que militarmente juzga Ud. tuve a bien consultar con el Tribunal Superior de Justicia, si en el caso de no haber militares en esta plaza, que se encarguen de la defensa de dichos reos pueden estos recomendar su defensa a los paisanos.

Este Tribunal Supremo queriendo oír el dictamen de la Cámara Legislativa pasó el negocio al conocimiento de este; quien con vista de él, con fecha 11 del corriente resolvió la duda en los siguientes términos: "que se pueden nombrar defensores a paisanos en falta de militares, atendiendo a la necesidad". Y como dicha resolución fue comunicada a esta Comandancia, en la misma fecha y por la Secretaría de aquel Superior Tribunal por lo mismo, y en satisfacción a sus apreciables letras, es que tengo el honor de participárselo y el de ofrecerme por atto. servidor de u.

BONIFO.OTERO

Hay un sello que dice: Comandancia del Departamento de Comayagua.

D.V.L.

Comayagua, enero 8 de 1845

Señor Teniente Nazario Garay:
Con 14 fs. útiles remito a usted las primeras diligencias seguidas en el Sumo. en la causa que debe instruirle al faccioso y principal caudillo de la facción de Texiguat Joaquín Rivera, debiéndose arreglar para ello el artículo 153 de la Ley Reglamentaria de Justicia dada en 6 de noviembre de 1840, y al Decreto de 25 de mayo del año pasado arreglándose al mismo tiempo a la Ordenanza General del Ejército, en lo que no se oponga a las leyes patrias, y llevando esta causa hasta su conclusión final.

Espero de usted me acuse el recibo de estilo y admita por la primera vez mis afectos

BONIFO.OTERO
Junio 13

SIMEON:
Te van 6 ps. y el bastimento que se puede. Recibirá ya la que te mandé anoche con el moso que mandaste. Van esos ingresos destinados a las munips. que verás pa. que se los remitas. Van otros pa. otras personas que también mandará y te mando 30 para que tu repartas.

Yuscarán, S. Antonio y varios pueblos han secundado el grito de Texiguat. Lo hará tega. según dicen. En Yuscarán hay 400 hombres entre Texiguat y otros pueblos al mando de Regino Ords. y Fermín Ynestroza.

Estoy temblando por que se asegura en cartas de Segovia que hay excesos y esto es un triunfo para Ferrera. Las mujeres salieron con piedras a encontrar al enemigo que se decía entraba a Yuscarán. ¿Qué demonios serán que no vienen por esos querubines? ¡Cómo desespero como, reviento aquí solo!

(Procura en cuanto llegues a Texiguat ver como se arregla el negocio en Yuscarán pa. qe. no haya el más pequeño desorden) por dios no perdamos una causa tan justa y tan santa. Procura también entrar en relaciones con el Señor Ignacio Irías, Comandante de Segobia hombre honrado, a quien debes tratar muy bien. No te olvides de esto y del dinero que se debe, de lo que se gasta aquí; de que según me acaban de escribir pueden conseguirse 200 Querubines más y un cuadro de oficiales. Vuela a Texiguat a arreglar algo aquello, mientras yo puedo sacar todo lo que pueda. Ve si rompes pronto a Guarda pero con seguridad.

Creo que no iría al Corpus con otro objeto que el de aliviar la hambre y asegurarse del horrible azote que le amenaza. Van 500 piedras. Me han quedado de mandar pan pa. Los Angeles, y si viene irá pasando, cada un peso me cuesta triple. No te puedes figurar en que apuros me veo. Que se salgan Regino y Ynestroza porque Ferrera los mandará atacar. ¿Qué es eso de andar dividiendo la fuerza?

No tengas cuidado por Juanita, ni me la vuelvas a recomendar porque eso es desconfiar de mi.

Patria, orden, ley es lo que debes tener presente por ahora no se morirán de hambre tus chiquitos mientras yo viva. Sabes que no desperdicio momento y que te estimo.

Va el machete que pide Rubi y dile que le mandaré todo lo que pueda después.

Si ha venido algún Texiguat que venga volando. Tu afmo.

RIVERA
Junio 16 a las 8 de la noche

SIMEÓN:
Acaba de recibir la adjunta carta que te servirán de Gno. las noticias que contiene. Vuela a reunirte con todos para que lo arregles de un modo seguro y no pierdas tip. en romper a Guarda. que de esto depende todo. Reconcéntrense a Liure de donde lo tendrán más cerca atisbándole el golpe, si es que hay parque. Tú sabes las estrategias de la guerra para que uses de ellas. Ten presente que el territorio de Texiguat es muy largo y quebrado: te da pa. seguir al enemigo: emboscar gente y arrojarlo sino tienen el parque suficiente. Si lo hay, salir del piquito con 350 fusiles que les concido. y 60 o 70 de caballería.

Hoy han salido 50 Leoneces a la frontera de Honds. y Guarda. debe asustarse. Tal vez se va tantéalo y síguelo que en el camino es fácil descaratarlo.

El 27 del presente sale el auxilio al Salvador y se va por tierra. Todo esto no debes ignorarlo para tu gobierno.

Procuren tenerme el paso franco para las comunicaciones y auxilios que y yo pueda proporcionar pues si se retiran puntos opuestos tanto se hará difícil y habrá mil perjuicios. Que no falten comunicaciones pues yo no tengo aquí gente de confa.

Al que lleva esta que es Eulogio damele un buen querubín que se lo he ofrecido y es buen muchacho. Además vino por el.

Hoy he recibido carta en que me dicen que de 40 a 60 curarenes iran armados a reunirse con V.V. Un movimiento tuyo les facilitará su ingreso y pase. Saldrán en cuanto llegue el correo que yo despacho mañana o pasado. Vuela que temo una tonteral o cobardía de Don Sancho. Este es dueño ya de la plata de los montones que había de laba en Yuscarán que no bajan de 360 marcos, y además 500 ps. de un empréstito que mandé a sacarle a D. Ramón Arriaga a Danlí.

El borracho correo que mande a León desde el 13 hasta ayer 15 no había llegado.

Lee bien todas mis cartas cada rato, y te prestarán ideas: En caso de necesidad de retirarse que sea sobre este Estado. Ve si puedes pr. caminos ocultos y con una marcha secreta y bien ordenada dar una sorpresa a Guardiola.

Despacho a este a que te alcance pr. qe. no vaya solo y expuesto.

No está en mi mano dejar demarcar pan ya tú lo sabes.

Dile a Rubí que bien me huba. ido si yo me hubiera creído de Barrios.

Un real no quiso dar, y que así no trate otra ocasión de justificar hechos como el de los 900 ps. y este de los 300. Tu afmo.

Simeón González   Al Camino

Junio 13.

SIMEóN:

Según me dice este mozo los Texiguat no saben que deben venir a recibir los Querubines en donde se hallan y por eso va volando este mozo a Somotillo en donde se hallan, si es que por una casualidad no han llegado. De: cualquiera manera tu no debes dar un paso adelante hasta esperar un correo que viene de León y debe decir al Alcalde 2o.de Texiguat si llega, o ha llegado que vuele a hablarse conmigo pues en este caso no deben marchar. Soy tu afmo.

RIVERA
A. Simeón González   Al Camino.

Si es necesario mandar a Somotillo puede ir el que fue a dejarte el avio que se llama Thomas. Diselo a mi nombre.

Junio 12.11 4º.

Extraño que no haya llegado un mozo que mande ayer con lo único que se pudo conseguir. El que tu mandaste no lleva nada porque es preciso que vaya a caballo o acompañado. Esto último no es fácil porque a cualquiera no se le podrá encomendar; pero irá con cuanto pueda un montado. Por esta razón te devuelvo tu mozo ahora mismo, y lo devuelvo también pr. decirte una cosa interesantísima.

Guarda. sale el sábado pa. Comayagua porque tiene orden de retirarse. Si por casualidad ha venido algún T. o L. cuando este mozo llegue a donde tú estás hasta que vuele el que haya venido a decir a los patriotas que se le pongan detrás hasta romperlo y quitarle las armas y parque. Probablemente no llevará más tropa que la de Comayagua pues la de Choluta. Nacaome & se le desertará y es una lástima que se vayan esas armas empacadas y las que van en brazos. Has volar a qualqa. patriota que se presente venido de allá aunque sea de los Comayaguelas asegurándoles que serán bien pagados si son de estos últimos. Con la fuerza armada que tienen los Texiguats tienen de vicio pa. deshacer a Guarda. en su retirada que. equivale a una derrota. Para que no te tardes en escribir, remite esta original. A Rubí que haré todo lo que me sea posible en sus encargos. Tu Afmo.

RIVERA
En caso que los Texiguats entren a Nacaome que traten bien a todos porque no hay más enemigos nuestros en aquel vecindario, que Víctor Díaz y D. Leonardo Romero.

Sr. SIMEÓN GONZÁLEZ   Al Camino

Sr. D. Franco. Sancho.   Junio 1o. de 1844

QUERIDO AMIGO:

Esas cartas son para que las mande con seguridad en cuanto haya proporción.

Se ha conseguido cuanto no se esperaba. El triunfo es nuestro. Solo. Se requiere paciencia, uniformidad, prudencia, actividad, valor, constancia y que todos caminemos de acuerdo. Por este se impondrá verbalmente cuanto hemos avanzado. Pero es preciso persuadirse que los enemigos trabajan mucho, mucho y principalmente Lindo, Ferrera, Jareguí y Malespín pa. que vayan tropas del Salvador a favor de Ferrera.

Todo lo que en cargo es preciso que se haga pronto, pronto. Su amigo afmo. Sr. D. Franco Sancho.

A los hondureños:

Ni la ambición a los destinos ni otro motivo de interés personal me ha hecho tomar parte en la sublevación que los pueblos de este estado se han visto obligados a ejecutar contra el gobierno que de todos modos los oprime y los arrastra a la matanza. Es únicamente el amor que tengo a mi patria, despedazada por tres traidores asesinos e incendiarios es el deber de servir a mis paisanos y al suelo que me vio nacer a quien jamás podré perderle los afectos que inspira esta idea a todo corazón sensible por más que mis enemigos hayan querido acusarme ante vosotros. Movidos pues por tan puros sentimientos y apollado en un gobierno respetable como el de Nicaragua, Gobierno que defiende las libertades de Centroamérica, que rige los destinos de aquel Estado por principios fijos de ilustración, libertad, seguridad y justicia me hallo al frente de una división toda Hondureña decidida a dar libertad a su país o a morir en el campo del honor, división subordinada y que guarda respeto a las personas y propiedades.

Mis amigos vosotros sois testigos de que el Gobierno de Honduras ha ultrajado caprichosamente nuestros derechos, ha roto y pateado con arbitrariedad la Constitución del Estado, y que traiciona no solo a Honduras, sino a la República entera, cooligado con un sángano como Jauregui que no tiene otra alma que el oro y la plata, ni puede amar al pueblo a donde solo vino a buscar estos miserables intereses a merced del matrimonio y a costa de la sangre de los hondureños y de la ruina total del país.

Compatriotas. ¿Cuál creéis fuera la suerte que esperasen nuestros descendientes si abandonamos la causa sacrosanta de los pueblos a la voluntad, inmoralidad y rapacidad de Ferrera, Jaureguí y Guardiola? La esclavitud, la miseria, la degradación y el oprobio serían las consecuencias de tal abandono. Vosotros mejor que yo habéis presenciado todas las maldades que han hecho estos bárbaros en tan poco tiempo que han podido disponer de Honduras.

Mis paisanos no demos lugar a que nuestros descendientes maldigan contra nosotros y nos acusen de cobardes e inhumanos por no haber defendido con tiempo los derechos del pueblo. La justicia está de nuestra parte y el cielo la proteje. Estamos apollados en un Gobierno tan filantrópico como el de Nicaragua, y si el pueblo salvadoreño se halla también oprimido, abunda como el hondureño en sentimientos de libertad.

Soldados. La muerte es preferible a la humillación. El valor hondureño jamás ha sido manchado con ningún acto de cobardía, y sería el último grado de ignominia si abandonásemos la causa del pueblo a que pertenecemos.

Que vayan Ferrera, Jaureguí y Guardiola a buscar a países extranjeros tronos absolutos en que colocarse para deprimir a sus semejantes o que se internen en los desiertos para que ahuyenten las fieras que allí habitan; pero nosotros siempre seremos republicanos, siempre respetuosos a la ley y siempre amantes a la civilización. Continuad con vuestro valor, subordinación y moralidad y yo os juro que el triunfo será del pueblo o no sobreviviremos a la desgracia de nuestra patria adorada.

Nobiembre 24, 1844.

JOAQUÍN RIVERA
Junio 16 1844

SIMEON:
Va esa carta para que te impongas del estado de cosas, y del peligro que corre la causa sino se pone un pronto remedio. Este solo es que tú te hagas cargo de la fuerza de orn. del Gral. y nada más; que todo, todo lo arregles bajo un buen pie, infundiendo pr. una parte total confa. a los Texiguats y temor pr. otra de la reuina q. se les espera sino obran bajo un pie uniforme con subordn. & por que si el Gral. se

disgusta les hechara encima una fuerza. Todo, todo te lo dirá el condr de esta.

Si va Martín es preciso que cuando se anuncie de comd. se le diga que solo con su paje será bien recibido tratado con respeto como hombre y como comd, del Delegado Nacional que no vaya o lleve consigo ningún soldo. ní ofl. de Guarda, ni Ferrera; qe. no vea la fuerza de V.V. qe. se le pongan con mucho disimulo espías cuando se sepa que va, no sea qe. lleve alguna fuerza emboscada y que la de V.V. no quede distante: que le contesten que el medio único de cortar la guerra es que Ferrera deje el poder y se sujete como reo de Estado a un juicio sever; -que Guarda. sea juzgado inmediatamente por un Tribunal recto para que responda de los incendios y asesinatos que no hay otro remedio por la absoluta desconfianza que se tiene de Ferrera el zorro Lindo y la nobleza de Guat. a qn. se detesta. Te encargo mucho que vigiles sobre la divn. qe. puede haber entre Liure y T. porque esto será la total ruina.

En fin yo todo quisiera decirlo po. no se puede en una ni diez cartas. Se dice lo más esencial; pero V.V. deben reflexionar nuestra crítica posición.

No hay un real éde donde quieres qe. saque dinero si aun para mi mant. no lo encuentro y lo que se consigue se gasta en correos & & valla qe. tonto eres.

Saluda a Rubi que le mande lo que se pudo de puros y el sábado irá el pan si lo mandan.

Adios te dice tu afmo.

R.
Conserva la adjunta carta.

SEÑOR SIMEÓN GONZÁLEZ

Al camino.
Joaquín Rivera Coronel efectivo y Comandante General de la 3°. División del Ejército de Nicaragua Libertador de Honduras.

CONSIDERANDO:
Que la Municipalidad y pueblo de Texiguat han sido los primeros en negar la obediencia al Gobierno de Honduras, que oprimidos por

las armas de Guardiola sufriendo incendios, robos y asesinatos, han ocurrido diversas veces al Gobierno de Nicaragua pidiéndole su favor pa. librarse de la tiranía del mismo Guardiola: que sin embargo de tales súplicas el mismo Gobierno se negaba a protegerlos, por no emprender una grr. de Estadlo a Estado, pero que movido al fin a compasión pr. los padecimientos de dicha Municipalidad y vecindo. se decidió a auxiliarlos con armas, parque y otros elementos de grr. con tal que prestasen sus brazos para sostener su propia causa: que en esta lucha se han comprometido también las Municipalidades y vecindarios de Liure, Yuscarán, y otros pueblos del Estado y han comprometido a otros hombres, que han querido favorecerlos que sin embargo de tales compromisos, cuando debían ocurrir todos para la completa organización del Ejército, y alcanzar el triunfo contra el enemigo pa. que gozásen de paz y seguridad en sus familias, se ocupan en cometer el feo crimen de deserción, llevándose las armas y parque, faltando a su palabra, y haciendo de esta manera más dilatada la guerra. Deseando conservar la dignidad del Gno. de Nicaragua de que soy comisionado pa. la defensa de los pueblos comprometidos, en nombre del citado Gobierno, he tenido a bien decretar y decreto solemnemente.

1º. Dentro de seis días contados desde esta fecha se presentaran todos los desertores de esta división de cualquiera pueblo que sean con las armas y municiones que se hallan llevado, asegurándoles que si cumplen con lo prevenido en este artículo, se les indulta del castigo que merecen, a condición que no volverán a cometer semejante crimen. Se exceptúa de esta gracia a Samuel Delgado.

2º. Todos los que estén en aptitud de tomar las armas se presentaran a esta Comandancia en el termino indicado, exceptuándose únicamente los viejos, enfermos, o impedidos legalmente y las Municipalidades respectivas los harán cumplir con el compromiso que han contraído con el Gobierno de Nicaragua. Los que se resistieren a cumplir con lo que deben serán tratados como a enemigos del mismo Gobierno que los ha protegido.

3º. Los que desertaren de hoy en adelante ya sean oficiales, sargentos cabos o soldados, de cada diez individuos de los aprendidos, será uno fusilado, y los demás serán remitidos a la capital de Nicaragu1a,con la mayor seguridad para que el Gobierno disponga lo

477

combente. Advirtiendo que para el computo anterior quedan reducidos a soldados, los oficiales y clases.

4º. Siendo uno de mis deberes conservar el honor y buen nombre de la divcon. que está a mis órdenes, se previene que incurre en pena de la vida cualquiera individuo que cometa un robo o asesinato; pues solo les es permitido hacer propio lo que tomen al enemigo en acción de guerra y matar al que no se rinda, estando con las armas en la mano.

5º. Debiendo moverse muy pronto esta divicon. de este pueblo al punto que convenga pa. atacar al enemigo se recibirán los desertores, y los que no lo sean, en marcha o cualquiera otra parte, en que se halle el Ejército, y estarán obligados a buscarlo.

6º. Se ofrece solemnemente la indemnización que hallan recibido los expresados pueblos siempre que cumplan exactamente con cuanto se les previene en este decreto.

7º. Cada Comandte. de Compañía tendrá una copia de este decreto para q. la lea a la que le corresponde, diariamente, y el Sr. Jefe de Estado Mayor, lo hará publicar en toda la división después del ejercicio de la mañana de este día.

8º. Se declara que quedan sin ningún derecho a los sueldos devengados, todos los que deserten, desde la publicación del presente y si aquel crimen lo cometen con armas, responderán con diez pesos de plata pr. su valor sin perjuicio de las penas que se establecen en el artículo 30. de este decreto.

9º. Se comunicará también a las municipalidades respectivas pa. su inteligencia y q. lo hagan entender a sus vecinos.

10º. Se dará cuenta con este decreto al Spmo. Gno. de Nicaragua para su aprobación, sin perjuicio de que desde su publicación, tenga su puntual cumplimiento.

Dado en el pueblo de Morolica a 11 de octubre de 1844.

De su orden.

JUSTO RUBI,   JOAQUIN RIVERA
Srio   90.

Comandancia General de la 3º. división del ejército libertador de Honduras.

Sres. Municipales de Catacamas.

El 15 de noviembre del presente año me dirigí a esa respetable Corporación, manifestándole la justicia con que los pueblos de Texiguat, San Antonio, Tegucigalpa, Yuscarán, Liure, y otros muchos se han pronunciado contra la tiranía que ejerce el actual Gobierno ejecutando incendios, robos, asesinatos y otras mil crueldades por medio de sus agentes sin perdonar a los inocentes ni a las mujeres de cualquiera condición que sean.

Les manifesté también que los pueblos indicados, en su pronunciamiento sólo se proponían librar a los demás del Estado, y librarse así mismo del yugo que los oprime y del que todavía les prepara el mismo Gobierno en unión de Jauregui, principal agente de tantas crueldades y los invite a que si querían voluntariamente declararse aliados de los pueblos pronunciados, se evitaría en mucha parte el derramamiento de sangre hondureña.

Pronunciado posteriormente el distrito de Danlí contra el tirano, yo no he podido menos que ocurrir con una parte de la división que -está. mis órdenes para favorecer la causa de los pueblos, que es el único objeto que ocupa mi atención. Pero como aún no he recibido contestación de mi primera nota, aprovecho el propio que dirige esta Municipalidad, comunicándoles su pronunciamiento, y excitándoles a unirse en consorcio de las de Manto, Jano, el Real...y Laguata a la defensa común de la patria.

No dudo los buenos sentimientos que a V.V. animan que secundarán el pronunciamiento indicado, porque es un deber de las Municipalidades procurar la felicidad de los pueblos que representan y librarlos de las crueldades de un Gobierno, que no respeta ni la constitución ni los derechos de los pueblos, sino sólo sus intereses particulares y los de sus pocos agentes.

El Gobierno de Nicaragua ha conseguido un triunfo glorioso sobre Guardiola y Malespín, que han conducido a la Capital de León a sacrificar sus tropas. Más de cuatrocientos heridos, doscientos cincuenta muertos, y multitud de desertores errantes en países extraños son el fruto de los caprichos de Ferrera y Malespín para mantener a los pueblos sumergidos en la esclavitud. Sería muy sensible que las Municipalidades y pueblos del departamento de Olancho se manifestasen indiferentes a las desgracias que sufren sus hermanos, pudiendo remediarlas con sólo unirse a los pueblos pronunciados.

Yo no exijo forzosamente auxilios de ninguna clase de los pueblos que se han declarado contra el Gobierno, y menos de los de Olancho.

Recibo los que voluntariamente presentan en favor de su propia causa, porque no tengo otra mira que la de ayudarles a defender sus derechos, y desearía que esa Municipalidad convencida de estas verdades se uniece a los pueblos ya pronunciados en contra el tirano que los asesina, roba e infendía. Si así lo hicieren merecerán los elogios de sus conciudadanos, el aprecio y estimación de todos los pueblos, y salvarán al Estado de mil desgracias; pero si se negaren a la unión dichos pueblos, tarde o temprano tendrán que sufrir el yugo del tirano, y se arrepentirán tarde de no haber ayudado a sus hermanos; pero a mime quedará la satisfacción de no haberles ocultado la verdad, y de haberlos invitado con tiempo para propio bien.

Sin más que añadir me suscribo de V.V. muy atento y obsecuente servidor.

D.V.L.
Danlí diciembre 14 de 1844
JOAQUIN RIVERA

Yo el infrascrito escribano doy fe que en la misma ufha. del auto anterior se agregaron los documentos, y oficio de remisión de que se habla en el auto de ocho del presente mes y año, que se le afojas cuatro y vuelto de este proceso, y pa. que conste por deliga. lo firmo con dho. Sr. Juez Fiscal de que doy fe.

NAZARIO GARAY

Ante mí   J. Ma. AVILEZ

En la Plaza de Comayagua a los catorce días del mes de Enero de ochocientos cuarenta y cinco el Señor Juez Fiscal de esta causa, pasó con asistencia de mi el presente escribano a uno de los calabosos donde se haya preso Joaquín Rivera, acusado por delito de infidencia pa, recibirle su confesión le hizo saber se le iba a poner en consejo de grr. le previno eligiera defensor, pa. que pudiera defenderlo en la presente causa, quien bien enterado de todo dijo: que nombraba por su defensor al Señor Santiago Bueso lo que firmo con el Señor Juez Fiscal de esta causa, por ante mi el presente escribano de que doy fe.

NAZARIO GARAY.   J. RIVERA
Ante mi,

J.M.AVILEZ

Inmediatamente el señor Juez Fiscal por ante mi el presente escribano, le previno al reo Joaquín Rivera debía hablar verdad en todo lo que se le interrogare, para tomarle su confesión, sin exigirle la forma del juramento por ser en causa propia conforme lo previene al Const. del Estado, y siendo los de la manera siguiente, responde.

Pregdo si sabe pr. que se haya preso dijo: que a pesar de tener expuesto el contenido de esta pregunta en su anterior declaración, cree que será el motivo de su prisión pr. haber estado a la cabeza de las tropas que fueron derrotadas en el punto de Danlí el veinte de diciembre del próximo año que acaba de finar y responde.

Pregdo. si es cierto nunca ha reconocido la actual admm.y jurándole obediencia: dijo que es positivo así lo tiene declarado.

Y se le hace cargo que si este es un motivo pa. tener derecho a promover facciones contra el Gno. de este Estado o ha renunciado de ser hondureño dijo: en cuanto al primer cargo está visto no es un derecho pa. promover facciones, contra ningún Gno. ni menos ha renunciado ni renuncia jamás al derecho de ser hondureño y responde.

Pregdo. si es cierto tiene declarado es Coronel efectivo de las milicias de Nicaragua de donde ha venido onimodamte. facultado pr. aquel Gno. pa. dar proclamas imponer leyes o decretos contra los hijos de Honduras dijo: que si tiene declarado el contenido de la primera pregunta y que vino facultado por aquel Gno. onimodmte. pa. favorecer a todos los pueblos pronunciados del mismo Honds. contra la presente Admm.

Se le hace cargo, si siendo como tiene expuesto que es hijo Honduras y que nunca renunciará de tal derecho en tal concepto admitió tal comisión cuando el Estado de Nicaragua no tiene derecho para atentar contra éste y el de reprobar lo que sanciona la inmensa mayoría hondureña ni menos el de introducir tropas para imponer a un Gno. que por sus límites esta separado en su admm. interior: dijo:

que admitió no porque el Estado de Nicaragua tenga derecho a imponer al de Honduras y si porque siendo compuesta la mayor parte de la división del que responde Hondureña sería muy fácil evitar mayores males que si se hubiese compuesto de hijos de otro Estado; que admitió porque siendo muchos los pueblos de Honduras que reclamaban protección al de Nicaragua, unos publica y otros privadamente y que creyó hacer un servicio a sus paisanos ayudándoles en la empresa que habían promovido que admitió porque viéndose expulsó de su propio suelo, perseguido aun en los otros Estados pr. reclamaciones del Gno. de Honduras y exasperado de ver una persecución tan dura a pesar de la conducta pasiva que guardó mucho tiempo que admitió pr. que al hacerlo traiga la mejor intención para ver si lograba entrar en un acomodamto. con el Gno. de Honduras capaz de conseguir garantías para los pueblos pronunciados, de evitar que continuase la guerra entre Nicaragua y Honduras y de proporcionarse el que responde asilo en el Estado de donde ha sido arrojado con tanta dureza y crueldad; po. q.pr. desgracia la adsion de Nacaome la frustro todas sus miras.

Y se le hace cargo que como quería conseguir tal fin, que si ignora que es reo de traición el que con arma en la mano ataca la Constn. y leyes, y a las autoridades que gobiernan o representan el poder de la

Nación dijo: que por uno de los muchos medios honestos y legales que se presentan es la guerra para conseguir tales fines: que no ignora que el que ataca con mano armada a las autoridades es reo de traición pero que los pueblos mismos las habían ya levantado y el que responde de adirio a esto con los fines que deja expresado y que además para ser traidor se necesita que hubiera tenido algún destino que hubiese sido confiado por este Gno. y responde.

Pregdo. si es cierto tiene declarado, vino ha evitar desórdenes esto es asesinatos, robos y otros más excesos que cometían las tropas que estaban a su mando con las cuales fue derrotado en el punto de Danlí sólo poniendo por ante fas de sus maquinaciones la prisión de Patricio Jiménez, y en este caso diga si es cierto toda la tropa que con este estaba no se le hizo recomoción alguna como base principal de toda facción tolerarle todo género de desastres para no descontentar a los perversos que son sus sostenedores dijo; que es injusto a injustísimo el cargo que se hace; pues nunca ha sabido alimentar las pasiones de los perversos y que pr. cuyo motivo es un cargo a que nunca esta obligado a responder.

Y fue reconvenido que por que niega el cargo cuando Luis Grandis y todos los que tiene declarados encontró en Danlí ya pronunciados quedaron abistipaciencia en la facción de su mando hasta haber sido desechos pr. las tropas del Gobierno dijo: que cuando el llegó a Danlí solamente encontró un número como de veinte o veinticinco hombres y q. q. entres estos nunca supo si allí estaba Luis Grandis. y q. aun cuando lo supiere nada se decía contra él sinc es que todas las aclamaciones eran contra Jiménez a quien ya encontró preso y mandó activar la causa para averiguar la verdad de todo: que es tan cierto que no ha querido fomentar desórdenes que al tercer día de haber llegado a Danlí fue público el castigo que se le hizo a un individuo de la tropa que conduce el que responde solo por haberle arrebatado una banda a un vecino del mismo Danlí como lo fue también que el que declara anunció a todos que el menos exceso que se cometiera sería castigado y responde.

Pregdo. si es cierto que con su llegada a Danlí fue alterado el genio pacífico de aquellos habitantes contra su legítimo Gobierno y que si igualmente quiso hacerlo en el Departamento de Olancho como consta de documentos bajo su firma sublevándolos acusando al actual Gobierno con el negro Tito. de tirano como lo tiene declarado dijo: que en cuanto a lo de Danlí ya ha dicho es falso, pues no ha tenido participio en su pronunciamiento y que en cuanto a lo de Olancho es

cierto escribió a la Municipalidad de Catacamas en los fines que ya tiene declarados y fue reconvenido que por que niega lo de Danlí cuando tiene declarado del punto de Yauyupe mandó a Franco. Martínez el mismo que en su declaración dice que en uno de los artículos de las insts. que le dio era que soltare proclamas convocando aquellos valles para que se hicieren a su partido, y que este caso no solo se le debe a él, el cúmulo de trastornos sucedidos en Danlí sino también la sangre de tanto inocente que quedó en aquellos campos sus cadáveres mujeres viudas hijos huérfanos que existen en el día sin la protección de sus padres y otros asilos que por tan funestos acontecimientos tienen perdidos dijo: que no puede ser así porque mucho antes que Martínez fuese mandado a Danlí ya Jiménez le había dado avisos de todos los pasos que había dado para el pronunciamiento o en virtud del y que aún mucho antes había recibido correo de Danlí el que corresponde pidiéndole fuerza armada para la aprensión de un herido que se decía era el Sr. Guardiola que se hallaba en aquella ciudad oculto cuya fuerza no solo no la vio sino que ni contestó a la nota que se le mandó sobre este particular pr. el expresado Jiménez y que sobre el Artículo que se le indica dio a Marts. en sus instrucciones absolutamente se acuerda haber sido así que por lo que respeta a la adición que se dio en Danlí se vio en la necesidad de resistirla porque aunque se había dado la orden de retirada pa. el veinticinco no fue posible se verificase por. q. el día anterior se presentó ya la fuerza del Gno. y pr. q. si la hubiera verificado en los momentos q. se presentaba dicha fuerza temía la dispersión con armas de alguna parte de la división que estaba a su mando y que se quedasen cometiendo después desórdenes de mayor trasenda. y responde.

Pregdo. quien mandó a Vjenio Carías a Tegucigalpa, y si eran tropas que correspondían a las de su mando las que invadieron aquella plaza dijo: que efectivamente el mando al citado Carías; po. no a Tegucigalpa si no es únicamente al pui.o de Sta. Lucía con un piquete de sesenta y cinco hombres compyestos del Minl. de San Antonio y otros de Yuscarán y Tegucigalpa.

Y se le hace cargo si a el se le debe los desórdenes cometidos en la ciudad de Tegucigalpa y el número considerable de tercios del tabaco que de aquella tercena fue saqueado dijo: que absolutamente puede responder a este cargo pr. q. lejos de mandar a Carías a Tegucigalpa, se lo prohibió pri. q. no podía encomendarle la empresa de ir atacar el cuartel q. fue a lo que se atrevió Carias pr. un adto. de insobordinación o de torpeza y q. aun pr. haber quebrantado sus instrucciones se le

instruyó causa y se hallaba preso: q. ingnora el que habla si han tomado tabaco de Tercera de Tegucigalpa pues con motivo de la dispersión que allí sufrió la tropa no hubo quien le dijera sobre este particular una palabra y responde.

Pregdo. de donde le pedía plata: a Simeón González como consta de sus cartas no habiéndole dado más abilitación que las instrucciones pa. q. hiciera la guerra el Estado y aun el mismo Gno. dijo: que la plata que le pedía a González era de la que debía haberle entregado Sancho de la Mina de guallavías sobre la que le había dado facultades el Sr. Ramón Vijil de tomar cierta cantidad como propiedad suya y que en cuanto a las instrucciones que se refieren no pueden tenerse por tales por q. si lo había mandado él ni son las cartas q. le dirigió más q. su opinión tanto que González hizo su retirada al Corpus a pesar de haberle aconsejado el que responde que no abandonase el Territorio de Texiguat.

Y se le hace cargo que pr. q. niega estaba González bajo sus disposiciones cuando le exigía a que activase en romper al Brigadier Stos. Guardiola indicando al mismo tpo. q. arregresaba pa. Comayagua con algún temor motivo a la aproximada que hacían las tropas de los facciosos de Nicaragua como e igualmente si no tenía interés en hacer la guerra al Estado a q. venía eso de mandarle decir que tenía tantos querubines q. q. diablos hacía q. no mandaba pr. ellos que no perdiese de trabajar pr. una causa tan justa como también que tenía pan para los ·ángeles y que en este caso todos estos recursos o bien se los mandaría a Dios para socorro de sus ángeles en el cielo o con el fin de romper el Estado y al mismo Gno. pues así manifiestan los documentos que hay bajo de su firma dijo: el aconsejar a González lo que se refiere no prueba que este estaba bajo de sus órdenes pues ya a dicho que fue mandado con conocimiento del Gral. Fonseca y que decirle al mismo González que procurase derrotar al Brigadier Guardiola es por que como a dicho en Nicaragua se sabía que este quería impedir el paso al auxilio que iba del mismo Nicaragua a San Salvador y si decía que regresaba a Comayagua temeroso de dicho auxilio era porque así lo aseguraban los partes que se tenían en León; que no tenía interés en hacerle la guerra al Estado sino a la persona del Presidente Sr. Franco. Ferrera contra quien se habían pronunciado muchos pueblos de Honduras y pr. q. la opinión pública lo acusaba de estar ligado con la aristocracia de Guatemala a quien le hacía la guerra a San Salvador: q. repite ahora que si hubiera tratado hacer la guerra a Honduras hubiera aprovechado la ocasión que le presentó el Gral. Malespn. y la que proporcionaba el Presidente Guzmán al que responde y al Gral. Cabañas, que con respecto a los querubines no es a Gonzáles a quien se le habla de ellos sino a los vecinos de Liure q. habían pedido auxilios a Leon de esta clase, y que tan es así que el mismo González condujo los sitados fusiles: que con respecto al pan pa. los ángeles cree el que responde que no es en sus cartas en que consta la expresión sino en las de Vijil, po. que es bien claro que era parque del que se hablaba.

Y se les hace cargo que pr. q. en su declaración dice no le consta que con sertidumbre Ramón Vijil trabajara unido al Gobierno de Nicaragua y ahora en su confesión expone que no fue él el que pidió las plantas como dueño o como parte de su propiedad sino que Sancho traiga estas recomendación de dicho Vijil que las sacase de la mina de Guayabillas y también decir que en las cartas del ya referido Vijil en donde está el plomo, que con tito. de pan se le hace cargo dijo: que en su declaración se le preguntó si había trabajado en favor de la declarata. de guerra de Nicaragua contra el Gno. de Honduras y q. otros hijos de este Estado lo habían hecho, a que contestó que en la declarata. de guerra no trabajo el que responde y que aunque se dijo que Vijil y Orellana habían trabajado no le consta al exponente pues la pregunta se refiere a la declarata. de grra q. consiste en un decreto solemne que con respecto a la pedida de las platas de González no niega el declarante haberlas pedido si no es que como se le pregunta de donde las pedía a dicho que de las que Sancho debía tomar en Guayabillas pertenecientes a Vijil de quien tenía facultades pa. tomarlas de la mina de Guayabillas y que aun el pedido que se le hace a González de este interés no es forzoso sino que se le dice que vea si puede.

Y vuelto hacer cargo que si duda q. el resultado de su misión mandado por el Gobierno de Nicaragua en nombre de el no ha hecho más de arrebatar con tal crimen a este Estado la parte más esencial de su Soberanía dijo: que en concepto del que responde no ha sido así porque siendo la especie de Gno. que se ha doctado popular y perteneciendo a los mismos pueblos la Soberanía, se ha reconocido por un principio sentado el derecho, que los mismos pueblos tienen a sublevarse contra el gobernante que se desvía de las leyes: que esta verdad la acredita la multitud de facciones que por desgracia han ocurrido en la República entera y en los estados en particular, a diferencia que como el triunfo cambia las denominaciones muchas de ellas han sido calificadas de justas: que el que responde tiene tanto interés en qe se conserve la Soberanía e Independencia del Estado de Honduras como el más celoso hondureño y que si pudiera poner el

Estado bajo la protección de la más poderosa de las naciones para que quedase a cubierto de la intriga y de la dominación de la aristocracia de Guata, cuyos profundos planes son notorios en la Repa. lo haría con placer. Y que si la desgracia lo ha conducido hoy a que se le acuse de reo de infida. sus intenciones han sido las más sanas y que lo dicho es la verdad y leída que le fue esta su confesión dijo: ser lo mismo que tiene expuesto lo que firmó con el señor Juez Fiscal, y por ante mi el presente escribano que da fe.

NAZARIO GARAY   J.RIVERA
Ante mí,   J. Ma. AVILEZ

Plaza de Comayagua enero quince de ochocientos cuarenta y cinco. No resultando de la confesión del reo infidente Joaquín Rivera, citas que evacuarse solamente el nombramiento de defensor, que tiene hecho en la persona del señor Santiago Bueso, en cumplimiento del tratado octavo tito. cinco arto. veinte de la ordenanza del Ejército pasesele oficio al expresado defensor, pa. q. a las tres de la tarde de este día, pase a esta Fiscalía a prestar el correspondiente juramento con consiste en prometer bajo de su palabra de honor defender, al reo, ingnisiado en esta causa arreglándose a lo dispuesto a la ordenanza del ejército así lo proveo y pa. que conste por deligas. lo firmo con el presente escribano q. da fe.

NAZARIO GARAY
Ante mi.
J. Ma. AVILEZ

En quince días del mes de enero de mil ochocientos cuarenta y cinco. Yo el infrascrito escribano doy fe que habiendo pasado el Señor Juez Fiscal de esta causa un oficio con esta fecha al señor Santiago Bueso de haberle nombrado el reo Joaquín Rivera, por su defensor, el que contesto otro de la misma fecha el mando se agregase a este expediente, el que siendo justos los motivos que en el expone, mando que a continuación de este auto, y hechole saber al expresado reo nombre otro defensor, lo que firmo dicho Juez Fiscal, y mando le sentase por deliga. pr. ante mi el presente escribano que doy fe.

Ante mi.
NAZARIO GARAY   J. Ma. AVILEZ

D.V.L.   Comayagua enero 15 de 1845

Al señor Fiscal Militar, Teniente efectivo Nazario Garay

No puedo ser defensor del reo Joaquín Rivera, a quien está usted procesando, por hallarme padeciendo de la cabeza y afectado de la vista, causa porque estoy retirado de leer y escribir. También dho. reo me es deudor de cantidad de pesos; y bajo cualquier aspecto que se mire mi personería, pueda dársele una siniestra interpretación que hiera mi honor, que he procurado conservar.

Al contestar a Ud. tengo la satisfacción de ofrecerme por su atto. servidor.

J. SANT. BUESO

En la plaza de Comayagua a los quince días del mes de enero de ochocientos cuarenta y cinco el Sr. Juez Fiscal pr. ante mi el presente escribano pasó a uno de los calabozos del Cabildo de esta ciudad, en donde se haya preso el reo Joaquín Rivera, a quien le hizo saber el auto que antecede, y bien enterado de todo dijo: que nombra al señor Franco. Aguilar y en defecto de este señor al Señor Rafael Franco. Osejo, y si aun estos se negaren a este pequeño servicio nombra al L. Felipe Jaureguí, y no admitiendo súplica que lo haga el señor J. Fiscal de oficio y firmo.

NAZARIO GARAY.   J.RIVERA

Ante mí.
J. Ma. AVILEZ

D.V.L.

Comanda. General de la 3º. división
Danlí diciembre 14 de 1844

Sr. individuos de la Municipalidad de esta ciudad.

Sin embargo de que he procurado evitar en cuanto me ha sido posible al vecindario de Danlí las molestias que son consiguientes a la guerra la tropa que está a mis órdenes debe comer y beber, debe tener prest. y hacerse otros gastos precisos e indispensables.

Este vecindario ha sido franco y generoso con empréstidos y donativos en favor de la causa de la tiranía; por lo cual merecen disculpa, pues no podrían menos de hacerlo así. Pronunciados ahora en favor de la libertad deben manifestar igual generocidad y franqueza.

Se necesitan para las urgencias del ejército, que se compone de más de setecientos hombres, lo menos de mil y quinientos pesos y esta cantidad la deberán V.V. mandar realizar de las haciendas del Sr. Ramón Arriaga; pero como debe estar reunida el lunes 16 del presente a las 10 de la mañana, he tenido por conveniente que mientras se verifica la realización de las indicadas haciendas exijan V.V. los mil y quinientos pesos referidos de los capitalistas de esta ciudad que posean de mil pesos arriba, a quienes se les volverá la cantidad que por de pronto se detalle por V.V. conforme se vaya realizando procurando exigir de los pronunciados de buena fe la menor cantidad posible.

Nadie mejor que V.V. conoce a los capitalistas para asignarles y exigirles los mil quinientos pesos de cobre que se necesitan para el lunes en la mañana y nadie mejor que V.V. pueden realizar los bienes con que se deben cubrir con mejor estimación.

Al Sr. Teniente Coronel Francisco Martínez se le previene con esta misma fecha reciba la cantidad expresada y con el deben V.V. entenderse directamente.

Tengo el honor de ofrecerme a V.V. muy obediente servidor.

JOAQUÍN RIVERA.

En la plaza de Comayagua a los diez y seis días del mes de enero de ochocientos cuarenta y cinco.

Para probar las criminales maquinaciones y falsedades del faccioso Joaquín Rivera en virtud a lo que expone en la última pregunta que se le hace en su declaración, la cual se haya a fojas ocho y vuelto al fin de esta causa yo el Juez Fiscal en ella mando se agregue el oficio que paso a la Municipalidad de Danlí para que se sacasen de las Hds. del Sr. Ramón Arriaga lo menos la cantidad de mil quinientos ps. pa. sostenimiento de las tropas de la facción de su mando, así lo proveo por ante el presente escribano que da fe.

NAZARIO GARAY

Ante mí   J. Ma. AVILEZ

Yo el infrascrito escribano doy fe de haberse agregado en la misma fecha que expresa el auto anterior el oficio que en el se hace mérito lo que dicho señor Juez Fiscal mandó se sentare por deliga. lo que firmo pa. q.conste.

J. Ma. AVILEZ

Plaza de Comayagua enero diez y siete de mil ochocientos cuarenta y cinco habiendo recibido esta fiscalía en la misma fecha las dos notas que justifican que una parte de la facción q. existía en la Plaza de Danlí al mando de Patricio Jiménez era perteneciente al total número, que estaba al mando del faccioso Joaquín Rivera, como General de ella que consta en la primera bajo el número treinta y ocho y la otra que justifica haber maquinado sus proyectos para hacer pronunciarse no solamente al distrito de Danlí, como también a los de el Departamento de Olancho cuyos comprobantes mando se agreguen adjunta la acta y certificación de la Municipalidad de Danlí asi lo proveo por ante el presente escribano que da fe.

NAZARIO GARAY   J. Ma. AVILEZ
Ante mí.

III

Yo el infrascrito escribano doy fe de haberse agregado en la misma fecha de el auto anterior lo que mando el señor Juez Fiscal de esta causa se sentare por diliga. lo que firme pa. q. conste en la Plaza de Comayagua a los diez y siete días del mes de enero de mil ochocientos cuarenta y cinco.

J. Ma. AVILEZ

D.V.L.
Comandancia General de la 3o. División.
Yauyupe diciembre 4 de 1844

Señor Comandante Patricio Jiménez.
Siendo de suma urgencia obrar contra el enemigo con toda la fuerza que pertenece al ejercicio libertador de los pueblos hondureños pondrá V. la que tiene a sus órdenes a las del Tnte. Coronel Sr. Francisco Martínez para que marche con ella a reunirse conmigo en el punto que se le ha señalado a las inmediaciones de Tegucigalpa marchando V. asimismo con dicha fuerza en inteligencia que cualquiera demora debe ser perjudicial a la causa de los pueblos mientras que si se obra con prontitud el triunfo se logrará.

Espero del patriotismo y honradez de V. el pronto cumplimiento de esta disposición.

Soy de V. afectuoso servidor.

JOAQUÍN RIVERA

Comandancia General de la 3o. División
Sr. Comandante Patricio Jiménez.
Danlí.

Comandancia General de la 3°. División del
Ejército Libertador de Honduras
Sr. Comandante Patricio Jiménez.
Por su estimable de 1o. del presente que acabo de recibir y las copias que a ella me acompaña quedo impuesto de la llegada del oficial Teodoro Cálix con quien ha obrado de acuerdo conforme mis instrucciones y de todos los buenos oficios que V. ha hecho en favor de tanto pueblo oprimido por un tirano que atropellando la humanidad, las leyes y cuanto el hombre tiene de apreciable quiere dominar y someter al Estado a una dominación extranjera y a la de la aristocracia enemiga siempre de las libertades públicas. Sin miramientos ni respeto a la religión asesina, roba e incendia cuanto se le pone por delante, y cebado en sus crimenes los aumenta diariamente.

No dudo que el pronunciamiento de todos los habitantes de ese distrito y de todos los pueblos a quienes V. ha invitado sea uniforme y constante para que obrando de acuerdo todos triunfe la libertad del pueblo y podamos establecer un Gobierno justo, económico y que haga el bien de los hondureños.

El Teniente Coronel Sr. Francisco Martínez y el Teniente Sr. Fernando Bustamante informarán a V. de todo cuanto por acá ocurre desde León hasta Tegucigalpa; y el lleva las instrucciones convenientes para con arreglo a ellas obrar con la fuerza que está a las órdenes de V. principalmente con la de caballería.

Encarezco a V. muy mucho las prontas operaciones de que tanto necesitamos.

Con fecha 15 del pasado dirigí un propio a la Municipalidad de Catacamas, pidiéndole se pronunciase en favor de la causa a cuya cabeza se ha puesto el pueblo de Texiguat, o por lo menos hiciese que el Departamento de Olancho se declarase neutral, y como no he recibido contestación, remito duplicado la citada comunicación para que V. la haga pasar a la Municipalidad expresada.

Como estoy satisfecho de la honradez de V. y de todos los valientes que le acompañan nada tengo que encarecerle acerca del orden y subordinación que debe hacer sin cuyo requisito no podemos triunfar.

Soy de V. muy afectuoso servidor.

D.V.L.

Yauyupe diciembre 5 de 1844   JOAQUÍN RIVERA

D.V.L.

Danlí diciembre 12 de 1844

De la Municipalidad de Danlí.

Señores individuos de la Municipalidad de Catacamas. Este Cuerpo tiene la honra de dirigirse a ese y de acompañarle la Acta que celebró el 1o. del corriente, en unión de la mayoría de este vecindo. y de todo el Disto. que se reunió con objeto de que expresasen libremente su opinión sobre si querían permanecer unidos al Gno.

como hemos estado hasta aquella fha. o adherirnos a la causa que defiende el Gobierno de Nicaragua, y el heroico pueblo de Texiguat, no fue violentada la opinión: hubo plena libertad; y sin embargo no se oyó una sola voz en contra del pronunciamiento que se hizo pr. aclamacn. en favor de la causa que defiende el Gno. de Nicaragua con Texiguat y todos aquellos pueblos del Estado de Honduras, que no están oprimidos por las armas de la tiranía.

Danlí sujeto spre. al Gno. había obedecido en silencio todas las disposiciones pr. más duras q. le pareciesen: sus vecinos contribuían a sostenerlo, ya fuera pagando los empréstitos, repetidos, y todas las contribuciones establecidas: ya empuñando las armas en su defensa: ya obedeciendo las leyes que atacaban todos los dros. y garantías sociales, y finalmte. sugetándose en todo aun Gno., autoritario casi de continuo omnimodamte. contra arts. expresos y terminantes de la Constitución siendo su voluntad, y no el interés pco, ni las leyes el alma de las cámaras, de los tribunales y de todos sus agentes.

Devorábamos en silencio ntro. dolor: oíamos callados las quejas de ntros compatriotas: veimos perseguidos, expatriados y proscritos a los defensores del pueblo y sus dros. No había seguridad, no había libertad, y una opinión, una palabra, una queja bastaba para confiscar los bienes de un Gno. y pa. quitarle, muchas veces, la vida en un patíbulo.

Estos hechos fueron desarrollando la opinión y abriendo los ojos a los pueblos. Los tratados celebrados con un aventurero de los bárbaros de la Costa Norte, que habrían la puerta a la conquista y a la tiranía de cualquier nación que osase emprenderla, y desmembraba una gran parte del territorio de la República, y especialmente, de los Estados de Honduras y Nicaragua hizo correr el velo de las maquinaciones del Gno. y se vio el peligro inminente que corría ntra. independencia. Comenzó a hablarse más claramente contra el Gno. y sus agentes, y se notó que ya el pueblo deseaba un cambio. Los sucesos ocurridos en Danlí el 8 de septiembre del año pasado, y el 25 de junio de este año lo manifestaban claramente. Los soldados que por la fuerza se llevaban a las filas del Gobierno, desertaron de ellas, y marchaban a incorporarse en las de Texiguat, en donde sabían que se carecía de pre; y muchas veces hta. de suma miserable ración para alimentarse.

Todos sabemos que por la revolución de los años de 28 y 29 quedaron en poder del Gno. del Estado todas las rentas Federales del mismo; la del Estanco de Tabaco, las Alcavalas Marítimas, las deudas anteriores al establecimiento de la Federación y otros muchos recursos: nadie ignora que en todas las proclamas y papeles se nos ofreció disminuir las contribuciones del Estado, aliviar a los pueblos y hacerlos dichosos: promesas nugatorias, engañosas y falsas con que se alusinó a los pueblos, pues lejos de aliviarlos se multiplicaban las contribuciones e impuestos hta. sobre los alimtos. más precisos: se hacían continuamente, confiscaciones de bienes, y se decretaban emprestitos y donativos con la mayor frecuencia. Toda pa. mantener tropas que destruyeran al mismo pueblo, y enriquecer a los satelites del Gno.

La libertad de imprenta desapareció lo mismo que la de la palabra y del pensamiento. No era lícito imprimir un papel, decir una palabra, sin ver expuesto a su autor a la más horrible persecución. Hasta las acciones más indiferentes, hasta los gestos que no eran del agrado del tirano o de los que los sostenían, se perseguían con la mayor crueldad.

Pero lo que más ha contribuido a que los pueblos se decidan a abrazar la causa de la libertad, y ponerse bajo las banderas de Nicaragua y Texiguat han sido los horrores inauditos de Guardiola, y la hipocresía sistemada de Jauregui, y de la mayor parte de los agentes del Gno. Aquel ha asesinado a mujeres, ansianos y niños: ha incendiado pueblos enteros: no ha perdonado a los habitantes pacíficos de los lugares por donde a pasado ni a sus mismos partidarios. Diganlo Yuscarán, Sn Antonio, Texiguat Morolica, Nacaome y otros pueblos. Su tropa no respetó en Morolica ni las vírgenes, ni las casadas;, ni ninguna clase de mujer que no fuera forzada.

Sus agentes en Tegucigalpa acaban de poner presas a una multitud de mujeres, y muchas han sido mandadas apaliar solo porque vendieron comida a las tropas de Texiguat que se acercaban aquella plaza, Jaureguí, cuyo nombre recuerda las ideas de la hipocresía más refinada, y de la más profunda maldad, después de haberse apoderado de las mejores posesiones de Honduras, despojando a sus legítimos dueños, atacado el honor y buen nombre de muchos Cnos.: ha dado leyes que han destruido todas las garantías Constitucionales: ha sostenido la tiranía, a violado la moral pca; y colocado en los primeros destinos, su influencia maligna nos prepara nuevas cadenas como agente de la tiranía de Guata.

Cnos. Municipales: nuestras palabras no son la expresión de la mal creencia, ni del entusiasmo, ni de la mentira. Son hechos pocos de que no es lícito dudar. Son verdades que están a la vistalo mismo que la exista. de los volcanes y del Océano.

Un sentimto. Profundo de nuestros males: la verdad y la justa, que nos hicieron pronunciar en nuestros corazones antes de ser invitados, y ael amor de nuestra patria es lo que ha puesto la pluma en nuestras manos, pa. dirigirnos a esa digna y respetable Corporación cuyos sentimientos no dudamos sean conformes a los nuestros.

Quietos, pacíficos y sumisos los habitantes del Dist. de Danlí prefieren la muerte al Yugo ominoso que los oprime; y levantados en masa, sabrán infundir terror a la tiranía y a todos sus satelites. Qusieramos que para evitar los estragos de la guerra civil, se uniformase la opinión en todos los pueblos; y con este objeto nos dirijamos a las Municipalidades del Estado como autoridades más inmediatas a los pueblos, como representantes de ellos, y como intérpretes de su voluntad. Es obligación sagrada corresponder a la confianza que se ha hecho de nosotros, y dirigir la opinión de nuestros comitentes hacia la unión, a la libertad, a la seguridad y a la paz y con el primer objeto de nuestros votos.

No podrán estos bienes conseguirse sin que nos unamos, estrechemos nuestras relaciones y nos demos mutuamente, la mano para salvar al Estado. Vnion y libertad será siempre nuestra divisa, y aunque la humanidad y la justa presidan nts. operaciones, desgraciados de aquellos que traicionan la causa del pueblo. Creyendo que el cielo favorece nuestra causa y mira nuestra buena intención la hemos abrazado con ardor y la sostendremos con valor hasta lograr el triunfo más completo. Nos prometemos los mismos sentimientos y deseos en todo el Estado y particularmente en esa digna Corporación que otras veces ha sabido corresponder a la voz de la patria. Esto nos convida a hacer causa común; y nuestra unión será la salvaguardia que la libre de las desgracias que la amenazan, y la sane de las heridas que a recibido en estos últimos años.

Al dirigirnos a V.V. Sres. Municipales, tenemos el honor de ofrecerles los sentimientos de nuestro respeto y de nuestra grande estimación con que nos suscribimos muy obedientes Servidores.

Longinos Medina. Antonio Casco. Por mí y Julián Morga. Manuel Zúniga.

Por mí y el Regidor Juan Salcedo. Tadeo Marcelo. Angel Laso. Siriaco Ortiz. Segundo Valladares.

FELIX ALVARADO
Srio.

NOTA. Hay un sello que dice:

Ministerio de Grra. y Marina del Spmo. Gno. de1 Est. de Honduras. Copia Longinos Medina Alcl. 1º. y Jefe del Distrito de Danlí. Certifico: Que en el libro de Acta que esta Municipalidad lleva se haya la acta que literalmente dice: Sala Municipal de Danlí, diciembre 1º. de mil ochocientos cuarenta y cuatro. Reunido este Cuerpo Municipal por invitación del Señor Comandante de la División Libertadora que se haya en esta ciudad, ciudadano Patricio Jiménez y estando presente una multitud de vecinos de esta misma ciudad y los auxiliares y habitantes de los demás pueblos y Valles del Distrito que de ante mano habían sido citados, el expresado Señor Comandante tomó la palabra y manifestó: que el objeto de la reunión que había pedido era el de que públicamente manifestasen su opinión de que si querían permanecer unidos al Gno. del Estado que ha regido hasta ahora, o unirse a la causa que defiende el Pueblo de Texiguat sostenido por el Estado de Nicaragua.

Que si se había hecho esta invitación era porque se lo habían pedido varios vecinos de Danlí y de los demás pueblos; advirtiendo que cada uno podía libremente manifestar su opinión, pues jamás serían perseguidos por ella, porque la División de su mando no hacía la guerra por opiniones, ni tenía por enemigos, sino a los que trabajasen en favor del Gobierno de Honduras o lo auxiliasen de alguna manera: que por consiguiente, no quedaban obligados a obedecer ni a auxiliar de alguna manera al Gobierno de Honduras, sino a prestar sus auxilios en lo que pudiesen a la causa que defienden los Patriotas de Texiguat y el Gobierno de Nicaragua. Impuestos todos de lo que se les expuso y repitió varias veces, habiéndoles manifestado los peligros a que le exponían contestaron unánimemente, sin que hubiese una sola voz en contrario que voluntariamente se unían a la causa que defendían Texiguat y el

Estado de Nicaragua; y que esta opinión la habían manifestado con varios hechos; y que, estaban prontos a sostenerla de la manera que puedan. En vista de lo cual el Comandante y oficialidad de la guarnición ofrecieron sostener este pronunciamiento y defender a los pueblos e individuos del Distrito de Danlí.

Concluido este acto hubieron salvas y vivaz y se acordó que de esta acta se diese certificación al Señor Comandante y se circulase a los pueblos en donde no hubiese podido, y lo firmaron el Cuerpo Municipal y algunos de los asistentes. Longinos Medina. Por mi y el Regidor Juan Salcedo. Por mi el Regidor Juan Mayorga. Tadeo Marcelo. Félix Alvarado Secretario. José Domingo Borjas, Bernardo Coello, Dionisio de Herrera, Manuel Ugarte, Pedro Antonio Laso, Patricio Jiménez, Carmen Bendaña, Enrique Osorio, Antonio José Vallecillo, Ramón Beltrán y Feliciano Salinas.

Y yo el Jefe en cumplimiento de lo acordado en la acta doy la presente certificación en Danlí a los diez de diciembre de mil ochocientos cuarenta y cuatro.

Es conforme, Ministro de Grra. Comaya., enero 15 de 1845

CRUZ
D.V.L.

Comaya; enero 16 de 1845

Al señor Fiscal de las causas de infidencia.

Contestando su apreciable nota oficial de esta fha., en que se ha servido V. comunicarme, que el reo Joaquín Rivera, me ha nombrado defensor, en la causa de infidencia que le instruye, y en su virtud, llamarme a la Fiscalía que tiene a su cargo, para que a las dos de la tarde de este día, vaya yo a prestar el juramento de ordenanza, digo: que no acepto el nombramiento, porque no tengo capacidad ni salud para desempeñar la defensa: soy inepto para ella y vivo enfermo; y suplico a V. señor, se digne haberme pr. excusado, y mandar al reo nombre otro sujeto idóneo que no lo deje indefenso.

Este motivo Sr. Fiscal tiene pa. suscribirse de V. con honor su muy obsecuente servr.

FRANCO, AGUILAR

En virtud del nombramiento de defensor que ha hecho el reo Joaquín Rivera, el primero en la persona del Sr. Franco. Aguilar que en virtud de oficio que se agrega en esta causa expuso sus excenciones dándose por excusado para este nombramiento el segdo. en el Sr. Fafl. Osejo que se haya en cama en la Villa de Sn. Anto. y el tercero en la persona del Sr. L. Felipe Jaureguí Diputado Presidente de este Estado quien habiendo admitido dho. nombramiento a virtud del disernimto. de su encargo pasé a tomarle el correspondiente jurmto. que hizo conforme su instituto ofreciendo hacer fiel y legalmte. la defensa de su cliente lo que firmo con el Señor Juez Fiscal conmigo el presente escribano que doy fe.

NAZARIO GARAY   F. JAUREGUI
Ante mi
J. Ma. AVILEZ

En la plaza de Comaya. a los diez y ocho días del mes de enero de mil ochocientos cuarenta y cinco. El Sr. Juez Fiscal, en vista de hallarse del todo concluida esta causa, mandó se pasase al defensor pa. que fundase su defensa con arreglo a la ordenanza gral. del Ejército; lo que ejecuté yo el infrascrito Ebno. entregando este proceso hoy día de la fha. a las ocho de la mañana, compuesto de cuarenta y ocho fojas útiles, para que conste por diligencia lo firmó el defensor con dho. Juez Fiscal y el presente Ebno. que da fe.

NAZARIO GARAY   F.JAUREGUI
Ante mi.

J. Ma. AVILEZ

En veinticuatro del mismo volvió el defensor esta causa, diciendo quedaba formada la defensa que leería y dejaría en el consejo de guerra.

F. JAUREGUI

CONSEJO DE GUERRA

La revolución, que con su mano de hierro, conmueve el Edificio social por sus cimientos, nos ha presentado esta escena que a la verdad es interesante y patética. Ella convence de la inestabilidad de las cosas humanas, y de que nunca será positivo el poder de los hombres; y es además una de aquella útiles, pero espantosas advertencias, con que a la vez nos instruye el único Ser que hay realmente grande y fuerte en la naturaleza.

Aquí tenéis reo, sentado en un banquillo, el mismo que otro tpo. ocupaba la silla del poder: sus manos que manejaban las riendas del Gno. vedlas allí aprisionadas con férreas esposas: sus pies, cuyas huellas tantos reparaban para seguirlas, hoy no pueden dar paso, porque una barra de grillos se lo impide; y en fin: su persona toda nos indica, que no es ya aquel hombre que vimos feliz y poderoso, sino un ser desgraciado, que existe solamente bajo la salvaguardia de la ley. El último resto de su fortuna consiste, en haber caído prisionero entre hombres que odian el barbarismo, y que sifran su bien estar en el cumplimiento de sus propios deberes. Si, nuestro Gn0. es de leyes, cuyo texto augusto acatan, desde el Supremo Magistrado hasta el último de los funcionarios públicos; y es cabalmente este respeto a la ley, el que se asegura la libertad del pueblo.

Si yo compareciese ahora ante un Tribunal despótico, mi lenguaje debería ser otro; y si yo os sospechara afectados por vuestros padecimientos, os diría, que si es más difícil, es también más heroico ser vencedores de nuestras pasiones, que del enemigo más fuerte en el campo de batalla. Pero no; yo comparezco ante un Tral. formado por soldados de la libertad, y que a la ley han sabido defender con entusiasmo; y si por tan sagrada defensa ellos han ofrecido derramar su sangre, nunca deberá temerse que a la misma ley infrinjan en un lance serio pero frío.

Fuera de esta virtud que os distingue, Señores Capitanes, yo os contemplo como los Generales Romanos, que si nunca transigían con el enemigo que aun vibraba el acero en la mano, jamás sepultaban el suyo, en el pecho de aquel que se presentaba desarmado. Advirtiendo pues en este Consejo las virtudes individuales que deben caracterizar al Juez. Convenido de que nadie procura sino el cumplimiento de la ley; y de que cualquiera acto contra esta sería mirado con horror por la posteridad y por los pueblos, pasó a examinar esta causa, con el texto mismo de la ley, como única regla de todas las decisiones judiciales.

Dos clases de documentos se encuentran en esta causa. Unos son las cartas confidenciales que corren de fojas 13 a 22, y los otros un decreto y una nota oficial, que como Coronel del Ejército de Nicaragua, y autorizado por el Gno. de dicho Estado, dictó Rivera, y se hallan de fojas 23 a 26 de los autos.

Las cartas nada prueban contra el procesado, pues que de ellas solo pudiera hacerse uso en los delitos de traición, y el de Rivera no lo es. Traición es la falta de fidelidad y lealtad al Soberano o a la confianza de alguno, según el diccionario de nuestra lengua. Para ser traidor de algún Gno., es indispensable ser un súbdito, o haber obtenido de él algún destino o comisión. Mas Rivera, hace nueve años que abandonó el Estado, y que juró domicilio en otro: no tenía emnpleo, comisión o destino de especie alguna por el Gno. de Honduras, luego es evidente, que su delito sea el que fuere, no es el de traición.

Ahora pues, la Correspondencia epistolar interceptada, no hace fe en juicio ni fuera de él, según el artículo 111 de nuestra ley fundamental, el que declara que quedan personalmente responsables los jueces que la admitan en juicio por que dicha garantía no admite otra excepción que la del artículo 11 que es la de traición, de que hemos hablado. Siendo incuestionable, que Rivera no ha cometido el delito de traición, también es q. dichas cartas son nulas en juicio; y que de consiguiente, el no es obligado a responder, a los cargos que de ellas pudieran deducirse. Así pues, sea cual fuere el contenido de ellas mismas, deben estimarse, como no corrientes en el proceso. Y si pueden servir de apoyo a medidas de política o de seguridad, jamás podrán servir de fundamento a una sentencia judicial, por que la ley como hemos visto, las desconoce.

Solos los otros documentos pueden servir de base a los cargos que se han hecho al reo; pero aquellos mismos justifican, que el era un Coronel del Ejército de Nicaragua, que obraba con órdenes e instrucciones de su Gobierno. Si Sres. del Consejo: yo no quisiera ni insinuar una especie; pero siendo muy interesante para llamar vuestra atención en favor de mi cliente, es necesario hacer uso de ella. Reparad pues que la misma voz que el quería ahogar en el sepulcro, es la única que hoy habla en su favor y es preciso atenderla, porque es la expresión del convencimiento y la verdad.

No hay un solo documento que acredite que Rivera es el autor de la facción de Texiguat, pues ni de las cartas mismas se deduce otras cosa, que el haber querido sistemar la facción misma que estaba formada sin su noticia. Los documentos que merecen fe, le hacen aparecer como subalterno de otro Gno., y su prisión es el resultado de una batalla campal en que fue vencido. Sea pues Rivera lo que fuese, la ley solo le estima como un prisionero de guerra.

La conducta que deba observarse con él, reconociéndolo como tal prisionero, es el segundo punto que debemos examinar.

Creo y lo digo con placer: que si el Gno. de Honduras, cansado de sufrir ataques bruscamente injustos de el de Nicaragua, le declaró la guerra ha sido como se hace en los países civilizados; es decir, conforme al dro. que la regula y respetando el de gentes. Por uno y otro no se pueden decapitar a los prisioneros de guerra, sino en el caso de que anticipadamente se le haya declarado de muerte. Tal declaratoria no se ha hecho hasta ahora por nuestro Gno. ni su contendor, y de consiguiente, la vida de este prisionero debe respetarse, pudiendo retenerle para un canje u otros de los objetos de la misma guerra, o se le puede también arrojar fuera del territorio del Estado.

En los casos como el nuestro las responsabilidades existen en los Gnos. y en sus subalternos, porque a estos no se les es permitido si no obedecer. Si a los oficiales militares les fuera lícita la desobediencia, se romperían los vínculos que dan seguridad a los Gnos. y a los pueblos con respecto a la fuerza armada. Por esta razón, es que se respetan en todos los países cultos a los prisioneros de guerra y que la responsabilidad se hace recaer todo sobre el Gno. que la provocó; porque a los subalternos repito, no se les puede hacer cargo, de la obediencia que prestan a su Superior.

VN. ejemplo tenemos en nuestra misma revolución, que corrobora mis aciertos. El Supremo Delegado dictó una orden al Gral. Muños que se hallaba a las de nuestro Bno. y dicho Jefe la desobedeció, manifestando que solo a su Gno. debía obedecer. Si este General hubiera caído prisionero en tropas de la Confederación; y si le hubiese hecho el cargo de la siega obediencia que prestaba a su Gno. ¿qué hubiéramos dicho nosotros? Hubieramos condenado tal injusticia, y hubieramos sostenido con entusiasmo el principio de que el subalterno solo debe obedecer, y de que los males que a un partido o a una causa, por justa que sea, le resultan de tal obediencia, deben recaer únicamente sobre el Superior que le mandó. Este mismo principio pues que hubiéramos nosotros proclamado en otras circunstancias, es que yo os recuerdo ahora. Es verdad que las expediciones del Coronel Rivera sobre Honduras, han sido ruinosas al Estado: que son incalculables los males que hemos sufrido, pero no es mi cliente el verdadero autor de ellos: es el Gno. de Nicaragua que le armó y le lanzó sobre nuestro territorio.

Mas no es incompatible el proceder legal, con el que dicta la seguridad pública porque si aquel prohíbe imponer al prisionero de grra. la pena de muerte, esta permite sacarla fuera del país donde hizo daños ¿y que más pena para un hombre que piensa que mandarle a mendigar a países extranjeros? Pensáis acaso que no es peor que el suplicio, el último y amargo adios que un hombre ligado da a su patria? Si, es pena muy cruel, pero que puede imponerse sin ofender las leyes ni la sana razón, sin quitar del todo una persona a una familia desgraciada, y sin privar de un individuo a la gran familia de los hombres.

Por otra parte: esos cadalzos enrojecidos con la sangre de tantas víctimas son la prueba constante de la inutilidad de la pena de muerte, y del insulto que a la vez hacemos a la civilización y a la humanidad que la condenan. ¿De dónde le pueden venir al hombre el bárbaro dro. de destruir al hombre? No le será lícito sino en su propia defensa; pero si esta se puede conseguir con un destierro, ya no hay dro. para condenar a muerte.

Cada hombre es la imagen del gran Criador del Universo, y es la obra maestra de sus manos, y jamás, jamás podrá destruírsele sin ofender los santos principios de la justicia eterna.

Se me diría tal vez que los grandes crímenes necesitan de grandes castigos, más yo contestaría que la pena de muerte es el descanso del culpable y el castigo del inocente. En nuestro caso condenando a Rivera a la última morada, le haríais reposar allí tranquilo, por que en las paredes de su silenciosa mansión se estrellarían el poder del hombre, y todas las calamidades que aquejan a la especie humana. Más sería castigada una joven esposa adornada de virtudes, y que hace tpo. veve el llanto por agua. Lo sería una madre infeliz, con más de cien años de edad, haciendo que el último resto de vista que tienen sus ojos apagados por el tpo. le sirviese para mirar hecho cadáver, al ser que ella alimentó en sus pechos. Sería castigado un hermano honrado, que como vosotros su vida ha expuesto en los campos de batalla defendiendo spre. el Gno. y el orden: un hermano que hasta el presente presta a la patria interesantes servicios. Otros pues serían los castigados, y no el reo a quien vais a juzgar.

¿Qué haremos pues para castigar las faltas, sin ofender la ley, y a la pública seguridad? Extrañar a Rivera, conservándole la existencia, pa. que esta sea, el reproche eterno de las inculpaciones que nos ha hecho pa. que sea el glorioso testimonio de nuestro recto proceder: pa. que sea la prueba inequívoca de la humanidad de los Tribunales Hondureños; y en fin: pa. que sea el argumento de vuestra justificación. No dudando yo de ella, Sres. militares que componeis el Consejo.

A este suplico se sirva sentenciar esta causa, en los términos que he dicho, por que así lo manda la ley, cuyo cumplimiento pido &a.

Comayagua enero 23 de 1845.

F. JAUREGUI

Nazario Garay. Teniente vivo y efectivo, y Juez Fiscal en las causas de infidencia: Vistas las declaraciones confección con cargos y documentos todos contestes exclareciendo el delito de infidencia en el reo Joaquín Rivera que hacía de Gral. y pral. caudillo de la facción de Texiguat, el que fue tomado después de la completa derrota que se dio el 20 de diciembre del año ppdo. por las fuerzas del Smpo. Gobierno de este Estado; y en uso del Art. 153 de la Ley Reglamta. de Insta. del Estado, emitida en 6 nobre. de 840, como comprendido en el artículo 7 y 87 de la Constitución del Estado de 839 y con todo el cumplimiento que extrictamente demanda el art. 121 de la misma Constitución. A nombre del Estado de Honduras concluyo a que se le condene al reo infidente Joaquín Rivera a la pena de muerte conforme previene el art.1º. del Decreto de 25 de mayo del año que acaba de finar; y el art. 45 del trao. 8. tito. I del tomo 2 de la ordenanza gral. del Ejército.

Comaya. enero veinte y cinco de ochocientos cuarenta y cinco.

NAZARIO GARAY

Nazario Garay Teniente vivo y efectivo, y Juez Fiscal en esta causa, certifico: que hoy día veinte y siete de enero de ochocientos cuarenta y cinco; después de haber oído la misa del Espíritu Santo, se ha reunido el Consejo en la Casa inmediata al Cuartel principal de esta ciudad, destinada para este acto por el Sr. Comandante de esta plaza, y de orden Spma. precidido por el Sr. Teniente Coronel gdo. Manuel Franco. Padilla, en el cual se hayaron de Jueces los Señores Capitanes Pío Quinto Acuanabo, Remigio Bonilla, Mariano Dubón, Rafael Plata, Fernando Ceballos y José de Jesús Duarte; y habiéndose hecho relación de este proceso y leído la defensa del señor Ldo. Felipe Jaureguí como defensor del reo que fue conducido en buena custodia Joaquín Rivera en orn. a los prevenido en el art. 42 trato. 8°. tito. 5 de la ordenanza general del ejército, el cual fue presentado a los Señores del Consejo a quien sin exigirle el juramento por ser en causa propia, conforme lo previene la Constitución del Estado, le mande debía hablar verdad en todo lo que se le interrogare, quien habiéndolo ofrecido así, fue preguntado por Presidente y demás vocales porque estaba acusado y de que delito, dijo: que infería que por delito de traición y de infidencia, por haber atentado o levantado armas contra el Estado: todo con asistencia de su defensor; y no habiendo producido en su descargo razón que minore su crimen, y después de haber conferenciado y vista la defensa hecha por su defensor, tanto verbales como las que contiene la expresada defensa; que aunque se inserta, se volvió al reo con la misma custodia, a la prisión, y después pasó el Consejo a votar; y para que conste lo pongo por diligencia que firmó.

NAZARIO GARAY.

Vistos estos autos resulta de ellos: que el reo Joaquín Rivera atentó con fuerza armada y puso todos los medios que estuvieron a su alcance para destruir la Admon. de este Estado, comprobado todo por siete cartas que él escribió a Simeón González instruyéndole la manera en que lo debía hacer la guerra, una proclama dirigida a los vecinos e hijos de estos pueblos a fin de revelarlos contra sus legitímas autoridades, y un Decreto ofreciéndoles garantías a los que se desertaren de las del Gno. y se unieran con él, todo lo puso en práctica y se ve desde el Artículo 13 hasta el 27.

La confesión de Francisco Martínez que también lo condena y la del mismo; y considerando que aunque el defensor de este reo alega que las referidas cartas no deben hacer fe en juicio según el artículo 111 de la Constitución, pero él según el 110 de ella misma, deben valer; que aunque su defensor también alega que todo lo hacía Rivera de Orn. del Gobierno de Nicaragua, se comprueba con las mismas cartas que no es así pues él dirigía con su contenido la facción de Texiguat; a más de que bien sabía el reo que la guerra que le hacía aquel Estado a este era injusta pues sabía también que Honduras, Nicaragua, El Salvador, habían celebrado un Tratado en el cual se manda haya un cuerpo o Tribunal Superior al de estos el cual solamente debía oír las quejas de cualquiera de los aliados; que se quiere defender, con que no regenteaba una facción, sino el pueblo hondurense que deseaba quitarse de un tirano, no siendo así, pues que solo Texiguat y no otro pueblo fue el revelado; pues aunque se han pronunciado Tegucigalpa, Danlí, Yuscarán y San Antonio en estos no residen solamente la soberanía de los demás, a más de que si lo han hecho estos ha sido a instancias del mismo por medio de sus agentes y a título de sus armas; y considerando por último que tal delito del artículo 87 de la Constitución aun solo por atentar con fuerza armada debe merecer pena de muerte: que según la Constitución están prohibidos los Consejos de Guerra para juzgar a los enemigos, el artículo 183 de la Ley Orgánica de Justa. y el Decreto emitido por Supremo Poder Ejecutivo en 25 de mayo del año próximo anterior lo autoriza. Por tanto a nombre del Estado de Honduras el Consejo de Guerra de conformidad con las leyes ya citadas, unánimemente los vocales de que este Cuerpo se compone le condenan a muerte previas (las formalidades que la Ordenanza previene) ejecutándose esta con las armas; y para lo que haya lugar y a él corresponde pasase al Comandante Gral. este proceso. Así lo mandamos y firmamos, en Comaya. a veinte y siete de enero de mil ochocientos cuarenta y cinco.

Manuel Francisco Padilla, Pioqto. Acuanabo, José Duarte, Remigio Bonilla, Mariano Dubón, F. Ceballos, Rafael Plata.

Sala del Consejo de Grra.

Pase esta causa, como esta mandado, al Comndte. Gral. para su aprobación o reforma. Comaya. Enero veinte y siete de mil ochocientos cuarenta y cinco.

Manuel Francisco Padilla. Pioquint. Acuanabo, José Duarte, Remigio Bonilla, Mariano Dubón, F. Ceballos, Rafael Plata.

No habiendo llegado hasta esta fecha el Comandante General nombrado, y siendo un trámite indispensable el que este funcionario pase la causa y sentencia que comprende este expediente al Auditor de Guerra para con su dictamen proveer lo conveniente, el Gobierno acuerpa se pase a dho. Auditor pa. que dentro de veinte y cuatro horas emita su dictamen y lo devuelva al Ministerio de Guerra pa. lo que haya lugar Ministerio de Guerra Comaya. enero veinte y ocho de mil ochocientos cuarenta y cinco.

F. CRUZ

En número de cincuenta y seis fs. útiles, y en complt. del acuerdo antr. se dirigió esta causa al Auditor de Guerra. Conste.

F. CRUZ
Sor. Comandante Gral.

El artículo 51 tratado 8º. tit. 5º. de la ordenanza previene: que cada uno de los Capitanes que componen el Consejo de Grra. al dar su voto, debe escribirlo y firmarlo al pie de la diligencia que siempre se pone, de que se ha reunido aquel. Dos objetos encierran esta ritualidad; el primero: que el que extiende la sentencia, cuente y sepa el número de votos que la forman; y el segundo: que el Comandante se convenza de que aquello está entendido con relación al mayor número de votos.

Como en el presente proceso está omitido un requisito esencial, puesto que la ordenanza lo recomienda, de aquí es que mi opinión será porque V. lo devuelva para que reuniéndose de nuevo el Consejo se arregle en un todo a ordenanza.

Este es por ahora mi sentir, pero V. hará lo mejor.
Comayagua enero 29 de 1845.

LEIVA

El Gobierno acordó que siendo esencial la emisión del voto individual de los Ynds. del Consejo de Grra. éste haga que se cumpla con el tenor del Art. de ordenanza que se sita Ministerio de Guerra Comaya. enero 29 de 1845.

F. CRUZ

Sala de el Consejo de guerra en la Plaza de Comaya. a veinte y nueve de enero de ochocientos cuarenta y cinco.

Habiendo sido devuelta esta causa por el Supremo Poder Ejecutivo por no estar expresado individualmente, el voto de cada uno de los vocales que componen este Consejo. Cúmplase con lo mandado.

Manuel Francisco Padilla, Pioqto. Acuanabo, José Duarte, Remigio Bonilla, Mariano Dubón, F. Ceballos, Rafael Plata.

Hallándose el reo Joaquín Rivera convencido de el delito que a cometido de infidencia. Lo condenó a que sea pasado por las armas.

JOSE DUARTE

Hallándose el reo Joaquín Rivera convencido de el crimen de revolucionario, por lo que resulta infidente. Lo condeno a hacer pasado por las armas.

El Gobierno acordó que estando satisfecha la objeción que hizo el Señor Auditor de Guerra, vuelva a él esta causa como está mandado en acuerdo de ayer. Ministerio de Guerra Comaya. enero 29 de 1845.

F. CRUZ

Compuesta de cincuenta y ocho fojas útiles se pasó esta causa al Auditor de Guerra. Conste.

CRUZ
S.C.G.

Por los documentos que corren agregados en este proceso, está probado que Joaquín Rivera dirijía y era el principal móvil de la facción de Texiguat, pues por su medio los dicidentes conseguían toda clase de auxilios para llevar a cima la guerra que injustamente se ha hecho al Estado; que además de aquellos documentos y la notoriedad del delito, existe la declaración de Franco. Martínez que en un todo condena al mencionado Rivera: que este en su confesión, no ha negado ser él quien regenteaba a los enemigos del Gno. legalmente establecido, y el mismo que los mandaba al tiempo de la acción de Danlí: que no habiendo probado Rivera ni su defensor que obraba como subalterno del G.S. de Nicaragua, debe considerarse, no como prisionero de grra. sino como u verdadero faccioso y trastonador del orden público: que el art. 87 de la Constitn. del Estado manda imponer la pena de muerte a los que con fuerza armada atenten contra aquel: que el decreto de 25 de mayo último de conformidad con aquel, impone irremisiblemente la propia pena a todos los que de cualquiera manera se pronunciasen y ayudasen la facción indicada: que estando comprendido Rivera en las dos leyes citadas, y no encontrando otro medio el auditor, que aconsejar en consonancia con ellas, es de sentir, siempre, si, con el temor natural de herrar, que V. se sirva confirmar la sentencia pronunciada por el Consejo de Grra; pero si mi opinión no le pareciere a V. justa queda al arbitrio de V. obrar de la manera que tenga por mas arreglada.

Comayagua Enero 30 de 1845.

LEIVA

Comandancia General del Estado de Honduras, febrero cinco de mil ochocientos cuarenta y cinco.

Hallándose el reo Joaquín Rivera, comprendido en el decreto de 25 de mayo expedido por el Supremo Gobierno, por haberse tomado traisionándolo a el mismo Gobierno con la arma en la mano; le condeno a que sea pasado por las armas del Estado.

RAFAEL PLATA

Estando este reo Joaquín Rivera convencido de el delito de traidor a su patria por la revolución que le a hecho a este Estado y le está justificado por este mismo proceso. Le condeno a la pena de muerte siendo esta, ejecutada por las armas.

MARIANO DUBÓN

Estando el reo Joaquín Rivera convenido de el delito de traidor a su Patria por la revolución que le ha hecho este estado, y le está justificado por este mismo proceso. Lo condeno a la pena de muerte siendo esta ejecutada por las armas.

REMIGIO BONILLA

Habiendo dcto. y oído lo que resulta y consta de autos en la causa seguida contra el reo Joaquín Rivera que es infidente. Lo condeno a la pena de muerte según lo manda el artículo cuarenta y cinco de el tratado ocho título diez de la ordenanza de el ejército.

PIOQTO. ACUANABO

Vistos los autos e impuestos de ellos de estar probado el delito que a cometido el reo Joaquín Rivera. Lo condeno a hacer pasado por las armas.

MANUEL FRANCISCO PADILLA

Estando subsanada la falta de ritualidad que el Supremo Poder Ejecutivo encontró, y manda reponer devuélvase a él para su aprobación o reforma; quedando por este mismo auto ratificada la sentada contra Joaquín Rivera. En la plaza de Comayagua a veinte y nueve de enero cuarenta y cinco. Manuel Francisco Padilla, Pioqto. Acuanabo, JoséDuarte, Remigio Bonilla, Mariano Dubón, F. Ceballos, Rafael Plata.

Ejecútese la sentencia de ser pasado por las armas, dada por el Consejo de Oficiales, a Joaquín Rivera acusado de primer móvil de la facción de Texiguat, conformándome con el dictamen que antecede del Auditor de Guerra del Estado señor Manuel Leiva, Comayagua fha. ut.supra.

JUAN MORALES

Inmediatamente yo el Fiscal Militar de guerra. Pasé a uno de los calabosos del Cabildo de esta ciudad, en donde se halla preso el reo el infidente Joaquín Rivera a quien le hice saber de orden del Señor Momte. General la sentencia a quien le hice incar de rodillas, para que besase su sentencia, y eligiese confesor, para que muera cristianamente y que hiciese las disposiciones que creyese convenientes lo que firmo para que conste.

NAZARIO GARAY

En la plaza de Comaya. a los seis días del mes de febrero de mil ochocientos cuarenta y cinco. Y el Infrascrito Ebno. doy fe, que en virtud de la sentencia de Consejo ordinario, de oficiales de ser pasado por las armas al reo Joaquín Rivera, y aprobada por el Sr. Comandante General del Estado de Honduras se le condujo en buena custodia en el mismo día a la Plazuela de la Merced, en donde se hallaba e Juez Fiscal de esta causa, y estaban formadas las tropas para la ejecución de la sentencia y habiéndose publicado el bando, según previene la Ordenanza del Ejército, y puesto el reo de rodillas delante las banderas, y leídose por mi en alta voz, se pasó por las armas a dicho Joaquín Rivera; en cumplimiento de ella a las once del referido día, delante de cuyo cadáver desfilaron en columna las tropas que se hallaron luego a enterrar los soldados correspondientes acompañándole a la Iglesia de Sn. Blas donde queda enterrado. Y para que conste por diligencia lo firmó el Sr. Juez Fiscal y el presente Ebno. que da fe.

NAZARIO GARAY

Ante mí   ANDRES GONZÁLEZ

ESCRITO
Presentado al Gob. de Honduras, por el desgraciado suscrito después de estar anunciado el 2º. toque de su marcha al patíbulo.

S.P.S.

Yo he sido condenado a muerte por el delito de traición que se me acusa, y del cual juro por el Ser Supremo, y por el paso en que me hallo ser inocente. Por el mismo delito han sido condenados a igual pena los Señores Francisco Martínez, y Calixto Landa. Yo imploro la gracia del Gobierno para que se les conmute la pena a estos dos individuos, y a los demás hondureños que hayan tenido la desgracia de caer en igual suerte. Confórmese el Gob. y vindicta pública con que se derrame mi sangre, y se economise la de mis Conciudadanos en este acto de generosidad, pues no hará mas el Gobierno de Honduras que acreditar su filantropía, y oír el clamor de un desgraciado en bien de la humanidad, y de unas familias que quedan desamparadas. Desprecie se mi vida y la desgraciada de mi Esposa, cuyo padre hizo servicios al Estado, pero oigase el clamor de las infelices familias por quienes pido merced y justicia.

JOAQUÍN RIVERA
Comayagua febrero 6 de 1845.

CENTRO AMERICANOS: No hay prueba más completa que el anterior documento, del inestimable poder que sobre la naturaleza ejerce un hombre libre. Murió Rivera, y los compañeros de la causa justa de los pueblos. Sus crueles asesinos, los tiranos de Honduras no pudieron extinguir el denodado pecho de estas víctimas Sagradas de la Patria. Su memoria, no se economisará, en la de los ciudadanos del desgraciado Estado que los vio morir, y los esbirros que decretaron el fatal fallo, serán el oprobio de su país y de toda la posteridad. Temblad que el momento de vuestra tumba se acerca, y los manes de tantos héroes claman venganza hasta el Cielo.

UN LIBRE

1845.

(REVISTA DEL ARCHIVO Y DE LA BIBLIOTECA NACIONAL, TOMO IV TEGUCIGALPA).

BIBLIOGRAFÍA

Cuantos autores, nacionales y extranjeros, han construido esta Historia con sus obras, han sido puntualmente citados en los textos, hasta con insistencia para que no haya ninguna duda. A todos estamos vivamente agradecidos por su cooperación en la factura de este trabajo. Si desgraciadamente hubiera uno, dos o tres que fueran omitidos, les rogamos culpar a nuestra memoria y no atribuirnos mala intención, que nunca la hemos abrigado.

Respetamos lo ajeno intelectual, y a la vez nos repugna el bizantinismo de algunos, que a fuerza de respeto y por ostentar erudición, llenan páginas y páginas con citas de autores y obras, y muchas veces por haber tomado una simple palabra, lo que es el colmo.

A todos, muchas gracias.